Albrecht Beutel

Spurensicherung

Albrecht Beutel

Spurensicherung

Studien zur Identitätsgeschichte
des Protestantismus

Mohr Siebeck

ALBRECHT BEUTEL, geboren 1957; Studium der Evangelischen Theologie, Germanistik und Philosophie in Tübingen und Zürich; 1990 Promotion; 1995 Habilitation; seit 1998 Professor für Kirchengeschichte an der Westfälischen Wilhelms-Universität Münster; ord. Mitglied der Nordrhein-Westfälischen Akademie der Wissenschaften und der Künste.

ISBN 978-3-16-152660-2

Die Deutsche Nationalbibliothek verzeichnet diese Publikation in der Deutschen Nationalbibliographie; detaillierte bibliographische Daten sind im Internet über *http://dnb.dnb.de* abrufbar.

© 2013 Mohr Siebeck Tübingen. www.mohr.de

Das Werk einschließlich aller seiner Teile ist urheberrechtlich geschützt. Jede Verwertung außerhalb der engen Grenzen des Urheberrechtsgesetzes ist ohne Zustimmung des Verlags unzulässig und strafbar. Das gilt insbesondere für Vervielfältigungen, Übersetzungen, Mikroverfilmungen und die Einspeicherung und Verarbeitung in elektronischen Systemen.

Das Buch wurde von Olga Söntgerath in Münster aus der Garamond-Antiqua gesetzt, von Gulde-Druck in Tübingen auf alterungsbeständiges Werkdruckpapier gedruckt und gebunden.

Vorwort

Das Bestreben, sich der eigenen christlich-konfessionellen Identität zu vergewissern, indiziert eine krisenhafte Gefährdung dieser Identität. Während die Frage nach dem *Wesen* des Christentums auf die Bestimmung abstrakter Kenntlichkeit abzielt, vollzieht sich die Fixierung der konfessionellen *Identität* als Antwort auf eine konkrete geschichtliche Verunsicherung oder Provokation. Allerdings wird dabei oft übersehen, daß auch solche Antwort geschichtlich bedingt ist und sich darum, indem sie die konfessionelle Identitätsgeschichte fortschreibt, sogleich ihrerseits historisiert.

Die Geschichte der protestantischen Identitätsvergewisserung ist in vielfältigen Spuren leibhaftig geblieben. Diese Spuren zu sichern – sie also nicht nur archivalisch zu registrieren, sondern zugleich historisch zu lesen und kritisch zu deuten –, bezeichnet eine Kernaufgabe evangelischer Kirchen- und Theologiegeschichte. Der Titel des Bandes, dessen kriminalistische Konnotation als ein sachdienlicher Hinweis willkommen sein möchte, soll daran erinnern.

Er verbindet vierzehn Studien zur Identitätsgeschichte des Protestantismus, die teils als Längs- oder Querschnitte, teils als Fallstudien exemplarische Spurensicherung vornehmen. Meist sind sie, worüber die Entstehungs- und Veröffentlichungsnachweise (s.u. 295–297) Auskunft geben, als wissenschaftliche Vorträge entstanden. Für den Druck wurden sie, wo es nötig schien, von situativen Bezügen gereinigt, stilistisch verbessert und bibliographisch ergänzt.

Zwei Menschen haben die Drucklegung des Bandes maßgeblich gefördert. Als Geschäftsführer des Verlagshauses Mohr Siebeck gewährte Herr Dr. Henning Ziebritzki von der ersten Idee bis zur vollendeten Realisierung anhaltend engagierte, tatkräftige Unterstützung. Meine Wissenschaftliche Mitarbeiterin Frau Olga Söntgerath erledigte sämtliche Redaktions-, Register- und Satzarbeiten in verläßlicher Sorgfalt und Professionalität und half darüber hinaus vielfach mit gutem, wertvollem Rat. Ihnen beiden gilt mein verbindlicher Dank.

Münster, im Januar 2013　　　　　　　　　　　　　　　　Albrecht Beutel

Inhaltsverzeichnis

Vorwort V

Panoramen

Kommunikation des Evangeliums. Die Predigt als zentrales theologisches Vermittlungsmedium in der Frühen Neuzeit 3
   1. Strukturelle Identitäten 4
   2. Geschichtliche Umrisse 5
      a) Reformationszeit 5
      b) Konfessionelles Zeitalter 9
      c) Pietismus 12
      d) Aufklärung 13
   3. Forschungsstrategische Schwierigkeiten 16

Der frühneuzeitliche Toleranzdiskurs. Umrisse und Konkretionen . 18
   1. Umrisse 18
   2. Konkretionen 23
      a) Religionstheologie 23
      b) Unionsbestrebungen 29
      c) Das Woellnersche Religionsedikt 33

Zensur und Lehrzucht im Protestantismus. Ein Prospekt 37
   1. Protestantische Zensur 38
      a) Wittenberg 38
      b) Kursachsen 41
      c) Zeitalter der Aufklärung 42
      d) Neuzeit und Moderne 44
      e) Diskurszensur 45
   2. Protestantische Lehrzuchtverfahren 47
      a) Reformationszeit 47
      b) Der Fall Paul Gerhardt 50
      c) 19. Jahrhundert 52

    d) Das Preußische Irrlehregesetz und der Fall Carl Jatho   54
    e) Die Fälle Richard Baumann und Paul Schulz   55
    f) Sachstand   58

Luther und Luthertum

Verdanktes Evangelium. Das Leitmotiv von Luthers Predigtwerk . . .   63
   I. Geschichtlicher Ort   64
   II. Homiletische Gestalt   68
      1. Konturen   68
      2. Strukturen   71
        a) Prediger und Text   72
        b) Prediger und Gemeinde   73
        c) Text und Gemeinde   75
   III. Theologische Relevanz   77

Die brandenburgische Landeskirche unter den Kurfürsten Johann Georg (1571–1598) und Joachim Friedrich (1598–1608)   79
   I. Johann Georg von Brandenburg   80
   II. Joachim Friedrich von Brandenburg   89
   III. Die Wurzeln der preußischen Union   95

Lutherischer Lebenstrost. Einsichten in Paul Gerhardts Abendlied „Nun ruhen alle Wälder"   101
   1. Zwischen Lob und Tadel   102
   2. Einleitungsfragen   106
   3. Makroanalyse   108
   4. Mikroanalyse   113
   5. Zwischen Luther und Claudius   123

Theologie im Zeitalter der Aufklärung

Aufklärung und Protestantismus. Begriffs- und strukturgeschichtliche Erkundungen zur Genese des neuzeitlichen Christentums   129
   1. Protestantismus   130

Inhaltsverzeichnis

2. Aufklärung 132
   a) Begriffsgeschichtliche Orientierung 132
   b) Aufklärung als geschichtliches Strukturmoment 134
   c) Aufklärung als geschichtsphilosophisches Postulat 136
   d) Aufklärung als historische Epochenbezeichnung 137
3. Protestantisches Aufklärungspotential 139
   a) Kritik 139
   b) Religionstheologie 140
   c) Dialektisch gebrochene Perfektibilität 143
4. Aufzuklärender Protestantismus 145

Gotthold Ephraim Lessing und die Theologie der Aufklärung 147

1. Horizonte 147
2. Konkretionen 151
   a) Verstand und Gemüt – „Der Freigeist" (1749) 152
   b) Pietismus und Neologie – „Gedanken über die Herrnhuter" (1750) 154
   c) Offenbarung und Vernunft – „Die Erziehung des Menschengeschlechts" (1777/80) 158
3. Perspektiven 162

Frömmigkeit als „die Empfindung unserer gänzlichen Abhängigkeit von Gott". Die Fixierung einer religionstheologischen Leitformel in Spaldings Gedächtnispredigt auf Friedrich II. von Preußen 165

I. Tod Friedrichs II. und einsetzende Memorialkultur 165
II. Spalding und Friedrich II. 169
III. Die Gedächtnispredigt 173
   1. Kanzelgebet und Exordium 173
   2. Erster Teil: Die *an* Friedrich II. erwiesene Größe Gottes 174
   3. Zweiter Teil: Die *durch* Friedrich II. erwiesene Größe Gottes ... 175
   4. Dritter Teil: Die Empfindung unserer gänzlichen Abhängigkeit ... 177
   5. Vierter Teil: Segenswünsche 179
IV. Zur Genese der religionstheologischen Leitformel 180
   1. Ihre Bedeutung bei Schleiermacher 180
   2. Ihre Entfaltung bei Spalding 182
   3. Spalding und Schleiermacher 185

Christian Gotthilf Salzmanns Platz in der Aufklärungstheologie. Aufgesucht anhand seines „Unterricht[s] in der christlichen Religion" (1808) 188

Wegmarken in die Gegenwart

„Der unmögliche Mönch". Das Lutherbild Friedrich Nietzsches . . . 203
   1. Dispositionen 203
   2. Metamorphosen 208
      a) Die frühen Jahre (1859–1876) 208
      b) Die mittleren Jahre (1878–1882) 212
      c) Die späten Jahre (1883–1888) 218
   3. Funktionen 223

Otto Dibelius. Ein Promemoria zum 40. Todestag des preußischen
Kirchenfürsten 226

Zwischen Eucharistie und Euthanasie. Gerhard Ebeling als Pastor
der Bekennenden Kirche 245
   1. Lebensumstände 246
   2. Predigtarbeit 250
   3. Gemeindepflege 254
   4. Vorträge 257
   5. Abschiede 263
   6. Ausblick 267

Evolutionsbiologie als Herausforderung des Christentums 269
   1. Die Herausforderung 270
   2. Apologetische Auseinandersetzung 273
      a) Das antithetische Modell: Otto Zöckler 274
      b) Das integrative Modell: Karl Beth 276
      c) Das distinktive Modell: Wilhelm Herrmann 279
   3. Dogmatische Verarbeitung 282
      a) Karl Rahner 282
      b) Wilfried Joest 285
      c) Gerhard Ebeling 287
   4. Historiographische Distanzierung 290

Entstehungs- und Veröffentlichungsnachweise 295
Personenregister 299
Sachregister 305

Panoramen

Kommunikation des Evangeliums
Die Predigt als zentrales theologisches Vermittlungsmedium in der Frühen Neuzeit

Die Aufteilung der theologischen Wissenschaft in verschiedene Disziplinen pflegt man als Ausdruck gelingender Arbeitsteilung zu rühmen. Doch die Segmente, auf deren Wahrnehmung man die eigene Forschung jeweils beschränkt, sind nur insofern, was schon der große Schleiermacher erkannte[1], von theologischer Dignität, als man das Ganze, dessen Teile sie bilden, nicht aus den Augen verliert. Es wäre theologisch in höchster Weise fatal, wenn man etwa die Bibel allein den Exegeten oder den reflexiven Verstandesgebrauch allein den Systematikern überließe. Nicht minder fatal wäre es auch, wenn der Kirchenhistoriker die Frage nach der Geschichte und Bedeutung der Predigt allein den Praktischen Theologen überantwortete. Denn die Predigt, zumal in ihrer protestantischen Spielart, bezeichnet eine wesentliche religiöse „Nahtstelle zwischen Theorie und Praxis"[2]. Von der Reformation bis tief ins 20. Jahrhundert erwies und bewährte sich die Predigt als der entscheidende Ort des Transfers von hochtheologischer Theoriebildung in die Lebenspraxis des Einzelnen und der Gemeinde hinein. Insofern repräsentiert die Predigt gleichsam den Moment des Praktisch-Werdens, genauer: des Praktisch-werden-Könnens der Theologie.

Der mir gestellten Aufgabe, die Predigt als ein zentrales theologisches Vermittlungsmedium der frühen Neuzeit zu erkunden, möchte ich mich in *der* Weise zuwenden, daß ich zunächst – kurz – einige strukturelle Identitäten bestimme, sodann – etwas eingehender – die Konturen frühneuzeitlicher Predigtgeschichte, notgedrungen beschränkt auf den deutschen Sprachraum, umreiße und endlich – nur noch rhapsodisch – die wichtigsten forschungsstrategischen Schwierigkeiten benenne[3].

---

[1] F. D. E. SCHLEIERMACHER, Kurze Darstellung des theologischen Studiums zum Behuf einleitender Vorlesungen, 1811, ²1830 (KGA I/6, 1998, 243–446).

[2] R. VON THADDEN, Kirchengeschichte als Gesellschaftsgeschichte (in: DERS., Weltliche Kirchengeschichte. Ausgewählte Aufsätze, 1989, 11–28), 16.

[3] Das Referat bündelt meine bisherigen Forschungen zur Predigtgeschichte. Zur weiteren Vertiefung und für detaillierte Nachweise sei deshalb insbesondere auf die folgenden Arbeiten verwiesen: A. BEUTEL, Art. Predigt VIII. Evangelische Predigt vom 16. bis 18. Jahrhundert (TRE 27, 1997, 296–311). – DERS., Lehre und Leben in der Predigt der luthe-

1. Strukturelle Identitäten

Das dem lateinischen *praedicatio* nachgebildete Wort „Predigt" dient in seinem distinkten Gebrauch, also diesseits seiner umgangssprachlichen Übertragungen und Verbindungen wie Moral-, Straf- oder Gardinenpredigt, als Bezeichnung für die zumeist liturgisch eingebundene, kirchengeschichtlich und religionskulturell spezifizierten Formgesetzen verpflichtete, an eine bestimmte Hörerschaft gerichtete, einen traditionalen theologischen Sinngehalt in die eigene konkrete Situation vermittelnde und dadurch auf die „Kommunikation des Evangeliums"[4] zielende religiöse Rede. Jeder über diese formale Bestimmung hinausgehende Definitionsversuch würde angesichts der geschichtlich, konfessionell und positionell bedingten Disparatheit der historisch zu erhebenden Predigtbegriffe die Einheit seines Gegenstandes verfehlen.

Gemäß der in dem Wort „Predigt" auf den Begriff gebrachten phänomenalen Vielfalt lassen sich auf unterschiedlichen Bezugsebenen jeweils mehrere Gattungen und Varianten, wenn auch meist nur idealtypisch, unterscheiden, so hinsichtlich der religiösen Verfaßtheit – Gemeinde- oder Missionspredigt – und biographischen Spezifität der Adressaten – Kasual-, Kloster-, Gefängnispredigt –, in bezug auf den textuellen Grund – Perikopen-, Katechismus-, Liedpredigt – und kontextuellen Anlaß der Predigt – Gottesdienst-, Wander-, Ablaßpredigt –, ihrer Methode – Thema- oder Mottopredigt, Homilie – ihrer besonderen intentionalen, situativen oder thematischen Ausrichtung – Buß-, Erbauungs-, Kriegs-, Ehestandspredigt –, desgleichen für den Stand des Predigers – Bischofs-, Laienpredigt – und den jeweiligen kalendarischen, liturgischen und biographischen Ort – Sonntags-, Passions-, Examens-

---

rischen Orthodoxie. Dargestellt am Beispiel des Tübinger Kontroverstheologen und Universitätskanzlers Tobias Wagner (1598–1680) (in: DERS., Protestantische Konkretionen. Studien zur Kirchengeschichte, 1998, 161–191). – DERS., „Gebessert und zum Himmel tüchtig gemacht". Die Theologie der Predigt nach Johann Joachim Spalding (in: DERS., Reflektierte Religion. Beiträge zur Geschichte des Protestantismus, 2007, 210–236). – DERS., Aphoristische Homiletik. Johann Benedikt Carpzovs ‚Hodegeticum' (1652), ein Klassiker der orthodoxen Predigtlehre (aaO 66–83). – DERS., Art. Predigt II. Geschichte der Predigt (RGG⁴ 6, 2003, 1585–1591). – A. BEUTEL / H.-G. SCHÖTTLER / A. BIESINGER / U. STRÄTER, Art. Predigt (Historisches Wörterbuch der Rhetorik 7, 2005, 45–96). – A. BEUTEL, Aufklärung des Geistes. Beobachtungen zu Spaldings Pfingstpredigt „Der Glaube an Jesum als das Mittel zur Seeligkeit" (in: DERS. / V. LEPPIN / U. STRÄTER [Hg.], Christentum im Übergang. Neue Studien zu Kirche und Religion in der Aufklärungszeit [AKThG 19], 2006, 119–128). – A. BEUTEL, Verdanktes Evangelium. Das Leitmotiv in Luthers Predigtwerk (s.u. 63–78).

[4] E. LANGE, Zur Theorie und Praxis der Predigtarbeit (in: DERS., Predigen als Beruf. Aufsätze zu Homiletik, Liturgie und Pfarramt, 1982, 9–51), 13f.

predigt. Die Beispiele und Bezugsebenen ließen sich selbstverständlich noch stattlich vermehren.

Die mit der Predigt verbundene Redeabsicht kann in den drei klassischen rhetorischen Genera der Beratungs-, Gerichts- und Festtagsrede (genus deliberativum, genus iudicale, genus demonstrativum) nicht hinreichend erfaßt werden. Vielmehr konstituiert sie eine durchaus eigenständige rhetorische Stilart, die bereits in den mittelalterlichen *artes praedicandi* fachlich thematisiert worden war. Insofern brachte Melanchthon lediglich das implizite Selbstverständnis der christlichen Predigt insgesamt zu rhetorischer Klarheit, wenn er das in der klassischen Rhetorik dem *genus iudicale* zugeordnete *munus docendi* zunächst in das predigtspezifische *genus didascalium* überführte[5] und später, da Rechtsstreit und Menschenlob nicht auf die Kanzel gehörten, die Genera der Gerichts- und Festtagsrede durch die beiden Redeweisen der Glaubenslehre (genus epitrepticum) und der Lebensunterweisung (genus paraeneticum) ersetzte[6].

Die der Predigt gemäße theologische Wirkabsicht impliziert eine dreifache Vermittlungsfunktion: zwischen dem historischen Bestand des Christentums und der gegenwärtigen Wirklichkeit, zwischen christlichem Wahrheitsanspruch und zeitbedingtem Wahrheitsbewußtsein, zwischen der Generalität christlicher Glaubenslehre und der Individualität der Predigthörer. Diese die Predigt konstituierende, mehrschichtige Vermittlungsaufgabe wurde von den einzelnen Epochen, Gruppen und Personen der Predigtgeschichte auf höchst unterschiedliche, in den jeweils bestimmenden theologischen Überzeugungen und geschichtlichen Prägungen gründende, die Identität des Christlichen mitunter extrem strapazierende Weise vollzogen.

2. Geschichtliche Umrisse

a) Reformationszeit

Bekanntlich hatte sich im späten Mittelalter aus dem Erbe der Mendikantenpredigt das Institut der Predigtkapläne oder Prädikanten gebildet, für die an vielen Stadtkirchen Prädikaturstiftungen errichtet worden waren. Darin, aber auch in dem sich in Oberdeutschland und einigen norddeutschen Städten entwickelnden selbständigen Predigtgottesdienst manifestierte sich die Trennung von Meßliturgie und Predigt. Bereits am Vorabend der Reformation

---

[5] Ph. MELANCHTHON, Elementorum rhetorices libri duo, 1531 (CR 13, 417–506).
[6] DERS., De officiis concionatoris, 1535 (in: Supplementa Melanchthoniana, Bd. 5/2, hg. v. P. DREWS, 1929, ND 1968, 5–14).

war die Predigt ein allgegenwärtiges Element des kirchlichen Lebens, auch wenn sie sich, wie zahllose Klagen erweisen, von ihrer genuinen Aufgabe der gegenwartsorientierten Glaubensvermittlung nicht selten erheblich entfernt hatte.

Doch ihre zentrale heilsmittlerische Funktion erlangte die Predigt erst in den Kirchen der Reformation. Neben den Flugschriften war sie von Anfang an das wichtigste Mittel zur Verbreitung und Popularisierung der reformatorischen Lehre. Die Forderung nach „freier Predigt des Evangeliums" und die Einsetzung evangelischer Prediger stand in Städten und Territorien vielfach am Beginn der Reformation. Konsolidiert wurden die Verhältnisse durch Visitationen und den Erlaß von Kirchenordnungen, welche die reformatorische Lehre definierten und für die Predigt verbindlich machten. Vor der Ausbildung einer evangelischen Homiletik wurden die Pfarrer an Vorbilder verwiesen, in erster Linie an Luther selbst.

Dessen predigttheologische Reformarbeit gründete in einer umfassenden soteriologischen Neubestimmung, der gemäß das Heilsgeschehen durch die Dialektik von Wort und Glaube strukturiert und infolgedessen die Predigt in das Zentrum der kirchlichen Praxis gerückt wurde. Das *verbum dei praedicatum* erschöpfe sich nicht in abstrakter Belehrung und Ermahnung, sondern repräsentiere als ein auf das Gewissen zielendes Wort zugleich den soteriologischen Ernstfall: Es war für Luther Heilsgeschehen im Vollzug.

Das Predigtwort galt Luther als die in menschlicher Gestalt aktuell ergehende, der biblischen und kreatürlichen Wortgestalt ebenbürtige, ja überlegene Anrede Gottes. Diese Erfahrung des „Deus dixit" ist für seine implizite Homiletik von höchster Bedeutung. Von Anfang an sah er die Geschichte Gottes mit den Menschen von lebendiger, durch Menschenmund verlautbarter Gottesrede begleitet. Bereits die Frage von Gen 4,9: „Kain, wo ist dein Bruder Abel?" habe Gott selbstverständlich nicht unmittelbar, sondern durch den Mund des Vaters an Abel gerichtet: „Deus hoc locutus est per Adam [...]. Gott redet nicht wie die menschen, hat kein maul, sed loquitur per homines"[7]. So wurde Adam zum Prototyp des Predigers schlechthin: Er war der erste, dem Gott sein *verbum externum* vollmächtig anvertraut hat.

Das in der Predigt sich aktuell erneuernde mündliche Wort des Evangeliums soll die Menschen „anhalten, locken und reitzen" zum Glauben[8] und sie zugleich zu einer Antwort auf das Wort, das ihnen gesagt ist, fähig machen. Indem der Prediger Luther die traditionell auseinandertretenden Teile der *explicatio* und *applicatio* programmatisch ineinander verschränkte, lehrte er die Hörer nicht allein, in den Geschichten der Bibel ihre eigene Geschichte

---

[7] WA 48; 688,2–4 (1545).
[8] WA 30,1; 234,27 (1529).

wiederzufinden, sondern auch und vor allem, den *modus loquendi scripturae* als ein Medium der religiösen Selbstwahrnehmung einzuüben: Für Luther wurde die gottesdienstliche Kanzelrede zum Schulungsfeld christlicher Sprachkompetenz.

In erweiternder Aufnahme einer von Emanuel Hirsch geprägten Triade[9] läßt sich die Predigtweise Luthers zusammenfassend durch vier Besonderheiten charakterisieren. *Biblisch* ist seine Predigt insofern, als sie sich in homilieartiger Textarbeit fortwährend ihres Quellorts kritisch vergewissert und dabei den hermeneutischen Grundsatz „scriptura sacra [...] sui ipsius interpres"[10] durch die Einbindung ungezählter Schriftzitate und -verweise homiletisch konkretisiert. *Zentral* ist sie insofern, als sie die in Christus repräsentierte Mitte der Schrift auch zum exklusiven Zentrum evangelischer Predigt erhebt. *Antithetisch* ist Luthers Predigt insofern, als sie nicht allein der polemischen Auseinandersetzung mit den äußeren Gegnern dient, sondern darin sich zugleich als Teil des kosmisch-eschatologischen Kampfes um den von Gott und dem Teufel beanspruchten Menschen erweist. *Konkret* ist seine Predigt schließlich insofern, als sie den Hörern die Welt der Bibel unmittelbar vergegenwärtigt und so deren individuelle menschliche Lebensgeschichten auf die göttliche Heilsgeschichte hin transparent werden läßt. Der von Luther durchgehend zur Geltung gebrachte Erfahrungsaspekt, sein psychologischer Realismus und sein höchst signifikanter, wenn auch wohl intuitiv erfolgender Gebrauch der Personalpronomina bezeichnen gleichermaßen Eigentümlichkeiten seiner Predigtweise wie Desiderate der ihr gewidmeten Forschung.

Die kursächsische Visitation der späten 1520er Jahre erhob einen deprimierenden Tiefstand der Predigt. Mancherorts begnügte man sich mit der wörtlichen Rezitation gedruckter Postillenpredigten. Und selbst wo *doctrina* und *exhortatio* als das *eigene* Wort des Predigers laut wurden, kam die durch „Beispiel und Erfahrung"[11] sich vollziehende lebenspraktische Konkretion der Lehre gewöhnlich zu kurz. Gemäß dem reformatorischen Zentralmotto „solo verbo" ist allenthalben oft und lang gepredigt worden: zwei- bis dreimal am Sonntag, die Woche über mindestens dreimal, in Fastenzeiten täglich.

---

[9] Vgl. E. HIRSCH, Luthers Predigtweise (1954) (in: DERS., Lutherstudien. Aufsätze und ein unveröffentlichter Vortrag aus den Jahren 1918 bis 1954, hg. v. H. M. MÜLLER [Emanuel Hirsch, Gesammelte Werke 3], 1999, 130–150).

[10] WA 7; 97,23f (1520). – Vgl. W. MOSTERT, Scriptura sacra sui ipsius interpres. Bemerkungen zum Verständnis der Heiligen Schrift durch Luther (LuJ 46, 1979, 60–96).

[11] D. RÖSSLER, Beispiel und Erfahrung. Zu Luthers Homiletik (in: Ch. ALBRECHT / M. WEEBER [Hg.], Klassiker der protestantischen Predigtlehre. Einführungen in homiletische Theorieentwürfe von Luther bis Lange, 2002, 9–25).

Dabei dürften die zahlreich erschienenen Postillen die wichtigste Quelle der Predigt dargestellt haben.

Luthers *Kirchenpostille* war als ein homiletisches Hilfsmittel für ungebildete und ungeübte evangelische Prediger sowie für die Lesung im Gottesdienst der Hausgemeinden, zugleich aber auch als ein dem Drang zu Willkür und Selbstdarstellung wehrendes dogmatisch-homiletisches Regulativ konzipiert: „[Sonst] kompts doch endlich dahyn, das ein iglicher predigen wird was er will, und an stat des Euangelii und seyner auslegunge widderumb von blaw endten gepredigt wird"[12]. Dies betreffend übte auch Melanchthon, ohne selbst in Gottesdiensten zu predigen[13], durch die *Postilla Melanchthonis* (dt. 1549, lat. 1594), die aus Nachschriften seiner vor ungarischen Studenten vorgetragenen lateinischen Erläuterung der altkirchlichen Perikopentexte kompiliert wurde, beträchtlichen Einfluß aus. Mitunter wurden die reformatorischen Musterpredigtsammlungen freilich auch intentionswidrig gebraucht, indem, ausweislich zahlreicher Klagen, gebildete Gemeindeglieder bisweilen lieber die Postillen lasen, anstatt in die Kirche zu gehen.

Daß Zwingli 1519 am Zürcher Großmünster als Leutpriester bestallt worden ist, war nicht zuletzt dem guten Ruf, den er sich als Prediger erworben hatte, zu danken. Er predigte zumeist frei und ohne Konzept, auch hat er, anders als Luther und Calvin, niemals einen Nachschreiber engagiert. In Zürich stand er nahezu täglich auf der Kanzel, und dies offenbar mit sogleich einsetzender und anhaltender Breitenwirkung. Von Anfang an verwarf er unter legitimatorischem Verweis auf die Praxis der Väter die altkirchliche Perikopenbindung, statt dessen predigte er fortlaufend über ganze biblische Bücher. Das starke soziale und (lokal-)politische Interesse Zwinglis hat sein Predigen in Zürich entscheidend geprägt. In unerschrockener Klarheit zog er gegen die Sittenverderbnis zu Felde und scheute nicht einmal die namentliche Anklage einzelner Zürcher Bürger. Dabei war seine zeit- und kirchenkritische Predigt jederzeit durch konsequente Schriftbindung motiviert: Als der Bibel zuwider verwarf er die Heiligenverehrung, zog er das Fegefeuer in Zweifel, bestritt er die Verdammnis ungetaufter Kinder oder, ökonomisch von höchster Brisanz, die Legitimität des „Zehnten".

Calvin hat in Genf allsonntäglich zweimal gepredigt, dazu mehrmals unter der Woche, und dies ebenfalls in frei gebrauchter *lectio continua*. Dabei verfolgte er das Ziel, die biblische Botschaft im Lebenszusammenhang seiner Hörer als *doctrina* geltend zu machen, woraus sich ein gewisser Hang zur Gesetzlichkeit erklären mochte. Seine in der Regel annähernd einstündige

---

[12] WA 19; 95,12–14 (1526).
[13] „Ego concionari non possum" (CR 3, 170).

Kanzelrede war luzide, jedoch wegen mangelnder Gliederung und Themenbindung nicht immer leicht zu verfolgen. Auf rhetorische Gestaltung verzichtete er indes keineswegs: Häufige Zwischenbilanzen waren als bewußte mnemotechnische Hörerhilfen gedacht, hinzu kam, wie bei Luther, das Mittel der fiktiven Dialogisierung sowie ein üppiger, mit Vorliebe aus dem militärischen Bereich geschöpfter Bildgebrauch.

Wenn das Tridentinum unter Androhung kirchlicher Strafen alle Bischöfe daran erinnerte, daß sie persönlich zur Verkündigung des Evangeliums Jesu Christi verpflichtet seien, dürfte darin auch ein Reflex der insgesamt eher desolaten Predigtpraxis, die während der Reformationszeit auf katholischer Seite vorherrschte, zu sehen sein. Zwar hatte bereits das 5. Laterankonzil im Dezember 1516 nachdrücklich die Erklärung der Heiligen Schrift als Aufgabe katholischer Predigt bestimmt. Aber erst die reformatorische Herausforderung und namentlich die Breitenwirkung des Predigers Luther dürfte dann auch die katholische Predigt allmählich biblischer gemacht haben. Angesichts der gegenreformatorischen Frontstellung nahm die katholische Predigt stark katechetisch-belehrende und kontroverstheologisch-apologetische Züge an. Daneben waren in der katholischen Predigtpraxis aber auch versöhnlichere Töne zu hören. So hat der in Mainz amtierende Weihbischof Michael Helding die Predigt als das Hauptmedium kirchlicher Glaubenserneuerung propagiert und dabei vor allem ihre biblische Zentrierung gefordert. Seine *Katechismuspredigten* (1551) avancierten bald zu einer Art von homiletisch-katechetischem Handbuch für katholische Pfarrer[14].

b) Konfessionelles Zeitalter

Die Predigt des konfessionellen Zeitalters war ebenfalls, obschon auf eigene Weise, der biblisch fundierten Aufgabe einer Heilszueignung durch Wort und Glaube sowie dem Ziel einer lebenspraktischen Verifikation der *doctrina* verpflichtet. Ihr spezifischer Charakter läßt sich vor allem durch drei Faktoren bestimmen.

Deren erster war der auf lutherischer Seite unerbittlich geltende Perikopenzwang. Das durch jährliche Wiederkehr der sonntäglichen Predigttexte erzeugte homiletische Problem suchte man auf zweifache Weise zu lindern: durch die Ausbildung und Ausdifferenzierung eines filigranen rhetorischen

---

[14] M. Helding, Catechismvs. Christliche Underweißung und gegründter Bericht, nach warer catholischer lehr uber die fürnemste stücke unsers heiligen Christen Glaubens, nemlich: von den zwölff Artickeln, von dem Gebeth, gepredigt zu Mayntz im Duhm Stifft, 1551 u.ö.

Schemas, das die Gestaltungsmöglichkeiten der Predigt beträchtlich erweiterte, sowie durch die Bereitstellung einer Vielzahl von predigtpraktischen Hilfsmitteln. Das erste betreffend, ist, anstatt sich auf die Kritik extremer Dispositions- und Methodendifferenzierungen zu fixieren, der rhetorisch-homiletische Nutzen zu würdigen, der aus der methodischen Vervielfältigung des Perikopenstoffes für die Sonntagspredigt gemeinhin erwuchs. Was das andere angeht, so indizieren die zahllosen Materialsammlungen, Predigthandbücher und Musterpredigtsammlungen – allein für das 17. Jahrhundert hat man 700 gedruckte Postillen gezählt! – ebenso eine aus Perikopenzwang und schwindender Bildung gespeiste Predigtnot wie einen daraus resultierenden praktisch-homiletischen Bedarf.

Zu den spezifischen Bedingungen der orthodoxen Predigt gehörte ferner deren immense, von den meisten Kirchenordnungen der Zeit festgeschriebene Häufigkeit. In Städten galten zwei bis drei Sonntags- sowie mehrere Wochenpredigten als normal. Durchschnittlich hatte ein Pfarrer des späten 16. und 17. Jahrhunderts jährlich etwa 200 Predigten zu halten, die gewöhnlich ein bis zwei Stunden, bei Leichenpredigten bis zu drei Stunden dauern konnten. In Lübeck oder Augsburg wurden im Lauf einer Woche knapp 40 Predigten gehalten, zahlreiche Hochzeits- und Leichenpredigten kamen noch jeweils hinzu.

Schließlich machte sich auch das altprotestantische Schriftverständnis predigtpraktisch bemerkbar. Die Auslegung eines Textes, dessen Elemente als gleich wichtig galten, kostete Zeit; nicht selten hat die homiletisch praktizierte Gleichwertigkeit der Bibel ungewollt den Prozeß ihrer Vergleichgültigung noch beschleunigt. Der Gefahr, die von der Reformation für die Predigt postulierte Schriftgemäßheit als Schriftgelehrsamkeit mißzuverstehen und infolgedessen die Predigt zur Demonstration eigener Belesenheit und Bildung zu mißbrauchen, wurde nicht immer und nicht überall zureichend widerstanden.

Freilich hat, aufs Ganze gesehen, die Predigt des konfessionellen Zeitalters die ihr aufgetragene, von akademischer Theologie auf lebenspraktische Frömmigkeit zielende Transferleistung durchaus bewältigt. Bis auf wenige Ausnahmen blieb sie nicht etwa im religiös unfruchtbaren theologischen Theorienstreit stecken, sondern vollzog eine weniger an den dogmatischen *loci* als an Bibel und Katechismus orientierte, erfahrungsbezogene, lebensnahe, auf die Verbindung von wahrem Glauben und rechtem Leben zielende Elementarisierung. Darin war die Predigt jener Zeit in der Regel weit erbaulicher, konkreter und spiritueller, als man aufgrund eines theologiegeschichtlich verengten Blickwinkels und als Spätwirkung des pietistischen, vor allem durch Gottfried Arnold inaugurierten Geschichtsbildes gemeinhin vermutet. Es ist, meine ich, der Beachtung und Erinnerung wert, daß nicht erst die pietistische, sondern bereits die orthodoxe Predigt in der Kritik an gesellschaftlichen, näherhin kirchlichen Mißständen ein Generalthema fand, daß ferner nicht wenige der repräsentativen Prediger dieser Epoche zugleich als erfolgreiche Erbauungsschriftsteller oder auch als Vertreter der in ihrer Bedeutung für die Ausbildung und Stabilisierung einer individuellen Frömmigkeitsgestalt kaum zu überschätzenden protestantischen Kirchenlieddichtung hervortraten.

Allerdings hat sich die Predigt des konfessionellen Zeitalters weithin auf die kirchliche Binnenperspektive beschränkt. So aber, also durch den faktischen Verzicht auf eine kritische Rezeption der ihre Zeit prägenden philosophischen und wissenschaftlichen Strömungen, wurde ihre spezifische Wirkabsicht, eine moderne, durch integrative Zeit-, Welt- und Lebensdeutung ermöglichte oder erneuerte Religiosität zu vermitteln, an ihren Wurzeln bedroht.

Zur lutherischen Predigt verhielt sich die reformierte weithin analog. Die konfessionelle Differenz manifestierte sich neben der dort bevorzugten *lectio continua* nicht zuletzt in einer stärker exegetischen Orientierung. Die französische reformierte Predigt erreichte um 1700 ihre höchste Blüte: Geprägt von gründlicher Schriftauslegung und auf kontroverstheologisch akzentuierte Themen gerichtet, trat sie den Menschen in lebensnaher und evidenter Rede entgegen. Demgegenüber gewann in England die Tendenz zur moralisch und rational orientierten Predigt nur zögernd an Raum; durch eine bibel- wie praxisorientierte Prägung trat dort die puritanische und presbyterianische Predigt hervor.

Auf katholischer Seite wurden die im 16. Jahrhundert neu entstehenden Orden zu Zentren der homiletisch-rhetorischen Schulung. Zugleich brachten sie die bedeutendsten katholischen Prediger der Epoche hervor. Die jesuitische Predigt (Petrus Canisius, Jeremias Drexel) trug mit ihrer gezielten Förderung einer sakramentalen und marianischen Frömmigkeit zur Stärkung des konfessionellen Bewußtseins maßgeblich bei. Die populäre, oft durch possenhaft-theatralische Elemente verstärkte Predigt der Kapuziner (Prokop von Templin, Martin von Cochem) relativierte den Anteil (kontrovers-)theologischer Belehrung zugunsten einer affektorientierten, Ermunterung und Trost spendenden religiösen Lebenshilfe. Diese Prädominanz des *movere* prägte auch die katholische Barockpredigt insgesamt, die in zeittypischer Formalisierung durchweg, verstärkt in der Marien- und Heiligenpredigt, von Allegorese und Emblematik bestimmt war. Unter den katholischen Barockpredigern hat Abraham a Sancta Clara besondere Berühmtheit erlangt.

Unbeschadet einzelner hoffnungsvoller Aufbrüche wartet die Predigt des konfessionellen Zeitalters nach wie vor darauf, als ein formal und inhaltlich eigenständiges theologisches Popularisierungsmedium gewürdigt und in interdisziplinärer Zusammenarbeit hinsichtlich ihrer frömmigkeits-, mentalitäts-, sozial- und literaturgeschichtlichen Bedeutung erschlossen zu werden.

c) Pietismus

Die identitätsstiftende Zielrichtung pietistischer Predigt läßt sich in drei repräsentative Forderungen bündeln: Gegenüber der orthodoxen Kanzelrede möchte sie biblischer, einfacher und praktischer sein. Dem *biblischen* Aspekt suchte sie durch die umfassende Präsenz der heiligen Schrift zu entsprechen, was ihr jedoch nicht selten zu einer bloßen Aufhäufung biblischer Wendungen und Sprüche mißriet. Das *Simplizitätsideal* ließ konfessionelle Polemik und Bildungsgehabe in der Predigt zurücktreten, führte freilich in der Konzentration auf das innere Leben der Hörer bisweilen zu einem schwülstigen Ton. Die *praktische* Abzweckung schließlich propagierte als Predigtziel die individuelle Verinnerlichung des Wortes Gottes, die Entscheidung und Bekehrung des einzelnen, das Drängen auf Glaubensfrüchte und auf Heiligung des Lebens. Damit wurde der existentielle Ernst des Christseins zwar unterstrichen, zugleich aber auch die Tendenz zu weltflüchtiger Vergesetzlichung unterstützt.

Zu einer Reform der Predigt hat sich Philipp Jakob Spener im sechsten Besserungsvorschlag seiner *Pia desideria* (1675) programmatisch geäußert: Sie sollte, anstatt durch Gelehrsamkeit zu blenden, die Hörer einfältig erbauen, den Katechismus rekapitulieren und den inneren, neuen Menschen befördern. An dieser Zielvorgabe war auch Speners eigene, umfangreiche Predigtarbeit orientiert. Seine Kanzelrede verzichtete auf jede barocke Künstelei und zielte, formal durchaus konventionell, vor allem auf die moralische Nutzanwendung. Ihr Aufbau wiederholte sich schematisch: Einer ausführlichen Exegese folgten jeweils Lehre, Vermahnung und Trost. Dem Perikopenzwang suchte Spener zunächst durch die Beschränkung auf nur einen Textaspekt, ab 1669 jedoch derart zu entkommen, daß er das *exordium* zu einer ihrerseits predigthaften Entfaltung eines durch die Beschränkung auf die Evangelientexte vernachlässigten Gesichtspunktes, wozu ihn erst der Katechismus, dann die Paulusbriefe als Textgrundlage dienten, ausbaute – faktisch standen so jeweils zwei selbständige Predigten nebeneinander.

Die Tendenz zu kunstlos-einfacher Predigtweise und einer überwiegend paränetisch-applikativen Auslegung setzte sich fort. August Hermann Francke predigte voller Leben und Leidenschaft, dabei schlichter und stärker textorientiert als Spener, in konsequenter Konzentration auf die pietistischen Leitmotive der Buße und Bekehrung. Mitunter wurde er von emotionaler Bewegtheit fortgerissen, und die innere Gliederung der Gedanken ging bei der übergroßen Redundanz seiner Rede – sie konnte zwei Stunden oder noch länger dauern – sowie der Überfülle an Bildern und Bibelworten nicht selten verloren. Franckes Predigten wurden von Studenten mitgeschrieben, nach meist nur flüchtiger Durchsicht gab er sie einzeln oder gesammelt zum Druck. Beachtung verdient, daß Francke – entgegen der programmatischen Abkehr pietistischer Predigt von aller Polemik – seine teils äußerst scharfen Auseinandersetzungen mit der orthodoxen Stadtgeistlichkeit in Halle und namentlich mit dem aufgrund seiner Intrigen vertriebenen Christian Wolff[15] auch auf der Kanzel und in Predigtpublikationen geführt hat.

Die landläufige pietistische Predigt ist noch kaum erforscht. Doch lassen sich in aller Vorläufigkeit gewisse Tendenzen benennen. So dürfte in ihr der Schriftbezug durchgehend dominiert haben, desgleichen eine drastische formale Straffung und Vereinfachung. Weithin orientierte sie sich an dem aufklärerischen Modell der Akkommodation an den ungebildeten Hörer, auch wenn sich der Anspruch einer Beobachtung der unterschiedlichen Seelenstatus oft nur in schematischer Unterscheidung zwischen Bekehrten und Unbekehrten realisierte.

d) Aufklärung

In der aufklärerischen Vorliebe für den Kanzelaltar war die Dominanz des Wortes über die Sakramente sinnfällig zum Ausdruck gebracht. Das organisierende Zentrum des Aufklärungsgottesdienstes bildete die Kanzelrede, die, in Rücksicht auf die dabei obwaltende pädagogisch-popularisierende Ausrichtung, zurecht ein „Vortrag des Volkslehrers im Predigertalar"[16] genannt worden ist. Um diese Eigenart der Aufklärungspredigt recht zu verstehen, müssen freilich auch die geschichtliche Konstellation, aus der sie erwuchs, und die Intention, die sie verfolgte, berücksichtigt werden. Bereits im 17. Jahrhundert hatte die im Protestantismus aufblühende Erbauungs- und Meditationskultur das öffentliche religiöse Deutungsmonopol der Predigt folgen-

---

[15] A. BEUTEL, Causa Wolffiana. Die Vertreibung Christian Wolffs aus Preußen 1723 als Kulminationspunkt des theologisch-politischen Konflikts zwischen Halleschem Pietismus und Aufklärungsphilosophie (in: DERS., Reflektierte Religion. Beiträge zur Geschichte des Protestantismus, 2007, 125–169).

[16] H. STEPHAN / H. LEUBE, Die Neuzeit (HKG 4), ²1931, 100.

reich konterkariert[17]. Durch den entstehenden profanen Literaturmarkt sind ihr dann im 18. Jahrhundert erst recht mächtige Konkurrenzmedien entstanden. Indem sich die Predigt der Aufklärung programmatisch um eine rationale, am Fassungsvermögen der Hörer orientierte Plausibilisierung der christlichen Grundwahrheiten sowie um deren zielgenaue Anwendung auf die konkrete Gemeindesituation und die andrängenden Zeitfragen bemühte, leistete sie einen kaum zu überschätzenden Beitrag „zur Versöhnung von Christentum und Kultur"[18]. Insofern läßt sich die Predigt des 18. Jahrhunderts, die die „Kanzel als Katheder der Aufklärung"[19] entdeckte und nutzte, als eine konstitutive Reformmaßnahme verstehen, durch die insbesondere das gebildete Bürgertum, das unter dem Einfluß der philosophisch-literarischen Zeitströmungen an der überkommenen Gestalt des Christentums, an reformatorischem Bibelglauben und konfessioneller Kirchlichkeit zunehmend den Geschmack verloren hatte, der christlichen Religion erhalten und einem Prozeß fortschreitender Entkirchlichung der deutschen Aufklärung erfolgreich gewehrt werden konnte.

Die Übergangstheologen bemühten sich um eine die Wolffsche Demonstriermethode homiletisch fruchtbar machende, klar disponierte und prägnant formulierte Predigt. Einer ihrer bedeutendsten Repräsentanten war – neben Johann Lorenz von Mosheim – der Berliner Propst und Kirchenrat Johann Gustav Reinbeck, auf den die Kabinettsordre des preußischen Königs Friedrich Wilhelm I., die den Kandidaten die Anwendung klarer Begriffe und vernünftiger Beweisgründe in der Predigt auferlegte, zurückgehen dürfte. Reinbeck gab auch den *Grund-Riß einer Lehr-Arth ordentlich und erbaulich zu predigen* (1740) heraus, der jene Ordre homiletisch umsetzen sollte und von dem mit Reinbeck befreundeten Johann Christoph Gottsched verfaßt war[20].

Gemäß der von der Aufklärung vollzogenen, programmatischen Unterscheidung von Religion und Theologie konzentrierte sich die Predigt der Neologie, die in August Friedrich Wilhelm Sack, in Johann Friedrich Wilhelm Jerusalem und Johann Joachim Spalding drei ihrer exponiertesten Vertreter fand, auf diejenigen Lehren, die Verstand und Gefühl der Hörer zu berühren und deren praktische Religiosität zu befördern vermochten. Indem die neologische Kanzelrede alle nur „theoretischen Religionslehren" zurück-

---

[17] U. Sträter, Meditation und Kirchenreform in der lutherischen Kirche des 17. Jahrhunderts (BHTh 91), 1995.

[18] A. Niebergall, Die Geschichte der christlichen Predigt (Leit. 2, 1955, 181–352), 313.

[19] W. Schütz, Die Kanzel als Katheder der Aufklärung (WSA 1, 1974, 137–171).

[20] Vgl. dazu die hervorragende Arbeit von A. Strassberger, Johann Christoph Gottsched und die „philosophische" Predigt. Studien zur aufklärerischen Transformation der protestantischen Homiletik im Spannungsfeld von Theologie, Philosophie, Rhetorik und Politik (BHTh 151), 2010.

stellte, um statt dessen die glaubensrelevanten Wahrheiten des Christentums in pädagogischer Akzentuierung, organischer, meist als Motto- oder Themapredigt komponierter Darstellung und dem konkreten alltagspraktischen Beratungsbedarf sowie dem Rezeptionsvermögen der jeweiligen Hof-, Bürger- oder Landgemeinde angeglichener Höhenlage zu entfalten, leistete sie eine umfassende, religiös fundierte Lebensberatung.

In der rationalistischen Predigt (Johann Gottlob Marezoll, Christoph Friedrich von Ammon, Johann Friedrich Röhr u.a.) verstärkte sich noch einmal der utilitaristische Zug. Dessen extreme Spielarten – etwa über den Vorzug der Stallfütterung (Weihnachten), den Nutzen des Spazierengehens (Ostern) oder die Gefahr, lebendig begraben zu werden (Karfreitag) – erfreuen sich als wohlfeile Indizien für den vermeintlichen „Tiefstand in der Geschichte der Predigt"[21] vielfacher Beliebtheit. Doch sollte man solche utilitaristischen Engführungen nicht zur Diskreditierung einer ganzen Epoche mißbrauchen, zumal selbst noch in ihnen die volkspädagogische Intention der Aufklärungspredigt wahrzunehmen und zu würdigen ist[22]. Zudem hat diese niemals, auch nicht gegen Ende des 18. Jahrhunderts, das Feld konkurrenzlos beherrscht: Stets gab es daneben die biblisch-gegenständliche, die spätorthodoxe, die spätpietistische Predigt. Überdies war das Aufblühen des theologischen Rationalismus von einem kräftigen Erstarken des Supranaturalismus begleitet, der die auf lebenspraktische „Nutzbarkeit" zielende Predigtintention mit dem positiven Kirchenglauben zu vereinen suchte.

Die katholische Aufklärungspredigt rezipierte sowohl die Vorbilder des deutschen Protestantismus wie den in Frankreich bereits seit dem Ende des 17. Jahrhunderts sich anbahnenden Wandel der prunkvollen Barockpredigt zur schlichten, pragmatischen und moralischen, bisweilen sogar ausgesprochen sozialkritischen Kanzelrede. Dem im Übergang zum 19. Jahrhundert zu beobachtenden Revitalisierungsschub der deutschen katholischen Predigt hat Johann Michael Sailer wesentliche Impulse vermittelt: Seine biblisch genährte, von tiefer Frömmigkeit getragene, in schlichter Gestalt auf die konkrete Lebenswirklichkeit zielende Predigt suchte und fand „den Weg in des andern Verstand durch sein Herz"[23].

Gegenüber den vielfältigen kirchlichen Erosionserscheinungen wurde die Predigt von der gesamten Aufklärungstheologie als das entscheidende religiöse Vergewisserungsmedium wirkungsvoll und folgenreich restituiert.

---

[21] NIEBERGALL (s. Anm. 18), 310.
[22] Vgl. A. STRASSBERGER, Christian Gotthilf Salzmanns Osterpredigt „Vom Spazierengehen" (1778). Zur Praxis populärer Kanzelrede in der deutschen Aufklärung (ZThK 110, 2013, 50–73).
[23] J. M. SAILER, Sämtliche Werke, Bd. 19, ²1839, 61.

3. Forschungsstrategische Schwierigkeiten

Die Erforschung der Predigtgeschichte sieht sich mit einem dreifachen Quellenproblem konfrontiert. Das erste partizipiert an dem Grundproblem rhetorikpraktischer Historiographie. Versteht man die Predigt als eine öffentliche liturgische Rede, kann es dafür, streng genommen, nur indirekte Quellen geben: bestenfalls das Manuskript des Redners, ansonsten Mitschriften von fremder Hand, eigene oder fremde – ob bestellte oder eigenmächtige – Nachschriften, schließlich eine eigene, autorisierte oder unautorisierte nachträgliche Bearbeitung. So reduziert sich die Predigtgeschichte notgedrungen auf die Geschichte einer literarischen Gattung. Ihrem Selbstverständnis nach ist Predigt jedoch mehr und anderes als nur Literatur: ein zentraler Vollzug kirchlichen Lebens, ein basaler Akt religiöser Kommunikation, ein rezeptionsästhetisches Phänomen. Insofern müßte man den Quellenbestand um die verschiedenen Zeugnisse der unmittelbaren und mittelbaren Predigtwirkung ergänzen: Berichte von erlebten Predigten, Analysen ihrer mentalen und sozialen Folgen, literarische Reflexe aus der Sicht der Predigthörer[24]. Bereits Kirchenordnungen des ausgehenden 16. Jahrhunderts verfügten bisweilen, daß bei Probepredigten „unsere theologen nicht allein auf die invention und disposition, sondern auch auf die pronunciation und action achtung geben sollen"[25]. Der Unterschied zwischen der Wirkung mündlicher Predigt und ihrer verschriftlichten Form ist frappant, und die vielfach bezeugte Faszinationskraft von Predigern läßt sich an ihren gedruckten Predigten mitunter kaum noch verifizieren. Auch andere Quellenbestände wie etwa Visitationsberichte wurden für die Alltagsgeschichte der Predigt bisher zu wenig genutzt.

Die zweite Schwierigkeit gründet in der erstgenannten, verschärft diese aber noch durch den spezifisch theologischen Anspruch zumal evangelischer Predigt, der in dem horizontalen Sprechakt der Predigt zugleich ein gleichsam vertikales Kommunikationsgeschehen loziert: nämlich das Ereignis des den Menschen nicht nur belehrend und tröstend ansprechenden, sondern zugleich auch den Glauben als den einzig sachgemäßen Modus des Predigthörens ermöglichenden Wortes Gottes, dies freilich unter dem in CA V kodifizierten Vorbehalt der homiletisch-rhetorischen Unverfügbarkeit des heiligen Geistes. Hinsichtlich dieses theologisch konstitutiven Predigtanspruchs bleibt die historiographische Analyse überlieferter Predigten notwendig defizitär.

---

[24] Erinnert sei nur – als ein Beispiel von ungezählt vielen – an Karl Philipp Moritz' autobiographischen Roman *Anton Reiser* (4 Teile, 1785–1790).
[25] E. SEHLING, Die evangelischen Kirchenordnungen des 16. Jahrhunderts, Bd. 1, 1902, 377.

Die dritte Schwierigkeit liegt im Bestand der Quellen. Die Zahl der im Verlauf der frühneuzeitlichen Kirchengeschichte niedergeschriebenen (und nur zu einem kleinen Teil gedruckten) Predigten läßt sich nicht annähernd ermessen. Nun stellt aber bereits die schriftliche Überlieferung einer Predigt eine Auslese dar: Erhalten haben sich vorwiegend die Predigten der kirchlich-theologischen Elite. Weil die Predigtgeschichtsforschung daraus wiederum nur eine eng begrenzte Auswahl treffen kann, hat sich die Predigtgeschichte faktisch auf die Geschichte der großen Prediger verengt. Zweifellos zeitigen diese eine besondere Wirkung: als Vorbilder, homiletische Lehrer oder Verfasser von Homiliaren, die dann von Lektoren oder sogenannten Postillenreitern mehr oder weniger mechanisch multipliziert worden sind. Jedoch ist die Predigtpraxis des frühneuzeitlichen Christentums in seiner gesamten geschichtlichen Tiefe und Breite kaum bekannt, und wie 1540 oder 1670 oder 1750 landauf landab, in Dorf und Stadt, in lutherischer, reformierter oder katholischer Glaubensweise, gepredigt worden ist, davon wissen wir bis heute immer noch so gut wie nichts.

Der frühneuzeitliche Toleranzdiskurs
Umrisse und Konkretionen

Meine beiden Söhne haben mir unlängst das Programm *Google Earth* nahegebracht. Als Grundeinstellung erscheint dabei der buntfarbene Globus: Man sieht die Ozeane und Erdteile, die Pole und den Äquator in globaler Übersicht und maximaler Abstraktion. Sobald man indessen einen bestimmten Ort anzoomt, wird der Horizont enger, der Ausschnitt dagegen immer konkreter, tiefenschärfer und in seiner kontextuellen Einbettung authentisch erkennbar. Beeindruckend ist dabei beides: einerseits die weltumspannende Totale, andererseits – sofern man weiß, was man sucht – die zielsicher und konturenscharf hervortretende Prägnanz des Konkreten.

Unser Thema verhält sich zum Google-Earth-Programm durchaus analog. Reizvoll sind gleichermaßen die abständige Vogelperspektive auf die frühneuzeitliche Toleranzdebatte wie einzelne exemplarische Detailansichten ihrer geschichtlichen Konkretionen. Demgemäß gliedert sich mein Referat nun auch in zwei komplementär zu verstehende Teile. Zunächst werde ich in geraffter Übersicht die geschichtlichen Hauptspuren, die der Toleranzdiskurs in den Verlauf jener 300 Jahre eingebrannt hat, in Erinnerung rufen. Drei Nahaufnahmen mögen sodann für die nötige theoretische Fundierung und lebenspraktische Anschaulichkeit sorgen: zum einen der die frühneuzeitliche Toleranzdebatte fundierende religionstheologische Begründungszusammenhang, zum andern die in den Unionsbestrebungen hervortretenden konfessionellen Realisierungsprogramme, schließlich der zum Ausgang des 18. Jahrhunderts in Preußen unternommene Versuch, das aufklärerische Toleranzpostulat kirchenpolitisch zu domestizieren.

1. Umrisse[1]

Für Luther war Toleranz – worunter man damals, anders als heute, das geduldige Ertragen und Erleiden moralischer Übel verstand – die unabdingbare

---

[1] Bündige, präzise Übersicht gewähren insbesondere die drei folgenden lexikalischen Beiträge: E. STÖVE, Art. Toleranz I. Kirchengeschichtlich (TRE 33, 2002, 646–663). – K.

Voraussetzung eines *coram hominibus* sowie auch *coram Deo* gelingenden Lebens. Mit seinem Postulat einer „mutua tolerantia" stand er tief in den Spuren augustinischer Denktradition: Die Christen, so Luther, seien gefordert, sich gegenseitig zu ertragen, weil sie, wie alle Menschen, als Sünder in ihrem Denken und Handeln einander zur Last fallen können. Dagegen transzendierte Luthers Begriff der „tolerantia Dei" und „divina" die Sprachtradition mittelalterlicher Theologie: Für ihn erwies sich Gott darin als lebensbewahrend tolerant, daß er, obwohl „das Dichten und Trachten des menschlichen Herzens von Jugend auf böse ist", „um der Menschen willen die Erde nicht mehr verfluchte" (Gen 8,21), daß er vielmehr, anstatt gebührend zu strafen, das gottwidrige Denken und Handeln der Menschen leidend ertrug, daß er Vergebung gewährte und den reuigen Sündern Rechtfertigung zuteil werden ließ.

Übrigens ist das deutsche Lehnwort *Toleranz* von Luther geprägt worden. Hinsichtlich des rechten Glaubens, der ihm als unerzwingbar galt, verwarf Luther alle obrigkeitliche Nötigung[2]: Ketzerei lasse sich nicht durch Feuer und Schwert, sondern allein durch religiöse Überzeugungsarbeit bekämpfen[3]. Notorische Irrlehrer sollten, weil sie das Evangelium verdunkelten und verfälschten, des Landes verwiesen werden, die Todesstrafe nur als *ultima ratio* – wenn die öffentliche Ordnung bedroht war – Anwendung finden. „Charitas [...] omnia tolerat, fides [...] nihil tolerat"[4]. Daß der Glaube, anders als die Liebe, schlechterdings unduldsam sein müsse, lag für Luther gerade in seinem Begriff der *tolerantia Dei* begründet: Ein gleichgültiges „Glaubt, was ihr wollt" wäre blasphemisch, weil es sich über Gottes leidendes Erdulden des Bösen achtlos hinwegsetzen würde.

Im Fortgang des Reformationsprozesses verengte sich Luthers eigene Toleranz gegen Andersglaubende, Juden und Ketzer dann allerdings immer mehr. Erst recht haben Zwingli und, mehr noch, Calvin die Grenzen religiöser Duldungsbereitschaft betont. Weil Gott seinem Volk eine „certa pietatis regula" anvertraut habe, stünden die Magistrate in der Pflicht, alle Irrlehrer, welche die „pax ecclesiae" störten und den „pietatis consensus" zerrissen, mit dem Schwert zu bestrafen[5]. Demgemäß präzisierten und verschärften dann die protestantischen Orthodoxien die zwangsrechtlichen Bestimmungen, mit denen allen Formen religiöser Pluralität wirksam gewehrt werden sollte.

SCHREINER / G. BESIER, Art. Toleranz (GGB 6, 2004, 445–605). – M. OHST, Art. Toleranz / Intoleranz IV. Geschichtlich (RGG⁴ 8, 2005, 461–464).
[2] WA 11; 264,1–5 (1523).
[3] WA 1; 624,4–625,20 (1518).
[4] WA 14; 669,14f (1525).
[5] J. CALVIN, Defensio orthodoxae fidei de sacra trinitate, contra predigosos errores Michaelis Serveti Hispani [...] (1554) (CR 36, 1870, 475. 467f).

Parallel dazu entstand eine andere, vom Humanismus in die Aufklärung führende Linie der Argumentation. Angesichts der drohenden Kirchenspaltung trat Erasmus dafür ein, in theoretischen Religionsfragen unterschiedliche Ansichten friedlich zu dulden und im Konfliktfall der Entscheidung der zuständigen kirchlichen Gremien Folge zu leisten. Sebastian Castellio, herausgefordert durch die in Genf 1553 inszenierte Verbrennung des unitarischen Mediziners Michel Servet, führte den erasmischen Ansatz fort, indem er den Häresiebegriff relativierte: Da es für die einander ausschließenden dogmatischen Wahrheitsansprüche keine objektive Schiedsinstanz gebe, komme es darauf an, den der Vernunft evident zugänglichen ethischen Kern der Religion lebenspraktisch zu realisieren[6]. Auf der Linie solcher Konsensus-Toleranz erklärte dann auch der frühaufklärerische Pietismus die *praxis pietatis* zum eigentlichen Identitätsmerkmal wahren Christentums; die damit einhergehende faktische Adiaphorisierung der theologischen Lehrfragen wäre für Luther, den Spener und seine Schüler so gern als Kronzeugen bemühten, ganz unvorstellbar gewesen.

Für die Entstehung der aufklärerischen Rechts- und Staatstheorien stellt der Leidensdruck, den die schlichtungsresistenten kontroverstheologischen Streitigkeiten auslösten, eine kaum zu überschätzende Voraussetzung dar; selbst der in England entstandene Deismus war ursprünglich als ein konsensträchtiger Ausweg aus den blutigen Religionskriegen konzipiert. Hugo Grotius konstruierte Staat und Recht aus der als selbstevident behaupteten *lex naturae*. Infolgedessen schienen ihm auch deren Forderungen notfalls mit Zwang durchgesetzt werden zu dürfen, hingegen keinesfalls die Wahrheitsansprüche der konkurrierenden geschichtlich-positiven Religionen, für deren tolerante Koexistenz er dem Staat eine öffentliche Aufsichts- und Fürsorgepflicht zusprach. Ähnlich votierte der Toleranztheoretiker John Locke[7], für den irdische Wohlfahrt und ewiges Heil die streng getrennten Kompetenzbereiche von Staat und Religion darstellten; nur bei drohender Staatsgefährdung sei die Obrigkeit berechtigt, religiöse Gemeinschaften einzuschränken und zu bekämpfen. Darüber hinausgehend hat Pierre Bayle[8] nicht nur die Tolerierung unterschiedlicher religiöser Wahrheitsansprüche gefordert, sondern auch die sittliche Gleichstellung von Christen und Atheisten propagiert. Aufgrund derselben Überzeugung wurde 37 Jahre später Christian Wolff aus Preußen vertrieben – wozu allerdings weit mehr noch als die Anstößigkeit seiner Chi-

---

[6] S. Castellio, De haereticis an sint persequendi [...] (1554), hg. v. S. van der Woude, 1954.
[7] J. Locke, Epistola de tolerantia, 1689.
[8] P. Bayle, Commentaire philosophique [...], 1686.

nesenrede die eifersüchtige Intriganz der Halleschen Pietisten den Ausschlag gegeben hatte[9].

Die geschichtliche Konkretion der frühneuzeitlichen Toleranzdebatte vollzog sich in einer ansehnlichen Serie von Toleranzedikten, die allesamt in dem Versuch übereinkamen, die religiösen Konflikte, die sich weder durch obrigkeitliche Gewalt unterbinden noch in theologischer Verständigung ausräumen ließen, doch wenigstens in ihrer politischen Sprengkraft zu entschärfen. Der zwischen Altgläubigen und Augsburger Konfessionsverwandten vermittelnde Augsburger Religionsfriede (1555)[10] erweiterte den 1495 garantierten Ewigen Landfrieden in das Gebiet der Religion. Das Ketzerrecht fand damit auf Lutheraner keine Anwendung mehr. Alle Konflikte, die sich künftig in der Auslegung und Anwendung des Religionsfriedens ergäben, sollten durch das ebenfalls 1495 installierte Reichskammergericht reguliert, keinesfalls aber durch militärische Gewaltmaßnahmen gelöst werden. Der Augsburger Religionsfriede löste die seit dem Mittelalter bestehende Einheit von Kirche und Reich. Das war der Preis seines Erfolgs. Denn eben durch die mit dem politischen Friedens- und Gleichheitssystem garantierte konfessionelle Vielfalt blieb die bedrohte Einheit des Reiches gewahrt. Und der dadurch gestärkte religionskulturelle Föderalismus hat in der neuzeitlichen Geistesgeschichte vielfältige Früchte getragen.

Die Bedeutung des Augsburger Friedensschlusses war epochal: Zum ersten Mal entkoppelte er den religiösen Absolutheitsanspruch von politischer Macht. Zugleich gewährte er einen politisch geschützten Raum, in dem der Religionsstreit als geistige Auseinandersetzung geführt werden konnte: Nicht mit Waffen, nur noch mit Worten sollte fortan um die Wahrheit gekämpft werden; an die Stelle des Religionskrieges sollte die Kontroverstheologie treten. Freilich wurde dabei Toleranz nicht nur gewährt, sondern auch zugemutet: zwischen den Konfessionsstaaten als das äußerlich wehrlose Erdulden abweichender Glaubensweisen, innerhalb der einzelnen Territorien dagegen als die Erfahrung der nun massiv einsetzenden, oft genug von sozialer Gewalt begleiteten Konfessionalisierungsmaßnahmen. Der Westfälische Friede (1648) legalisierte dann auch die – faktisch bereits weithin praktizierte – Einbeziehung der Reformierten in die reichsrechtlich verankerte Koexistenz der Konfessionen. Zudem gestattete er nun auch eine von der landeseinheitlichen Kon-

---

[9] Vgl. A. BEUTEL, Causa Wolffiana. Die Vertreibung Christian Wolffs aus Preußen 1723 als Kulminationspunkt des theologisch-politischen Konflikts zwischen Halleschem Pietismus und Aufklärungsphilosophie (in: DERS., Reflektierte Religion. Beiträge zur Geschichte des Protestantismus, Tübingen 2007, 125–169).
[10] Vgl. DERS., Ende eines Glaubenskriegs. Der Augsburger Religionsfriede – Beginn einer neuen Zeit (NZZ Nr. 222 vom 23.09.2005, S. 36).

fession abweichende hausgemeindliche Religionsausübung, deren Erlaubnis ausdrücklich unter dem Stichwort der Gewissensfreiheit firmierte.

Etliche ausländische Toleranzedikte sekundierten diese Entwicklung, so der Landtagsbeschluß des Fürstentums Siebenbürgen (1557), das Edikt der Warschauer Konföderation (1573) oder das Edikt von Nantes (1598), das, eine Ära grausamer Religionskriege beendend, den Hugenotten weitgehende Religions-, Kultus- und Gewissensfreiheit verbriefte. Nach der Revokation des Edikts (1685) öffnete der Große Kurfürst mit dem Toleranzedikt von Potsdam (1685) den französischen Glaubensflüchtlingen die Wege nach Brandenburg-Preußen – wie sich bald zeigen sollte, zum handgreiflichen wirtschaftlichen und kulturellen Nutzen der „Streusandbüchse".

Überhaupt wäre Kurfürst Friedrich Wilhelm I. von Brandenburg als modernitätsträchtiger Toleranzpolitiker noch zu entdecken. Bereits 1645 hatte er als seine Überzeugung festgehalten: „Wir seind, Gott Lob, des Verstandes, daß Wir Uns über die Gewissen Unserer Untherthanen keines Imperii anmaßen, sondern dasselbige Gott allein anheim stellen". Seine beiden den lutherisch-reformierten Widerstreit befriedenden Berliner Toleranzedikte (1662/ 64) knüpften ausdrücklich an altkirchliche Vorbilder an: Bereits die ersten christlichen Kaiser hätten „die Dissentirenden bey ungleichen Meinungen, zur christlichen toleranz und Bescheidenheit" angehalten, „damit die Wahrheit im Friede gesucht und gefunden würde". Und auf die aktuellen Religionskonflikte bezogen, ließ der Große Kurfürst vernehmen, daß Gott „gleichwie in der reformirten Kirchen, also auch unter den lutherischen Theologen, dann und wann gelahrte Männer erwecket hat, welche Friedensschriften geschrieben, und erwiesen, daß der Evangelischen dissensus an sich selbst nicht fundamentalis sey, und eine tolerantia Ecclesiastica gar wol gestiftet werden könne"[11]. Selbst noch Sektierer sollten geschützt werden, solange sie sich religiöser Propaganda enthielten. Dagegen suchte der Große Kurfürst eine weitere Ausbreitung von Katholiken in Brandenburg zu verhindern; für Jesuiten gab es unter seiner Herrschaft kein Bleiberecht mehr.

Analoge Toleranzedikte ergingen auch anderswo. In England räumte Wilhelm III. von Oranien mit der Act of Toleration (1689) namhafte, wenn auch manche weitergehenden Erwartungen enttäuschende Religionsfreiheiten ein: Katholiken und Unitarier sahen sich von jeder Duldung ausgeschlossen, die Quäker erhielten nur streng konditionierte Glaubensrechte, und nach wie vor blieb allen Nicht-Anglikanern der Zugang in öffentliche Ämter verwehrt. Auf katholischer Seite ragten die Toleranz-Patente Josephs II. von Österreich als zukunftsweisend hervor. Um die absolutistische Staatsorganisation seines

---

[11] Zit. nach SCHREINER / BESIER (s. Anm. 1), 497.

Landes zu straffen, unterzog er den österreichischen Katholizismus einer viele Privilegien kassierenden Staatskirchenreform, gegen die selbst Papst Pius VI., der 1782 eigens deshalb nach Wien gereist war, vergeblichen Einspruch erhob. Andererseits gewährte Joseph II. in den auf Stabilisierung des Staatssystems zielenden Toleranzpatenten für Lutheraner, Reformierte und Griechisch-Orthodoxe (1781) sowie für Juden (1782) die bürgerliche Gleichstellung mit den Katholiken und neben der vollen Glaubens- auch eine beschränkte Kultusfreiheit. Weitere religiöse Gemeinschaften war Joseph II. nicht zu tolerieren bereit – und dies mit dem bemerkenswert pragmatischen Argument, er könne nur diejenigen Konfessionen dulden, die sich anderwärts als staatstragend bewährt hätten.

Im Ausgang des Aufklärungszeitalters haben dann die Postulierung der allgemeinen Menschenrechte in den USA und die von der Französischen Revolution intendierte generelle Glaubens-, Gewissens- und Kultusfreiheit die moderne Epoche der verfassungsmäßig garantierten, menschenrechtlich begründeten Religionsfreiheit eingeleitet.

2. Konkretionen

a) Religionstheologie[12]

Um die frühneuzeitliche Toleranzdebatte recht zu verstehen, ist ein Blick auf die religionstheologischen Begründungszusammenhänge, in denen sie wurzelt, ganz unerläßlich. Weder in der Scholastik noch im spätmittelalterlichen Humanismus noch bei den Reformatoren haben Begriff und Thema der Religion eine tragende Rolle gespielt. Zwar kannte Calvin, humanistische Impulse aufgreifend, ein dem Menschen ins Herz gelegtes *semen religionis*[13]. Doch sah er diesen keimhaften „Hang zur Religion" durch den Sündenfall derart verdorbt, daß er allein durch die in der Bibel niedergelegte göttliche Offenbarung restituiert werden könne[14]. Auch Luther sprach die dem Menschen naturhaft eingeborene Fähigkeit der Gotteserkenntnis als *religio* an[15], über deren Wahrheit freilich allein der christliche Gottesglaube entscheide: „Extra Christum omnes religiones sunt idola"[16].

---

[12] Dieser Abschnitt ist geschöpft aus A. BEUTEL, Kirchengeschichte im Zeitalter der Aufklärung. Ein Kompendium, ²2009, 240–246.
[13] J. CALVIN, Christianae religionis Institutio, 1536, I.5.1.
[14] AaO I.3.2.; I.6.2.
[15] Z.B. WA 19; 206,12 (1526).
[16] WA 40,2; 110,10–111,1 (1535).

In Fortführung humanistischer und reformatorischer Tendenzen verstand die altprotestantische Orthodoxie das natürliche Gottesbewußtsein des Menschen als Religion. Dabei kam nun auch eine graduell abgestufte Zuordnung von natürlicher und geoffenbarter *cognitio Dei* zur Geltung: Nach Johannes Musaeus verkörpert die aus angeborenen Ideen und Lebenserfahrung gespeiste *notitia Dei naturalis* nicht etwa eine Spielart der *religio falsa*, vielmehr eine durch den Sündenfall zwar beschädigte, aber nicht zerstörte Vorstufe der *notitia Dei revelata*[17]. Diese signifikante Annäherung an den in der Aufklärung zum Durchbruch geführten Allgemeinbegriff der Religion wurde allerdings durch die Auffassung wirkungsvoll retardiert, die Gotteserkenntnis der christlichen Religion, in der sich die *religio vera* vollende, sei auf die biblische Offenbarung gegründet. Erst in der frühaufklärerischen Dogmatik wurde der Religionsbegriff derart verselbständigt, daß die *religio naturalis* als die Basis aller Religion in Erscheinung trat. Der in Jena lehrende Johann Franz Buddeus eröffnete seine *Institutiones theologiae dogmaticae* (1723) mit dem umfänglichen Kapitel *De religione et theologia*. Dabei stellte er fest, die dem Menschen ins Herz geschriebene *religio naturalis* sei, obschon an sich zur Erlangung des Heils unzureichend, insofern doch unentbehrlich, als sie diejenigen Kenntnisse umfasse, die das Fundament aller Religionen darstellten. Deshalb setze die *religio naturalis* den Menschen überhaupt erst dazu instand, unter den verschiedenen Religionsgestalten die von Gott geoffenbarte Religion als *religio vera* identifizieren zu können. Diese toleranztheologische Tendenz, die natürliche Religion als das Kriterium der geoffenbarten Religion zur Geltung zu bringen, hat Buddeus dann aber in der materialen Entfaltung seiner Dogmatik nicht weiter verfolgt. Andernfalls wäre die Konsequenz, die Theologie in Religionsphilosophie umzuformen, am Ende unausweichlich geworden. Die Aufklärungsphilosophie hat sich diesen Weg bekanntlich zu eigen gemacht. Daß die protestantische Theologie in Deutschland gleichwohl vor der fatalen Alternative bewahrt worden ist, sich entweder in Religionsphilosophie aufzulösen oder in anachronistischen Orthodoxien zu verkrusten, darin besteht die vielleicht bedeutendste geschichtliche Leistung der Neologie.

Die religionstheologische Reflexion der Neologie bedeutete eine epochale, die überkommenden Gestalten des Christentums modernitätsfähig machende, in ihrer Wirkung bis weit ins 19. Jahrhundert ausstrahlende Umformungsarbeit. Unter vier Aspekten läßt sich ihre Eigenart kurz und exemplarisch umreißen.

---

[17] J. MUSAEUS, Introductio in Theologiam […], 1679, 32.

Zum einen zielte das Interesse der Neologie auf eine Wiedergewinnung der *religio Christi*. Das Unbehagen, das die Vertreter der *religio naturalis* gegenüber den Spielarten einer *religio revelata* artikulierten, gründete nicht zuletzt darin, daß dort der religiöse Lehrbestand als objektiv gegeben behauptet und darum dessen identische Aneignung autoritativ gefordert wurde, während die *religio naturalis* auf religiöse Subjekte gemünzt war, die ihre Glaubenssätze selbsttätig aus sich hervorbringen und sich darin als autonom erfahren. Diesen toleranzgewährenden Impuls machte sich die Neologie insoweit zu eigen, als sie zwischen der ursprünglichen Religion Jesu und den Lehrbildungen der kirchlich-dogmatischen Tradition kategorial unterschied: Nicht durch autoritative Zwangsmaßnahmen, sondern durch selbsttätige innere Einstimmung könne die Lehre Jesu den Menschen verbindlich gemacht werden. Im Mittelpunkt stand dabei die Betonung der religiösen Urbild-Funktion Jesu, die zu einer selbständigen Aneignung seines Gottesbewußtseins einladen und instandsetzen sollte.

Selbstverständlich hat die Neologie diese Akzentuierung der Religion Jesu nicht unisono, sondern in der ganzen Bandbreite, die ihr eigen war, zum Ausdruck gebracht. Im Sinne des theologischen Rationalismus suchte Heinrich Philipp Konrad Henke die „evangelische Einfachheit" der Glaubenslehre dadurch zu restituieren, daß er die überkommenen kirchlichen Lehrverkrustungen aufbrach und somit die *religio in Christum* zu der ursprünglichen, vernunftgemäßen *religio Christi* zurückführte. Andere, gemäßigte Stimmen opponierten hingegen mit allem Nachdruck gegen eine Gleichsetzung von natürlicher Religion und Religion Christi. So kritisierte Johann Friedrich Gruner die natürliche Religion als ein aus „Spolien" der biblischen Offenbarung zusammengeflicktes Philosophenkonstrukt. Demgegenüber wollte er die ursprüngliche Religion Christi dadurch zur Geltung bringen, daß er den platonisch-aristotelisch überformten Lehrbestand der Kirche durch „grammatikalisch-historische" Interpretation der Bibel auf seine „apostolische Einfachheit und Reinheit" zurückführte.

Aber auch andere theologische Richtungen des 18. Jahrhunderts vermochten die Unterscheidung von *religio Christi* und *religio in Christum* fruchtbar zu machen. Nikolaus Ludwig Graf von Zinzendorf würdigte in der siebten seiner *Londoner Reden* (1746) zwar das geschichtliche Recht der verschiedenen Konfessionen, betonte aber zugleich, daß der „Character eines Christen" nicht darin bestehe, Christus als seinen Lehrer, Propheten und Gesetzgeber und damit als den „Urheber [...] von unserer Religion" anzuerkennen, sondern allein darin, daß der Christ „in seinem Herzen gechristet" ist. Anstatt darum die Religion Christi in theologische Lehrsysteme zu fassen, müsse der

Unterricht in der christlichen Religion darauf aus sein, „daß die Leute ein *Gefühl* von Jhm kriegen"[18].

Zum zweiten versuchte die Neologie die konstruktiven Impulse des Konzepts einer *religio naturalis* dadurch in die christliche Theologie einzuholen, daß sie die im Konfessionellen Zeitalter angedachte[19], von Übergangstheologen wie Buddeus reflektierte und vom Pietismus praktizierte[20] Unterscheidung zwischen Religion und Theologie als ein fundamentaltheologisches Prinzip umfassend zur Geltung brachte. Die Unterscheidung zielt, kurz gesagt, darauf ab, daß Theologie als die wissenschaftlich professionalisierte Beschäftigung mit Religion verstanden wird, Religion hingegen als der vorwissenschaftliche und darum von Theologie unabhängige Lebensvollzug des religiösen Subjekts. Ein zweifach emanzipatorischer Effekt verbindet sich damit. Die als „eine Angelegenheit des Menschen" verstandene Religion[21] vollzieht sich prinzipiell unabhängig von der jeweils gültigen kirchlich-dogmatischen Lehrgestalt und entgeht damit der Gefahr, mit jeder individuellen Glaubensäußerung sogleich dem Häresieverdacht zu verfallen. Die Theologie wiederum kann, wie von Johann Salomo Semler programmatisch entfaltet[22], eine „freiere" Lehrart ausbilden, die, indem sie die Theologie als den Inbegriff derjenigen gelehrten Kenntnisse, die einem Lehrer der christlichen Religion unentbehrlich sind, definiert, ihren Gegenstand einer streng historisch-kritisch verfahrenden Darstellungsweise zu unterziehen vermag, ohne dadurch die Grundwahrheiten der christlichen Religion zu gefährden. Mit der sein gesamtes theologisches Werk durchziehenden Explikation der Unterscheidung von Religion und Theologie hat Semler die Professionalisierung einer nicht auf dogmatische Fixierung des christlichen Glaubens, sondern auf die Befähigung zu religionstheologischer Urteilskraft abzielenden Glaubenslehre nachhaltig befördert.

Zum dritten vollzog die Neologie die Fundamentalunterscheidung von privater und öffentlicher Religion. Sie hängt darin eng mit der soeben dargestellten zusammen, daß der differenzbildende Leitgesichtspunkt, der dort zwi-

---

[18] N. L. VON ZINZENDORF, Hauptschriften in sechs Bänden, hg. v. E. BEYREUTHER / G. MEYER, Bd. 6, 1963, 133–156.

[19] Z.B. G. CALIXT, Epitome theologiae ex ore dictantis ante triennium excepta [...] (1619), hg. v. G. TITIUS, 1661, 5–21.

[20] Nämlich durch seine Konzentration auf eine vor und in der Theologie selbständig zu übende *praxis pietatis*.

[21] J. J. SPALDING, Religion, eine Angelegenheit des Menschen (^{1}1797–^{4}1806), hg. v. T. JERSAK / G. F. WAGNER (SpKA I/5), 2001.

[22] J. S. SEMLER, Institutio ad doctrinam christianam liberaliter discendam, 1774 (dt. 1777). – Vgl. G. HORNIG, Zur Begründung der Unterscheidung von Religion und Theologie (in: DERS., Johann Salomo Semler. Studien zu Leben und Werk des Hallenser Aufklärungstheologen, 1996, 160–179).

schen Religion und Theologie unterscheiden ließ, nun gleichsam innerhalb des Religionsbegriffs zur Geltung gebracht wird. Das Stichwort *Privatreligion* steht dabei für die selbständige, individuelle Anverwandlung der Grundwahrheiten des Christentums. Mit der hierfür als konstitutiv gesetzten Gewissensverantwortung des religiösen Subjekts wollte Semler einerseits dem äußerlich bleibenden Gewohnheitschristentum seiner Zeit wehren, andererseits in modernisierter Form die von der Reformation betonte Unvertretbarkeit des einzelnen *coram Deo* in Erinnerung bringen. Demgegenüber erfülle die in der Verantwortung des landesherrlichen Kirchenregiments liegende *öffentliche Religion* eine kirchenerhaltende Funktion. Die kirchlichen Bekenntnisse und Lehrsätze hätten nicht den Zweck, das Privatchristentum des einzelnen zu normieren, sondern dienten, indem sie eine gemeinsame Kirchensprache bereitstellen, allein der Konstituierung und Konsolidierung einer äußeren Kirchengemeinschaft. Da sich nun aber die privatsprachliche Aneignung der christlichen Grundwahrheiten jeder allgemeinverbindlichen Normierung entziehe und deshalb wohl kommunikabel, nicht aber gemeinschaftsbildend sein könne, müßten die öffentlichen Repräsentanten der Religion auf den Lehrbegriff ihrer Konfession verpflichtet bleiben[23].

Während für Semler das Privatchristentum nur in seiner disjunktiven Verbindung mit der öffentlichen Religion sinnvoll gedacht werden konnte, war es außerhalb von Kirche und Theologie einem Prozeß zunehmender Verselbständigung unterworfen. Das zeigte sich beispielhaft in der Erzählung *Der Landprediger* (1777) von Jakob Michael Reinhold Lenz. Während der dort auftretende alte Spezialsuperintendent das Wort *Religion* noch ganz selbstverständlich als Äquivalent für *Konfession* gebraucht, versteht der Held der Geschichte, der junge Landprediger Johannes Mannheim, das Wort *Religion* bereits als den Inbegriff seiner „Stimmung des Herzens": Er hatte „seine Religion nach seinem Herzen zusammengesetzt"[24].

Als einen Gipfel- und Endpunkt in dem Privatisierungsprozeß der Religion mag man die bekannten, *Mein Glaube* überschriebenen Verse Friedrich Schillers ansehen: „Welche Religion ich bekenne? Keine von allen, / die du mir nennst! ‚Und warum keine?' Aus Religion"[25]. Ein Privatglaube, der seine Authentizität nur noch durch die Negation aller öffentlichen Religion zu behaupten vermag, hat seine Vermittlungsfähigkeit eingebüßt. Hätte sich die christliche Religion insgesamt auf diesen konsequenten Privatisierungsprozeß eingelassen, wäre sie alsbald nicht mehr tradierbar gewesen.

---

[23] J. S. SEMLER, Ueber historische, geselschaftliche [sic] und moralische Religion der Christen, 1786.
[24] J. M. R. LENZ, Der Landprediger (in: DERS., Werke und Briefe in drei Bänden, hg. v. S. DAMM, Bd. 2, 1987, 458f. 415).
[25] F. SCHILLER, Sämtliche Werke, Bd. 3, 1968, 299.

Zum vierten schließlich bestimmte bereits die Neologie – und also nicht erst der junge Schleiermacher – das Wesen der Religion als Gefühl. Johann Joachim Spalding brachte dabei lediglich am pointiertesten zum Ausdruck, worin er mit der ganzen Aufklärungstheologie übereinkam. Sein Interesse war v. a. darauf gerichtet, das religiöse Gefühl gegen die säkularen und religiösen Spielarten einer schwärmerischen Empfindsamkeit zu profilieren. Das erste betreffend, stellte er in durchaus rhetorischer Absicht die Frage, ob denn wirklich „der zärtliche Blick eines Schooßhundes, oder das sanfte Geräusch eines Gartenbachs, oder das begeisternde Anstaunen eines Stücks Bildsäule und Gemählde, oder eine Unterredung mit dem Monde [...] alles das ersetzen [soll], was uns durch den Verlust des herrlichen Gefühls von einer anordnenden und segnenden Gottheit abgehet"[26]. Doch die Distanzierung von der zeitgenössischen Kultur der Empfindsamkeit hat ihn insgesamt nur am Rande bewegt. Ungleich stärker lag ihm die innerreligiöse Unterscheidung von einem schwülstigen, pietistisch gefärbten Gefühlskult am Herzen. Zwar hielt auch Spalding die Erfahrungsdimension für religiös konstitutiv[27]. Jedoch wollte er sicherstellen, daß es sich bei den religiösen Gefühlen nicht nur um „leere aufwallende Gemüthsbewegungen"[28] handelte. „Die Stärke und Lebhaftigkeit der Empfindung", so Spalding, „beweiset nicht ihren besonderen göttlichen Ursprung". Um seine religiösen Empfindungen von den dunklen Gefühlen unterscheiden zu können, müsse man „seine Rührungen aus den dabey zum Grunde liegenden Erkenntnissen zu erklären" wissen. Dafür gab Spalding zwei deutliche Kriterien aus: Ein Gefühl verdiene dann und nur dann religiös genannt zu werden, wenn es einerseits aus dem Wort Gottes entstanden sei und andererseits „auf eine rechtschaffene Richtung unserer Seele zu Gott" abziele. „Ich muß nicht [...] fragen: Wie sonderbar, wie übernatürlich ist mir zu Muthe? Als vielmehr: Wohin führt mich diese Regung? [...] Was wird aus mir, wenn ich ihr folge?"[29]

Man wird die opulente religionstheologische Reflexion des 19. und 20. Jahrhunderts[30] nicht zureichend würdigen können, solange man die neologische Basisarbeit, von der sie zehrte, nicht zureichend kennt.

---

[26] J. J. SPALDING, Vertraute Briefe, die Religion betreffend ([1]1784–[3]1788), hg. v. A. BEUTEL / D. PRAUSE (SpKA I/4), 2005, 21.

[27] F. Th. BRINKMANN, Geglaubte Wahrheit – erlebte Gewißheit. Zur Bedeutung der Erfahrung in der deutschen protestantischen Aufklärungstheologie (Arbeiten zur Theologiegeschichte 2), 1994, v.a. 187–217.

[28] SPALDING, Religion (s. Anm. 21), 196,1f.

[29] DERS., Gedanken über den Werth der Gefühle in dem Christenthum ([1]1761–[5]1784), hg. v. A. BEUTEL / T. JERSAK (SpKA I/2), 2005, VIII; 38,34f; 120,9–21; 91,27–31.

[30] V. DREHSEN / W. GRÄB / B. WEYEL (Hg.), Kompendium Religionstheorie (UTB 2705), 2005.

b) Unionsbestrebungen[31]

Seitdem die Konfessionsbildung des 16. Jahrhunderts die kirchliche Einheit aufgelöst hatte, gab es Bestrebungen zu deren Wiederherstellung. Diese verstärkten sich zu Beginn sowie gegen Ende der Aufklärungsepoche, während sie in der ersten Hälfte des 18. Jahrhunderts merklich zurücktraten. Nicht in den Unionsbestrebungen als solchen – sie waren den Reichsständen im Augsburger Religionsfrieden und im Westfälischen Frieden zur Pflicht gemacht worden –, wohl aber in den besonderen Argumenten und Strategien, welche die Befürworter und Gegner einer katholisch-protestantischen Reunion vorbrachten, manifestierte sich ein religionsspezifischer Niederschlag des aufklärerischen Toleranzdenkens.

Nachdem sich die Konzilspläne der Reformationszeit immer weiter verzögert hatten, bemühten sich die weltlichen Obrigkeiten um die Wiederherstellung der kirchlichen Einheit, teils in den vom Kaiser initiierten Reichsreligionsgesprächen[32], teils in landesherrlich anberaumten Kolloquien (z.B. Leipzig 1539). Auch nach dem Scheitern der Religionsgespräche dauerten die kaiserlichen Vermittlungsbemühungen an, bis in der gegenreformatorischen Ära die kompromißunwillige, namentlich von Jesuiten getragene Forderung nach bedingungsloser Rückkehr der Protestanten alle Verständigungsbemühungen zu vereiteln schien.

Erst die politische Neuordnung von 1648 setzte wieder frische Unionsenergien frei. So sammelte sich um den Mainzer Erzbischof Johann Philipp Franz von Schönborn ein irenisch gesinnter Kreis, der mittels entsprechender Publikationen und Geheimverhandlungen sowie im brieflichen Austausch mit Professoren der philippistischen Helmstedter Schule einen Ausgleich der Konfessionen erstrebte. In Helmstedt entfaltete Georg Calixt, Impulse von Grotius aufgreifend, den Gedanken, eine Union lasse sich am besten auf der Grundlage des *consensus antiquitatis* errichten: Anders als die Lehrentscheidungen der Alten Kirche, die den zureichenden Grund der kirchlichen Einheit gelegt hätten, seien die später, namentlich in der Reformationszeit aufgetretenen Lehrunterschiede nicht fundamental[33].

Besondere Bedeutung gewann der Spanier Rojas y Spinola, der im Auftrag Kaiser Leopolds I. seit 1763 die deutschen Fürstenhöfe bereiste, um, neben anderen diplomatischen Aufgaben, die Möglichkeiten einer konfessionellen

---

[31] Dieser Abschnitt ist geschöpft aus BEUTEL, Aufklärung (s. Anm. 12), 250–253.
[32] Vgl. J. WAARDENBURG / O. LIMOR / I. DINGEL, Art. Religionsgespräche (TRE 28, 1997, 631–681).
[33] Ch. BÖTTIGHEIMER, Zwischen Polemik und Irenik. Die Theologie der einen Kirche bei Georg Calixt (Studien zur systematischen Theologie und Ethik 7), 1996.

Annäherung zu erkunden. Dabei kam es 1683 in Hannover zu einer mehrmonatigen Konferenz u.a. mit Gerhard Wolter Molanus[34]. Die dabei entwikkelte Unionsstrategie sah zunächst vor, die Protestanten gegen das Zugeständnis von Laienkelch, Priesterehe und landesfürstlichen Religionsrechten zur Eingliederung in die katholische Hierarchie zu bewegen; ein ökumenisches Konzil sollte dann die kirchliche Einheit vollenden. Leibniz, der seit 1688 in Kontakt mit Spinola stand, war ebenfalls nachhaltig um konfessionelle Versöhnung bemüht[35]: Die einzelnen Partikularkirchen verstand er gleichsam als Monaden, in denen sich, graduell abgestuft, die eine Universalkirche widerspiegelte. Nach dem Scheitern all dieser Pläne erfuhren die Unionsbestrebungen erst wieder nach der Mitte des 18. Jahrhunderts einen namhaften Aufschwung.

Breite Aufmerksamkeit erregte die Broschüre *Von der Kirchenvereinigung* (1772) des Neologen Johann Friedrich Wilhelm Jerusalem. Den zentralen Trennungsgrund erkannte er in der vermittlungsresistenten Differenz zwischen katholischer und evangelischer Ekklesiologie. Überdies artikulierte Jerusalem die unter Neologen verbreitete Sorge, eine zwanghafte Einheit in Lehrbegriffen, Organisation und kirchlicher Politik werde religiösen Flurschaden anrichten, weil sie die natürliche Meinungsvielfalt gewaltsam unterbinde, anstatt zwischen den unterschiedlichen Konfessionsgestalten einen toleranten und liebevollen Austausch zu fördern und die endliche Vereinigung der Parteien getrost der göttlichen Vorsehung zu überlassen.

Apart war der von dem Donauwörther Benediktinerpater Beda Mayr 1778 anonym unterbreitete Reunionsplan[36]. Er regte die Installation konfessioneller „Unions-Akademien" an, die jeweils einen „Unionslehrer" anstellen und jährliche Preisfragen ausloben sollten, und regelte das zwischen den Akademien zu vollziehende, unter der Aufsicht des Landesherrn (und nicht mehr des Bischofs) stehende ökumenische Interpolationsverfahren. Dieses originelle, wenn auch ein wenig weltfremd anmutende Reunionsprojekt wurde 1783 indiziert und auch auf evangelischer Seite eher verhalten rezipiert. Interessanterweise hat Mayr, auf innerkatholische Kritik reagierend, seine Reunions-

---

[34] K. Masser, Christóbal de Gentil de Rojas OFM und der lutherische Abt Gerardus Wolterius Molanus, 2002.

[35] F. X. Kiefl, Der Friedensplan des Leibniz zur Wiedervereinigung der getrennten christlichen Kirchen, 1903, ND 1975; R. Catsch, Die Bedeutung von Leibniz, Molanus und Jablonski bei den kirchlichen Unionsbestrebungen im 17. und 18. Jahrhundert (in: G. Besier / Ch. Gestrich [Hg.], 450 Jahre Evangelische Theologie in Berlin, 1989, 105–123).

[36] [B. Mayr], Der erste Schritt zur künftigen Vereinigung der katholischen und der evangelischen Kirche, gewaget von – Fast wird man es nicht glauben, gewaget von einem Mönche, 1778, ²1779.

strategie später[37] nicht unerheblich modifiziert: Von Unionsakademien und -professoren war nicht mehr die Rede, statt dessen propagierte er nun die freiwillige Rückkehr der Protestanten zur katholischen Kirche.

Erfolglos blieb auch das von dem Katholiken Peter Böhm und dem Protestanten Johann Rudolf Anton Piderit seit 1776 geplante reunionistische Sozietätsprojekt, das umgehend Maßnahmen der kurialen Geheimdiplomatie auslöste. Der im wesentlichen von Piderit erarbeitete, 1781 anonym publizierte *Entwurf und Plan zum Versuche einer zwischen den streitigen Theilen im Römischen Reiche vorzunehmenden Religions-Vereinigung* sah detaillierte Maßnahmen zur konfessionellen Annäherung vor. Signifikant war dabei insbesondere die für die Lehrverständigung vorgesehene Methode, die den biblischen Urtext zur einzigen Norm erklärte, jedoch zur Beweisführung auch die Vulgata sowie die Kirchenväter als „Zeugen der Wahrheit" zulassen wollte. Insgesamt vertrat der *Entwurf* das konsensökumenische Modell einer „Kirche von Brüdern", das letztlich eine Fusion der evangelischen und katholischen Kirchentümer herbeiführen sollte. Daß Piderit die ökumenischen Konfliktpotentiale naiv unterschätzte, liegt auf der Hand. Interessant ist gleichwohl das dezidiert antiaufklärerische Hauptmotiv seiner reunionistischen Aktivitäten: Im Verein mit irenisch gesinnten Katholiken hoffte er die christliche Religion gegen die sich ausbreitende Neologie verteidigen und stärken zu können.

Seit den 1780er Jahren verstärkten sich wieder die reunionistischen Dissonanzen, die teils Ausdruck, teils auch Anlaß einer allgemeinen ökumenischen Desillusionierung gewesen sein dürften. Spektakulär waren die Kontroverspredigten des Augsburger Dompredigers Alois Merz. Bei regem öffentlichen Interesse wurde in Augsburg viermal im Jahr, nämlich zu Weihnachten, Ostern, Pfingsten und Hilaria (12. August) – letzteres offenbar als kontroverstheologische Replik auf das im bikonfessionellen Augsburg am 8. August begangene evangelische Friedensfest – die Tradition einer ritualisierten kontroverstheologischen Polemik gepflegt. Im Laufe der 1780er Jahre erweiterte sich die antiprotestantische Polemik Merz' dann zusehends in den nun auch publizistisch ausgetragenen Kampf gegen die Aufklärung insgesamt, also auch gegen deren beginnende innerkatholische Rezeption.

Erst die jüngste Forschung hat den Nachweis geführt, daß Semlers *Freimütige Briefe über die Religionsvereinigung der dreien streitigen Theile im römischen Reiche* (1783) eine direkte und ausdrückliche Reaktion auf den Uni-

---

[37] [B. MAYR], Vertheidigung der natürlichen, christlichen, und katholischen Religion. Nach den Bedürfnissen unsrer Zeiten, 3 Bde., 1787/89.

onsplan von Piderit waren[38]. Anders als noch Jerusalem hat Semler jenes Reunionsprojekt rundheraus abgelehnt und nicht einmal mehr Bedingungen der Möglichkeit einer konfessionellen Vereinigung formuliert: Die dem Wesen des Christentums gemäße privatreligiöse Individualität mache den Vereinigungsplan, ganz zu schweigen von dessen äußerer, zu einer inneren Unmöglichkeit. Auch das Argument Piderits, die vereinigten Kirchentümer könnten der Gefahr des Deismus ungleich wirkungsvoller begegnen, wies Semler zurück, weil sich geistige Konflikte niemals nur durch äußere Mittel entschärfen und klären ließen.

Gerade die spätaufklärerischen Reunionsversuche bildeten in der Geschichte der ökumenischen Bemühungen eine markante Etappe, zugleich freilich auch einen Wendepunkt im Verhältnis der Konfessionen im Reich. Sie scheiterten nicht allein an dem – höchst unterschiedlich motivierten – Widerstand des katholischen Konservatismus und der protestantischen Neologie, sondern durchaus auch an fehlendem politischen Rückhalt. In ihrem geschichtlichen Mißlingen dürften sich die konfessionalistischen Verhärtungen des 19. Jahrhunderts teilweise bereits angekündigt haben. Immerhin hatte der Unionsgedanke in den bi- bzw. trikonfessionellen Fakultäten von Würzburg (1803–1806) und Heidelberg (1803–1807) kurzzeitig universitätspolitische Gestalt angenommen.

Neben den katholisch-protestantischen Unionsbestrebungen gab es im Zeitalter der Aufklärung auch zahlreiche Versuche, die beiden protestantischen Konfessionskirchen zu vereinen. Allerdings war den entsprechenden Religionsgesprächen, die der Landgraf von Hessen (1661), der brandenburgische Große Kurfürst (1662/63) und der preußische König Friedrich I. (1703) anberaumt hatten, ebensowenig Erfolg beschieden wie dem Bemühen des Tübinger Universitätskanzlers Christoph Matthäus Pfaff, die Delegierten des *Corpus Evangelicorum* beim Regensburger Reichstag für den innerprotestantischen Unionsgedanken zu gewinnen.

Doch unter dem Einfluß der Aufklärung schritt die ideelle Annäherung der Evangelischen allenthalben voran, und seit mit dem Ende des Alten Reichs (1806) sämtliche Hoheitsrechte in den Händen der Territorialherren lagen, waren auch die äußeren Voraussetzungen günstig wie nie zuvor. Nachdem es bereits mehrfach zu einer Verwaltungsunion der kirchlichen Zentralbehörden gekommen war, wurde die von Friedrich Wilhelm III. nachhaltig betriebene Planung und Einführung der preußischen Union (1817) zum Schrittmacher

---

[38] Ch. SPEHR, Aufklärung und Ökumene. Reunionsversuche zwischen Katholiken und Protestanten im deutschsprachigen Raum des späteren 18. Jahrhunderts (BHTh 132), 2005, 338–373.

anderer landeskirchlicher Unionen, so in Nassau (1817), Kurhessen und der Pfalz (1818), in Waldeck-Pyrmont und Baden (1821), Rheinhessen (1822) und Anhalt (ab 1820).

c) Das Woellnersche Religionsedikt[39]

Mit dem Regierungsantritt Friedrich Wilhelms II. 1786 änderte sich das kirchenpolitische Klima in Preußen. Die restriktive Tendenz, die sich darin manifestierte, war anderwärts bereits früher zum Ausdruck gekommen. Der am Kasseler Collegium Carolinum lehrende Piderit hatte das *Corpus Evangelicorum* 1776 förmlich ersucht, dem umstürzlerischen Potential, das er dem neologischen Zeitgeist zuschrieb, entgegenzutreten. Entsprechende Maßnahmen ergingen Anfang der 1780er Jahre in Württemberg, Brandenburg-Bayreuth und anderen Territorien. Insofern war der religionspolitische Kurswechsel in Preußen weder einzigartig noch originell. Allerdings mußte es hier in besonderem Maße erstaunlich erscheinen, daß die unter Friedrich Wilhelm I. und Friedrich dem Großen jahrzehntelang gepflegte Kultur der Aufklärung kraft obrigkeitlicher Anordnung nun kurzerhand alteriert werden sollte. Das Woellnersche Religionsedikt avancierte zum Inbegriff kirchenpolitischer Reaktion.

Der Pfarrersohn Johann Christoph Woellner (1732–1800) wandte sich nach einigen Jahren kirchlichen Dienstes der Landwirtschaft zu und erwarb sich fundierte Kenntnisse sowie fachlichen Respekt als Nationalökonom. Prinz Heinrich von Preußen holte ihn 1770 als Kammerrat nach Berlin. Im Geheimbund der Rosenkreuzer wurde er für den preußischen Kronprinzen Friedrich Wilhelm, der sich dem Orden 1781 inkorporiert hatte, zum entscheidenden Mentor: Zwischen 1783 und 1786 hielt er ihm regelmäßig Vorträge über Staatswesen und Regierungskunst. Woellners ungedruckte *Abhandlung von der Religion* (1785) sollte den Prinzen über die von der Aufklärung substantiell bedrohte Lage des Christentums in den preußischen Staaten informieren und umriß bereits die Grundlinien des im Religionsedikt dann kodifizierten Programms. Gleich zu Beginn der Herrschaft Friedrich Wilhelms II. (1786–1797) wurde Woellner nobilitiert, zum Geheimen Oberfinanzrat und Chef des Baudepartements ernannt und mit der Aufsicht über die königliche Dispositionskasse betraut. Die Berufung zum Chef des geistlichen Departements

---

[39] Dieser Abschnitt ist geschöpft aus BEUTEL, Aufklärung (s. Anm. 12), 262–266. – Vgl. dazu jetzt die eindringende, aus allen verfügbaren Quellen gearbeitete Studie von U. WIGGERMANN, Woellner und das Religionsedikt. Kirchenpolitik und kirchliche Wirklichkeit im Preußen des späten 18. Jahrhunderts (BHTh 150), 2010.

in lutherischen und katholischen Angelegenheiten brachte ihn am 3. Juli 1788 ans Ziel seiner beruflichen Wünsche. Bereits sechs Tage später erging unter dem Titel *Die Religionsverfassung in den Preußischen Staaten betreffend* das von Woellner erstellte und darum zu Recht nach ihm benannte Religionsedikt[40].

Als vermeintliches Schlüsseldokument antiaufklärerischer Reaktion wurde und wird es bis heute simplifiziert. Tatsächlich verband das Woellnersche Religionsedikt bemerkenswerte religiöse Toleranzgarantien mit scharf konturierten Anweisungen zum Schutz des konfessionskirchlichen Protestantismus. Das Edikt verfügt zunächst – übrigens erstmals und bei ausdrücklicher Paritätsgewährung – die verfassungsrechtliche Unversehrtheit der reformierten, lutherischen und römisch-katholischen Konfessionskirchen (§ 1) und versichert die „öffentlich geduldeten Secten" der Juden, Herrnhuter, Mennoniten und Böhmischen Brüder der „den Preußischen Staaten von jeher eigenthümlich gewesene[n] Toleranz", wie denn überhaupt im Rahmen staatsbürgerlicher Loyalität „Niemanden der mindeste Gewissenszwang zu keiner Zeit angethan werden" dürfe (§ 2). Das Recht auf freien Konfessionswechsel wird garantiert, amtskirchliche Proselytenmacherei hingegen verboten (§§ 3f), die in Preußen herrschende „gute Harmonie" zwischen den Konfessionen ausdrücklich gelobt (§ 5). Dann aber verschärft sich zusehends der Ton. In den Agenden der protestantischen Kirchen soll der „alte Lehrbegriff" sorgfältig bewahrt werden (§ 6). Diese Verpflichtung, die allenfalls sprachliche Modernisierungen tolerierte, erschien Woellner um so wichtiger, als er die „Grundsäulen des Glaubens der Christen" von der „Lehrart" der Aufklärungstheologie elementar bedroht sah. Deshalb seien „die Geheimniße der geoffenbarten Religion", insonderheit die orthodoxe Schrift- und Versöhnungslehre, „in ihrer ursprünglichen Reinigkeit, so wie sie in der Bibel gelehrt wird" und in den „Symbolischen Büchern einmal vestgesetzt ist, gegen alle Verfälschung zu schützen und aufrecht zu erhalten" (§ 7). Die privatreligiöse Gewissensfreiheit soll zwar gewahrt, hingegen die kirchliche Lehrverpflichtung kompromißlos realisiert werden, weshalb Woellner den evangelischen Amtsträger „bey unausbleiblicher Cassation und nach Befinden noch härterer Strafen" auf den antiaufklärerischen „Lehrbegriff seiner jedesmaligen Religions-Parthey" festlegt. „Lehret er etwas anders, so ist er schon nach bürgerlichen Gesetzen straffällig, und kann eigentlich seinen Posten nicht länger behalten" (§ 8).

Die Bestimmungen des Religionsedikts über die Lehrpflicht sind mit denjenigen des am 1. Juni 1794 in Kraft getretenen Allgemeinen Landrechts für die preußischen Staaten (ALR) nicht unvereinbar. Während das Edikt die

---

[40] Abdruck in W. HUBATSCH, Geschichte der Evangelischen Kirche Ostpreußens. Bd. 3: Dokumente, 1968, 254–259. Die nachfolgenden Zitate folgen dieser Edition.

Prediger und Lehrer eindeutig auf die symbolischen Bücher ihrer Kirche verpflichtet, sind die entsprechenden Vorschriften des ALR auslegungsbedürftig. Das ALR war als allgemeines Gesetz für mehrere Generationen bestimmt, so daß die inhaltliche Konkretion den jeweiligen Erfordernissen überlassen werden sollte. Dagegen inkriminierte das Religionsedikt einen aktuell wahrgenommenen Mißstand.

Nicht allein die restriktiven Bestimmungen des Religionsedikts, die alle Errungenschaften der religiösen und theologischen Aufklärung zunichtezumachen drohten, sondern auch dessen autoritäres, auf jede kirchliche und wissenschaftliche Abstimmung verzichtendes Zustandekommen und Gebaren provozierten einen Sturm der Entrüstung. Zahlreiche Stellungnahmen wurden in kürzester Zeit publiziert, größtenteils kritisch, vereinzelt auch in gewichtiger Affirmation[41]. Bedeutend war zumal der Widerstand, der sich im Berliner Oberkonsistorium sogleich formierte. In einem von Friedrich Samuel Gottfried Sack verfaßten Promemoria (26.8.1788) sowie zwei *Vorstellungen* aus dem Oberkonsistorium (10.9./1.10.1788) artikulierte sich der aufklärungstheologische Einspruch, in dessen sachlichem Zentrum die Sorge, die kirchlichen Amtsträger würden in ihrer religiösen Gewissensfreiheit beschnitten und zur Heuchelei gezwungen, sowie der Protest gegen den absoluten, von Woellner sogar auf die Bibel ausgedehnten Normativitätsanspruch der Bekenntnisschriften zu stehen kam. Ende November 1788 ließ der König mit einer scharfen Zurechtweisung die Debatte beenden.

Die Exekution des Religionsedikts zog eine Reihe weiterer Maßnahmen und Verordnungen nach sich. Das am 19. Dezember 1788 erlassene Zensuredikt versetzte der aufklärerischen Publizistik einen empfindlichen Schlag. Die lutherischen Schulen wurden auf einen von Woellner veranlaßten neuen Katechismus[42], die theologischen Fakultäten auf die *Epitome religionis christianae* (1789) des Leipziger Theologen Samuel Friedrich Nathanael Morus als Normaldogmatik verpflichtet. Das *Schema examinis candidatorum s.s. ministerii rite instituendi* (1790, ²1791) gab eine dem Geist des Religionsedikts gemäße theologische Prüfungsordnung vor. Im Mai 1791 installierte Woellner die ihm unterstellte Geistliche Immediat-Examinationskommission, deren Arbeit durch zwölf Provinzialkommissionen unterstützt wurde und der es oblag, die Einhaltung des Edikts zu überwachen sowie die Prüfungen der Kandidaten für Kirchen- und Schulämter, aber auch Kirchen- und Schulvisitationen vorzunehmen. Die von der Immediat-Examinationskommission im April 1794 erlassene „*Umständliche Anweisung der Prediger zur gewissen-*

---

[41] Z.B. J. S. SEMLER, Vertheidigung des Königl. Edikts vom 9ten Jul. 1788 wider die freimüthigen Betrachtungen eines Ungenannten, 1788.
[42] Vgl. WIGGERMANN (s. Anm. 39), 198–232.

haften und zweckmäßigen Führung ihres Amts verpflichtete die Geistlichen gegenüber dem Religionsedikt zu „unverbrüchlicher Treue".

Anders als die Berliner Oberkonsistorialräte und andere Kritiker verständlicherweise befürchtet hatten, setzte nach dem Erlaß keineswegs eine flächendeckende Kontrolle oder gar Auswechslung der Pfarrstelleninhaber ein. Vielmehr blieben die durch das Edikt veranlaßten Disziplinarmaßnahmen auf Einzelfälle beschränkt. So trug dem reformierten Prediger Andreas Riem die Publikation der *Fragmente über Aufklärung* (August 1788) einen Verweis, dem in Berlin anwesenden Hamburger Philosophen Heinrich Würtzer, der *Bemerkungen über das Preußische Religionsedikt [...]* (1788) hatte ausgehen lassen, einen sechswöchigen Gefängnisarrest ein. Aus der zweijährigen Festungshaft, die er wegen eines das Religionsedikt verspottenden Lustspiels[43] verbüßen mußte, wurde Carl Friedrich Bahrdt vorzeitig entlassen. Der Versuch, Schulwesen und Theologische Fakultät in Halle auf den Kurs des Edikts zu zwingen, scheiterte im studentischen Tumult und führte zu einer obrigkeitlichen Ehrenerklärung an die Fridericiana. Als einziger Pfarrer in Preußen verlor Johann Heinrich Schulz, der sich durch seine modische Haartracht den Beinamen „Zopfschulz" zugezogen hatte, aufgrund von Denunziation und nach einem verwickelten Religionsprozeß im September 1793 sein geistliches Amt[44]. Spätestens seit 1794 war das Verhältnis zwischen Woellner und Friedrich Wilhelm II., der seinen Minister zu härterem Vorgehen drängte, nachhaltig gestört.

Mit dem Tod des Königs am 16. November 1797 endete auch die kirchenpolitische Reaktion. Friedrich Wilhelm III. setzte die bisherigen Maßregeln alsbald außer Kraft: Die Geistliche Immediat-Examinationskommission wurde aufgelöst, das *Schema examinis candidatorum* abgeschafft, das Oberkonsistorium wieder in seine früheren Rechte eingesetzt, und das Religionsedikt galt fortan, ohne förmlich revoziert worden zu sein, als erledigt. Am 11. März 1798 entließ Friedrich Wilhelm III. den ohnehin nahezu völlig entmachteten Woellner. Weder war ihm eine vorherige Anhörung gewährt noch eine Pension ausgesetzt worden. Er zog sich auf sein Gut Groß-Rietz bei Beeskow zurück. Dort starb er am 10. September 1800. Mit ihm war nicht nur das Jahrhundert, sondern zugleich – jedenfalls in seiner vitalen Präsenz – das Zeitalter der Aufklärung zu Ende gegangen.

---

[43] C. F. BAHRDT, Das Religionsedikt. Lustspiel in fünf Aufzügen. Eine Skizze. Von Nicolai dem Jüngern, 1789.

[44] J. TRADT, Der Religionsprozeß gegen den Zopfschulzen (1791–1799). Ein Beitrag zur protestantischen Lehrpflicht und Lehrzucht in Brandenburg-Preußen gegen Ende des 18. Jahrhunderts (Rechtshistorische Reihe 158), 1997.

Zensur und Lehrzucht im Protestantismus
Ein Prospekt

Lehrzucht und religiöse Zensur: Die Begriffe sind weithin konfessionell konnotiert – als vermeintliche Spezifika der römisch-katholischen Kirche. Nachdrücklich gilt es demgegenüber elementare protestantische Partizipationsansprüche zu reklamieren. Als Instrumente der kirchlichen Identitätswahrung haben beide, Lehrzucht und Buchzensur, den reformatorischen Gemeindeaufbau nicht nur konstruktiv begleitet, sondern als disjunktives Ursprungswiderfahrnis – man denke an die Causa Lutheri – im Grunde überhaupt erst ermöglicht.

Die Geburt des Protestantismus aus dem Ungeist der Inquisition: Diese Entstehungserfahrung machten sich die aus der Reformation hervorgetretenen Kirchen auf vielfache Weise zu eigen. Lehrzucht- oder, wie man seit Beginn des 20. Jahrhunderts moderater zu sagen pflegt, Lehrbeanstandungsverfahren stellen eine durchgehende *nota ecclesiae evangelicae* dar[1] – fast möchte man sagen: von Luther bis Lüdemann. Und auch die Vor- und Nachzensur religiöser Schriften war keineswegs, wie die einschlägigen Artikel des über jeden Verdacht kontroverstheologischer Borniertheit erhabenen evangelischen Handwörterbuchs *(Die) Religion in Geschichte und Gegenwart* von der ersten (1913) bis zur jüngsten, vierten Auflage (2005) suggerieren[2], ein Monopol der katholischen Kirche, sondern wurde im Protestantismus seinerseits ausgreifend, freilich mehr angst- denn effektvoll, exekutiert[3]. Selbst regelrechte *Indices librorum prohibitorum* halten die Archive der evangelischen Kirchengeschichte bereit, beispielsweise in Sachsen und Brandenburg-Preußen. Protestantische Zensur und Lehrzuchtverfahren: Sie sind, kurzum, noch kaum bemerkte, aber höchst bemerkenswerte Indizien einer realgeschichtlich funktionierenden Ökumene!

---

[1] Für erste Sach- und Literaturübersicht vgl. M. Daur, Art. Lehrverpflichtung (TRE 20, 1990, 628–638); E. Herms / R. P. de Mortanges / M. Germann, Art. Lehrbeanstandungs- / Lehrzuchtverfahren (RGG⁴ 5, 2002, 195–200).

[2] J. K. F. Friedrich, Art. Zensur, kirchliche (RGG¹ 5, 1913, 2203); A. M. Koeniger, Art. Zensur (RGG² 5, 1931, 2096); H. Barion, Art. Zensur (RGG³ 6, 1962, 1895f); A. Schubert, Art. Zensur I. Kirchengeschichtlich (RGG⁴ 8, 2005, 1836).

[3] Für erste Sach- und Literaturübersicht vgl. S. Bräuer / H. Lück, Art. Zensur (TRE 36, 2004, 633–644).

Obschon sich die beiden kirchenrechtlichen Selbstschutzmaßnahmen in Absicht und Ausführung mannigfach überlagern, dürfte es sachdienlich sein, ihre geschichtliche Konkretion nicht integrativ, sondern diskursiv zu rekonstruieren. Daß es dabei über eine holzschnittartige, zudem notgedrungen im deutschen Sprachraum verbleibende Skizze kaum hinausgehen kann, ist doppelter Dürftigkeit geschuldet: dem beschränkten Vortragsformat ebenso wie dem noch ungleich beschränkteren Forschungsstand.

1. Protestantische Zensur

a) Wittenberg

Mit der Erfindung und Perfektionierung des Buchdrucks wurde das spätmittelalterliche Zensurwesen vor ganz neue, in ihrem Ausmaß unabsehbare Herausforderungen gestellt. Trotz einer immer engmaschiger werdenden juristischen Reglementierung – so wurde beispielsweise 1523 in Nürnberg eine jährliche Vereidigung der Drucker beschlossen – blieb angesichts der rasant fortschreitenden Drucktechnik oft nur noch die Möglichkeit der *censura repraesiva*, also des nachträglichen Verkaufs-, Besitz- und Lektüreverbots bereits publizierter Druckerzeugnisse bis hin zu deren obrigkeitlicher Konfiszierung und Makulierung.

Auch die am 15. Juni 1520 gegen Martin Luther ergangene Bannandrohungsbulle *Exsurge Domine* verfügte eine entsprechende Nachzensur: Die inkriminierten Texte des abtrünnigen Augustinermönchs sollten „alle sogleich nach ihrer Veröffentlichung, wo immer sie sich befinden, durch die zuständigen Bischöfe und andere [...] Personen gesucht, öffentlich und feierlich in Gegenwart der Geistlichkeit und des Volkes bei allen und jeder angedrohten Strafe verbrannt werden"[4]. Hieronymus Aleander, dem die Veröffentlichung und Vollstreckung der Bulle im Reich oblag, organisierte bereits im Oktober 1520 in Löwen, Köln und Lüttich die ersten antilutherischen Bücherverbrennungen, deren Erfolg allerdings, will man einem entsprechenden Augenzeugenbericht glauben, teils auch auf sachwidrigen Motiven beruhte: Weil die Dominikaner offenbar Prämien aussetzten, trugen die Studenten nicht allein Lutherschriften herbei, sondern auch andere, ihnen entbehrlich scheinende Bücher, „jener Reden eines Lehrers, der andere das so einschläfernd abgefaß-

---

[4] Der Originaltext findet sich am bequemsten in: Dokumente zur Causa Lutheri (1517–1521). 2. Teil: Vom Augsburger Reichstag 1518 bis zum Wormser Edikt 1521, hg. v. P. FABISCH / E. ISERLOH (CCath 42), 1991, 394.

te Werk des Petrus Tartaretus und andere von dieser Art, so daß mehr Werke von ihren Autoritäten verbrannt wurden als von den Werken Martin Luthers"[5].
Die in der Öffentlichkeit hervorgerufene Verunsicherung war gleichwohl beträchtlich. Um ihr zu wehren, entschlossen sich Luther und Philipp Melanchthon zu einem entsprechenden Autodafé. Für den Morgen des 10. Dezember 1520 luden sie ihre Studenten ein, zu einer „Verbrennung gottloser Bücher des päpstlichen Rechts" vor das östliche Stadttor zu kommen. Der Zulauf war durchaus enorm. Von andern unbemerkt, hat Luther dort auch sein Exemplar der Bannandrohungsbulle in die Flammen geworfen.

Nach Abschluß des Wormser Reichstags 1521 ließ Kaiser Karl V. das *Wormser Edikt* ausgehen, das über Luther die Reichsacht verhängte, seine Schriften auszuliefern, zu konfiszieren und zu verbrennen gebot und überdies für das gesamte Reichsgebiet eine Vorzensur religiöser Schriften einführte. Indem diese Zensurpflicht dem Aufgabenbereich der landesherrlichen Organe überstellt wurde, war ein erster Schritt auf die konfessionskonforme Lenkung der territorialen Publizistik getan. Als Rechtsinstrument der kaiserlichen Religionspolitik hatte das Wormser Edikt bis zum Augsburger Religionsfrieden (1555) eine nicht zu unterschätzende Bedeutung, auch wenn es sich längst nicht flächendeckend durchsetzen ließ. In Mainz war es bereits Ende 1520 zu öffentlichem Aufruhr gekommen, als Aleander in der rheinischen Domstadt ein antilutherisches Autodafé zu organisieren versuchte[6]. Und aus Straßburg gab es ein knappes Jahr später zu berichten: „Luthers Bücher werden auf dem Markt an Tischen feilgehalten, während unmittelbar daneben die kaiserlichen und päpstlichen Erlasse angeschlagen sind, die den Verkauf dieser Bücher verbieten"[7].

In den Anfangsjahren der 1502 gegründeten Leucorea gab es in Wittenberg keine ortsansässige Buchproduktion. Der erste Druckbetrieb eröffnete 1508, noch elf Jahre später mußten die Wittenberger Theologen ihren Kurfürsten bitten, das heimische Druckergewerbe zu expandieren, um nicht länger auf den umständlichen Produktionsort Leipzig angewiesen zu sein[8].

Der sächsische Kurfürst Friedrich der Weise schien die Buchzensur anfangs nur sporadisch wahrgenommen zu haben. So verbot er unter Verweis

---

[5] H. JUNGHANS (Hg.), Die Reformation in Augenzeugenberichten, ²1980, 93.
[6] AaO 94.
[7] Zit. nach H. J. SCHÜTZ, Verbotene Bücher. Eine Geschichte der Zensur von Homer bis Henry Miller, 1990, 39 (der Rückverweis des Verfassers auf JUNGHANS, Augenzeugenberichte [s. Anm. 5], ließ sich nicht verifizieren).
[8] H.-P. HASSE, Bücherzensur an der Universität Wittenberg im 16. Jahrhundert (in: 700 Jahre Wittenberg. Stadt [–] Universität [–] Reformation. Im Auftrag der Lutherstadt Wittenberg hg. v. S. OEHMIG, 1995, 187–212), 189.

auf den öffentlichen Frieden, den es zu wahren gelte, im Herbst 1521 eine gegen Albrecht von Mainz gerichtete Schrift Luthers. Als in Wittenberg die vom Nürnberger Reichsregiment 1523 verfügte allgemeine Vorzensur übernommen wurde, stimmte der Reformator dieser Auflage ausdrücklich zu; allein seine Übersetzung des Neuen Testament wollte er davon ausgenommen wissen[9].

Der erste bekannte Zensurvermerk aus Wittenberg findet sich am Ende der wohl im August 1523 erschienenen Schrift Luthers *Das siebend Capitel S. Pauli zu den Corinthern*[10] und lautet wie folgt:

> Am end soll yderman auff eyn mal wissen, das alles, was mit meynem wissen und willen aus gehet, das solchs zuvor durch die, so sich gepürt, besichtigt ist, wie nicht alleyn Keyserlichs, sondern auch unser Universitet befelh und ordnung ynnhelt. Was aber hynder myr anderswo ausgehet, soll myr billich nicht zu gerechnet werden[11].

Dieser Zensurvermerk ist in mindestens vierfacher Hinsicht bemerkenswert. Zum einen stammt er vom Autor und noch nicht, wie dann später, von einem Zensor. Zum andern dokumentiert er die vorbehaltlose Bereitschaft Luthers, sich dem kaiserlichen Zensurgebot zu unterwerfen. Ferner betont er die nahtlose Übereinstimmung von universitärer Aufsicht und reichsrechtlicher Ordnung. Schließlich deutet der letzte Satz des Vermerks an, daß Luther die Zensurauflage offenbar nicht als Beschränkung, sondern im Gegenteil als eine den Autor schützende Authentizitätsgarantie ansah.

Im weiteren Verlauf der 1520er Jahre ist die Zensur in Wittenberg selbstverständlich geworden und scheint, gemäß der thematischen Ausrichtung einer Schrift, jeweils von einer der vier Fakultäten vollstreckt worden zu sein. Hauptgutachter auf theologischer Seite war zunächst Johannes Bugenhagen, später Melanchthon. Das in jenem frühesten Zensurvermerk aufscheinende Identitätsbewußtsein hielt an; in der gutachterlichen Empfehlung eines auswärtigen Manuskripts schrieb Bugenhagen 1524: „Es ist von unser muntze, das ist, wie wyr pflegen zu leren und schreyben"[12]. Wer nicht „von unser muntze" war, wurde in Wittenberg auch nicht verlegt. Die frühen reformatorischen Seitenabspaltungen bekamen diese Gesinnungswacht unnachsichtig zu spüren; Thomas Müntzer und seine Gefährten hatten sogar Mühe, in auswärtigen Druckereien unterzukommen[13].

---

[9] AaO 189–193.
[10] WA 12; 92–142.
[11] WA 12; 142,8–12 (1523).
[12] Hasse, Bücherzensur (s. Anm. 8), 195.
[13] Bräuer / Lück (s. Anm. 3), 637,5–9.

Irgendwann zwischen 1529 und 1539 wurde Luther mit kurfürstlicher Billigung von der universitären Zensurauflage befreit. Indessen sah sich der Landesherr etliche Male veranlaßt, dem kräftig austeilenden Reformator gegenüber Herzog Georg von Sachsen wie überhaupt gegen fürstliche Personen strikte Mäßigung aufzuerlegen. Am 10. Mai 1539 beauftragte er seinen Rat Gregor Brück, er möge mit dem prominenten Polemiker „fuglich reden", auf daß „vnser lieber andechtiger Er [Herr] Martin Luther, doctor, [...] was auserhalb gotlicher schrift(en) ist vnd priuat sachen sind an [ohne] vnser vorwissen im druck nichts ausgehen lasse"[14].

b) Kursachsen

In der zweiten Hälfte des 16. Jahrhunderts unterlag die Ausgestaltung der reichsrechtlichen Zensurbestimmungen den jeweiligen territorialen Gegebenheiten. Für Kursachsen[15] eröffnete das kurfürstliche Mandat vom 10. Januar 1549 einen neuen Abschnitt der Zensurgeschichte. Unter ausdrücklicher Berufung auf die kaiserlichen Gesetze verbot es alle Druckerzeugnisse, in denen Personen geschmäht oder herabgesetzt werden, und machte jeder Veröffentlichung die Nennung von Verfassernamen und Druckort zur Pflicht. Daß in den folgenden 30 Jahren mindestens sechs weitere sinnentsprechende Befehle ausgingen, dürfte einen gewissen Zweifel an der Effizienz der kursächsischen Zensurauflagen erlauben. Gleichwohl betrieb Kurfürst August einen konsequenten Ausbau des konfessionskonformen landesherrlichen Zensurrechts. Seit 1569 sind entsprechende Indices aktenkundig, 1574 wurde das Zensurwesen im Konsistorium zentralisiert.

Die Konkordienformel (1577) verlangte eine lückenlose Vorzensur aller theologischen Schriften[16], flankierende Bestimmungen lieferten die jeweiligen Kirchenordnungen. Neben politisch verdächtigen Titeln gerieten vor allem die Werke von heterodoxen Autoren wie Valentin Weigel, Jacob Böhme oder der Schwenckfeldianer in das Fadenkreuz der Zensur[17]. Die kursächsischen Buchhändler wurden unter Eid darauf verpflichtet, keine Druckerzeugnisse zu vertreiben, die „der waren lauttern reinen lehre dieser kirchen vndt schulen lehre zu wider" sind[18], und ihre Einkäufe auf der Frankfurter Buch-

---

[14] Hasse, Bücherzensur (s. Anm. 8), 211f.
[15] H.-P. Hasse, Zensur theologischer Bücher in Kursachsen im konfessionellen Zeitalter. Studien zur kursächsischen Literatur- und Religionspolitik in den Jahren 1569 bis 1575 (AKThG 5), 2000.
[16] BSLK 761,36–42.
[17] Bräuer / Lück (s. Anm. 3), 637,44–46.
[18] Hasse, Bücherzensur (s. Anm. 8), 208.

messe am jeweils aktuellen *Index librorum prohibitorum* zu orientieren[19]. Allein den Theologieprofessoren blieb zugestanden, zum Zweck der eigenen Orientierung auch als häretisch verworfene Druckerzeugnisse zu beziehen.

Neben der landeskirchlichen Aufsicht hielt die Wittenberger theologische Fakultät an der eingespielten Zensurpraxis fest und avancierte damit zur Wächterin über die lutherische Orthodoxie. Mindestens zwei gegen Melanchthon gerichtete Bücher wurden 1560 verboten[20], und selbst die Nachdrucke von Schriften der ersten Reformatorengeneration unterlagen strikter Kontrolle, „damit nicht neue leren vndt opiniones eingeflickett vndt die Rechtschaffene Original vndt heuptbucher durch solchs flickwergk entweder zerstumpffeldt oder gantz vndt gar verderbet werden"[21].

Für Kursachsen als dem Mutterland der Reformation ist das frühabsolutistische protestantische Zensurwesen einstweilen am besten erforscht. Daß die Verhältnisse in anderen protestantischen Territorien davon nicht wesentlich unterschieden waren, legen entsprechende Untersuchungen zu Württemberg, näherhin zur zensurpraktischen Kooperation zwischen Regierung und Theologischer Fakultät nahe[22].

c) Zeitalter der Aufklärung

Im Zeitalter der Aufklärung hat sich die Zensurzuständigkeit zusehends säkularisiert. Die neuen protestantischen Frömmigkeitsbewegungen, namentlich der kirchliche Pietismus und die Neologie, trugen nachhaltig dazu bei, den lutherisch-reformierten Antagonismus zu entschärfen und das protestantische Pluralitätsbewußtsein zu fördern. Dadurch konnten sich in Kursachsen die Zensurmaßnahmen nun vorzugsweise gegen die rückwärtsgewandten Plu-

---

[19] Bemerkenswerterweise enthielten die (nicht gedruckten, sondern nur handschriftlich verbreiteten) kursächsischen Sperrverzeichnisse lediglich Werke von dissentierenden Protestanten, dagegen keine Titel von altgläubigen Autoren – ob deren Ächtung als selbstverständlich vorausgesetzt war? (vgl. DERS., Zensur [s. Anm. 15], 53–55).

[20] DERS., Bücherzensur (s. Anm. 8), 207.

[21] AaO 208.

[22] G. FRANZ, Bücherzensur und Irenik. Die theologische Zensur im Herzogtum Württemberg in der Konkurrenz von Universität und Regierung (in: Theologen und Theologie an der Universität Tübingen. Beiträge zur Geschichte der Evangelisch-Theologischen Fakultät, hg. v. M. BRECHT [Contubernium 15], 1977, 123–194); W. WÜST, Censur als Stütze von Staat und Kirche in der Frühmoderne. Augsburg, Bayern, Kurmainz und Württemberg im Vergleich. Einführung – Zeittafel – Dokumente (Schriften der Philosophischen Fakultäten der Universität Augsburg 57), 1998; DERS., Kirche, Stadt und Staat im Schatten frühmoderner Censur (in: Religionspolitik in Deutschland. Von der Frühen Neuzeit bis zur Gegenwart, hg. v. A. DÖRING-MANTEUFFEL / K. NOWAK, 1999, 89–111).

ralitätsverweigerer richten wie beispielsweise gegen das Rezensionsorgan *Unschuldige Nachrichten* des spätorthodoxen Dresdner Superintendenten Valentin Ernst Löscher. Weiterhin verboten wurden noch bis in die erste Hälfte des 18. Jahrhunderts anonyme Publikationen, so 1736 das Lustspiel *Die Pietisterey im Fischbein-Rocke* der Luise Adelgunde Victorie Gottsched[23]. Pietistische Autoren waren in der Regel erst dann zensurgefährdet, wenn sie sich, wie Friedrich Christoph Oetinger oder Philipp Matthäus Hahn[24], in mystische oder gar separatistische Richtung bewegten. Doch selbst radikalpietistische Publikationen wie die *Historie Der Wiedergebohrnen* (1698ff) von Johann Henrich Reitz oder die *Berleburger Bibel* (1724) fanden, bevorzugt in kleinen Grafschaften, ihre Verleger.

Unmittelbar nach seinem Regierungsantritt 1740 hob Friedrich der Große die Zeitungs-Zensur auf. Doch die neue preußische Toleranz zog sich schon bald ihre Grenzen: 1742 wurde den Berliner Druckern verboten, unzensierte Bücher zu produzieren, 1749 verfügte ein Allgemeines Zensuredikt wieder die grundsätzliche Vorzensur, von der freilich die Publikationen der Universitäten sowie der Akademie der Wissenschaften freigestellt blieben[25]. Diese Zensurmaßnahmen wurden insgesamt vergleichsweise liberal angewandt, der religiöse Diskurs war von ihnen allenfalls am Rande tangiert: Die *Wolfenbütteler Fragmente* konnten in Preußen ebenso ungehindert erscheinen wie die freisinnigen Schriften Carl Friedrich Bahrdts, und selbst die anonyme Veröffentlichung theologischer und religiöser Druckwerke erregte längst keinen Anstoß mehr.

Der kirchenpolitische Klimawandel, den Friedrich Wilhelm II. heraufführte, war nur von episodischer Dauer. Er personifizierte sich in Johann Christoph Woellner[26], den der neue König sogleich zum Chef des geistlichen Departements berief und überdies nobilitierte. Das von Woellner erlassene Religionsedikt (3.7.1788), das die theologische Aufklärung in Preußen eindämmen sollte, zog alsbald weitere restriktive Maßnahmen und Verordnungen nach sich, allen voran das berüchtigte Zensuredikt (19.12.1788), das erstmals wieder eine flächendeckende Zensur anwies, deren Einhaltung durch die 1791 installierte, Woellner direkt unterstellte Geistliche Immediat-Examinations-

---

[23] L. A. V. GOTTSCHED, Die Pietisterey im Fischbein-Rocke. Oder die Doctormäßige Frau, hg. v. W. MARTENS, 1986. Zu diesem Zensurkonflikt vgl. B. PLACHTA, Damnatur – Toleratur – Admittitur. Studien und Dokumente zur literarischen Zensur im 18. Jahrhundert (Studien und Texte zur Sozialgeschichte der Literatur 43), 1994, 88–94.
[24] W. STÄBLER, Pietistische Theologie im Verhör. Das System Philipp Matthäus Hahns und seine Beanstandung durch das württembergische Konsistorium (QFWKG 11), 1992.
[25] Vgl. PLACHTA (s. Anm. 23), 94–106.
[26] Vgl. U. WIGGERMANN, Woellner und das Religionsedikt. Kirchenpolitik und kirchliche Wirklichkeit im Preußen des späten 18. Jahrhunderts (BHTh 150), 2010.

kommission überwacht werden sollte. Jedoch anders, als die Freunde der Aufklärung verständlicherweise befürchtet hatten, blieben die durch das Edikt veranlaßten Disziplinarmaßnahmen auf Einzelfälle beschränkt[27]. Als einziger Pfarrer in Preußen verlor Johann Heinrich Schulz, der sich durch seine modische Haartracht den Beinamen „Zopfschulz" zugezogen hatte, nach einem verwickelten Zensurprozeß im September 1793 sein geistliches Amt. Mit dem Tod Friedrich Wilhelms II. 1797 endete auch die kirchenpolitische Reaktion. Friedrich Wilhelm III. setzte die bisherigen Maßregeln sogleich außer Kraft und gab Woellner, dem letzten protestantischen Zensor, ungnädigen Abschied.

d) Neuzeit und Moderne

Seitdem fand in den deutschen protestantischen Kirchen eine kirchlich verantwortete oder beeinflußte Zensur nicht mehr statt. Die staatliche Zensur aber setzte sich fort, nun freilich außerhalb jeder kirchlichen Zuständigkeit, und trieb in den Diktaturen des 20. Jahrhunderts noch einmal häßliche Blüten. Von der nationalsozialistischen Zensurpolitik waren auf evangelischer Seite vornehmlich Karl Barth und Emil Brunner betroffen, die geplante Neuauflage des *Calwer Kirchenlexikon[s]* wurde erst nach empfindlichen Zensureingriffen genehmigt[28]. Die in der DDR lückenlos zentralistisch geregelte Vorzensur überwachte alle religiösen und theologischen Publikationen, auch in den sog. Kirchenverlagen (Evangelische Verlagsanstalt, Evangelische Hauptbibelgesellschaft, St. Benno-Verlag). Wie grotesk diese Zensurauflagen mitunter ausfallen konnten, zeigt schon das kleine, mir vom Verfasser mündlich mitgeteilte Exempel, das sich, zumindest in der unbehelligten Position eines Westeuropäers, herzhaft goutieren ließ. Als Gerhard Ebelings *Dogmatik des christlichen Glaubens* (¹1979) in einer ostdeutschen Lizenzausgabe erscheinen sollte, inkriminierte der anonyme DDR-Zensor u.a. die plakative Bemerkung, „Jesus als der Herr der Welt" sei „gerade auch im Pentagon und im Kreml"[29] allgegenwärtig. Jedoch was den Zensor verstimmte, war keineswegs

---

[27] So trug dem reformierten Prediger Andreas Riem die Publikation der *Fragmente über Aufklärung* einen Verweis, dem in Berlin anwesenden Hamburger Philosophen Heinrich Würtzer, der *Bemerkungen über das Preußische Religionsedikt* hatte ausgehen lassen, einen sechswöchigen Gefängnisarrest ein. Aus der zweijährigen Festungshaft, die er wegen eines das Religionsedikt verspottenden Lustspiels (C. F. BAHRDT, Das Religionsedikt. Lustspiel in fünf Aufzügen. Eine Skizze. Von Nicolai dem Jüngeren, 1789) verbüßen mußte, wurde Bahrdt vorzeitig entlassen.
[28] BRÄUER / LÜCK (s. Anm. 3), 640,5–24.
[29] G. EBELING, Dogmatik des christlichen Glaubens, Bd. 2, 1979, ⁴2012, 545.

die – ja in der Tat diskussionswürdige – Applikation der Ubiquitätslehre, sondern einzig die darin vorausgesetzte Gleichwertigkeit der sowjetischen und amerikanischen Militärzentrale[30].

e) Diskurszensur

Neben den üblichen Zensurvollzügen wurde in der Frühen Neuzeit noch eine andere, offenbar nur auf protestantischer Seite geübte Indizierungsmethode praktiziert. Diese Methode, die, in Ermangelung eines besseren Ausdrucks, vielleicht unter *Diskurszensur* geführt werden kann, bestand, kurz gesagt, darin, daß ein mißliebiger Text unverändert, jedoch im Verbund mit einer aburteilenden Kommentierung zum Abdruck gebracht wurde. An zwei prominenten Exempeln sei dieses Verfahren rasch illustriert.

Im Februar 1520 erschien, als erste offizielle Lehrzensur, die von Theologen der Universitäten Köln und Löwen angefertigte *Condemnatio doctrinalis librorum Martini Lutheri*[31]. Auf der Grundlage der im Herbst 1518 bei Froben veröffentlichten Basler Sammelausgabe seiner lateinischen Schriften wurden darin einzelne Lehraussagen Luthers, namentlich zu den Themen Buße, Ablaß, Fegefeuer, Glaube und Werke, diskussionslos verurteilt und eine öffentliche Verbrennung der herangezogenen Schriften gefordert. Bereits im Folgemonat besorgte Luther einen Nachdruck dieser *Condemnatio* und fügte ihr eine geharnischte *Responsio* bei[32]. In schärfstem Ton weist er darin die angemaßte Lehrkompetenz der Kollegen zurück: In den Fällen Wilhelm von Ockham, Laurentius Valla, Pico della Mirandola, Faber Stapulensis, Erasmus und anderer Theologen habe sich die Fragwürdigkeit universitärer Lehrzensur bereits vielfach erwiesen. Hinsichtlich der ihn betreffenden Aburteilung beklagt Luther, seine selbsternannten Richter seien, indem sie ihn ohne jeden Schriftbeweis verketzerten, weder der vom natürlichen Recht geforderten *via charitatis*, noch, da sie im Vorfeld der öffentlichen Beschuldigung keine persönliche Verständigung gesucht hätten, der in Mt 18 gebotenen *via iuris christiani* gefolgt. An den eigenen Positionen hält Luther, einzelnes präzisierend, unbeirrt fest; seine Gegner, kontert er abschätzig, verstünden weder Christus noch Aristoteles, ja nicht einmal ihre eigenen Meinungen. Der publizistische Erfolg dieser Diskurszensur war beträchtlich: In humanistischen Kreisen verspottete man das aus Köln und Löwen ergangene Lehrurteil, am kursächsi-

---

[30] Vgl. dazu A. BEUTEL, Gerhard Ebeling. Eine Biographie, 2012, 432–434.
[31] WA 6; 174–180. – Zu diesem Vorgang vgl. M. BRECHT, Martin Luther. Sein Weg zur Reformation 1483–1521, 1981, 322–324; R. SCHWARZ, Luther (KIG 3I), 1986, 74f.
[32] WA 6; 181–195.

schen Hof hatte man es zunächst gar für eine Satire der Erasmianer gehalten. Crotus Rubeanus übermittelte seinen Beifall direkt an Luther[33], der vorsichtige Erasmus schrieb immerhin an Melanchthon, die Antwort Luthers habe ihm außerordentlich gut gefallen[34]. Zumindest in propagandistischer Hinsicht dürfte diese Form der Zensur den klassischen Buchverboten an Effizienz kaum etwas schuldig geblieben sein[35].

Das andere Beispiel stammt aus der Mitte des 18. Jahrhunderts und damit aus der einsetzenden Kulminationsphase der Neologie[36]. Im Mai 1748 erschien in Greifswald die zunächst anonym publizierte *Betrachtung über die Bestimmung des Menschen* aus der Feder Johann Joachim Spaldings. Das schmale Heft avancierte zu einem Erfolgsbuch der Aufklärungstheologie; der Aufschwung, den die philosophische Anthropologie im 18. Jahrhundert genommen hatte, verdankte ihm einen wesentlichen Impuls. Vor der Veröffentlichung hatte Spalding das Manuskript an Johann Wilhelm Ludwig Gleim übersandt und ihn um Weitergabe im anakreontischen Freundeskreis sowie um kritische Durchsicht gebeten. Auf Wegen, die sich nicht mehr erhellen lassen, ist das Manuskript auch in die Hände Johann Melchior Goezes gelangt. Zwei Monate vor dem Erscheinen der Erstauflage verfaßte dieser eine streitbare Entgegnung, die er dann im Herbst 1748 zusammen mit einem Wiederabdruck des inkriminierten Textes in Halle erscheinen ließ[37]. Sein Gutachten goß der selbsternannte Zensor in die Form einer – fiktiven – Auftragsarbeit: Ein namenlos bleibender „Hochedelgeborner [...] Herr" habe ihn zu öffentlicher Stellungnahme verpflichtet. Gegen den popularphilosophischen Text Spaldings machte Goeze im wesentlichen vier kapitale Einwände geltend: Er beklagte die darin aufscheinende „Undankbarkeit gegen die göttliche Offenbarung", attestierte unverhohlenen Pelagianismus, konstatierte eine Bagatellisierung der menschlichen Angst vor dem Tod und kritisierte die von ihm gründlich mißverstandene Figur der regulativen Idee, als die Spalding, auf Kant vorausweisend, den Gottes-, Freiheits- und Unsterblichkeitsgedanken

---

[33] WAB 2; 87–91 (28.4.1520).
[34] „Mire placuit haec Responsio Lutheri adversus Condemnacionem Coloniensium et Lovaniensium" (MBW 1; 218,30f [Nr. 97; kurz vor 21.6.1520]).
[35] Luther machte von dieser Maßnahme häufig und heftig Gebrauch, besonders schroff etwa in der durchgehenden, überaus derben Marginalkommentierung zweier päpstlicher Bullen zum Jubeljahr 1525 (WA 18; 255–269).
[36] Zu diesem Abschnitt, auch die einzelnen Nachweise anlangend, vgl. A. BEUTEL, Spalding und Goeze und „Die Bestimmung des Menschen". Frühe Kabalen um ein Erfolgsbuch der Aufklärungstheologie (in: DERS., Reflektierte Religion. Beiträge zur Geschichte des Protestantismus, 2007, 186–209).
[37] [J. M. GOEZE], Gedanken über die Betrachtung von der Bestimmung des Menschen, in einem Sendschreiben entworfen von G*** nebst dem Abdruck gedachter Betrachtung selbst, 1748.

entwickelt hatte. Aus den Initialen des Verfasser- und Ortsnamens konnte Spalding den Autor der gegen ihn gerichteten Zensurschrift sogleich erraten. In seiner ersten Empörung entwarf er einen an Goeze adressierten Verteidigungsbrief, von dessen Absendung ihn dann aber die Freunde abhalten konnten. Statt dessen fügte er der 1749 erschienenen Neuauflage einen *Anhang* hinzu, in dem er den Fehdehandschuh aufnahm, jedoch den Angriff nicht direkt erwiderte, sondern in die konstruktive Erläuterung der eigenen Position überführte. Damit suchte Spalding zu zeigen, daß der offenbarungstheologische Rahmen, den Goeze eingeklagt hatte, für seine popularphilosophische Betrachtung die selbstverständliche und darum stillschweigende Voraussetzung war. Indem Spalding den Druck von 1749 als die dritte Auflage zählte, hat er die Goeze-Edition als zweite Auflage seiner *Bestimmung des Menschen* nostrifiziert. Der zumal als Lessing-Zensor in Erinnerung gebliebene Goeze konnte den Jahrhunderterfolg der *Bestimmung des Menschen* nicht schmälern. Vielfach erweitert, gab Spalding das Buch 1794 in elfter Auflage heraus, einschließlich der Raubdrucke und Übersetzungen lassen sich für die zweite Hälfte des 18. Jahrhunderts mindestens 29 Auflagen nachweisen[38].

2. Protestantische Lehrzuchtverfahren

a) Reformationszeit

Die Reformation ist nicht nur, wie eingangs erwähnt, aus einem Lehrzuchtverfahren erwachsen, sondern hat sich zugleich ihrerseits als ein umfassendes Lehrbeanstandungsverfahren gegen die Irrlehre, die Luther in der römischen Kirche erkannt zu haben glaubte, konstituiert. Nach reformatorischem Verständnis ist die Amtsausübung eines evangelischen Pfarrers an der Lehrverpflichtung, die er – in der Regel mit seinem Ordinationsversprechen[39] – abgelegt hat, zu messen und widrigenfalls auch auf dieser Grundlage kirchenrechtlich zu regulieren. Während sich – wie man pointierend vielleicht wird sagen können – auf katholischer Seite die rechte kirchliche Lehre in der Übereinstimmung mit dem *Dogma* erweist, gilt im evangelischen Raum das *Bekenntnis* als das aus der Bibel gezogene und im konsensualen Glauben angeeignete sachgemäße Verständnis kirchlicher Lehre, wodurch sich die Ordinationsver-

---

[38] Im Herbst 2006 ist erstmals eine den Text aller rechtmäßigen Ausgaben integrativ darbietende kritische Edition der *Bestimmung des Menschen* erschienen (J. J. SPALDING, Die Bestimmung des Menschen [¹1748–¹¹1794], hg. v. A. BEUTEL / D. KIRSCHKOWSKI / D. PRAUSE [SpKA I/1], 2006).

[39] Vgl. M. KRARUP, Ordination in Wittenberg. Die Einsetzung in das kirchliche Amt in Kursachsen zur Zeit der Reformation (BHTh 141), 2007.

pflichtung nicht allein auf den Bestand, sondern stets auch auf den verantwortlichen Vollzug der Lehre erstreckt[40].

Als die einzige Norm kirchlicher Lehre erkannte Luther die auf das Christuszeugnis fokussierte Heilige Schrift. In dieser Bindung an das biblische Wort Gottes gründete für ihn die Unabhängigkeit gegenüber allen darüber hinaus von Menschen erdachten Lehr- und Glaubensvorschriften. Demgemäß erhob er 1523, durch aktuelle Nöte veranlaßt, für das kursächsische Städtchen Leisnig „Grund und Ursach aus der Schrift", „[d]aß eine christliche Versammlung oder Gemeine Recht und Macht habe, alle Lehre zu urteilen und Lehrer zu berufen, ein- und abzusetzen"[41]. Im selben Jahr erklärte er unmißverständlich, daß evangeliumswidrige Irrlehre nicht mit äußerer Gewalt, sondern allein mit den Waffen des Geistes zu bekämpfen sei: „Ketzerey ist eyn geystlich ding, das kan man mitt keynem eyßen hawen, mitt keynem fewr verbrennen, mitt keynem wasser ertrencken. Es ist aber alleyn das Gottis wortt da, das thutts"[42]. Bereits 1518 hatte er, im Kontext seines eigenen Ketzerprozesses, aber zugleich an Jan Hus erinnernd, festgestellt, Ketzer und Irrende zu verbrennen widerspreche dem Willen des Heiligen Geistes[43] – ein Satz, den die gegen ihn gerichtete Bannandrohungsbulle denn auch kurz darauf als häretisch verdammte[44]. In den Auseinandersetzungen mit Müntzer riet Luther den Fürsten, den reformatorischen Abweichlern das öffentliche Wort nicht zu verwehren: „Man lasse die geyster auff eynander platzen und treffen"[45]. Erst wenn sie zur äußeren Gewalt übergingen, sei die Obrigkeit befugt, ja verpflichtet, dem Aufruhr zu wehren, den Frieden zu schützen und die Unruhestifter zu strafen.

Doch dieses anfängliche Vertrauen in die Selbstdurchsetzungskraft des Wortes Gottes wurde durch die Geschichtserfahrung zusehends erschüttert. Zwar mißbilligte Luther noch 1528 die reichsrechtlich legitimierte Hinrichtung von Täufern – sie aus dem Lande zu weisen sei Strafe genug[46]. Doch spätestens seit 1530 neigte er dazu, nicht erst den öffentlichen Aufruhr, sondern bereits den aktiven Verstoß gegen die kirchliche Glaubenslehre als öffentliche Gotteslästerung und damit als ein von der obrigkeitlichen Strafgewalt zu ahndendes Verbrechen anzusehen. Als erster unter den Wittenberger

---

[40] W. Huber, Die Schwierigkeit evangelischer Lehrbeanstandung. Eine historische Erinnerung aus aktuellem Anlaß (EvTh 40, 1980, 517–536), 518.
[41] WA 11; 408–416.
[42] WA 11; 268,27–29 (1523).
[43] WA 1; 624,31–625,2 (1518).
[44] Vgl. U. Köpf (Hg.), Reformationszeit 1495–1555 (Deutsche Geschichte in Quellen und Darstellung 3), 2001, 159.
[45] WA 15; 219,1 (1524).
[46] WAB 4; 498 (1528).

Reformatoren sah Melanchthon 1531 bei Irrlehre die Todesstrafe legitimiert[47]. Nach den Schrecken, die das Täuferreich zu Münster verbreitet hatte, bezog auch Luther die von Melanchthon vertretene Position.

Im evangelischen Genf war die Lehr- und Lebenszucht schon immer die gemeinsame Angelegenheit von Kirchenleitung und Magistrat. Hier kam es auch zum ersten evangelischen Ketzerprozeß: Am 27. Oktober 1553 wurde Michel Servet, der sich aufgrund seiner antitrinitarischen Lehre dem Vorwurf der Ketzerei – keinesfalls aber des Aufruhrs! – ausgesetzt sah, von den obrigkeitlichen Behörden zum Tode verurteilt und öffentlich verbrannt. Melanchthon zögerte nicht, seinem Genfer Kollegen reformatorische Solidarität zu bekunden: „Ich erkläre auch, daß eure Obrigkeit recht gehandelt hat, indem sie diesen gotteslästerlichen Menschen der Ordnung gemäß verurteilen und hinrichten ließ"[48]. Namentlich durch den Einspruch von Sebastian Castellio[49] ist der Fall Servet dann aber zum Anstoß einer bedeutenden, bis in das Zeitalter der Aufklärung fortwirkenden toleranztheologischen Debatte geworden. Tatsächlich hatte Johannes Calvin in jenem Prozeß eine wenig rühmliche Rolle gespielt: Er war der Initiator des gegen Servet angestrengten Lehrzuchtverfahrens, er brachte es vor den Magistrat und hat, als Hauptankläger und theologischer Gutachter, dessen Entscheidung maßgeblich bestimmt. Bereits 1546, nach den ersten Lehrstreitigkeiten mit Servet, hatte Calvin gedroht: „Wenn er [sc. Servet] hierher kommen sollte, dann lasse ich ihn, wenn meine Autorität noch etwas gilt, nicht lebend wieder hinausgehen"[50].

Aber auch in Kursachsen verschärften sich die Lehrzuchtmaßnahmen. So mußte der in die antinomistischen Streitigkeiten verstrickte Johann Agricola im Sommer 1540 fluchtartig aus Wittenberg weichen[51]. Nach dem Sturz des als Kryptocalvinismus perhorreszierten Wittenberger Philippismus wurde Kaspar Peucer, der Schwiegersohn Melanchthons, 1574 vom Torgauer Landtag zu zwölfjähriger Kerkerhaft verurteilt[52]. Und Nikolaus Crell, dessen Kryptocalvinismus wegen seiner Kontakte nach Genf als Staatsverbrechen firmierte, wurde nach zehnjähriger Haft in einem juristisch fragwürdigen Verfahren zum Tode verurteilt und 1601 in Dresden enthauptet[53].

---

[47] CR 4, 737–740 (No. 2425; Ende Okt. 1531 [in der Ausgabe fälschlich auf 1541 datiert]).
[48] „Affirmo etiam, vestros magistratus iuste fecisse, quod hominem blasphemum, re ordine iudicata, interfecerunt" (CR 8, 362 [No. 5675; 14.10.1554]).
[49] [S. Castellio], De haereticis an sint persequendi [...], 1554.
[50] „Si venerit, modo valeat mea autoritas, vivum exire nunquam patiar" (CR 40, 283 [Nr. 767; Febr. 1546]).
[51] E. Koch, Art. Agricola, Johann (RGG⁴ 1, 1998, 191).
[52] Ders., Art. Peucer, Kaspar (RGG⁴ 6, 2003, 1183).
[53] Ders., Art. Crell, Nikolaus (RGG⁴ 2, 1999, 492).

b) Der Fall Paul Gerhardt

Nach Abschluß des Augsburger Religionsfriedens (1555) verstärkten sich im deutschen Luthertum die Bemühungen um eine klare, bekenntnishafte, die konfessionelle Identität sichernde Lehrgrundlage. Sie mündeten schließlich in die Konkordienformel, die kurz darauf, zusammen mit anderen altkirchlichen und reformatorischen Bekenntnistexten, in die Lehrnorm des Konkordienbuches (1580) eingebunden wurde. Die meisten lutherischen Territorien machten das Konkordienbuch rechtsverbindlich und ließen nicht allein die Pfarrer, sondern sämtliche Staatsbeamten darauf verpflichten. Es ist ein aparter Gedanke, daß selbst Goethe, als er in den weimarischen Staatsdienst eintrat, das Konkordienbuch unterschriftlich bekräftigen mußte[54] – leider hat damals kein Eckermann die Empfindungen und Gedanken des Olympiers protokolliert.

Die Geschichte der frühneuzeitlichen protestantischen Lehrzucht ist noch nicht geschrieben, ja nicht einmal ansatzweise erforscht. So mag es erlaubt sein, für diese Periode der von Hieronymus formulierten Maxime „fac de necessitate uirtutem"[55] zu folgen und lediglich das bekannteste Beispiel eines absolutistischen Lehrzuchtverfahrens, nämlich den Fall des Berliner Dichter-Pfarrers Paul Gerhardt[56], kurz und exemplarisch zu inspizieren.

Die religionspolitischen Verhältnisse in Kurbrandenburg waren insofern besonderer Art, als das dortige Herrscherhaus seit 1613 der reformierten Konfession angehörte, das landsässige Luthertum hingegen in seinem Bekenntnisstand zwar durch einzelne Maßnahmen tangiert, jedoch grundsätzlich nicht in Frage gestellt war. Immerhin lag nun auch für die brandenburgischen Lutheraner das Summepiskopat in den Händen der reformierten Territorialfürsten.

Friedrich Wilhelm, der Große Kurfürst, betrieb eine gemäßigte, modernitätsträchtige Toleranzpolitik. Der „evangelische Kirchen-Frieden", den er erstrebte, schien ihm nur unter Verzicht auf jedwede Kanzelpolemik erreichbar zu sein. Indessen wollte man auf lutherischer Seite dieses Mediums der konfessionellen Identitätswahrung nicht entbehren. Schlechterdings inakzeptabel schien insbesondere die vom Kurfürsten 1656 erlassene Verfügung, die lutherischen Pfarramtsanwärter zwar weiterhin auf das Augsburger Bekenntnis (1530), jedoch nicht mehr auf die Konkordienformel, die ihrem Selbstver-

---

[54] HUBER (s. Anm. 40), 521.
[55] Hieronymus, Epistula LIV.6 (CSEL LIV, 472,10f).
[56] Vgl. dazu, einschließlich der einzelnen Nachweise, A. BEUTEL, Kirchenordnung und Gewissenszwang. Paul Gerhardt im Berliner Kirchenstreit (in: DERS., Reflektierte Religion [s. Anm. 36], 84–100). – Vgl. auch J. M. RUSCHKE, Paul Gerhardt und der Berliner Kirchenstreit. Eine Untersuchung der konfessionellen Auseinandersetzungen über die kurfürstlich verordnete ‚mutua tolerantia' (BHTh 166), 2012.

ständnis nach lediglich die aktuelle – nämlich anticalvinistische – Präzisierung des Bekenntnisses von Augsburg sein wollte, zu verpflichten. Mit einem 1662 erlassenen Toleranzedikt suchte der Kurfürst die Lage zu klären. In ihm schärfte er die Eckpfeiler seiner religionspolitischen Toleranzpolitik ein und drohte den „Eiferern und Zeloten" Amtsenthebung und Landesverweis an. Gleichzeitig lud er die protestantischen Parteien zu einem „amicablen" Religionsgespräch ein, das freilich, nach insgesamt 17 Konferenzen, im Mai 1663 endgültig gescheitert ist.

Im Sommer 1664 erließ der Kurfürst ein weiteres Toleranzedikt. Damit verbunden war die Verfügung, alle lutherischen Pfarrer hätten, bei drohendem Amtsentzug, ihre Zustimmung zu den kirchenleitenden Weisungen – also auch dazu, daß der lutherische Bekenntnisstand um die Konkordienformel verkürzt wurde – unterschriftlich zu hinterlegen. Etliche Pfarrer hielten, mit unterschiedlichem Ausgang, an ihrer Verweigerung fest: Es kam zu Landesverweisen, jedoch auch zu Separatfriedensschlüssen – bei Georg Lilius, Propst an St. Nikolai, wurde schließlich ein selbstformulierter Revers akzeptiert.

Paul Gerhardt wurde auf den 6. Februar 1666 zur Unterschrift einbestellt. Daß der Privatrevers von Lilius akzeptiert worden war, implizierte nun auch für Gerhardt unübersehbar die Möglichkeit eines Separatfriedens. Gleichwohl weigerte er sich zu unterschreiben, ja auch nur zu verhandeln; die ihm eingeräumte Bedenkzeit schlug er kurzerhand aus. Seine Amtsenthebung war die rechtsnotwendige Folge. Indessen rang sich der Kurfürst, nachdem Bürger, Magistrat und märkischer Adel nachhaltig interveniert hatten, zu einer veritablen Sonderregelung durch. Er baute dem renitenten Pfarrer eine wahrhaft goldene Brücke: Von Gerhardts Person habe er keine weiteren Klagen vernommen, und weil dieser offenbar das Anliegen der Edikte nur nicht richtig verstanden und allein deshalb mit seiner Unterschrift gezögert [!] habe, sei er willens, ihn wieder einzusetzen, ohne fernerhin auf eine Unterschrift zu bestehen.

Gerhardt, dem dieses kurfürstliche Entgegenkommen am 9. Januar 1667 übermittelt wurde, zeigte sich erfreut und nahm die Amtsgeschäfte sogleich wieder auf. Dann aber, nach drei Wochen, ließ er den Magistrat wissen, bis zu einer vollständigen Klärung der Bedingungen, unter denen er restituiert worden sei, gedenke er sein Amt mit sofortiger Wirkung ruhen zu lassen. Vergeblich drängten ihn Kollegen und Freunde, sein Amt weiterzuführen, anstatt durch notorische Halsstarrigkeit die ihm gebotene Chance zu verspielen. Allein Paul Gerhardt bewegte sich nicht. Seine Einkünfte liefen weiter, die Amtswohnung blieb verfügbar, als seine Frau bald darauf erkrankte, hat sich der kurfürstliche Leibarzt Martin Weise um sie gekümmert.

Anders als es die bis heute gepflegte hagiographische Verklärung wahrhaben möchte, wurde Gerhardt also keineswegs das Opfer eines konfessionalistischen Lehrzuchtverfahrens. Vielmehr hat er sich selbst ohne jede äußere Not zum Märtyrer stilisiert. Sein eigener, knochenharter Konfessionalismus hinderte ihn daran, das Entgegenkommen seines Landesherrn, der das zunächst angestrengte Lehrzuchtverfahren aus toleranztheologischen Gründen suspendiert hatte, zu akzeptieren. Daß er aufgrund von beharrlicher Dienstverweigerung am Ende entsetzt wurde, lag also außerhalb jeder Lehrkontroverse und stellte nur noch die Konsequenz eines banalen Disziplinarzuchtverfahrens dar.

c) 19. Jahrhundert

Während das Zeitalter der Aufklärung auch über die Kirchen ein mildes Klima gebracht hatte, nahmen im 19. Jahrhundert, als die Konsistorien immer stärker von restaurativer Theologie bestimmt wurden, die Lehrbeanstandungen wieder nachhaltig zu. Im letzten Drittel des Jahrhunderts konzentrierten sich die Auseinandersetzungen auf die Frage nach der theologischen Bedeutung und kirchlichen Geltung des Apostolikums. Der sog. Apostolikumsstreit[57] umfaßte ein ganzes Bündel von Konflikten, die um 1870 einsetzten und deren Spätausläufer sich bis in die 1920er Jahre erstreckten.

Die Strittigkeit des Apostolikums hatte mehrere Gründe. Zum einen hatten die innerprotestantischen Unionsbestrebungen dazu geführt, daß die lutherischen und reformierten Bekenntnisse der Reformationszeit an kirchlichem Gebrauchswert verloren und statt ihrer – zumal der von Karl Immanuel Nitzsch 1846 unternommene Versuch, dem unierten Protestantismus ein eigenes, zeitgemäßes Bekenntnis zu geben, gescheitert war – das Apostolikum als ein überkonfessionelles, biblisch geprägtes und theologisch vergleichsweise offenes Bekenntnis zusehends zentrale Bedeutung gewann. Zugleich fand die sich immer stärker durchsetzende historisch-kritische Bibelwissenschaft gerade im Apostolikum eine provozierende Herausforderung, die sich vornehmlich an den realitätsträchtigen Aussagen des zweiten und dritten Artikels, namentlich an den Vorstellungen der Jungfrauengeburt, Höllenfahrt und leiblicher Wiederkunft Christi sowie der Auferstehung des Fleisches entzündeten. Im übrigen führte auch die feste liturgische Verankerung des Apostolikums zu einem wachsenden Problembewußtsein, sahen sich doch die evangelischen Pfarrer in vielen Gottesdiensten dazu verpflichtet, dieses in der

---

[57] A. ZAHN-HARNACK, Der Apostolikumsstreit des Jahres 1892 und seine Bedeutung für die Gegenwart, 1950; H. KASPARICK, Lehrgesetz oder Glaubenszeugnis? Der Kampf um das Apostolikum und seine Auswirkungen auf die Revision der preußischen Agende (1892–1895) (UnCo 19), 1996; D. DUNKEL, Art. Apostolikumsstreit (RGG⁴ 1, 1998, 650f).

Sprach- und Vorstellungswelt der Spätantike verankerte Symbol als Inbegriff ihres eigenen christlichen Glaubens zusammen mit der Gemeinde öffentlich zu bekennen.

Im ausgehenden 19. Jahrhundert häuften sich die gegen evangelische Pfarrer aufgrund von Lehrabweichungen angestrengten Disziplinarverfahren in ungeheurem Maße[58]. Spektakuläre Folgen zeitigte der Fall des württembergischen Pfarrers Christoph Schrempf[59], der, von unüberwindlichen Gewissensnöten bedrängt, in einem Taufgottesdienst am 5. Juli 1891 das Apostolikum durch eine selbstformulierte Tauffrage ersetzte, den Vorgang anschließend dem Konsistorium anzeigte und damit ein Lehrzuchtverfahren auslöste, das ein Jahr später, nachdem sich auch seine Gemeinde gegen ihn gestellt hatte, mit seiner Amtsenthebung endete. Dieser bald in ganz Deutschland diskutierte Fall löste dadurch die entscheidende Phase des Apostolikumsstreits aus, daß er eine Gruppe von Studenten zu der an Adolf von Harnack gerichteten Frage veranlaßte, ob er ihnen raten würde, beim Evangelischen Oberkirchenrat die Entfernung des Apostolikums aus der Dienstverpflichtung der Geistlichen und aus dem liturgischen Gebrauch zu beantragen.

Harnack antwortete mit einem Artikel in der *Christliche[n] Welt*[60]. Er räumte ein, daß „ein gebildeter Christ" an verschiedenen Äußerungen des Apostolikums Anstoß nehmen müsse, lehnte jedoch eine Annullierung des Bekenntnisses ab und empfahl statt dessen, bis zur Formulierung eines neuen, zeitgemäßen Bekenntnisses den liturgischen Gebrauch des Apostolikums freizustellen. Diese Äußerung führte zu einer breiten Protestwelle, die sich in heftigen publizistischen Debatten, aber auch in kirchenparteilichen Erklärungen und theologischen Denkschriften (u.a. von Wilhelm Herrmann, Theodor von Zahn, Martin Rade) entlud. Schließlich suchte der Berliner Evangelische Oberkirchenrat in einem *Zirkularerlaß* die aufgeheizte Situation zu entschärfen, indem er dazu anhielt, nicht „aus jedem Einzelstück" des Apostolikums ein „starres Lehrgesetz" zu machen, den insgesamt normativen Charakter des Bekenntnisses allerdings nicht in Frage gestellt wissen wollte[61].

---

[58] Vgl. die Übersicht bei H. HERMELINK, Das Christentum in der Menschheitsgeschichte. Von der Französischen Revolution bis zur Gegenwart. Bd. 3: Nationalismus und Sozialismus, 1955, 551–568.

[59] H. M. MÜLLER, Persönliches Glaubenszeugnis und das Bekenntnis der Kirche. „Der Fall Schrempf" (in: F. W. GRAF / H. M. MÜLLER [Hg.], Der deutsche Protestantismus um 1900 [VWGTh 9], 1996, 223–247); H. M. MÜLLER, Art. Schrempf, Christoph (RGG⁴ 7, 2004, 1003f).

[60] ChW 6, 1892, 768–770 (18.8.1892). Erweiterter Wiederabdruck in: A. HARNACK, Das apostolische Glaubensbekenntnis, ein geschichtlicher Bericht nebst einer Einleitung und einem Nachwort (1892) (in: DERS., Reden und Aufsätze, Bd. 1, ²1906, 219–264).

[61] DUNKEL (s. Anm. 57), 650.

d) Das Preußische Irrlehregesetz und der Fall Carl Jatho

Im Umfeld des Apostolikumsstreits zog das Unbehagen an der bestehenden Lehrzuchtpraxis immer weitere Kreise. Anstoß erregte insbesondere der disziplinarrechtliche Charakter des Verfahrens, der jede Lehrabweichung als ein schuldhaftes und damit moralisch verwerfliches Vergehen brandmarkte. Unter Federführung des Berliner Kirchenjuristen Wilhelm Kahl kam es erstmals in der altpreußischen evangelischen Kirche, in der etwa die Hälfte aller Evangelischen in Deutschland zusammengefaßt war, zu einer grundlegenden Novellierung des Lehrzuchtverfahrens. Programmatisch stellte das sog. Preußische Irrlehregesetz[62], im November 1909 von der Generalsynode einstimmig verabschiedet und im März 1910 vom König ratifiziert, in seinem Eröffnungssatz fest: „Wegen Irrlehre eines Geistlichen findet fortan ein disziplinarisches Verfahren nicht statt"[63]. Vielmehr regelte die Verordnung, wie künftig bei einer Lehrbeanstandung zu verfahren und notfalls eine Amtsenthebung zu vollziehen sei, ohne dabei dem Betroffenen den Makel eines Disziplinarvergehens anzulasten und das Recht auf persönliche Meinungsfreiheit zu bestreiten. Ziel des Verfahrens waren denn auch weder Anklage noch Schuld- oder Freispruch, sondern lediglich die Feststellung, ob „eine weitere Wirksamkeit des Geistlichen innerhalb der Landeskirche mit der Stellung, die er in seiner Lehre zum Bekenntnisse der Kirche einnimmt, unvereinbar ist"[64]. Darin kommt die in der reformatorischen Unterscheidung von *ecclesia visibilis* und *ecclesia invisibilis* gründende Auffassung zu ihrem Recht, daß die verfaßte Kirche dem Irrlehrer zwar sein Amt, aber keineswegs die als Gemeinschaft mit Gott verstandene Seligkeit absprechen kann.

Das Gesetz provozierte eine intensive öffentliche Diskussion. Rudolf Sohm reagierte in dezidierter Ablehnung: Einen durch die Kirchenleitung ausgeübten Lehrzwang hielt er für zutiefst unevangelisch, allein der betroffenen Gemeinde obliege die Kompetenz eines Lehrurteils. Damit berührte Sohm in der Tat den auch von anderen namhaften Kirchenjuristen monierten neuralgischen Punkt, den man später durch eine stärkere Verfahrensbeteiligung der Gemeinde zu korrigieren suchte. Gründlich geirrt hatte sich Sohm allerdings mit der Prognose, „das neue Verfahren [werde] die Zahl der Lehrprozesse vermehren, d.h. die Handhabung des Lehrzwanges steigern"[65].

---

[62] Kirchengesetz, betreffend das Verfahren bei Beanstandung der Lehre von Geistlichen (in: Lehrfreiheit und Lehrbeanstandung. Bd. 2: Kirchenrechtliche Dokumente, hg. v. W. HÄRLE / H. LEIPOLD, 1985, 110–117).

[63] AaO 110.

[64] AaO 112.

[65] R. SOHM, Der Lehrgerichtshof (PrBl 44, 1909, 1252–1254), 1252; Wiederabdruck in: Lehrfreiheit und Lehrbeanstandung. Bd. 1: Theologische Texte, hg. v. W. HÄRLE / H. LEIPOLD, 1985, 118–120, 118.

Tatsächlich ist auf der Grundlage des Irrlehregesetzes nur ein einziges Amtsenthebungsverfahren durchgeführt worden. Im Fall Immanuel Heyn, der 1912 als Pfarrer an die Berliner Gedächtniskirche und zugleich als Kandidat der Fortschrittlichen Volkspartei in den Reichstag gewählt wurde, entschied das Spruchkollegium positiv[66]. Dagegen kam es im Fall des seit 1891 in Köln amtierenden Pfarrers Carl Jatho[67] zur Dienstentlassung. Durch seine eindringliche Predigtweise und seelsorgerliche Zuwendung hatte Jatho eine große Personalgemeinde um sich versammelt. Doch schon bald riefen seine pantheistische Gottesvorstellung wie überhaupt seine modernistische, die klassischen Lehrstücke anthropologisch umformende Bildungsreligion Proteste aus Gemeindekreisen und erste konsistoriale Maßnahmen hervor. Nachdem Jatho auch noch die liturgische Verwendung des Apostolikums verweigert hatte, wurde im März 1911 ein förmliches Lehrbeanstandungsverfahren eröffnet und vier Monate später mit der Feststellung, Jatho sei zu weiterem Dienst in der Landeskirche ungeeignet, geschlossen. Das Verfahren war von großem öffentlichen Interesse begleitet, in welchem sich Zustimmung und Protest annähernd die Waage hielten. Harnack, der das Irrlehregesetz noch ausdrücklich begrüßt hatte, bedauerte die Entscheidung im Fall Jatho: Zwar hielt er dessen Theologie für indiskutabel, doch meinte er zugleich, daß die Lehre eines Pfarrers, den seine Gemeinde dankbar verehre, zu tolerieren sei. Deshalb hätte für Harnack der Entscheidungsspruch eigentlich lauten sollen: „Deine Theologie ist unerträglich – aber dein Same ist aufgegangen, also *müssen* wir dich ertragen – wir werden dich ertragen"[68]. Übrigens ist im Nachgang des Falles Jatho auch dessen Verteidiger Gottfried Traub[69] vom Dienst suspendiert worden, freilich nicht aufgrund einer Lehrbeanstandung, sondern eines Disziplinarvergehens: Der Vorwurf lautete auf Beleidigung der kirchlichen Behörden[70].

e) Die Fälle Richard Baumann und Paul Schulz

Nach Abschluß des Falles Jatho gab es bislang in den deutschen evangelischen Kirchen lediglich zwei weitere Lehrbeanstandungsverfahren, die zu der

---

[66] HERMELINK (s. Anm. 58), 573.
[67] Vgl. zuletzt, mit Verweisen auf die wichtigste Literatur, Th. M. SCHNEIDER, Der Fall Jatho: Opfer oder Irrlehrer? (KuD 54, 2008, 78–97).
[68] Zit. nach HUBER (s. Anm. 40), 330.
[69] K.-G. WESSELING, Art. Traub, Gottfried (BBKL 12, 1997, 417–424); W. HENRICHS, Gottfried Traub (1869–1956). Liberaler Theologe und extremer Nationalprotestant (Schriften der Hans-Ehrenberg-Gesellschaft 8), 2001.
[70] HENRICHS (s. Anm. 69), 330f.

Amtsenthebung eines Geistlichen führten[71]. Das eine betraf den württembergischen Pfarrer Richard Baumann[72] (1899–1997), der seit 1946 in seiner Möttlinger Gemeinde sowie in Publikationen öffentlich die – für einen evangelischen Amtsträger recht abenteuerliche – Lehrmeinung vertrat, das Amt der obersten Kirchenleitung (das sog. Petra-Amt) „werde nach dem Willen Christi durch den Primat des römischen Papstes als des heutigen Petrus nach göttlichem Recht verwaltet [...]. Ziel einer evangelischen Kirchenleitung müsse es daher sein, die evangelische Kirche Schritt für Schritt einer von Rom geleiteten universalen Kirche durch Union anzugliedern"[73].

Nachdem trotz intensiver Lehrgespräche eine Verständigung nicht erzielt werden konnte, wurde Baumann auf Antrag seines Kirchengemeinderats und unter Bezugnahme auf ein Gutachten der Evangelisch-theologischen Fakultät Tübingen 1947 in den Wartestand versetzt. Indessen beharrte Baumann darauf, einem förmlichen Irrlehreverfahren, für das es damals in der Württembergischen Landeskirche noch keine Rechtsordnung gab, unterzogen zu werden. Auf Grundlage der – durch Baumann angestoßenen – Württembergischen Lehrzuchtordnung von 1951[74] kam es 1953 zu der Verhandlung des Falles, die, kaum überraschend, in dessen Absetzung bzw. Dienstentlassung mündete. Das Verfahren war von diversen Problemen beschattet. So hatte Baumann darauf bestanden, daß Landesbischof Martin Haug, den er als den eigentlichen Träger des Lehramts in seiner Kirche ansah, in entscheidender Weise an dem Lehrzuchtverfahren mitwirke. Nun war Haug allerdings bereits an den vorangegangenen seelsorgerlichen Bemühungen erheblich beteiligt gewesen. Dadurch kam es zu einer unglücklichen Vermengung von seelsorgerlicher Ermahnung, theologischer Belehrung und kirchenamtlicher Entscheidung[75]. Außerdem hatte sich Baumann erboten, seine Lehre zu widerrufen, falls der Landesbischof kraft seiner Vollmacht eine die Auslegung von

---

[71] Theologische und kirchenrechtliche Grundlagenorientierung bieten: H. M. MÜLLER, Bindung und Freiheit kirchlicher Lehre (in: DERS., Bekenntnis – Kirche – Recht. Gesammelte Aufsätze zum Verhältnis Theologie und Kirchenrecht [JusEcc 79], 2005, 29–48); DERS., Lehrverpflichtung und Gewissensfreiheit. Zur Frage der Bekenntnisbindung in der deutschen evangelischen Kirche (aaO 49–63).

[72] M. HECKEL, Zur Lehrordnung in der evangelischen Kirche. Ein Fall (in: Kirche, Recht und Wissenschaft. FS A. Stein, 1995, 161–175); E. KAUFMANN, Glaube – Irrtum – Recht. Zum Lehrzuchtverfahren in der evangelischen Kirche unter besonderer Berücksichtigung des Falles Richard Baumann, 1961.

[73] Entscheid des Spruchkollegiums im Lehrzuchtverfahren betreffend Pfarrer i. W. Richard Baumann (zit. nach KAUFMANN [s. Anm. 72], 229).

[74] In der Fassung vom 10.7.1971 abgedruckt in: HÄRLE / LEIPOLD Bd. 2 (s. Anm. 62), 124–133.

[75] D. KELLER, Verantwortung der Kirche für rechte Verkündigung. Ein Vergleich dreier Lehrzuchtordnungen, 1972, 101f.

Mt 16 fixierende Lehrentscheidung träfe. Diesem Ansinnen konnte die Kirchenbehörde unmöglich entsprechen, zumal dies bei Baumann nicht eine freie Glaubenseinsicht, sondern nur die Unterwerfung unter ein äußeres Lehrgesetz zur Folge gehabt hätte. Mißlich erschien auch der Umstand, daß Baumann in dem Verfahren ohne Beistand geblieben war – einen juristischen Beistand hatte er abgelehnt, und der von ihm als theologischer Beistand gewünschte Kieler Propst Hans Asmussen blieb, da er kein Mitglied der Württembergischen Landeskirche war, außer Betracht. Der Fall Baumann hatte zwar kurzfristig einige öffentliche Aufmerksamkeit erregt, fiel aber, wohl weil er in seinem Grundgehalt so eindeutig war, alsbald dem Vergessen anheim. Erstaunlicherweise konvertierte Baumann erst 1982, im Alter von 83 Jahren, zur römisch-katholischen Kirche.

Der andere Fall betraf den seit 1970 an St. Jacobi in Hamburg bestallten Pfarrer Paul Schulz[76] (*1937). Verschiedene Äußerungen in seinen Predigten und Publikationen, die einen deutlichen Abstand von christlichen Glaubensauffassungen offenbarten, führten schon bald zu Konflikten mit Kirchenvorstand, Hamburger Amtsbrüdern und Bischof Hans-Otto Wölber. Nachdem die Konflikte in einer Serie von seelsorgerlichen Gesprächen nicht beigelegt werden konnten, kam es 1975 zu einem förmlichen Lehrgespräch mit Schulz, das einen einjährigen bezahlten Studienurlaub zur Folge hatte. Auf Beschluß des Hamburger Kirchenrats wurde im Oktober 1976 ein Feststellungsverfahren angebahnt, das, im November 1977 eröffnet, in seinem Spruch vom 21. Februar 1979 auf Dienstentlassung entschied. Anders als im Fall Baumann hält das öffentliche Interesse an diesem Lehrbeanstandungsverfahren bis heute an, übrigens unter lebhafter Beteiligung des Betroffenen, der zuletzt im Sommer 2007 in verschiedenen Fernseh-Talkshows („Menschen bei Maischberger", 19.6.2007; „Nina Ruge-Talkshow", 23.8.2007) den Atheismus als „die Weiterentwicklung der Religion" propagierte. Mochten darum einzelne Verfahrensschritte auch als kritikwürdig erscheinen, so wird doch die prinzipielle Legitimität der gegen Schulz vollzogenen Maßnahme von niemandem ernstlich bestritten.

Seitdem sind weitere evangelische Lehrbeanstandungsverfahren nicht mehr zum Abschluß gelangt. Durch ihren freiwilligen Verzicht auf die Ordinationsrechte (1993) beendete die württembergische Pfarrerin Jutta Voss (*1942) das 1990 gegen sie angestrengte Verfahren[77]. Und der noch immer schwelende

---

[76] L. MOHAUPT, Pastor ohne Gott? Dokumente und Erläuterungen zum „Fall Schulz", 1979; H. VON KUENHEIM (Hg.), Der Fall Paul Schulz. Die Dokumentation des Glaubensprozesses gegen den Hamburger Pastor, 1979.

[77] J. BAUR / N. SLENCZKA, Hat die Kirche das Evangelium verfälscht? Jutta Voss und ihr Buch „Das Schwarzmond-Tabu". Das theologische Gutachten im Lehrverfahren, 1994.

Fall Lüdemann ist im wesentlichen staatskirchenrechtlicher Natur, da in seinem Zentrum die Frage steht, ob sich das bei der Berufung eines Hochschullehrers erforderliche Votum der zuständigen Landeskirche auch auf dessen sukzessive Lehrentwicklung erstreckt und mit welchen Konsequenzen es gegebenenfalls revoziert werden kann[78].

f) Sachstand

Mittlerweile verfügen fast alle[79] evangelischen Landeskirchen über ein das Muster des Preußischen Irrlehregesetzes[80] fortschreibendes Lehrbeanstandungsverfahren. Für die Vereinigte Evangelisch-Lutherische Kirche Deutschlands (VELKD) und ihre Gliedkirchen gilt die Lehrordnung vom 16. Juni 1963 in der Fassung vom 3. Januar 1983[81], für die Union Evangelischer Kirchen (UEK) und ihre Gliedkirchen die Lehrbeanstandungsordnung vom 27. Juni 1963[82]. Diese Ordnungen sehen jeweils ein langwieriges, zweigeteiltes Verfahren vor. Zunächst sollen eingehende theologische Lehrgespräche mit dem Ziel, eine Übereinstimmung in den zentralen Lehrfragen wiederherzustellen, geführt werden, denen sich ein – in der Regel einjähriger – Studienurlaub anschließen kann. Widrigenfalls kommt es danach zur Einleitung eines ordentlichen Feststellungsverfahrens, das am Ende darüber zu befinden hat, ob die *öffentlich* und *beharrlich* vertretene „Lehre eines Ordinierten bei dem unverzichtbaren Bemühen um den Gegenwartsbezug des Evangeliums mit dem entscheidenden Inhalt der biblischen Botschaft nach reformatorischem Verständnis unvereinbar ist"[83]. Wird solche Unvereinbarkeit festgestellt, verliert der Betroffene seine Ordinationsrechte und sein kirchliches Amt, erfährt aber zugleich, gemäß dem nichtdisziplinarischen Charakter des Verfahrens, eine möglichste Abmilderung der damit verbundenen persönlichen

---

[78] Für freundliche, sachkundige Belehrung, weit über den Fall Lüdemann hinaus, bleibe ich Hans Martin Müller (1928–2010) dankbar verbunden.

[79] Ausnahmen bilden lediglich noch die Kirchen von Bremen, Oldenburg und der Pfalz (HÄRLE / LEIPOLD Bd. 1 [s. Anm. 65], 13).

[80] Im deutschsprachigen Bereich sieht lediglich noch die Evangelische Kirche von Österreich eine *disziplinarrechtliche* Ahndung von gravierenden Lehrabweichungen vor (vgl. A. STEIN, Ein Lehrgesetz auf dem Prüfstand. Rechtstheologische und kirchenrechtliche Gegenwartsprobleme des evangelischen Lehrverfahrens, dargestellt insbesondere an dem Lehrverfahren Dr. Paul Schulz [WPKG 68, 1979, 505–522], 508).

[81] Abgedruckt in: HÄRLE / LEIPOLD Bd. 2 (s. Anm. 62), 147–153.

[82] Abgedruckt aaO 154–162.

[83] Arnoldshainer Konferenz, Muster einer Ordnung für Lehrverfahren (17.12.1975); zit. nach HÄRLE / LEIPOLD Bd. 2 (s. Anm. 62), 167–177, 167.

Folgen, etwa in Gestalt von Ermessenszahlungen oder der Finanzierung einer zweiten Berufsausbildung.

Bedenkt man diese ausdifferenzierten kirchenrechtlichen Vorsichtsmaßnahmen, so stellt sich unabweisbar die Frage, weshalb die evangelischen Kirchen in der Moderne ein Lehrbeanstandungsverfahren nur derart selten eingeleitet und zum bitteren Ende geführt haben – lediglich dreimal, wie sich gezeigt hat, innerhalb der letzten einhundert Jahre. Soll man den Umstand als Ausweis einer lupenreinen lehrmäßigen Integrität des Protestantismus verstehen? Indiziert er das Purifizierungspotential evangelischer Glaubensfreiheit und kirchlicher Liberalität? Oder macht er im Gegenteil schonungslos offenbar, daß es den evangelischen Kirchenleitungen nur an Mut und Entschlossenheit mangelt, der Irrlehre in ihren Reihen wirkungsvoll entgegenzutreten? Oder sind Lehrbeanstandungsverfahren gar überhaupt ein untaugliches Mittel im Kampf gegen Irrlehre und Häresie? Jedenfalls boten sie vor dem Abweg, den die Deutschen Christen einschlugen, keinerlei Schutz: Das Instrument des Lehrverfahrens mußte unbrauchbar bleiben, solange Kirchenleitungen ihrerseits die Irrlehre repräsentierten, und eine rückwirkende Anwendung nach 1945 hätte dem Selbstverständnis des Instruments, das nicht zu nachträglicher Bestrafung, sondern zur Abwehr einer aktuellen notorischen Lehrabweichung geschaffen ist, widersprochen.

Wie hoch man in den erwogenen Antworten den Wahrheitsanteil auch immer veranschlagen mag – zu hoffen ist allemal, daß dabei zugleich das Vertrauen in die freie Selbstdurchsetzungskraft des Evangeliums eine ausschlaggebende Rolle spielt. So blieben die protestantischen Kirchen auch darin dem Erbe Martin Luthers verpflichtet, der, in bedrängter Zeit, den orthodoxen Eiferern neben ihm zurief: „Also würckt got mit seinem wort meer, wenn wan du und ich allen gewalt auff einen haüffen schmeltzen"[84].

---

[84] WA 10,3; 16,11f (2. Invocavit-Predigt, 10.3.1522).

Luther und Luthertum

Verdanktes Evangelium
Das Leitmotiv in Luthers Predigtwerk

„Wir konnen gegen Gott kein grosser noch besser werck thun, noch edlern Gottes dienst erzeigen, denn yhm zu dancken"[1]. Dieses Prinzip seiner Theologie formulierte Luther 1530 in Auslegung des 118. Psalms. Allein in der Haltung fröhlicher Dankbarkeit schien ihm der Mensch dem Inbegriff dessen, was er von Gott empfangen hat, auf angemessene Weise entsprechen zu können. Dieser Inbegriff dessen, was Gott dem Menschen schenkt, war für Luther das heilige Evangelium. Im Glauben an das Wort Gottes vermöge der Mensch dann auch alles, was er selbst ist und hat, als Gaben des Evangeliums zu erkennen[2]. „[...] denn wyr auch nichts anders mugen got geben", sagte Luther in einer Predigt über Mt 21, „denn lob und danck, syntemal das ander alles wyr von yhm empfangen"[3].

Dank für das Wort Gottes, verdanktes Evangelium also: Darin liegt das Leitmotiv von Luthers lebenslanger Predigtarbeit. Und eben davon soll jetzt eindringend die Rede sein. In das monumentale Predigtwerk Luthers einzudringen, dafür gibt es nun freilich ganz verschiedene Wege. Die meisten von ihnen sind gut gebahnt und ansehnlich frequentiert. Wer sich in der Lutherforschung ein wenig auskennt, der weiß: Über Luthers Predigten wurde schon vieles – darunter viel Richtiges – gesagt und geschrieben. Doch bleiben die meisten dieser Beiträge seltsam steril und abstrakt: Sie reihen allgemeine Beobachtungen umsichtig aneinander, garnieren sie mit allerhand wohlfeilen Sprüchen aus dem unerschöpflichen Kanzelwerk des Reformators und lassen darüber die Andacht zum Unbedeutenden und den Reiz des Konkreten doch zumeist vermissen.

Mir dagegen schiene es ratsam, nicht immer gleich auf das Ganze gehen zu wollen, sondern einmal umgekehrt beim kleinsten der Teile, aus denen das Ganze zusammengesetzt ist, zu beginnen. Dieser kleinste Teil ist eine einzelne Predigt – je beliebiger, desto besser! Es sei darum jetzt, durchaus exempli causa, diejenige Predigt eindringender Analyse unterzogen, die Luther am

---

[1] WA 31,1; 76,8f (1530).
[2] WA 42; 516,33.36–40 (1535–1545).
[3] WA 10,1,2; 61,2–6 (1522).

13. Dezember 1528 über den für den 3. Sonntag im Advent vorgegebenen Predigttext Mt 11,2–10, der die Anfrage des Täufers und die von Jesus darauf gegebene Antwort fixiert, in seiner Wittenberger Stadtpfarrkirche gehalten hat. Die Predigt ist in drei Versionen überliefert: einer (wohl nicht unmittelbaren) Nachschrift Georg Rörers[4], ferner in einer Nürnberger und Kopenhagener Handschrift, die beide als nachträgliche Bearbeitungen einer nicht bekannten Nachschrift entstanden sind[5]. Aufgrund dieser Quellenlage ist der Nachschrift Rörers eindeutig der Vorzug zu geben.

I. Geschichtlicher Ort

Einen repräsentativen Einblick in die Predigtpraxis Luthers[6] erlaubt diese Predigt nicht zuletzt darum, weil sie in keiner Weise spektakulär ist: weder hinsichtlich der biographischen Situation des Predigers noch in ihrem theologischen Gehalt noch in bezug auf die Situation der Gemeinde. Ihr besonderer homiletischer Reiz besteht gerade darin, daß sie eine ganz normale, durchschnittliche Sonntagspredigt ist. Es legt sich nahe, ihrer historisch-homiletischen Analyse vorausgehend zunächst das geschichtliche und biographische Umfeld zu erhellen, in dem sie steht. Von ihm findet sich in der Predigt selbst nahezu keine brauchbare Spur. Das ist einerseits als ein Ausdruck predigtpraktischer Kontinuität zu bewerten, bezeugt andererseits aber auch die Professionalität des Predigers Luther, der zwischen seinen verschiedenen Funktionen und Rollen durchaus zu differenzieren verstand.

Im Dezember 1528 war Luther bis an die Grenze seiner Leistungsfähigkeit mit Arbeit belastet. Das war für ihn nicht ungewöhnlich, sondern bezeichnet eine ihn spätestens seit 1517 bis zu seinem Tod 1546 begleitende Normalität. Gleichwohl mag es einem interpretierenden Nachvollzug der Predigt förderlich sein, sich die einzelnen Faktoren, soweit sie bekannt sind, in aller Kürze vor Augen zu führen.

In persönlicher Hinsicht hatte sich Luthers Verfassung nach einer Phase schwerster Anfechtungen, die ihn seit Anfang Juli 1527 heimsuchten, wieder

---

[4] Zur Bedeutung Georg Rörers für die Überlieferung der Predigten Luthers vgl. G. Ebeling, Evangelische Evangelienauslegung. Eine Untersuchung zu Luthers Hermeneutik, (1942) ³1991, 18–20. – Zur allgemeinen Orientierung vgl. B. Klaus, Georg Rörer (ZBKG 26, 1957, 113–145).

[5] Vgl. die detaillierte Beschreibung der Überlieferungssituation in WA 27; IX–XXIV.

[6] Die wichtigste Literatur zu Luthers Predigtarbeit ist zusammengestellt in A. Beutel, Art. Predigt VIII. Evangelische Predigt vom 16. bis 18. Jahrhundert (TRE 27, 1997, 296–311), 309. – Vgl. zuletzt H. Zschoch, Predigten (in: A. Beutel [Hg.]: Luther Handbuch, ²2010, 315–321).

leidlich stabilisiert⁷. Allerdings war die familiäre Situation wohl auch im Dezember noch überschattet vom Tod der am 3. August verstorbenen Tochter Elisabeth⁸. Luthers Frau Käthe stand im fünften Monat einer erneuten Schwangerschaft, aus der am 5. Mai 1529 die Tochter Magdalena hervorgehen sollte. Die häuslichen Verhältnisse waren, über die üblichen Besucher und Gäste hinaus, dadurch beschwert, daß Luther seit dem 16. Oktober drei aus einem Freiberger Kloster entflohene Nonnen bei sich aufgenommen hatte. Eine von ihnen, Ursula von Münsterberg, legte zu Jahresende über ihre *Christliche Ursach des Verlassens des Klosters zu Freiberg* literarische Rechenschaft ab, wozu Luther wahrscheinlich im Dezember 1528 ein freundliches Nachwort verfaßte⁹.

Die akademischen Verpflichtungen lassen sich für diesen Monat nicht genau rekonstruieren. Zu vermuten ist, daß Luther in seiner Vorlesung über den Propheten Jesaja¹⁰ fortfuhr und parallel dazu auch die Übertragung dieses Buches für die Deutsche Bibel vorantrieb. Andere literarische Aufgaben kamen hinzu. So brachte Luther Anfang Dezember unter Beigabe eines Vorworts¹¹ eine Neuedition des Matthias Hütlin zugeschriebenen *Liber vagatorum* heraus. Im selben Monat verfaßte er auch eine Vorrede zur deutschen Übersetzung von Melanchthons Kolosser-Kommentar¹², in der er die zwischen ihnen herrschende komplementäre Differenz höchst feinsinnig und insofern durchaus selbstironisch beschrieb¹³. Daneben war Luther vermutlich auch noch im Dezember mit der am 9. Oktober begonnenen Ausarbeitung der Schrift *Vom Kriege wider die Türken*¹⁴ befaßt, deren Erscheinen sich dann

---

⁷ Vgl. dazu die sorgfältige Darstellung und Deutung bei G. EBELING, Luthers Seelsorge. Theologie in der Vielfalt der Lebenssituationen an seinen Briefen dargestellt, 1997, 364–446.
⁸ „Defuncta est mihi filiola mea Elisabethula; mirum quam aegrum mihi reliquerit animum paene muliebrem, ita misericordia eius moveor; quod nunquam credidissem antea, sic paternos animos mollescere in prolem", schrieb Luther am 5. August 1528 an Nikolaus Hausmann (WAB 4; 511,3–6).
⁹ WA 26; 628–633 (1528).
¹⁰ WA 25; 87–401 (1527–1530) u. WA 31,2; 1–585 (1527–1530).
¹¹ WA 26; 638f (1528).
¹² WA 30,2; 68f (1529).
¹³ „Ich bin dazu geboren, das ich mit den rotten und teuffeln mus kriegen und zu felde ligen, darumb meiner bücher viel stürmisch und kriegisch sind. Ich mus die klötze und stemme ausrotten, dornen und hecken weg hawen, die pfützen ausfullen und bin der grobe waldrechter, der die ban brechen und zurichten mus. Aber M. Philipps fert seuberlich und still daher, bawet und pflantzet, sehet und begeust mit lust, nach dem Gott yhm hat gegeben seine gaben reichlich" (aaO 68,12–69,1).
¹⁴ WA 30,2; 107–148 (1529).

bis in den April 1529 verzog[15]. Überdies war Luther dieser Tage in eine mit den Packschen Händeln[16] in Zusammenhang stehende literarische Fehde mit Herzog Georg von Sachsen verstrickt, die ihn, unterstützt, aber auch beansprucht von Kurfürst Johann von Sachsen[17], zur Abfassung einer Schrift *Von heimlichen und gestohlenen Briefen*[18] veranlaßt hat.

Ende November 1528 war Luther zwar von der Arbeit als Visitator des Amtes Wittenberg entbunden worden, doch werden die niederschmetternden Erfahrungen, die er im Zuge der kursächsischen Visitation machen mußte[19], ihn auch noch im Dezember beschwert und umgetrieben haben. In unmittelbarem Zusammenhang damit steht ebenso die dritte Reihe der Katechismuspredigten, deren überwiegender Teil in den Monat Dezember fiel, wie die Arbeit am Großen (und wohl auch schon am Kleinen) Katechismus, die er in diesen Tagen vorantrieb.

Zu alledem kommt, was soeben schon anklang, eine wahrhaft atemberaubende Predigtverpflichtung. Aufgrund der ihm aufgebürdeten Vertretung des 1528/29 nach Braunschweig dienstverpflichteten Bugenhagen mußte Luther neben den regulären Sonntagspredigten, zu denen im Dezember die weihnachtlichen Festpredigten hinzutraten, die Reihenpredigten (R) über Joh 16–20 (samstags) und Mt 11–15 (mittwochs) – letztere nur sehr fragmentarisch überliefert – ausrichten, dazu die Katechismuspredigten (K), die ihn im Dezember allein schon zwanzigmal auf die Kanzel führten, bisweilen viermal an einem

---

[15] Die Drucklegung hatte zwar noch im Oktober 1528 begonnen, war dann aber steckengeblieben, nachdem der erste Teil des Manuskripts in der Druckerei verloren gegangen war. Zu vermuten ist, daß Luther etwa im Dezember 1528 die verlorenen Teile noch einmal neu ausgearbeitet hat (vgl. dazu die druckgeschichtlichen Hinweise in WA 30,2; 96).

[16] Vgl. K. DÜLFER, Die Packschen Händel. Darstellung und Quellen (VHKH 24,3), 1958.

[17] Vgl. die an Luther gerichteten Schreiben von Kurfürst Johann vom 2. Dezember 1528 (WAB 4; 619) sowie des kursächsischen Kanzlers Brück vom 4. Dezember 1528 (WAB 4; 620). – Die vom Kurfürsten erbetene Revision eines Briefentwurfs an Herzog Georg ist von Luther vermutlich am 12. oder 13. Dezember erarbeitet worden und ging am 14. oder 15. Dezember an Georg ab (vgl. dazu WA 30,2; 5). Eine geringfügig abweichende Datierung bietet H. BORNKAMM, Martin Luther in der Mitte seines Lebens. Das Jahrzehnt zwischen dem Wormser und dem Augsburger Reichstag, aus dem Nachlaß hg. v. K. BORNKAMM, 1979, 550.

[18] WA 30,2; 25–48 (1529).

[19] „Ceterum miserrima est vbique facies Ecclesiarum, Rusticis nihil discentibus, nihil scientibus, nihil orantibus, nihil agentibus, nisi quod libertate abutuntur, nec confitentes, nec communicantes, ac si religione in totum liberi facti sint", klagt Luther Anfang Dezember 1528 in einem Brief an Spalatin (WAB 4; 624,8–11). Ähnliche Klagen finden sich vielfach in Luthers Briefen vom November 1528.

Verdanktes Evangelium 67

Tag. Insgesamt hat Luther im Dezember 1528 mindestens[20] 34 verschiedene Predigten konzipiert und gehalten. Das nachfolgende homiletische Kalendarium mag diesbezüglich zur Übersicht helfen:

Dienstag, 1.12.:	2. Gebot (WA 30,1; 61–64) (K)
	3. Gebot (WA 30,1; 64–66) (K)
Donnerstag, 3.12.:	4. Gebot (WA 30,1; 66–72) (K)
Freitag, 4.12.:	5. Gebot (WA 30,1; 72–75) (K)
	6. Gebot (WA 30,1; 75–77) (K)
Samstag, 5.12.:	Joh 18,10f (WA 28; 245–254) (R)
Sonntag, 6.12.:	Lk 21,25ff (WA 27; 445–454)
Montag, 7.12.:	7.–10. Gebot (WA 30,1; 77–84) (K)
	Beschluß der Gebote (WA 30,1; 84f) (K)
Mittwoch, 9.12.:	Mt 13,24–30 (WA 52; 828–839) (R)
Donnerstag, 10.12.:	1. Artikel (WA 30,1; 86–88) (K)
	2. Artikel (WA 30,1; 88–90) (K)
	3. Artikel (WA 30,1; 91–94) (K)
Samstag, 12.12.:	Joh 18,12–14 (WA 28; 255–268) (R)
Sonntag, 13.12.:	Mt 11,2–6(7–10) (WA 27; 454–464)
	Num 31 (WA 25; 515–517)
Montag, 14.12.:	Vaterunser (WA 30,1; 95–97) (K)
	1. Bitte (WA 30,1; 98–100) (K)
	2. Bitte (WA 30,1; 100f) (K)
	3. Bitte (WA 30,1; 101f) (K)
Dienstag, 15.12.:	4. Bitte (WA 30,1; 103f) (K)
	5. Bitte (WA 30,1; 105f) (K)
	6. Bitte (WA 30,1; 106f) (K)
	7. Bitte (WA 30,1; 108f) (K)
Donnerstag, 17.12.:	Taufe (WA 30,1; 109–116) (K)

---

[20] Unterstellt man, daß Luther auch im Dezember 1528 die Reihenpredigten über Mt 11–15 regelmäßig, d.h. an jedem Mittwochvormittag, fortgesetzt hat, wäre auch noch für den 2., 16., 23. und 30. Dezember eine Predigt anzusetzen, wodurch sich die Zahl der in diesem Monat gehaltenen Predigten auf 38 erhöhte.

Samstag, 19.12.:	Abendmahl (WA 30,1; 116–122) (K)
	Joh 18,15–18 (WA 28; 268–276) (R)
Sonntag, 20.12.:	Joh 1,19ff (WA 27; 465–473)
Donnerstag, 24.12.:	Mt 1,18ff u. Lk 1,26ff (WA 27; 474–486)
Freitag, 25.12.:	Lk 2,1ff (WA 27; 486–496)
	Lk 2,15ff (WA 27; 497–509)
Samstag, 26.12.:	Lk 2,15ff (WA 27; 509–518)
	Joh 1,1ff (WA 27; 518–528)
Sonntag, 27.12.:	Joh 1,1ff (WA 27; 528–540)

In dieser biographischen Konstellation hat die Predigt, die Luther im Hauptgottesdienst des 3. Adventssonntags 1528 hielt, ihren geschichtlichen Ort.

II. Homiletische Gestalt

1. Konturen

Wie allenthalben in der homiletischen Praxis Luthers, ist auch die Predigt vom 13. Dezember 1528 schnörkellos und elementar. In ihrer inneren und äußeren Form durchaus gestaltet, ist sie doch frei von überflüssigem rhetorischem Beiwerk und raffinierter Tektonik. Die Predigt weist eine klare, wohldurchdachte Gliederung auf. Zwei Hauptteile von annähernd gleichem Umfang werden von einer sehr kurzen Einleitung und einem applikativen Schlußteil umrahmt.

Der Einleitungsteil, darf man der Rörer'schen Nachschrift trauen, bleibt denkbar knapp: Luther knüpft an die Predigt des vergangenen Mittwochs an[21], die ebenfalls einer matthäischen Perikope gewidmet war[22] – woraus man mit einigem Erstaunen schließen könnte, das Predigtpublikum des Wochen- und Hauptgottesdienstes sei damals annähernd identisch gewesen! Danach

---

[21] Bedeutet dies, daß das Predigtpublikum im Wochen- und Hauptgottesdienst annähernd identisch war?

[22] Die einleitende Bemerkung Luthers „Hoc Euangelium hab ich praeterito tempore am mitwoch uberflussig gnug gehandelt und gepredigt" (WA 27; 454,8f [1528]) könnte vermuten lassen, er habe in der Wochenpredigt vom 9. Dezember ebenfalls über Mt 11,2–6(7–10) gepredigt. Da nun aber für diesen Tag eine Reihenpredigt über Mt 13,24–30 bezeugt ist (WA 52; 828–839 [1528]), dürfte sich das einleitende „hoc Euangelium" vom 13. Dezember nicht auf dieselbe Perikope, sondern wohl nur auf dasselbe biblische Buch beziehen.

nennt Luther die vorgesehene zweigliedrige Disposition, die er, wenn auch in eigener, über den biblischen Wortlaut hinausführender Akzentuierung, der Perikope entnimmt: erstens die Anfrage Johannes des Täufers an Christus, zweitens die an Johannes gerichtete Antwort Christi.

Wie die Einleitung, ist auch die Durchführung der Predigt von holzschnittartiger Luzidität. Der erste Hauptteil (454–461)[23] nennt den Skopus des ersten Textteils in direktem Zitat (Mt 11,3b) und bringt ihn sogleich auf seinen theologischen Punkt: „Das hat die meinung, das Johannes seine Junger zu Christo wil weisen und von sich keren" (454,12–344,2). Das Thema des ersten Hauptteils ist damit benannt. Was darauf noch folgt, ist nicht die Entfaltung eines komplexen Gedankengangs, vielmehr die erläuternde Ausführung der bereits zu Anfang genannten Pointe. Dabei erweist sich der Textskopus zugleich als der Skopus des eigenen Christseins: „Das ist das heubtstuck doctrinae Christianae, ut in illo hereamus" (455,9f). Zwei Hindernisse stehen diesem „heubtstuck" entgegen: zum einen, von innen kommend, „die naturlich posheit", dergemäß der Mensch selbstherrlich das Gottsein Gottes ignoriert und dadurch in Hochmut oder aber in Verzweiflung gestürzt wird. Zum andern, von außen kommend, die Unterweisung der Gelehrten (doctores) und Religiosen (Monachi), die die Menschen an ihre eigenen Werke anstatt an Christus verweisen. In der Durchführung dieses Gedankens operiert Luther mit der Antithese von natürlicher Vernunft[24] und evangelischem Glauben. Allerdings kommt dabei als Antipode des Glaubens nicht etwa die Vernunft als solche ins Spiel, vielmehr die in ihrem Autonomiestreben befangene, sich dem Licht des Evangeliums verschließende und darum durch den äußeren Schein der Wirklichkeit verblendete Vernunft: Während die sich autonom gebärdende Vernunft von der materialen Gestalt der Werke, die Johannes und andere Heilige vollbringen, sich blenden läßt, vermag die durch das Licht des Evangeliums erleuchtete Vernunft zu erkennen, daß Johannes mit seinen Werken nicht ein exemplum geben wollte, sondern es ihm allein „umb sein predigampt zu thun" war (458,3f). Ironischerweise führt Luther nun sogar die evangelisch erleuchtete ratio gegen die selbstherrlich verblendete ratio ins Feld[25]: Auch wenn sie auf die äußere Gestalt der Werke hereinfalle, müsse sie doch zugeben, daß es ein größeres Werk sei zu heilen als Wasser zu trinken

---

[23] Die nachfolgend eingefügten Seiten- und Zeilennachweise beziehen sich auf den Abdruck der Predigt in WA 27; 454–464 (1528).
[24] Zu Luthers Verständnis der Vernunft vgl. G. EBELING, Lutherstudien II/3 (Disputatio de homine. Dritter Teil: Die theologische Definition des Menschen. Kommentar zu These 20–40), 1989, 208–229.
[25] Das Motiv der „ratio contra rationem" bei Luther wäre einer sorgfältigen Untersuchung wert.

(457,6f), daß die Arbeit einer Hausfrau mehr gelte als die des Hilarius (457,14–458,1), ja daß die Werke des Hilarius im Grunde von jedem Schurken imitiert werden können (457,12f) und daß, wenn der Grad der Heiligkeit von der Kargheit des Essens abhinge, die zeitgenössischen Soldaten den Täufer an Heiligkeit noch überträfen (457,7f). In dieser Hinsicht erkennt nun Luther eine genaue Entsprechung von biblischer und eigener Situation. Auch unsere Vernunft läßt sich durch die äußere Gestalt der Werke blenden und verkennt darum den Wert der unscheinbaren Werke wie beispielsweise der Kindererziehung oder der tätigen Nächstenliebe: „das ist nichts, das scheint nichts" (457,14). Darin liegt denn auch, damals wie heute, das wesentliche Hemmnis des Glaubens: „Es ist difficillimum aus uns sundern zu bringen den schein" (458,8f). Zum Beschluß dieses ersten Teils wiederholt Luther das „heubtstuck […], das wir uns selber verlassen et Christo hereamus" (459,3f), und sucht zu einem rechten Umgang mit den Heiligen anzuleiten: Nicht ihre äußere Erscheinungsweise soll man sich zum Vorbild nehmen, sondern ihren Glauben an Christus. Schließlich bündelt er das Anliegen in die „Summa Summarum: crede in Christum, omnia exempla sanctissimorum non sunt satis, etiam Iohannis" (461,1–3).

Der zweite Hauptteil der Predigt beginnt abermals mit der Zitation des entscheidenden biblischen Referenztextes (Mt 11,4), dessen Sachgehalt Luther wiederum auf den theologischen Punkt bringt und damit zugleich als das Thema des eigenen Christseins kenntlich macht. Die Heilungswunder, auf die Christus verweist (Mt 11,5), verpflichten uns nicht zu einer anmaßenden imitatio Christi, wohl aber zu einem den Werken Christi analogen heilenden Handeln: „Nostra opera sunt, ut serviamus proximo" (462,4). Als Kriterium der Christlichkeit menschlichen Handelns führt Luther eine prinzipielle ethische Unterscheidung ins Feld. Ausschlaggebend sei nicht die materiale Gestalt der Werke, sondern deren intentionaler Gehalt[26] – ob sie aus Eigennutz oder aber um Gottes und des Nächsten willen geschehen[27]. Zur Veranschaulichung dient ihm abermals die Pädagogik: Zwar erziehen Heiden und Christen ihre Kinder gleichermaßen, doch ist dort die Selbstsucht – „er wil ehr, rhumb, nutz da von" (462,10f) –, hier aber der „timor dei" das handlungsleitende Motiv[28]. Entscheidet sich nun aber die Christlichkeit menschlichen

---

[26] „Non inspice nomen operis, sed naturam und eigenschaft operis i.e. das den armen zu gut geschehen et proximo mendico" (462,4–6).

[27] „Si vero facis tibi non zu rhum, sed zu lob et ehr deo et proximo etc. an den wercken sol man spuren, ubi Christiani" (463,1f).

[28] Die Wendung „timor dei" verweist auf die von Luther im November 1528 gewonnene Erkenntnis, eine Erfüllung des ersten Gebots – daß das erste Gebot den thematischen Hintergrund der gesamten Predigt abgibt, bedarf keiner Erwähnung – drücke sich nicht allein im Gottvertrauen, vielmehr in der Bipolarität von „timor et fiducia" aus; vgl. dazu A.

Handelns an dessen intentionalem Gehalt, verliert die materiale Gestalt des Handelns jede identifikatorische Funktion: Nicht in spektakulären, „scheinenden" Sonderwerken äußert sich christlicher Glaube, vielmehr in der unscheinbaren Ausübung dessen, was allgemein als notwendig und gut gilt. Luther exemplifiziert dieses ethische Prinzip anhand eines Vergleichs von Nonne und Hausfrau: die ratio hält, durch den „Schein" geblendet, jene für heilig, während doch in Wahrheit die Hausfrau viel heiliger ist, indem sie die ihr obliegenden schlichten Werke nicht um des eigenen Vorteils, sondern um Christi und des nächsten willen vollbringt (463,16–20).

Eine applikative peroratio beschließt die Predigt. Man könnte sagen: Nach der Lehre folgt nun die Ermahnung, nach doctrina und exemplum der usus. Jedoch geht dieser letzte Abschnitt in materialer Hinsicht nicht mehr über das Gesagte hinaus, wie denn auch der usus des „heubtstuck[s]" von Anfang an mit im Blick war. Jetzt aber, in der knappen peroratio, wird die Anwendung des Hauptstücks konkret: Luther webt es in die konkrete Situation seiner Gemeinde hinein. Die Zäsur zwischen Haupt- und Schlußteil deutlich markierend, wendet er sich mit der ausdrücklichen Aufforderung an die Gemeinde, sie möge das, was er erklärend dargelegt hat, nun auch einübend sich zu eigen machen: „Moneo vestram dilectionem, ut exerceatis in istis operibus" (464,1f). Als Beispiel solcher Konkretion zieht er den „gemeinen Kasten" heran. Angesichts der in Wittenberg offenbar gut funktionierenden öffentlichen Armen- und Krankenfürsorge könnte sich die Gemeinde von der Pflicht zu tätiger Nächstenliebe entlastet fühlen. Jedoch auch ein geordnetes Staatswesen bedeutet gegenüber den guten Werken, die das Christsein aus sich hervorbringt, keinen Dispens. Vielmehr bleiben die Glieder der Gemeinde gehalten, in ihrer Sorge für die kirchlichen Diener und für die Familien nicht zu erlahmen. Indem jeder Einzelne nicht aus Eigennutz, sondern um Christi und des Nächsten willen zur Aufrechterhaltung der äußeren Ordnung beiträgt, leistet er einen unscheinbaren, aber notwendigen christlichen Dienst.

2. Strukturen

Luthers Predigt vom 13. Dezember 1528 ist ein typisches Beispiel seiner homiletischen Praxis. Insofern könnte es reizvoll sein, sie nun zu seiner übrigen Predigtarbeit und darüber hinaus zu seiner gesamten Theologie ins Verhältnis zu setzen. Doch ginge bei solcher systematisch-theologischen Ordnungs-

---

BEUTEL, „Gott fürchten und lieben". Zur Entstehungsgeschichte der lutherischen Katechismusformel (in: DERS., Protestantische Konkretionen. Studien zur Kirchengeschichte, 1998, 45–65).

arbeit gerade das Proprium seines Kanzeldienstes verloren[29]. Die Erforschung der Predigtgeschichte als einer eigenständigen Spielart der Kirchengeschichte hat eben darin ihr Recht, daß sie in den überlieferten Predigten nicht, jedenfalls nicht in erster Linie, das theologisch Typische, sondern das situativ Besondere herausarbeitet. Demgemäß soll nun die Predigt Luthers nicht ideen- oder theologie- oder auslegungsgeschichtlich, auch übrigens nicht werkimmanent interpretiert, vielmehr in ihrer Individualität ernstgenommen und darum als ein konkreter homiletisch-rhetorischer Vollzug theologischer Popularisierungsarbeit kenntlich gemacht werden. Dabei mag es ratsam sein, die homiletisch-rhetorischen Strukturen der Predigt anhand der drei klassischen homiletischen Relationen, nämlich des Verhältnisses von Prediger und Text, von Prediger und Gemeinde sowie von Text und Gemeinde herauszuarbeiten. Dabei müssen jeweils einige knappe Hinweise genügen.

a) Prediger und Text

Kennzeichnend für den Prediger Luther ist sein unmittelbarer und zugleich souveräner Umgang mit dem biblischen Text. Der Wortlaut der Perikope bleibt durchgängig präsent. Die beiden Hauptteile der Predigt setzen jeweils mit der wörtlichen Rezitation des einschlägigen Referenztextes ein, und auch in der Durchführung bleibt Luther dicht am biblischen Text: durch direkte Einspielungen („textus dicit" [455,4])[30] ebenso wie durch anspielende Paraphrase[31], mitunter auch durch die Zitation thematisch oder kontextuell benachbarter Bibelworte[32]. Freilich gebraucht Luther die Perikope nicht als eine unantastbare, Verehrung fordernde Ikone, vielmehr als eine lebendige Textwelt, in die er einkehrt, in der er lebt und aus der sich sein Predigen speist. Das äußert sich in einem überraschend souveränen Aus- und Fortspinnen des biblischen Wortlauts, das ihn wie selbstverständlich in die Sprecherrolle Christi hineinschlüpfen läßt, so daß er, was Christus gemeint hat, ganz unbekümmert in der 1. Person Singularis expliziert (461,6). Zugleich spinnt er den biblischen Gesprächsfaden fort, indem er die in der Perikope nicht überlieferte Reaktion des Täufers auf den Bericht seiner von Christus zu ihm zurückkeh-

---

[29] Luthers Predigten als eine formlose Anhäufung „systematischen" Materials behandelt und ihre beiden homiletisch konstitutiven Relationen, nämlich den Bezug auf einen konkreten biblischen Text sowie auf eine konkrete Gemeindesituation, fast durchweg außer Acht gelassen zu haben, bezeichnet den entscheidenden methodischen Fehler der Untersuchung von U. ASENDORF, Die Theologie Luthers nach seinen Predigten, 1988. Vgl. meine kritische Rezension dieses Buches in LuJ 57, 1990, 288–290.
[30] Ein zitierender Nachweis erübrigt sich.
[31] Vgl. die Anspielung auf Mt 3,4 (457,8).
[32] Vgl. die Zitation von Mt 6 (462,18); Mt 25 (462,17); Joh 1,27 (456,14); Joh 3,30 (456,14).

renden Jünger in direkter Rede fingiert: „Har [i.e. ha!], nu wirds sichs, ob got [will], schicken, credent eius operibus, ipsi vident" (456,15f). Auch das weitere Verhalten der Johannes-Jünger hat Luther auf der Kanzel einfühlsam imaginiert (461,9f). Indem Luther den biblischen Wortlaut nicht als ein unnahbares Gegenüber verehrt, sondern als eine für ihn und alle Christen offenstehende Textwelt bewohnt, trägt er zugleich die eigene homiletische Situation in diese biblische Textwelt ein. So macht er die eigene Welt auf die Textwelt hin transparent. Luthers Predigthörer werden zu Zeitgenossen des Täufers und Christi, weil das im biblischen Text traktierte Problem zugleich das eigene Glaubensproblem und infolgedessen die im Text gebotene Problemlösung zugleich von aktuell-situativer Gültigkeit ist, freilich nicht im Sinne einer naiven geschichtlichen Parallelisierung, sondern als die Wahrnehmung einer figuralen Entsprechung, die nur als ein Glaubensurteil aussagbar ist: „Puto vos begreiffen [i.e. einbezogen] in Euangelio" (464,4). Auf diese Horizontverschmelzung von biblischer und eigener Wirklichkeit zielt denn auch die Predigtarbeit Luthers: nicht als eine ungeschichtlich-biblizistische Engführung der eigenen Situation, vielmehr als eine biblische Horizonterweiterung von welt- und geschichtsumspannendem Zuschnitt.

b) Prediger und Gemeinde

Es gehört zu den ältesten Fehlurteilen über die Predigtweise Luthers, sie als formlos und unrhetorisch mißzuverstehen. Zwar ist darin immerhin soviel richtig, daß Luther in der Tat jeden äußeren Glanz und jede gelehrte Eitelkeit meidet. Doch wäre es töricht zu meinen, sein Predigen sei vom Einfluß der ihm spätestens seit dem Trivium vertrauten Rhetorik unberührt geblieben. Gerade die holzschnittartige Elementarität seines Predigtstils ist von rhetorischer Dignität[33]. Die Predigt vom 13. Dezember 1528 liefert dafür ein treffliches Beispiel.

Rhetorische Gestaltungskraft hatte sich bereits darin gezeigt, daß Luther sich in die handelnden Personen der Perikope hineindenkt und die von ihnen wahrgenommene Rolle ganz unbekümmert aus- und fortspinnt. Darin äußert sich der szenisch-dialogische Grundzug seines Predigens, der im vorliegenden Beispiel auf unterschiedliche Weise zum Ausdruck kommt. Nachdem er anhand etlicher Beispiele dargelegt hat, daß die von der Kirche als Heilige Verehrten nicht wegen ihrer exempla, sondern wegen ihrer fides Verehrung verdienen, wendet sich Luther im Namen der Gemeinde in direkter Anrede an sie: „Merckt vos sancti illud punctum [...]" (460,2). Desgleichen kann Luther die Intention der Propheten (456,11f), aber auch das Selbstver-

---
[33] Vgl. B. STOLT, Martin Luthers Rhetorik des Herzens (UTB 2141), 2000, 62–83.

ständnis heidnischer Kinder (462,14f) oder eine in der Gemeinde vermutete irrige Meinung (464,6) in der Ich-Form zur Darstellung bringen. Neben die szenische Ausgestaltung treten andere rhetorische Elemente, durch die Luther die intentionale Ausrichtung seiner Predigt unauffällig, aber wirkungsvoll steigert, so die emphatische Reduplikation[34], die rhetorische Frage[35] oder das schlichte, aber einprägsame Wortspiel[36].

Besonders aufschlußreich für das Verhältnis des Predigers zu seiner Gemeinde ist eine Analyse der von Luther meisterhaft, wenn auch wohl intuitiv komponierten Pronominalstruktur. Beide Hauptteile der Predigt werden durch die Bewegung vom „wir" hin zum „du" dominiert. Der erste Hauptteil beginnt mit dem in ausnahmsloser Konsequenz gebrauchten „wir" (bzw. „man", „einer", „jeder"), in das Luther sich und die Gemeinde als in derselben homiletischen Situation stehend zusammenschließt. Erst am Ende des Abschnitts, nachdem der Sachgehalt hinreichend erklärt worden ist, individualisiert sich das gemeinschaftliche „wir" in ein unvertretbares „du": *„Du mußt Christus haben!"*[37] Angebahnt hatte sich dieser Wechsel bereits dadurch, daß auch schon in die „wir"-Passage singularische Imperativformen eingestreut waren: „Vide, wie es dem Johannes ghet" (458,6f) und „crede in Christum" (461,2).

Ganz analog verfährt Luther im zweiten Hauptteil der Predigt. Abermals dominiert anfangs das gemeinschaftliche „wir", nun allerdings schon sehr viel früher von singularischen Imperativsätzen überlagert, die deutlich machen, daß das „wir" nicht ein ununterscheidbares Kollektivum bezeichnet, sondern eine Versammlung von Individualitäten. „Du"-Formen begegnen jetzt v.a. in applikativen Konditionalsätzen: „Quando vides virum maritum [...]" (462,6) oder „si vero facis tibi non zu rhum [...]" (463,1) oder 2„wen du solt ein matronam domus comparare Nonnae [...]" (463,16f). Bemerkenswert ist in dieser Hinsicht zumal eine Formulierung des zweiten Hauptteils, in der Luther am Beispiel des kindlichen Gehorsams eine falsche von der rechten Intention unterscheidet, freilich nicht im Sinne zweier gleichwertiger Alternativen, vielmehr so, daß das, was „wir" von Natur aus zu tun geneigt sind, dem gegenübergestellt wird, was „ich" gemäß dem Evangelium zu tun gehalten bin[38].

---

[34] „Noli me inspicere, durt yn illum" (456,12). – Dieses Stilmittel findet sich öfter bei Luther (vgl. z.B. WA 30,1; 133,14 [1529]) und müßte in einer noch zu schreibenden Studie zu Luthers Rhetorik berücksichtigt werden.

[35] „Num debemus etiam sanare ut Christus hic? Non" (462,2f).

[36] „Nemo Christianus inde dicitur, quod gerit cappam etc., sed quod heret et credit in eum qui dicitur Christus" (455,10f).

[37] „Oportet Christum habeas" (459,4f); Hervorhebung von mir.

[38] „Non ideo: si inobedientes *sumus*, exhereditabit nos parens, ut gentiles solent filii cogitare. Sed ideo: das *ich* got daryn diene, mein parentibus zu gefallen et praesertim got zu lieb" (462,14–16); Hervorhebungen von mir.

Der Glaube an Christus individualisiert den natürlichen Menschen zu einer unverwechselbaren und unvertretbaren Person[39].

In der kurzen, applikativen peroratio ändert sich die Pronominalstruktur grundlegend. Jetzt tritt der Prediger Luther als ein „ich" der Gemeinde gegenüber[40]: „Moneo vestram dilectionem [...]" (461,1), „puto vos begreiffen in Euangelio" (464,4), „nescio, an sine peccato" (464,8). Die Solidarität des Predigers mit seiner Gemeinde wird dadurch nicht aufgekündigt, weil die Ich-Ihr-Struktur durch die Wir-Du-Struktur der beiden Hauptteile fundiert bleibt. Zudem kontinuiert sich auch in der peroratio das „wir" des natürlichen Menschen, in das das „ich" und „du" des Glaubens jederzeit abzugleiten bedroht sind und aus dem „wir" zu einer eigenen, individuellen Wahrnehmung des Christlichen befreit werden sollen.

c) Text und Gemeinde

Luthers homiletische Praxis zielt auf ein evangeliumsgemäßes Verhältnis von Text und Gemeinde. Doch wäre es angesichts der konkreten Predigtsituation des 13. Dezember 1528 verfehlt, davon zu reden, die Predigt wolle dieses Verhältnis allererst stiften. Vielmehr arbeitet Luther in der Kontinuität seines Wittenberger Predigtdienstes daran, die Wechselwirkung zwischen Text und Gemeinde zu kräftigen und zugleich anhand des einzelnen Perikopentextes zu konkretisieren. Insofern stellt Luthers Predigen einen fortwährenden Lehr- und Lernprozeß dar, der die Gemeinde in die biblische Textwelt integrieren und dadurch instand setzen soll, den Horizont des eigenen Lebens und Glaubens auf den biblischen Glaubens- und Lebenshorizont hin zu transzendieren. So gesehen, betrifft das meiste von dem, was soeben zum Verhältnis von Prediger und Text sowie von Prediger und Gemeinde festgestellt worden ist, immer auch schon das Verhältnis von Text und Gemeinde.

Indessen kommt ein weiterer Aspekt noch hinzu. Anhand der von Luther mehrfach gebrauchten Wendung, der Perikopentext biete „das heubtstuck doctrinae Christianae" (455,9f), kommt man ihm auf die Spur. Die Wendung wäre falsch verstanden, wollte man ihr entnehmen, Luther habe die Perikope Mt 11,2–6(7–10) als das Zentrum der biblischen oder neutestamentlichen Überlieferung interpretiert. Was Luther in dieser Predigt als „heubtstuck" oder „caput doctrinae" auszeichnet, benennt nicht ein neu entdecktes theologisches Prinzip, wie denn in der gesamten Predigt nicht ein einziger Gedanke

---
[39] Zu Luthers Personbegriff vgl. EBELING, Lutherstudien II/3 (s. Anm. 24), 177–207.
[40] Das Ich des Predigers kam vorher nur in dem technischen Verweis des ersten Satzes (454,8) sowie am Ende des zweiten Hauptteils in der Wendung „puto plures hic esse cives" (463,2f) zur Sprache.

begegnet, der nicht auch schon in den vorausgehenden Predigten und Schriften Luthers vielfältig nachweisbar wäre. Am allerwenigsten geht es dem Prediger Luther um theologische Originalität. Vielmehr versteht und gebraucht er die Predigt als das entscheidende, weithin konkurrenzlose Popularisierungsmedium, durch das theologische Erkenntnis und Einsicht vermittelt und eingeübt werden sollen. „Moneo vestram dilectionem, *ut exerceatis* [...]" (464,1), heißt es ausdrücklich zu Beginn der peroratio.

„Caput doctrinae", „heubtstuck doctrinae": Davon ist oft in den Predigten Luthers die Rede, und oft genug in unterschiedlicher Hinsicht. Allein schon dadurch verbietet sich die Vermutung, es könne damit ein einzelnes dogmatisches Lehrstück gemeint sein, das er aus dem Kreis der anderen loci herausheben will. Vielmehr meint Luther in den unterschiedlichen Hinsichten mit „caput doctrinae" immer dasselbe: die Person Jesu Christi, genauer: den dankbaren Glauben an ihn. „Es ist als [i.e. alles] darumb zu thun, ut corde et fide Christo hereamus" (455,8f). Das „crede in Christum" (461,2) muß jedes einzelne dogmatische Lehrstück begleiten können.

Im übrigen steht, was Luther hier als „das heubtstuck doctrinae Christianae" ausgibt, in dieser Form nicht schon im Text. Vielmehr hat er den konkreten Perikopentext auf die Grundsituation des Menschen vor Gott hin durchsichtig gemacht: auf das Gegenüber von „homo reus" und „deus iustificans"[41]. Der Mensch ist Sünder und bedarf der Rechtfertigung, er will auf sich selber bauen und soll doch allein Christus anhängen. Diese Grundbewegung von der Sünde zur Gnade, vom Gesetz zum Evangelium, von der Selbstherrlichkeit zur Nachfolge Christi bezeichnet den Tenor der gesamten Predigtarbeit Luthers[42]. Auf höchst feinsinnige Weise hat sie sich in der Textgestalt der hier zu interpretierenden Predigt manifestiert. Das „*ist* das heubtstuck doctrinae Christianae"[43], hält Luther zu Beginn des ersten Hauptteils fest, um der Verblendung des natürlichen Menschen die evangelische Wahrheit entgegenzustellen. Dann aber, sobald das gemeinsame „wir" in das individuelle „du" überzugehen sich anschickt, verwandelt sich auch das konfessorische „est" in

---

[41] „Cognitio dei et hominis est sapientia divina et proprie theologica. Et ita cognitio dei et hominis, ut referatur tandem ad deum iustificantem et hominem peccatorem, ut proprie subiectum Theologiae homo reus et perditus et deus iustificans vel salvator" (WA 40,2; 327,11–328,2 [1538]). – Vgl. J. E. BRUSH, Gotteserkenntnis und Selbsterkenntnis. Luthers Verständnis des 51. Psalms (HUTh 36), 1997, v.a. 126–136.

[42] Vgl. die berühmte Darstellung des auf den gekreuzigten Christus deutenden Predigers Luther in der Predella des 1547 in der Wittenberger Stadtkirche aufgestellten Cranach-Altars (eine knappe, aber genaue Beschreibung findet sich in: Die Denkmale der Lutherstadt Wittenberg, bearb. v. F. BELLMANN / M.-L. HARKSEN / R. WERNER, 1979, 176f u. Abb. 167).

[43] WA 27; 455,9f (1528); Hervorhebung von mir.

ein werbend-mahnendes „sit": „Nostrum unser heubtstuck *sit*, das wir uns selber verlassen et Christo hereamus"[44]. Diese Zuspitzung der fides historica auf die fides apprehensiva hat Luther nirgendwo bündiger zum Ausdruck gebracht als in der ungefähr zeitgleich zu dieser Predigt entstandenen Wendung, mit der er im Kleinen Katechismus den zweiten Artikel des Glaubens erklärt: „Ich gläube, daß Jesus Christus, wahrhaftiger Gott vom Vater in Ewigkeit geborn und auch wahrhaftiger Mensch von der Jungfrauen Maria geborn, sei mein HERR [...]"[45].

III. Theologische Relevanz

Die Einsichten, die die historisch-homiletische Analyse der Predigt vom 13. Dezember 1528 erbracht hat, nötigen nicht dazu, das von der neueren Forschung erarbeitete Bild von Luthers Predigtverständnis und Predigtpraxis grundlegend zu revidieren. Aber sie verleihen ihm Farbe und Anschaulichkeit und untermauern dadurch seine Plausibilität. Die vorgeführte Predigtanalyse bestätigt denn auch auf exemplarische Weise die vier Merkzeichen, durch die – in erweiternder Aufnahme einer von Emanuel Hirsch geprägten Triade[46] – die Predigtweise Luthers als biblisch, zentral, antithetisch und konkret charakterisiert worden ist[47].

Biblisch ist die Predigtweise Luthers insofern, als sie sich durchgängig ihres Quellgrunds vergewissert und darin den hermeneutischen Grundsatz „scriptura sacra sui ipsius interpres"[48] homiletisch konkretisiert. Dieser biblische Grundzug ist näherhin dadurch bestimmt, daß Luther die Bibel niemals zu einer übergeschichtlichen Autorität hypostasiert, dergegenüber nur noch blinde Unterwerfung und distanzierte Verehrung möglich sein kann, sondern sie als den Erfahrungs- und Sprachraum christlichen Glaubens wahrnimmt, in den man jederzeit einkehren und in dem der Glaube das ihm gemäße Denken, Sprechen und Leben einüben kann[49].

---

[44] AaO 459,3f; Hervorhebung von mir.
[45] BSLK 511,23–26 (= WA 30,1; 249,7–11 [1529]). – Vgl. dazu A. PETERS, Kommentar zu Luthers Katechismen, hg. v. G. SEEBASS, Bd. 2: Der Glaube, 1991, 92–174.
[46] E. HIRSCH, Luthers Predigtweise (Luther 25, 1954, 1–23). – Vgl. dazu H. M. MÜLLER, Homiletik. Eine evangelische Predigtlehre, 1996, 64f.
[47] Vgl. BEUTEL, Art. Predigt VIII (s. Anm. 6), 297f, sowie den entsprechenden Abschnitt in DERS., Kommunikation des Evangeliums. Die Predigt als zentrales theologisches Vermittlungsmedium in der Frühen Neuzeit (s.o. 7).
[48] Vgl. W. MOSTERT, Scriptura sacra sui ipsius interpres. Bemerkungen zum Verständnis der Heiligen Schrift durch Luther (LuJ 46, 1979, 60–96).
[49] Vgl. A. BEUTEL, „Scriptura ita loquitur, cur non nos?" Sprache des Glaubens bei Luther (in: DERS., Protestantische Konkretionen [s. Anm. 28], 104–123).

Zentral ist die Predigtweise Luthers insofern, als sie die in Christus verkörperte Mitte der Schrift zugleich zum exklusiven „heubtstuck" evangelischer Predigt erhebt: „Man kan sonst nicht[s] predigen quam de Iesu Christo et fide. Das ist generalis scopus"[50]. Die grandiose christozentrische Monotonie, von der Luthers Predigtarbeit geprägt ist, verkehrt sich niemals in Monomanie, weil sie seine homiletische Praxis nicht als ein abstraktes Prinzip dominiert, sondern sich in der Besonderheit des jeweiligen Predigttextes sowie der jeweiligen Predigtsituation auf immer neue Weise konkretisiert.

Antithetisch ist die Predigtweise Luthers insofern, als sie nicht allein der polemischen Auseinandersetzung mit den äußeren Gegnern Raum gibt, sondern die Predigt zugleich als Teil des kosmisch-eschatologischen Kampfes um den von Gott und dem Teufel beanspruchten Menschen begreift. Die von Luther oft gebrauchten dramatisch-dialogischen Formelemente sind niemals nur ein Ausdruck unverbindlicher rhetorischer Spielerei, vielmehr geradezu ein Musterbeispiel für die von ihm postulierte Kongruenz von Sprache und Sache.

Konkret ist die Predigtweise Luthers schließlich insofern, als sie den Predigthörern die Welt der Bibel unmittelbar zu vergegenwärtigen sucht und so deren menschliche Lebensgeschichte auf die biblische Heilsgeschichte hin transparent werden läßt. Konkret ist die Predigt Luthers überdies darin, daß sie der individualisierenden Kraft des christlichen Glaubens einen Entfaltungsraum bietet: Indem der Prediger Luther seinen Hörer unablässig in die biblischen Denk- und Sprachformen einzuüben bemüht ist, leitet er ihn dazu an, sich aus der Anonymität des natürlichen Menschen in eine unverwechselbare und unvertretbare Person, und das heißt: aus dem „wir" in ein „ich" zu konkretisieren.

Verdanktes Evangelium: Dieses Leitmotiv seiner Predigtarbeit hat Luther nicht jedesmal wortgetreu wiederholt, sondern in höchst eindrücklicher Variationsbreite in den jeweiligen Predigtsituationen zur Geltung gebracht. In der Wahrnehmung dieser Aufgabe nicht müde zu werden, vielmehr ein Leben lang treu und unbeirrt fortzufahren, darin lag für Luther das Ethos seines pastoralen Berufs. Die Dankbarkeit für das Evangelium galt ihm als die einzige Gott gemäße Lebenshaltung des Christen. Darum sei der Schlüsselsatz, mit dem wir eingesetzt haben, am Ende noch einmal zitiert: „Wir können Gott kein größeres noch besseres Werk tun noch einen edleren Gottesdienst erzeigen, als ihm zu danken".

---

[50] WA 36; 180,10f (1532).

Die brandenburgische Landeskirche unter den Kurfürsten Johann Georg (1571–1598) und Joachim Friedrich (1598–1608)

Die brandenburgischen Kurfürsten Joachim II. (1505/35–1571) und Johann Sigismund (1572/1608–1619) versahen die Kirchengeschichte des Landes jeweils mit einer epochalen Zäsur. Der eine öffnete sein Territorium im Jahre 1539 der lutherischen Reformation. Der andere, Urenkel des ersten, vollzog 1613 den innerprotestantischen Konfessionswechsel, dessen religionspolitische und kulturelle Folgen weit über die preußische Union von 1817 hinausreichten und in manchen Fernwirkungen bis in die Gegenwart spürbar geblieben sind.

Zwischen dem Tod Joachims II. und dem Regierungsantritt Johann Sigismunds erstreckt sich eine annähernd vier Jahrzehnte während Geschichtsperiode. Sie stand unter der Herrschaft des Kurfürsten Johann Georg (1525/71–1598) und dessen ältesten Sohn Joachim Friedrich (1546/98–1608), der die 26jährige Regierungszeit des Vaters um ein gutes Jahrzehnt fortsetzte. Der damit bezeichnete Geschichtsabschnitt ist von der älteren Historiographie gern als unbedeutend vernachläßigt oder verharmlost worden. Johann Gustav Droysen zeichnete ihn als „ein behagliche[s] und ehrbare[s] Stillleben" – „zu regieren", meinte er, „war nicht viel"[1]. Und Friedrich der Große vermerkte in seinen *Denkwürdigkeiten zur Geschichte des Hauses Brandenburg*, den Kurfürsten Johann Georg betreffend, lediglich: „Seine Regierung verlief friedlich"; im Grunde verdiene dieser Ahnherr überhaupt „nur wegen des chronologischen Zusammenhangs"[2] eine Erwähnung.

Die Geringschätzung, die sich in solchen Urteilen ausdrückt, ist grundlos und ungerecht. Tatsächlich wurden in diesen vier Friedensjahrzehnten wesentliche Grundlagen für die politische, ökonomische und soziale Stabilität des brandenburgischen Staates gelegt. Zugleich erlebte die lutherische Landeskirche eine entscheidende Phase ihrer institutionellen und spirituellen Konsolidierung. Allerdings begannen auch die Motive, die Johann Sigismund der-

---

[1] J. G. Droysen, Geschichte der Preußischen Politik. Zweiter Theil: Die territoriale Zeit. Zweite Abtheilung, 1859, 485.
[2] Friedrich der Grosse, Denkwürdigkeiten zur Geschichte des Hauses Brandenburg, hg. v. G. B. Volz (Die Werke Friedrichs des Großen, Bd. 1), 1913, 30.

einst zum Übertritt in die reformierte Bekenntnisgemeinschaft veranlassen sollten, bereits unter Johann Georg und Joachim Friedrich erste Wurzeln zu treiben. Insofern stellt jene Periode, die Friedrich der Große mit souveränem Desinteresse zu marginalisieren beliebte, eine durchaus plurivalente religionspolitische Inkubationsphase dar.

I. Johann Georg von Brandenburg

Am 11. September 1525 kam Johann Georg in Berlin-Cölln zur Welt, als Sohn des brandenburgischen Kurprinzen Joachim II., der zehn Jahre später die Regierungsgeschäfte übernehmen sollte, und dessen Gattin Magdalena, die eine Tochter Herzog Georgs von Sachsen war. Seine Jugend liegt weithin im Dunkeln. Als erster Regent seines Hauses verfügte er über eine gediegene akademische Bildung, die ihm an der damals noch streng lutherisch orientierten Universität Frankfurt/Oder vermittelt worden war. Seine kräftige, robuste Konstitution wußte er durch Leibesübungen und einen gemäßigten Lebenswandel, der die üppigen Gepflogenheiten des Vaters deutlich genug alterierte, zu stabilisieren. Seinem Kaiser war er in loyaler Treue ergeben. Im Schmalkaldischen Krieg nahm er an der bei Mühlberg ausgetragenen Entscheidungsschlacht (24.4.1547) und der anschließenden Belagerung Wittenbergs teil; in Würdigung seiner Tapferkeit erhob ihn Karl V. zum Ritter und später auch noch zum kaiserlichen Rat.

Der Erbvertrag, den Joachim II. 1537 mit Herzog Friedrich von Liegnitz geschlossen hatte, wurde acht Jahre später durch eine für die Kinder der Vertragspartner arrangierte Doppelhochzeit besiegelt. Dabei vermählte sich Johann Georg mit Sophia von Liegnitz, die freilich schon ein Jahr später, wenige Tage nach der Geburt des ersten Sohnes Joachim Friedrich, verstarb. Anfang 1548 ging Johann Georg mit Sabina von Ansbach, die ebenfalls aus einem lutherisch gesinnten Fürstenhaus stammte, die zweite Ehe ein. Das Paar zog sich auf das nördlich von Rheinsberg und damit an der äußersten Peripherie der Mark gelegene Priegnitz-Schloss Zechlin zurück. Fernab vom kurfürstlichen Hof, dessen üppiges Treiben dem Kurprinzen widerstrebte, führte man ein behagliches, der Güterverwaltung gewidmetes Leben. Von den elf Kindern, die dort zur Welt kamen, erreichten lediglich drei Töchter das Erwachsenenalter.

Für seinen ältesten, noch minderjährigen Sohn Joachim Friedrich versah Johann Georg die Administration der eingezogenen Bistümer Havelberg (seit 1552), Lebus (seit 1555) und Brandenburg (seit 1560). Die ökonomischen Kenntnisse und Erfahrungen, die er dabei erwarb, sollten seiner späteren Regentschaft von erheblichem Nutzen sein. Im übrigen war der Kurprinz, darin mit seinem Vater ganz übereinstimmend, klug genug, den Übergang der Bistümer zur Reformation nicht gewaltsam zu forcieren, sondern einer gleichsam organischen Entwicklung zu überlassen. So fand etwa in den Kapiteln nur ein langsamer, meist durch den Tod eines Stiftsherrn veranlaßter Personalaustausch statt.

Am 3. Januar 1571 starb in Köpenick Kurfürst Joachim II. Als einziger überlebender Sohn erbte damit Johann Georg die Kurwürde. Nur zehn Tage später, als auch sein Onkel Johann (Hans) von Küstrin verstorben war, ohne männliche Erben zu hinterlassen, fiel Johann Georg zudem die Neumark zu. Damit war die Mark Brandenburg, die Joachim I. testamentarisch unter seine beiden Söhne aufgeteilt hatte, wiederum, und nun beständig, zur politischen Einheit geworden. Daß Joachim Friedrich, der älteste Sohn Johann Georgs, nach langer Verlobungszeit am 8. Januar 1570, also im Vorjahr, mit seiner Cousine Katharina von Küstrin verheiratet worden war, entsprang gewiß, auch wenn die Braut auf jeden Erbanspruch hatte verzichten müssen, der Begleitabsicht, zumindest eine Möglichkeit der Erbfolge sicherzustellen.

Die Regierungsübernahme Johann Georgs im Januar 1571 verlief dramatisch und spektakulär. Fast schien es, als sei nun ein lange angestauter Groll über die hemmungslose Schuldenwirtschaft des Vaters, die sogar einen Staatsbankrott in greifbare Nähe gerückt hatte, zu ungezügeltem Ausbruch gekommen[3]. Kaum war der neue Kurfürst in Berlin eingetroffen, ließ er die Stadttore sperren und gab Anweisung, die Häuser der Günstlinge seines Vaters zu durchsuchen und zu versiegeln. Anna Sydow, die Mätresse Joachims II., wurde in Spandau festgesetzt und starb dort nach vierjähriger Kerkerhaft. Als engstem Vertrauten des alten Kurfürsten widerfuhr dem Kammerrat Thomas Matthias ein ungerechtes, bitteres Schicksal: Obwohl ihm keinerlei juristische Schuld nachzuweisen war, wurde er unehrenhaft aus dem Amt gejagt. Dagegen blieb Lampert Distelmeyer, Kanzler und Chef der Kammerregierung, auf seinem Posten, zum Segen für das Land und für Johann Georg, wie sich alsbald erweisen sollte.

Zugleich ging es nun auch, wie von den Landständen immer wieder gefordert, gegen die Juden. Johann Georg ließ Raum für einen wüsten Pogrom: Man zerstörte die Synagoge am kleinen Jüdenhof in der nördlichen Klosterstraße und drang plündernd in sehr viele jüdische Haushalte ein. Dann erließ der Kurfürst eine absolute Ausgangssperre für Juden. In Lippold Ben Chluchim fand die Verfolgung ihr prominentestes Opfer. Als jüdischer Leibarzt

---

[3] Vgl. I. GUNDERMANN, Kirchenregiment und Verkündigung im Jahrhundert der Reformation (1517 bis 1598) (in: G. HEINRICH [Hg.], Tausend Jahre Kirche in Berlin-Brandenburg, 1999, 147–241), 207.

und Münzmeister Joachims II. sah er sich dem Verdacht ausgesetzt, namhafte Staatsgelder unterschlagen und schließlich den Kurfürsten vergiftet zu haben. In dem Prozeß, der darüber stattfand, wurde er freilich vollauf rehabilitiert: Joachim II., befanden die Richter, sei seinem jüdischen Kreditgeber sogar noch 89 Taler und fünf Silbergroschen schuldig geblieben[4]. Daraufhin schürte man gegen Lippold den Verdacht auf Zauberei und Verkehr mit dem Teufel. Dieser Vorwurf erlaubte, aufgrund § 44 der *Constitutio Criminalis Carolina*, die peinliche Untersuchung. Erwartungsgemäß bezichtigte sich Lippold unter Folter der Hexerei und überdies der Ermordung des verblichenen Fürsten. Also wurde das Todesurteil gefällt und am 28. Januar 1573 in grausamer Weise – man hat ihn gerädert und anschließend in vier Teile zerrissen – vollstreckt. Eine vollständige Vertreibung aller Juden aus der Mark schloß sich an. Die meisten flohen nach Prag, etliche auch nach Polen. Nur ausnahmsweise durften sie fortan, mit Geleitbrief und gegen die Entrichtung eines Leibzolls, die brandenburgischen Märkte besuchen. Erst ein Jahrhundert später, aufgrund eines vom Großen Kurfürsten 1671 erlassenen Edikts, wurde den Juden dauerhafter Aufenthalt und Niederlassung in der Mark Brandenburg wieder gewährt.

An einer selbständigen Reichspolitik war Johann Georg kaum interessiert, um so mehr hingegen an der ordnenden Pflege der inneren Haus- und Landesverwaltung[5]. Der zeitgenössische Chronist Peter Hafftiz rühmte den Kurfürsten als einen „gute[n] hauswirdt"[6]; der schon zu Lebzeiten aufgekommene Beiname „Oeconomus" mag dadurch angeregt worden sein. Dabei führte Johann Georg ein strikt persönliches Regiment und behielt alle Entscheidungen, ob in politischen, wirtschaftlichen oder kirchlichen Dingen, unmittelbar in der Hand. Selbst dem altgedienten, erfahrenen Kanzler Lampert Distelmeyer gelang es nicht, seine Amtsbefugnisse zu erweitern. Als er im Oktober 1588 verstarb, wies der Kurfürst dessen Sohn Christian Distelmeyer, der dem Vater an Begabung und Ehrgeiz weit unterlegen war und darum als willfähriger Fürstendiener brauchbar erschien, in die Nachfolge ein.

Nur ein einziges Mal, zu Beginn seiner Herrschaft, im Juni 1572, berief Johann Georg in der Residenzstadt den Landtag ein. Dabei gelang es ihm, die

---

[4] Vgl. E. WOLBE, Geschichte der Juden in Berlin und in der Mark Brandenburg, 1937, 79f.

[5] Vgl. M. HASS, Die landständische Verfassung und Verwaltung in der Kurmark Brandenburg während der Regierung des Kurfürsten Johann Georg (1571–1598), 1905.

[6] P. HAFFTIZ, Microcronicon Marchicum (in: A. F. RIEDEL [Hg.], Codex diplomaticus Brandenburgensis. Sammlung der Urkunden, Chroniken und sonstigen Geschichtsquellen für die Geschichte der Mark Brandenburg und ihrer Regenten. Fortgesetzt auf Veranstaltung des Vereines für Geschichte der Mark Brandenburg, Teil IV, Bd. 1, 1862, 46–167), 129f.

vom Vater hinterlassene Finanzmisere derart zu regeln, daß die Stände die Hauptlast der Haus- und Staatsschulden auf sich nahmen. Danach hielt er auch in Küstrin für die Neumark den einzigen Landtag seiner Regierungszeit ab. Fortan sollten Ausschüsse die Funktionen des bisherigen Ständeparlaments ausüben. In dem Bestreben, sich strukturelle Übersicht zu verschaffen, ließ Johann Georg, das Beispiel anderer Territorien[7] aufgreifend, Urbarien oder Erbregister für die landesherrlichen Ämter anlegen. Diese Verzeichnisse sind heute außerordentlich wertvolle geschichtliche Quellen für die ländlichen Verhältnisse in der Mark Brandenburg.

Während die Neumark von Markgraf Johann von Küstrin in einen grundsoliden wirtschaftlichen Zustand gebracht worden war, gelang es Johann Georg trotz sparsamer Landesverwaltung und anhaltender Friedenszeit kaum, die ökonomischen Verhältnisse in der Kurmark wesentlich zu verbessern. Weit günstiger war es um den märkischen Adel bestellt, der die Gutsherrschaft kontinuierlich zu erweitern und seine Rechte gegenüber den untertänigen Bauern immer weiter auszudehnen verstand. Eine seltene Ausnahme stellte dabei Thomas von dem Knesebeck (gest. 1625) dar, der seine Söhne testamentarisch ermahnt hatte, sie sollten als „christliche und fromme obrigkeiten [...] ihren armen leuten und untertanen [...] an ihr guterlein nichts entziehen, viel weniger sie mit gewalt oder unter einem gesuchten schein des rechten davon vertreiben und dadurch Gottes fluch auf sich und ihre nachkommen laden"[8]. Entsprechend hatte Johann Georg bereits im Juli 1572 dem Küstriner Kanzler vorgehalten, es sei durchaus nicht in seinem Sinn, daß „ehrbare und vernünftige vom adel mit ihren leuten so unchristlich umgehen und sie über die gewöhnlichen zwei tage, welche ihnen doch schwer genug werden, mit mehr diensten belegen sollen"[9].

Mit Hilfe diverser Verordnungen bemühte sich der Kurfürst um innere Stabilisierung. So erließ er etwa eine Kanzleiordnung (1577), dazu eine Landreiterordnung (1597), die dem Unwesen der entlassenen, durch das Land vagabundierenden Söldner, der sogenannten „Gardebrüder", Einhalt gebieten sollte, oder auch, speziell für die Residenzstadt Berlin-Cölln, eine interimistische Polizeiordnung (1580), in der höchst präzise – bis hin zur Zahl der Tische und Menügänge – die Aufwendungen bei Hochzeiten und Kindstaufen, nach Ständen gestaffelt, reguliert waren[10]. Das Stadtbild erhielt nur wenige, dafür aber bemerkenswerte Akzente. So wurde das Schloß um den nord-

---

[7] J. Schultze, Die Mark Brandenburg. Bd. 4: Von der Reformation bis zum westfälischen Frieden (1535–1648), ⁴2011, 129.
[8] AaO 143.
[9] AaO 132.
[10] Vgl. aaO 145.

westlichen Eckbau, die Hofapotheke oder das „Haus der Herzogin" an der Spreeseite erweitert. Zudem ließ Johann Georg, der in Zechlin den Gartenbau lieben gelernt hatte, einen künstlich bewässerten „neuen Lustgarten" anlegen, dessen Gemüse- und Kräuterbeete die höfische „küchennotturft"[11] preisgünstig abdecken sollten.

Innerhalb des deutschen Territorialgefüges setzte Johann Georg die enge Verbindung mit Kursachsen fort. Das freundschaftliche Einvernehmen mit August von Sachsen (1526/53–1586) wurde nicht zuletzt dadurch besiegelt, daß dessen Sohn Christian I. (1560/86–1591), der 1586, nach dem Tod seines Vaters, die sächsischen Regierungsgeschäfte übernahm, kurz zuvor mit der brandenburgischen Prinzessin Sophie verheiratet worden war. Die politische Führungsrolle dieser Staatengemeinschaft lag unübersehbar in Dresden[12]; dementsprechend pflegte man im diplomatischen Geheimverkehr Kursachsen und Kurbrandenburg mit den Deckwörtern *auctoritas* und *pax* zu chiffrieren[13]. In religiöser und kirchlicher Hinsicht scheint allerdings Johann Georg der Schrittmacher gewesen zu sein. Nicht zuletzt unter seinem Einfluß trat August von Sachsen seit 1574 ebenfalls für ein strenges Luthertum ein und wurde wenig später zu einem maßgeblichen Initiator der Konkordienformel.

Die außenpolitische Positionierung Johann Georgs war durch Loyalität gegenüber dem Kaiser und strikte Ablehnung des Calvinismus bestimmt. Als sich der reformierte Kurfürst Friedrich IV. von der Pfalz dazu entschlossen zeigte, dem protestantisch gewordenen Kölner Erzbischof Gebhard Truchseß von Waldburg im Kölnischen Krieg beizuspringen, verweigerten Brandenburg und Sachsen jede militärische Unterstützung. Dagegen trat Johann Georg, vom Kurprinzen Joachim Friedrich bedrängt, im Februar 1591 dem unter der Federführung Johann Casimirs von der Pfalz geschlossenen Torgauer Bund, ohne seine innere Reserve zu überwinden, zögerlich bei. Allerdings verstarben bald darauf die Kurfürsten von der Pfalz und von Sachsen, und so zerbrach die zum Schutz des Corpus Evangelicorum geschmiedete Allianz, bevor sie reichspolitisch hätte aktiv werden können.

Um so entschiedener verfolgte Johann Georg die institutionelle und religiöse Konsolidierung des brandenburgischen Kirchentums. Als Vertreter der zweiten protestantischen Fürstengeneration hatte er nicht mehr die Auseinandersetzung mit dem Katholizismus, die seit dem Augsburger Religions-

---

[11] AaO 147.
[12] Wichtige politische Entscheidungen wurden meist vorab mit dem Dresdner Hof abgestimmt (vgl. W. NEUGEBAUER, Die Hohenzollern. Bd. 1: Anfänge, Landesstaat und monarchische Autokratie bis 1740, 1996, 99).
[13] Vgl. SCHULTZE (s. Anm. 7), 135.

frieden 1555 reichsrechtlich reguliert war, sondern die innerprotestantische konfessionelle Profilbildung zu betreiben. Das erfolgte zunächst durch den Erlaß einer erneuerten Kirchenordnung[14], deren Ausfertigung er auf dem Landtag von 1572 zugesagt hatte. Verfaßt wurde sie im wesentlichen von dem Generalsuperintendenten Andreas Musculus[15] unter Mitwirkung seines Bruders Paul sowie des Berliner Propstes Georg Coelestin. Gegenüber der unter Joachim II. im Jahre 1540 abfaßten Kirchenordnung wurde jetzt der dezidiert lutherische Charakter noch stärker betont. So heißt es in der auf den 7. Mai 1572 datierten Vorrede des Kurfürsten, die reine Lehre sei, nächst der Bibel und der *Confessio Augustana*, allein in „doctoris Martini Lutheri seligen schriften und büchern [...] unverfälscht" niedergelegt. Weil die in diesen Textkorpora enthaltene Lehre sowohl zur Erlangung des Seelenheils wie zur Abwehr „aller widerwärtigen lehr" vollständig und hinreichend sei, fügte die neue Kirchenordnung Auszüge aus der *Confessio Augustana* und aus Luthers Schriften bei und befahl „allen und jeden pfarrherrn, predigern und seelsorgern mit sondern ernst", daß sie diese Texte „fleissig lesen, ihre predigten darnach richten, und sich anderer verdächtiger bücher oder lehren gänzlich äussern"[16].

In ihrem agendarischen Teil wahrte die Kirchenordnung Johann Georgs weitgehende Kontinuität. Wohl um den Abstand zur reformierten Kultpraxis sichtbar zu halten, behielt man die meisten der überkommenen Heiligenfeste und Zeremonien bei. Selbst für das von Joachim II. eingeführte Reformationsfest blieb eine begleitende Prozession vorgesehen. Neu hinzu kamen etliche kasuale Bestimmungen – etwa für den Kirchgang der Wöchnerin oder den sonntäglichen Katechismusunterricht – sowie eine Reihe biblischer Meditations- und Gebetstexte.

Die Auflagenhöhe der neuen Kirchenordnung war so bemessen, daß jedem märkischen Geistlichen ein Exemplar, das seine Gemeinde zu finanzieren hatte, zugestellt werden konnte. Im Zuge der bald darauf einsetzenden Visitation sollten die Pfarrer mit den neuen Bestimmungen vertraut gemacht werden. Allerdings war die erste Auflage der Kirchenordnung umgehend ausverkauft – ein sicheres Indiz dafür, daß weder die weltliche noch die geistliche Kirchenleitung die tatsächliche Zahl der Pfarrer und Lehrer im Land

---

[14] Kirchenordnung von 1572 (in: E. SEHLING [Hg.], Die Evangelischen Kirchenordnungen des XVI. Jahrhunderts. Bd. 3: Die Mark Brandenburg – Die Markgrafenthümer Ober-Lausitz und Nieder-Lausitz – Schlesien, 1909, 94–104).

[15] Vgl. H. LOHMANN, Art. Musculus, Andreas (BBKL 6, 1993, 381–383); M. RICHTER, Gesetz und Heil. Eine Untersuchung zur Vorgeschichte und zum Verlauf des sogenannten Zweiten Antinomistischen Streits (FKDG 67), 1996.

[16] Kirchenordnung von 1572 (s. Anm. 14), 95.

kannte[17]. Der kurfürstliche Kammersekretär und Notar am Cöllnischen Konsistorium Joachim Steinbrecher begann daraufhin, ein vollständiges Verzeichnis aller Geistlichen in der Mark anzulegen. Auf dieser Grundlage konnte dann, nachdem der Kurfürst die 1577 verfaßte Konkordienformel unterzeichnet hatte, die gesamte brandenburgische Geistlichkeit auf diesen Bekenntnistext, der das deutsche Luthertum einen sollte und damit den Protestantismus noch tiefer entzweite, verpflichtet werden. Am 22. Juli 1577 leisteten die Pfarrer aus dem Umkreis der Doppelstadt Berlin-Cölln ihre Unterschrift, übrigens im Beisein des Kurfürsten, der sie anschließend zu einem Festessen einlud[18]. Zur selben Stunde, berichtete Hafftiz, sei vor dem Georgentor eine Getreidescheune niedergebrannt; unklar blieb allerdings, ob dabei ein Blitzschlag oder heimlicher religionspolitischer Widerstand die Regie führte.

Eine 1573 erlassene Visitations- und Konsistorialordnung sollte die strukturelle Konsolidierung der brandenburgischen Landeskirche vollenden. Für die Wahrnehmung der geistlichen Oberaufsicht war eine permanente Visitation vorgesehen, mit der in einem zehnjährigen Turnus alle Teile des Landes nacheinander inspiziert werden sollten[19]. Als Mitglieder der Visitationskommission wurden der Generalsuperintendent oder dessen Beauftragter, dazu ein Mitglied des Konsistoriums, ein Notar, der jeweilige Superintendent sowie Vertreter der Pfarrerschaft und der Amtshauptleute des inspizierten Gebietes bestellt[20]. Angesichts der zentralen Bedeutung, die der Person des einzelnen Pfarrers – seinem Bildungsstand, seinem Leumund, seiner Amts- und Lebensführung – für die konfessionstreue Entwicklung der ihm anvertrauten Gemeinde zukam, trug die Visitationsordnung ein deutlich pastoraltheologisch orientiertes Gepräge. Keinesfalls sollte es künftig mehr angehen können, daß „schneider, schuster oder andere verdorbene handwerker und lediggenger, die ire grammaticam nicht studirt, vielweniger recht lesen können, und alleine, weil sie ires berufs nicht gewartet, verdorben und nirgend hinaus wissen, nothalben pfaffen werden"[21]. In diesem Zusammenhang wurden den Pfarrern jetzt auch Atteste ihres Studienerfolgs oder ihrer früheren pastoralen Tätigkeit abverlangt[22].

---

[17] Vgl. GUNDERMANN (s. Anm. 3), 209.
[18] Vgl. HAFFTIZ (s. Anm. 6), 133.
[19] Für die permanente Visitation war der folgende feste Rhythmus geplant: Altmark (1. Jahr), Prignitz, Land Ruppin, Havelberg (2. und 3. Jahr), Uckermark (4. Jahr), die Stifte Lebus, Brandenburg und Mittelmark (5. bis 7. Jahr), Neumark (8. bis 10. Jahr) (vgl. Kirchenordnung von 1572 [s. Anm. 14], 105).
[20] Vgl. ebd.
[21] AaO 107.
[22] Vgl. GUNDERMANN (s. Anm. 3), 212.

Die märkischen Pfarrer sahen sich mit einer langen Liste konkreter Anweisungen und Belehrungen konfrontiert. Sie reichte von der Ausstattung des pastoralen Bücherschranks – die deutsche und lateinische Bibel, desgleichen Luthers Kirchen- und Hauspostille galten als unverzichtbar, und wer es sich leisten konnte, der wurde darüber hinaus zum Erwerb der „ganzen opera Lutheri, Augustini und anderer christlichen und unverfelschten theologen bücher mehr"[23] angehalten – bis hin zu ganz alltagspraktischen Maßregeln wie etwa der, daß der Pfarrer, nachdem er eine Trauung vollzogen hat, von den Brautleuten „kein essen oder trinken [...] fordern"[24] solle, eine freiwillig ergangene Einladung zum Festmahl jedoch samt seiner Familie bedenkenlos annehmen könne, ohne dafür ein Hochzeitsgeschenk schuldig zu sein[25].

Eine parallel dazu erlassene Konsistorialordnung[26] fixierte die Mitglieder, Aufgaben und Befugnisse der kirchenleitenden Institution. Entsprechend der politischen Zentralisierung des Landes zog Johann Georg die Konsistorien in Stendal und Küstrin ein und übertrug die gesamte kirchliche Leitungsverantwortung dem Konsistorium in Berlin-Cölln. Diese Oberbehörde bestand wie bisher aus vier oder fünf Personen, wobei im Bedarfsfall auch der Kanzler oder einzelne Räte des Kammergerichts noch hinzutreten konnten. Geleitet wurde sie durch den Generalsuperintendenten, doch stand dem Kurfürsten der selbstverständliche Entscheidungsvorbehalt zu. Das Konsistorium trat regelmäßig am Dienstag in der Cöllner Ratsstube zusammen und verfügte über ein eigenes Siegel[27] sowie eine Registratur[28]. Die umständliche Aufzählung der Kompetenzen, die sich beispielsweise auch auf Ehesachen erstreckten, dürfte nicht zuletzt, wie Iselin Gundermann mutmaßte, aus der Notwendigkeit einer trennscharfen Abgrenzung von den Zuständigkeiten des Kammergerichts zu erklären sein[29].

Die große brandenburgische Visitation begann 1573, allerdings nicht im Zentrum der Altmark, wie ursprünglich vorgesehen, sondern in Frankfurt/Oder, wohl aus Rücksicht auf den Generalsuperintendenten Musculus, der dort zugleich als Professor und Gemeindepfarrer amtierte. Auch sonst erwies sich der ambitionierte Dezenniumsplan rasch als nicht durchführbar, weil ihm eine 1576 ausgebrochene Pestepidemie und erst recht die fortgesetzte Unabkömmlichkeit von Mitgliedern der Kommission in die Quere kam.

---

[23] Kirchenordnung von 1572 (s. Anm. 14), 111.
[24] AaO 128.
[25] Vgl. ebd.
[26] Visitation- und consistorialordnunge von 1573 (in: SEHLING [s. Anm. 14], 105–141).
[27] Vgl. SCHULTZE (s. Anm. 7), 133.
[28] Vgl. GUNDERMANN (s. Anm. 3), 213.
[29] Vgl. ebd.

Anhand der erhaltenen Visitationsprotokolle lassen sich zwei Schwerpunkte der Inspektionstätigkeit ausmachen: einerseits die Amtsführung der Pfarrer und ihrer Mitarbeiter bis hin zu den Glöcknern („Pulsanten") und Bälgetretern („Calcanten"), andererseits, fast ebenso gewichtig, der Zustand des Schulwesens. Daß die Visitation im Grunde nicht den Pfarrern zuwider, sondern ihnen zugute erging, zeigte sich vielfältig. Zwar wurden Versäumnisse in der Amtführung geprüft und geahndet, zugleich aber auch die Gehälter aufgestockt, die Versorgung der Pfarrwitwen verbessert und insbesondere die Patrone eindringlich bei ihren liegenschaftlichen Verbindlichkeiten behaftet. Wenn daneben auch das Schulwesen programmatische Unterstützung erfuhr, etwa durch die Einrichtung von „Jungfrauenschulen", so dürfte gleichwohl, zumal im ländlichen Raum, ein regelmäßiger, flächendeckender Schulunterricht kaum realisiert worden sein. Auf äußeren Anstand wurde auch beim Lehrpersonal durchaus geachtet. So vermerkte das Protokoll für die Altstadt Salzwedel, die Präzeptoren sollten „keine kurze zerhackte und verbremde [verbrämte] kleider noch pluderhosen, sondern lange ehrbare rögke, fast den theologen gleich"[30], tragen. Die erstrebte innere Uniformität des landeskirchlichen Luthertums, wird man deuten dürfen, schien den Visitatoren, zumal in jener grundlegenden Aufbruchs- und Formationszeit, zugleich äußerer, sinnlicher Kenntlichkeit zu bedürfen.

Die konfessionspolitischen Maßnahmen, mit denen Johann Georg den Ausbau seiner lutherischen Landeskirche vorantrieb, entsprangen nicht allein, ja nicht einmal primär den Einsichten obrigkeitlicher Staatsräson, sondern waren der identische Ausdruck seiner persönlichen religiösen Überzeugung. Vor den Ständen hatte er bereits kurz nach der Regierungsübernahme gelobt, er werde „in der waren ungeenderten Augsburgischen confession sampt der apologia vorfasset und durch Dr. Lutherum sel. bei seinem leben gelehret [...] beharren und bleiben [...] noch andere corpora doctrinae, kirchenordnung oder ceremonien, vielweiniger aber ergerliche secten und sacramentschwermereien einreißen lassen"[31]. Getreulich folgte der Kurfürst auch späterhin dieser Spur, ohne sich im mindesten darin beirren zu lassen. Selbst von seinen Enkeln Johann Sigismund und Johann Georg verlangte er, als diese studienhalber nach Straßburg zogen, eine schriftliche Selbstverpflichtung auf das Konkordienbuch[32], auch ließ er 1592 alle Pfarrer und Lehrer der Mark abermals das lutherische Bekenntnisbuch unterzeichnen. Zu dieser streng ortho-

---

[30] AaO 224.
[31] SCHULTZE (s. Anm. 7), 132f.
[32] Vgl. M. LACKNER, Die Kirchenpolitik des Großen Kurfürsten (UKG 8), 1973, 40; der entsprechende Revers Johann Sigismunds vom 27. Januar 1593 findet sich in: RIEDEL (s. Anm. 6), Supplementband, 1965, 198.

doxen Glaubensausrichtung stand nicht im Widerspruch, daß der Kurfürst, gleich dem Vater und seinem Onkel Johann von Küstrin, das lebhafteste Interesse an Alchemie und Astrologie unterhielt und deshalb auch die Prophezeiungen, die das von seinem Leibarzt Leonhard Thurneysser jährlich erstellte *Prognosticon astrologicum* abgab, mit unbedingtem Glauben für sich übernahm[33].

Im Herbst 1595 entwarf Johann Georg sein Testament[34]. Darin ordnete er, wie es üblich war, das seinen zahlreichen Kindern zustehende Erbe. Um die beiden ältesten Söhne standesgemäß zu bedenken, verfügte der Kurfürst eine erneute politische Trennung von Kurmark und Neumark. Die den Töchtern zugesprochene fürstliche Ausstattung gedachte er durch eine neu eingeführte „Fräuleinsteuer" zu finanzieren. Einleitend beschwor die *Väterliche Disposition* noch einmal die konfessionstreue Orientierung des Herrscherhauses. „Vnsere geliebte Söhne", hieß es da, sollten

in Gottesfurcht vnd nach seinen heiligen Gebothen vnd Willen leben vnd sich aller Fürstl. Christlichen Tugenden befleissigen, in deren Landen vnd innehabenden Orten die wahre, reine Evangelische Lehre augspurgischer Confession, wie wir die Zeit vnserer Regierung bisshero durch Gottes Hülffe bewahret, ohne Calvinische vnd andere Säctirische Irrthumb vnd sonderlich Kirchen, Schulen vnd Universitäten davon rein erhalten[35].

Die endgültige Version dieser letztwilligen Verfügung datiert auf den 20. Januar 1596. Wenig später erteilte Kaiser Rudolf II., nachdem den kaiserlichen Räten die übliche Bestechungssumme zugeleitet worden war[36], willfährig die Approbation.

Seit Oktober 1577 war der Kurfürst in dritter Ehe mit Elisabeth von Anhalt-Zerbst vermählt. Dem ungleichen Paar – 38 Lebensjahre trennten die beiden – wurden insgesamt elf Kinder geschenkt. Am 8. Januar 1598, im Alter von 72 Jahren, verstarb Johann Georg. Sieben Monate später kam sein jüngster Sohn, der die Namen des Vaters fortführte, zur Welt.

II. Joachim Friedrich von Brandenburg

Gegen den Willen Johann Georgs, die Neumark nach seinem Ableben erneut von den Kurlanden abzutrennen, hatte Kurprinz Joachim Friedrich sogleich entschiedenen Protest eingelegt. Der Dissens erwies sich als unüberwindbar,

---

[33] Vgl. Schultze (s. Anm. 7), 149f.
[34] Testament des Kurfürsten Johann Georg, vom 20. Januar 1596, in: Riedel (s. Anm. 6), 200–219.
[35] AaO 203.
[36] Nämlich 4.000 Taler (vgl. Schultze [s. Anm. 7], 152).

schließlich mußte die *Väterliche Disposition* ohne die eigentlich vorgesehene Mitzeichnung der Söhne beurkundet werden. Insofern konnte es kaum überraschen, daß Joachim Friedrich, sobald er im Januar 1598 die Regierungsgeschäfte übernommen hatte, die testamentarische Verfügung des Vaters für nichtig erklärte. Die Landstände pflichteten schon deshalb umgehend bei, weil Johann Georg den Teilungsplan geschmiedet hatte, ohne sie im geringsten einzubeziehen. Demgemäß schrieb der am 29. April 1599 ratifizierte Geraer Hausvertrag unter Berufung auf die Goldene Bulle und die *Dispositio Achillea* von 1473 die Untrennbarkeit aller Marken und ihrer Anwartschaften „zu ewigen zeiten" hin fest. In diesem Zusammenhang entließ der neue Kurfürst den Kanzler Christian Distelmeyer, dem er die entscheidende Mitwirkung an der Teilungsverfügung zum Vorwurf machte, und ersetzte ihn durch den bisherigen Magdeburger Kanzler Johann von Loeben. Auch andere leitende Räte, die sich in Magdeburg als loyale Staatsdiener bewährt hatten, berief er alsbald nach Berlin.

Noch im Januar 1598 nahm Joachim Friedrich in der Doppelstadt und in Küstrin die Huldigungen der Stände entgegen, auf einer anschließend unternommenen Rundreise dazu auch die Ergebenheitsadressen der gesamten Mark Brandenburg. Dabei, wie dann noch einmal auf dem allgemeinen Landtag von 1599, brachten die Vertreter der Berlin-Cöllner Bürgerschaft die dringende Bitte vor, der neue Kurfürst möge den Frieden wahren, also von jedweder Einmischung in die großen europäischen Konflikte absehen, und er möge die reine – sprich: lutherische – Religion im Lande erhalten. Zumal das zweitgenannte Begehren ist untrügliches Indiz einer entsprechenden Sorge, zu der es, wie sich bald zeigen sollte, durchaus handfeste Veranlassung gab.

Innenpolitisch setzte Joachim Friedrich wichtige, oft zukunftsweisende Akzente. So optimierte er Aufbau und Einsatzbereitschaft der Landesverteidigung. Auch erließ er etliche Ordnungen, die jeden unnötigen Luxus der Lebensführung von Bürgern und Adel versagten[37] und dergestalt vielleicht schon als erste Ansätze einer calvinistischen Sozialdisziplinierung zu deuten sind. Desgleichen führte Joachim Friedrich die vom Vater im Netzebruch begonnenen kolonisatorischen Unternehmungen fort und begann, unter Beiziehung von Fachkräften aus Holland und Preußen, das gewaltige Bauprojekt einer Wasserverbindung zwischen Oder und Elbe, aus dem später der Finowkanal entstehen sollte, zu realisieren. Auch schuf der Kurfürst einige gewerbliche Anlagen im Land. Neben einer durch ihn nördlich von Eberswalde eingerichteten oder jedenfalls neu belebten, von böhmischen Glasblä-

---

[37] Die Anweisungen ergingen beispielsweise gegen Kleiderluxus, Schlemmerei, Trunksucht oder das Fahren des Adels in Kutschwagen (vgl. aaO 159).

sern betriebenen Glashütte kam es 1603 zur Gründung der nach ihm benannten Stadt Joachimsthal, in der sogleich, nach dem Muster der sächsischen Fürstenschulen, eine Gelehrtenschule entstand. Sie beschäftigte einige namhafte Lehrergestalten – etwa den Kantor Zacharias Regius – und ist später, nach Berlin verlegt, als das „Joachimsthalsche Gymnasium"[38] weit über die Stadtgrenzen hinaus bedeutend geworden.

Einen markanten Schritt auf dem Weg zur Ausbildung einer modernen Staatsverwaltung bedeutete die 1604 nach dem Vorbild auswärtiger Einrichtungen erfolgte Installation des Geheimen Rats. Damit sollten seitherige Mißstände – „dieweil ex confusione consiliorum allerhand zerruttungen vorfallen zu hochsten nachteil der herrschaft"[39] – abgestellt und ein geordnetes Zusammenwirken der Räte institutionalisiert werden. Das neunköpfige Ratskollegium trat wöchentlich zweimal zusammen und sah sich zu strengster Verschwiegenheit „bis in ihre grueben"[40] verpflichtet. Allerdings waren ihm ausschließlich beratende Funktionen zugestanden, die Entscheidungsgewalt lag weiterhin allein beim Kurfürsten. Bezeichnenderweise gehörte dem Geheimen Rat anfangs kein einziger Vertreter der großen märkischen Adelsgeschlechter und auch sonst kaum eine landsässige Persönlichkeit an[41]. Da ein Teil der Räte oft in diplomatischer Mission auswärtig unterwegs war und darum zumeist Kurfürst und Kanzler allein die Geschäfte versahen, fiel ein struktureller Unterschied zu der bisherigen Kammerregierung vorerst noch kaum ins Gewicht. Erst Friedrich Wilhelm, der Große Kurfürst, hat dann eine wirksame Konsolidierung dieser von Joachim Friedrich begründeten kollegialen Regierungsbehörde zu vollziehen vermocht.

Die strikte Weigerung seines Vaters, Territorien mit reformiertem Bekenntnisstand als Bündnispartner zu akzeptieren, hat auch Joachim Friedrich, obschon in abgeschwächter Form, praktiziert. Als der Kurprinz Johann Sigismund 1604 einen Vertrag zwischen Kurbrandenburg, der Kurpfalz und den Niederlanden einfädelte, der darauf abzielte, beim Tod des Herzogs von Jülich dessen Land für Brandenburg zu kassieren, kündigte Joachim Friedrich das Bündnis mit den Generalstaaten zwar nicht auf, kam freilich auch den finanziellen Verpflichtungen, die sich daraus für ihn ergaben, nicht nach[42]. Auch

---

[38] Vgl. J. FLÖTER / Ch. RITZ (Hg.), Das Joachimsthalsche Gymnasium. Beiträge zum Aufstieg und Niedergang der Fürstenschule der Hohenzollern, 2009.
[39] SCHULTZE (s. Anm. 7), 161.
[40] AaO 163.
[41] Vgl. aaO 162.
[42] Vgl. A. KOHNLE, Johann Sigismund (1572–1619) und Johann Bergius (1587–1658). Zwischen Luthertum und Calvinismus (in: A. BEUTEL [Hg.], Protestantismus in Preußen. Lebensbilder aus seiner Geschichte. Bd. 1: Vom 17. Jahrhundert bis zum Unionsaufruf 1817, 2009, 23–41), 29.

von der Evangelischen Union, die 1608 zur Verteidigung der protestantischen Interessen im Reich gegründet worden war, hielt er sich fern. Lediglich dann, wenn die Erbinteressen seines Hauses berührt waren, nahm Joachim Friedrich eine Kooperation mit reformierten Ländern in Kauf und zielte, mehr noch, auf eine entsprechend aktive Heiratspolitik ab.

Seinen Erstgeborenen, Johann Sigismund, verlobte er 1591 mit Anna, der ältesten Tochter des Preußenherzogs Albrecht Friedrich; die Hochzeit fand drei Jahre später in Königsberg statt. Politisch bedeutsam war dabei zweierlei. Zum einen stand zu erwarten, daß Preußen, da der Herzog keine männlichen Nachkommen hatte, dereinst über Anna an Kurbrandenburg fallen würde. Zum anderen verband sich damit die Anwartschaft auf das Anna von Preußen über ihre Mutter Maria Eleonore von Jülich-Kleve zustehende Erbe des ebenfalls söhnelosen und überdies geisteskranken Herzogs Johann Wilhelm von Jülich, Kleve und Berg. Zur Sicherung dieser Ansprüche vermählte sich Joachim Friedrich 1603, wenige Monate nach dem Tod seiner Gemahlin Katharina von Küstrin, mit Annas jüngerer Schwester, der 20jährigen Eleonore von Preußen, und wurde dadurch aparterweise zum Schwager seines ältesten Sohnes.

Auch sonst hielt der Kurfürst den innerprotestantischen Konfessionshaß – „impleat nos deus odio Calvinismi", hatte der Kanzler Christian Distelmeyer noch 1593 an den Herzog von Pommern geschrieben[43] – bei sich im Zaum. Zwar ließ Joachim Friedrich einen Zweifel an seiner lutherischen Linientreue nicht zu: Als Administrator in Magdeburg hatte er den dortigen Ständen das Konkordienwerk ausdrücklich bestätigt, im Geraer Hausvertrag war die Verpflichtung auf konfessionelle Identität Brandenburgs festgeschrieben, und im Rahmen der 1600 durchgeführten allgemeinen Visitation mußten alle Kirchendiener des Landes ihren Beitritt zur lutherischen Bekenntnissammlung erneuern. Jedoch gab der Kurfürst in seiner Personalpolitik kaum noch Ansätze einer konfessionellen Berührungsangst zu erkennen; schon in Magdeburg stammten zwei seiner Räte aus der reformierten Partei[44].

Kurz nach dem Regierungsantritt ließ Joachim Friedrich ein theologisches Gutachten anfertigen, das die in Kurbrandenburg praktizierte lutherische Liturgie auf katholische Spurenelemente hin zu durchforsten hatte[45]. Auf dieser Grundlage wurden dann alle sogenannten „momenta Idolatriae Papisticae",

---

[43] Zit. nach W. WENDLAND, Siebenhundert Jahre Kirchengeschichte Berlins (Berlinische Forschungen. Texte und Untersuchungen im Auftrage der Gesellschaft der Freunde der Deutschen Akademie 3), 1930, 75.
[44] Vgl. LACKNER (s. Anm. 32), 40f.
[45] Vgl. WENDLAND (s. Anm. 43), 32f.

soweit es „sine scandalo" möglich schien, ausgemerzt[46]. Die Elevation der Hostie entfiel dabei ebenso wie das Aufziehen einer hölzernen Taube am Pfingstfest oder der Brauch, Prozessionen und Passionsspiele abzuhalten, und der Taufexorzismus blieb zwar bestehen, sollte nun aber nur noch als eine symbolische Handlung verstanden sein[47]. Die drei weltlichen Fakultäten der Universität Frankfurt/Oder empfanden diese Annäherung an die reformierte Kultpraxis als Widerspruch zu der vom Kurfürsten beteuerten orthodoxen Bekenntnistreue und verweigerten deshalb dem Konkordienbuch ihre Unterschrift.

Was die persönliche Frömmigkeit des Kurfürsten anlangt, so dürfte man mit der Einschätzung wohl nicht fehlgehen, daß er selbst unbeirrt einer lutherischen Lehrweise anhing, ohne deshalb die Religion und Theologie der reformierten Glaubensgeschwister zu perhorreszieren. Als sein Sohn Christian Wilhelm (1587–1665) das Studium in Frankfurt/Oder aufnahm, erteilte Joachim Friedrich die Instruktion, er solle dort „vor allen Irthumb, wie dieselben nahmen haben mögen, gewarnet [werden], Insonderheit aber vor dem Pabstumb, Caluinismo und was dergleichen mehr"[48]. Damit der Sohn „von dem waß [...] In Religion hendelnn gefast, rede vnd Antwordt zugeben" lerne, wurden ihm mindestens drei wöchentliche Gottesdienstbesuche, dazu das regelmäßige Morgen- und Abendgebet sowie tägliche Lektüre von Bibel und Bekenntnisschriften verordnet und zudem eine darauf bezogene, im Monatsabstand zu wiederholende Examination[49].

Joachim Friedrich starb unerwartet am 8. Juli 1608. Der Tod ereilte ihn im Reisewagen, der ihn von einem in Storkow genossenen Jagdvergnügen nach Rüdersdorf bringen sollte. Schon vor der Abfahrt hatte ihm heftiges Brustdrücken zugesetzt. Um die Beklemmung zu lindern, soll der Kurfürst dabei „nach seiner Gewohnheit"[50], wie es heißt, zur eigenen Seelenstärkung mehrere Kirchenlieder gesungen haben. Nach seiner Gewohnheit? Die Bemerkung weckt näheres Interesse.

---

[46] Vgl. W. RIBBE, Brandenburg auf dem Weg zum polykonfessionellen Staatswesen (1620 bis 1688) (in: HEINRICH [s. Anm. 3], 267–292], 282; ferner N. MÜLLER, Zur Geschichte des Gottesdienstes der Domkirche zu Berlin in den Jahren 1540–1598 (in: JBBKG 2/3, 1906, 337–549).
[47] Vgl. DROYSEN (s. Anm. 1), 537f.
[48] Acta betr. die Erziehung des Mkgr. Christian Wilhelm von Brandenburg, Erzbischof von Magdeburg [um 1600] (in: W. GERICKE, Glaubenszeugnisse und Konfessionspolitik der brandenburgischen Herrscher bis zur preußischen Union. 1540 bis 1815 [UnCo 6], 1977, 120f).
[49] Ebd.
[50] SCHULTZE (s. Anm. 7), 174 Anm. 46.

Tatsächlich ist eine solche Frömmigkeitsübung des Kurfürsten durchaus glaubhaft bezeugt. Bereits kurz nach seinem Tod wurde ein entsprechender Bericht des Oberkämmerers und Geheimen Rats Hieronymus Schlick aufgezeichnet[51], der über 26 Jahre hinweg in der unmittelbaren Umgebung Joachim Friedrichs gelebt und gedient hatte. Zwar wird man dabei die Möglichkeit apologetischer Zuspitzung, vielleicht sogar topischer Schönfärberei grundsätzlich nicht außer Acht lassen wollen. Andererseits sind die einzelnen Angaben des Berichts so präzise und die namentlich aufgerufenen Zeugen, vom „Leib Medicus" Johan Muller bis zu den Kammerdienern, so glaubwürdig, daß man dem Dokument insgesamt einen hohen Grad an Authentizität wohl allemal wird zubilligen dürfen.

Demzufolge waren es stets dieselben fünf Hymnen, die Joachim Friedrich, wenn er auf Reisen war, in seinem Wagen gesungen hat: das Vaterunser- und Glaubenslied Martin Luthers, dazu, ebenfalls aus der Feder des Reformators, die Gesänge *Gott der Vater wohn' uns bei* und *Erhalt uns, Herr, bei deinem Wort* sowie der Choral *Nun lob, mein Seel', den Herren*, den der Lutherschüler, preußische Reformator und Königsberger Pfarrer Johann Gramann 1540 gedichtet hatte[52]. Auch sonst scheint der Kurfürst, ausweislich jenes Berichts, eine geregelte, selbst unter noch so heftigem Ansturm der Amtsgeschäfte treu befolgte Frömmigkeitspraxis geübt zu haben. Nach dem Erwachen, heißt es da, habe er „alle wege aufs wenigste, ein Anderthalben Stunden"[53] für sich allein mit dem berühmten Gebetbuch Johann Habermanns[54] zugebracht. Hinzu kam die tägliche Meditation eines Psalms – bevorzugt des 139. Psalms – und anderer Stücke der Bibel Alten und Neuen Testaments. Besonders liebte er offenbar den Spruch Joh 3,16 („Also hat Gott die Welt geliebt [...]"), der ihm „der rechte Kern, der ganzen Heiligen Schrifft und alles Trostes" zu sein schien[55]. Desgleichen habe sich der Kurfürst, so oft er „zu Gottes Tisch gehen" wollte, „zuuor, mit großer Andacht, durch bethen und lesen, darzu praeparirt"[56]. Und der Samstagabend, so wird berichtet, war jedesmal der gründlichen Vorbereitung auf das Sonntagsevangelium vorbehalten, zu wel-

---

[51] Fragment betr. das Gebet des Kurfürsten Joachim Friedrich, 1608 (in: GERICKE [s. Anm. 48], 118–120).
[52] AaO 120.
[53] AaO 118.
[54] J. HABERMANN, Christliche Gebeth für allerley Noth und Stende der gantzen Christenheit außgetheilet auff alle Tage in der Wochen zu sprechen, 1567. – Vgl. T. KOCH, Johann Habermanns „Betbüchlein" im Zusammenhang seiner Theologie. Eine Studie zur Gebetsliteratur und zur Theologie des Luthertums im 16. Jahrhundert (BHTh 117), 2001.
[55] Fragment betr. das Gebet des Kurfürsten Joachim Friedrich (s. Anm. 51), 120.
[56] AaO 119.

chem Zweck sich der Kurfürst eingehend in eine Postille von Luther, Johann Spangenberg, Andreas Pancratius oder Martin Moller vertieft habe[57].

An spurtreuer lutherischer Erbauungspraxis gebrach es dem Kurfürsten demnach wahrhaftig nicht, höchstens, wie sich gezeigt hat, an konfessionalistischer Streitlust und Rechthaberei. Angesichts dieser Sachlage mag es statthaft sein, schließlich noch, ausgehend von der fast vierzigjährigen Konsolidierungsphase, welche die lutherische Kirche in Brandenburg unter Johann Georg und Joachim Friedrich erlebt hat, einen Fernblick auf die Preußische Union von 1817 zu wagen.

III. Die Wurzeln der preußischen Union

Wenn eingangs an die Zäsuren erinnert wurde, welche die Kurfürsten Joachim II. und Johann Sigismund in die Kirchengeschichte Brandenburgs eintrugen, so war dies selbstverständlich nicht im Sinne einer abrupt einsetzenden, umfassenden Epochenwende gemeint. Schließlich wäre es nur absurd, ja grotesk zu vermuten, es hätte sich den Landeskindern in der Nacht zum 2. November 1539 unvermittelt und wundersam eine lupenreine lutherische Glaubensüberzeugung ins Herz gesenkt oder es sei das Haus Brandenburg am Morgen des ersten Weihnachtstages 1613 unverhofft in reformiertem Geistes- und Herzensbewußtsein erwacht. Dagegen steht nicht allein, daß sich die beiden Konfessionswechsel jeweils in einer breiten Übergangs-, Gestaltungs- und Anpassungsphase vollzogen. Auch im Vorfeld der beiden Stichdaten hatte sich die jeweilige Kurskorrektur bereits vielfältig angekündigt und vorbereitet. Derart repräsentiert die 40jährige Herrschaft von Johann Georg und Joachim Friedrich nicht etwa die Phase eines ungetrübten, strammen Luthertums. Vielmehr begann sich bereits in dieser Zeit die spätere Hinneigung zum Reformiertentum anzubahnen. Zugleich sind damals schon einige der Motive keimhaft angelegt worden, die dereinst die preußische Union von 1817 ins Werk setzen sollten. Im übrigen wird bei Johann Georg und Joachim Friedrich auch eine erhebliche Differenz ihres lebensgeschichtlichen Erfahrungshorizontes in Rechnung zu stellen sein.

Johann Georg war 14 Jahre alt, als sein Vater Joachim II. zur Reformation übertrat, und also noch ganz in altgläubigem Geist aufgewachsen, geprägt und erzogen. Das Risiko, das der Vater mit diesem Schritt auf sich nahm, der Bekennermut, den er dabei aufbringen mußte, und die ganz offene Frage, welchen Ausgang der territoriale Konfessionswechsel nehmen würde: All dies

---

[57] Vgl. ebd. (dort auch die Nachweise der genannten Postillen).

prägte auch das Bewußtsein des Kurprinzen Johann Georg unmittelbar. Erst in seinem 30. Lebensjahr, mit dem Augsburger Religionsfrieden, konnte ein reichsrechtlich befriedeter Aufbau der lutherischen Konfessionskultur im Lande begonnen werden.

Als Johann Georg 1571 zur Regierung kam, hatte die neue Religionsgestalt kaum erste Wurzeln getrieben: Die märkische Pfarrerschaft war insgesamt längst nicht auf einer homogenen Bildungs- und Bekenntnisspur[58], die älteren Landesbewohner schauten noch allesamt auf eine von altgläubiger Kirchlichkeit geprägte Jugend zurück. Insofern wußte sich Johann Georg, durchaus in persönlicher Überzeugung, dazu gefordert, das von seinem Vater begonnene Werk in nahtloser Fortsetzung zu vollenden. Die lutherische Identität hatte sich seit 1555 kaum noch gegen den römischen Katholizismus zu behaupten, um so mehr jedoch gegen das trotz seiner fehlenden oder jedenfalls fraglichen reichsrechtlichen Legalität mächtig aufstrebende Reformiertentum, mit dem ein feindlicher Konkurrenzkampf um das Erbe der Reformation unausweichlich erschien. Kein Wunder also, daß sich Johann Georg von allen protestantischen Bündnisplänen im Reich mit äußerster Skepsis und Verschlossenheit fernhielt. Gleichwohl mochte er sich zu einer konsequenten und offensiven Abwehr des Calvinismus nicht mehr verstehen. Die Verlobung seines Enkels Johann Sigismund mit Anna von Preußen, die nicht zuletzt auf das Erbe reformierter Territorien spekulierte, beförderte und billigte er ausdrücklich. Diejenigen märkischen Bürgermeister und Ratsherren, die womöglich reformierte Glaubensneigungen hegten, wies er an, sie sollten keine Anhänger suchen, sondern „ganz stille halten", beteuerte allerdings, erstaunlich genug, im selben Atemzug, daß er „Keines Gewissen [zu] zwingen" bedacht sei[59]. Dementsprechend hatte er auch die Markgrafen in einem Revers angewiesen, sie sollten wegen des verbindlich eingeführten Konkordienbuches keine „Unterthanen oder treue Lehrer beschweren noch verfolgen"[60].

Eine ganz andere Lebenssituation prägte hingegen Joachim Friedrich. Er war von Anfang an in einem lutherisch geschlossenen Milieu aufgewachsen, und die Länder, die er beim nahezu gleichzeitigen Tod seines Vaters und Johanns von Küstrin übernahm, waren konfessionell inzwischen weithin gefestigt. Daß er persönlich eine klare lutherische Frömmigkeit praktizierte, läßt einen Zweifel, wie sich gezeigt hat, nicht zu. Entbehrlich erschien ihm dafür

---

[58] Vgl. B. FRÖHNER, Der evangelische Pfarrstand in der Mark Brandenburg 1540–1600 (in: Wichmann-Jahrbuch 19/20, 1965/66, 5–46).
[59] F. BRANDES, Geschichte der kirchlichen Politik des Hauses Brandenburg. Bd. 1: Die Geschichte der evangelischen Union in Preußen, 1872, 27.
[60] RIEDEL (s. Anm. 6), 149f.

allerdings jede dogmatische[61] oder religionspraktische[62] oder personalpolitische Konsequenzmacherei. Seine beiden ältesten Söhne ließ er nicht etwa in Wittenberg oder Frankfurt/Oder, sondern in Straßburg studieren. Und auch bündnispolitisch kannte er keine konfessionellen Berührungsängste oder Tabuisierungen mehr. Diesbezüglich war es mit Johann Georg am Ende zu heftigen Wortwechseln gekommen. Dabei soll Joachim Friedrich zu seinem Vater gesagt haben: „Mögen die auswärtigen evangelischen Kirchen nicht einerlei Meinung im Artikel des heiligen Abendmahls sein, sie sind unsere Glieder und wir ihnen zu helfen schuldig"[63]. Dem Bewußtsein des Vaters, der in den Reformierten nur Glaubensfeinde zu sehen vermochte, widersetzte sich der Sohn mit dem Hinweis auf die Geschwisterlichkeit, in der die beiden Konfessionskinder der Reformation miteinander verbunden sind[64].

Diese Tendenz verlängerte und intensivierte sich bei Johann Sigismund. Je stärker ihn der polemische Religionsunterricht des lutherischen Hofpredigers und Dompropstes Simon Gedicke abstieß, desto empfänglicher wurde er für den Einfluß seines politischen Beraters Ott-Heinrich von Bylandt. In ihm und erst recht während seiner Straßburger Studienzeit lernte er Repräsentanten der reformierten Religionspartei kennen, deren Kultur, Bildung und Weltläufigkeit ihn beeindruckten und die so gar nicht dem Zerrbild entsprachen, das die lutherische Glaubenspolemik von ihnen entwarf[65]. Das in den reformierten Streitschriften jener Zeit immer wieder gebrauchte Argument, die lutherischen Kontroverstheologen seien über die reformierte Kirche und Theologie nicht zureichend informiert[66], schien jedenfalls nicht gänzlich aus der Luft gegriffen zu sein. Später berichtete Johann Sigismund, er habe schon 1605, als Gast am Heidelberger Hofe Friedrichs IV. von der Pfalz, den Vorsatz zum innerprotestantischen Glaubenswechsel gefaßt[67].

Aufschlußreich ist in dieser Hinsicht zumal die von Johann Sigismund 1614 vorgelegte persönliche *Confessio fidei*[68]. Als Kronzeuge reformatorischer Identität wird darin immer wieder Martin Luther zitiert, jedoch kein einziges Mal

---

[61] Für sich selbst hat Joachim Friedrich die Konkordienformel nicht als bindend angesehen (vgl. WENDLAND [s. Anm. 43], 81).
[62] Vgl. ebd.
[63] Th. HIRSCH, Art. Johann Georg (in: ADB 14, 1881, ND 1969, 165–169), 169.
[64] Vgl. Ch. RÖMER, Der Beginn der calvinischen Politik des Hauses Brandenburg. Joachim Friedrich als Administrator (in: JGMOD 23, 1974, 99–112).
[65] Vgl. LACKNER (s. Anm. 32), 42f.
[66] Vgl. WENDLAND (s. Anm. 43), 81.
[67] Briefe und Akten zur Geschichte des Dreißigjährigen Krieges, hg. durch die Historische Kommission der königlich Bayrischen Akademie der Wissenschaften, 1870/71, 468.
[68] Confessio Fidei Johannis Sigismundi, Electoris Brandenburgici, 1614 (in: GERICKE [s. Anm. 48], 122–131).

Zwingli, Calvin oder sonst ein Protagonist der reformierten Partei. Wichtig und glaubwürdig ist die Beteuerung Johann Sigismunds, er verstehe seinen Konfessionswechsel als die konsequente Fortsetzung der 1539 in Brandenburg begonnenen Reformation[69]. Als verbindliche Bekenntnisgrundlage benennt er die altkirchlichen Hauptsymbole und die melanchthonische *CA variata*. Andere Bekenntnisschriften der Reformation lehnt er dagegen unter Verweis auf zwei das reformatorische Sola-scriptura-Prinzip erläuternde Lehrsätze Luthers ab[70]. Auch in der Zurückweisung der Ubiquitätslehre beruft er sich ausdrücklich auf Luther[71], und im Einspruch gegen den Taufexorzismus wendet er ebenfalls das von Luther geprägte Sola-scriptura-Kriterium an, demgemäß eine den Taufakt begleitende Teufelsaustreibung „weder von Christo befohlen, noch von den H[eiligen] Aposteln bey der Tauff jemahls gebraucht"[72] worden sei. Erst am Ende seiner *Confessio fidei* bekennt sich Johann Sigismund explizit „zu den reformirten Evangelischen Kirchen [...], als welche sich auff Gottes Wort allein fundiren, und alle menschliche traditiones, so viel müglich, abgeschafft haben"[73]. Damit verbunden ergeht zugleich die Versicherung, er wolle „zu dieser Bekenntnus keinen Underthanen öffentlich oder heimblich wider seinen Willen zwingen", da doch „der Glaub nit jedermanns ding ist [...], sondern ein Werck und Geschenck Gottes"[74]. Nur „deß lesterns, schmehens, diffamirens, wider die orthodoxos et reformatos" solle man sich „gäntzlich enthalten" und statt dessen die Auffassungen der vermeintlich „Schwachglaubigen" „mit [...] gedult tragen"[75].

Dieser Linie zeigten sich dann auch die nachfolgenden märkischen Kurfürsten verpflichtet. Man wird freilich zögern, dafür bereits unbedacht das Wort „Toleranz" zu gebrauchen, zumal in seiner jetzt vorherrschenden egalitären Konnotation. Treffender wäre die lateinische Ursprungsbedeutung eines aus Liebe geübten Erleidens und Duldens, die Luther im Blick auf die göttliche Bewahrung der sündhaften Welt sogar von der „tolerantia [...] divina" zu sprechen erlaubte[76]. Dazu stand nicht im Widerspruch, daß die brandenburgischen Kurfürsten die reformierte Glaubensauffassung durchaus nachhaltig und zielgerichtet bevorzugten, anderseits aber auch, wie sich beispiel-

---

[69] AaO 122f.
[70] Vgl. aaO 124.
[71] Vgl. aaO 125.
[72] Vgl. aaO 126.
[73] AaO 131.
[74] Ebd.
[75] Ebd.
[76] WA 39,1; 125,4f (1536). – Vgl. G. EBELING, Die Toleranz Gottes und die Toleranz der Vernunft (ZThK 78, 1981, 442–464); Wiederabdruck u.a. in: DERS., Umgang mit Luther, 1983, 101–130.

haft im Berliner Kirchenstreit und namentlich in der Auseinandersetzung mit Paul Gerhardt erweisen sollte[77], eine für absolutistische Herrscher erstaunliche Weitherzigkeit an den Tag legen konnten.

Im 18. Jahrhundert haben die Reformbewegungen des Pietismus und der theologischen Aufklärung die alten konfessionalistischen Engführungen weiter gelockert. Dabei nahm das Bewußtsein immer mehr überhand, daß Lutheraner und Reformierte in engster familiärer Nachbarschaft stehen und diese in der gemeinsamen Verteidigung eines zugleich traditionstreuen und modernitätsfähigen Glaubens gegen Katholizismus und Atheismus auch zu bewähren haben.

Am 4. September 1770 wurde in der Berliner Nikolaikirche eine denkwürdige Trauung vollzogen: Der lutherische Propst Johann Joachim Spalding vermählte seine Tochter Johanna Wilhelmina mit dem Sohn des reformierten Hof- und Dompredigers August Friedrich Wilhelm Sack. Dem alsbald erfolgten Druck der Hochzeitspredigt war eine Ode von Anna Louisa Karsch beigefügt. Angesichts des trotz der Konfessionsdifferenz glücklich vereinten Brautpaares entfaltete die Karschin dabei in holpernden Versen, doch reinen Herzens eine Vision:

Mein Geist war in Verzückung mir entflogen,
Er sah die Seele des *Calvins*
Umarmt mit dem verklärten *Luther,*
Wie Söhne, die von einer Mutter
Zu gleicher Zeit gebohren sind. [...]
Und mit erhabnem Ton,
Rief Luther sein Verwundern, seine Freude,
Durch alle Himmel hin, und sprach:
„Der Vorbedeutung folgt ein groses Wunder nach.
Mein Bruder, mein Calvin, wir beyde
Erfahren künftig hin durch irgend einen Geist,
Daß unsre Brüder dort auf Erden
Vereint durch veste Bande werden
Die keine List, und keine Macht zerreißt."[78]

---

[77] Vgl. A. BEUTEL, Kirchenordnung und Gewissenszwang. Paul Gerhardt im Berliner Kirchenstreit (in: DERS., Reflektierte Religion. Beiträge zur Geschichte des Protestantismus, 2007, 84–100); DERS., Paul Gerhardt und der Große Kurfürst (in: D. WENDEBOURG [Hg.], Paul Gerhardt – Dichtung, Theologie, Musik. Wissenschaftliche Beiträge zum 400. Geburtstag, 2008, 159–173); J. M. RUSCHKE, Paul Gerhardt und der Berliner Kirchenstreit. Eine Untersuchung der konfessionellen Auseinandersetzungen über die kurfürstlich verordnete ‚mutua tolerantia' (BHTh 166), 2012.
[78] A. L. KARSCH, Ode an den Herrn Oberhofprediger Sack in Berlin am Hochzeittage Seines Sohnes mit der Jungfer Spalding. Berlin den 4ten September 1770 (in: J. J. SPALDING, Einzelne Predigten, hg. v. A. BEUTEL / O. SÖNTGERATH [SpKA II/6], 2013, 21f).

Ob die von der Dichterin geschauten Zwillingsbrüder Luther und Calvin, Arm in Arm an der Himmelsbrüstung lehnend, den preußischen Unionsgottesdienst am 31. Oktober 1817 mit ähnlich hymnischen Worten bedacht haben, ist leider nicht überliefert. Außer Zweifel steht jedenfalls, daß die brandenburgischen Kurfürsten Johann Georg und Joachim Friedrich, hätten sie jener Potsdamer Abendmahlsfeier beigewohnt, den Vorgang nur mit Verständnislosigkeit und tiefem Befremden goutiert haben würden. Kein Mensch kann ermessen, welche Ernte man aus der Saat, die er durch seine Lebensarbeit ausgestreut hat, dereinst einfahren wird.

Lutherischer Lebenstrost
Einsichten in Paul Gerhardts Abendlied „Nun ruhen alle Wälder"

I. NUn ruhen alle Wälder,
    Vieh, Menschen, Städt und Felder,
        Es schläft die ganze Welt:
    Ihr aber, meine Sinnen,
    Auf, auf, ihr sollt beginnen,
        Was eurem Schöpfer wolgefällt.

II. Wo bist du, Sonne, blieben?
    Die Nacht hat dich vertrieben,
        Die Nacht, des Tages Feind:
    Fahr hin, ein ander Sonne,
    Mein Jesus, meine Wonne,
        Gar hell in meinem Herzen scheint.

III. Der Tag ist nun vergangen,
    Die güldnen Sternen prangen
        Am blauen Himmels Saal:
    Also werd ich auch stehen,
    Wann mich wird heißen gehen
        Mein Gott aus diesem Jammerthal.

IV. Der Leib eilt nun zur Ruhe,
    Legt ab das Kleid und Schuhe,
        Das Bild der Sterblichkeit,
    Die zieh ich aus: dagegen
    Wird Christus mir anlegen
        Den Rock der Ehr und Herrlichkeit.

V. Das Häupt, die Füß und Hände
    Sind froh, daß nun zum Ende
        Die Arbeit kommen sei:
    Herz, freu dich, du sollst werden
    Vom Elend dieser Erden
        Und von der Sünden Arbeit frei.

VI. Nun geht, ihr matten Glieder,
    Geht hin und legt euch nieder,
        Der Betten ihr begehrt:
    Es kommen Stund und Zeiten,
    Da man euch wird bereiten
        Zur Ruh ein Bettlein in der Erd.

VII. Mein Augen stehn verdrossen,
    Im Hui sind sie geschlossen,
        Wo bleibt denn Leib und Seel?
    Nimm sie zu deinen Gnaden,
    Sei gut für allem Schaden,
        Du Aug und Wächter Israel.

VIII. Breit aus die Flügel beide,
    O Jesu, meine Freude,
        Und nimm dein Küchlein ein.
    Will Satan mich verschlingen,
    So laß die Englein singen:
        Dies Kind soll unverletzet sein.

IX. Auch euch, ihr meine Lieben,
    Soll heinte nicht betrüben
        Ein Unfall noch Gefahr:
    Gott laß euch selig schlafen
    Stell euch die güldne Waffen
        Ums Bett und seiner Engel Schaar[1].

1. Zwischen Lob und Tadel

„Ein Jeder kann bei mir glauben, was er will, wenn er nur ehrlich ist; was die Gesangbücher angeht, so steht einem Jedem frei zu singen: Nun ruhen alle Wälder, oder dergleichen thöricht und dummes Zeug [...]"[2]. Die abschätzige Bemerkung Friedrichs des Großen, von ihm eigenhändig einem Kabinettsbescheid des Jahres 1781 zugefügt[3], steht nicht allein. Auch sonst widerfuhr

---

[1] J. F. BACHMANN (Hg.), Paulus Gerhardts geistliche Lieder. Historisch-kritische Ausgabe, 1866, 51–53.

[2] Zit. nach J. F. BACHMANN, Zur Geschichte der Berliner Gesangbücher. Ein hymnologischer Beitrag, 1856, ND 1970, 216.

[3] Anlaß und Stoßrichtung dieses Kabinettsbescheids sind allerdings zu beachten: Nachdem das im wesentlichen von J. S. Diterich verantwortete neologische *Gesangbuch zum*

dem *Abendlied*[4] Paul Gerhardts mancherlei Tadel und Hohn. Friedrich Schleiermacher hätte es am liebsten aus dem Gesangbuch entfernt: „Ein Lied wie dieses, das auch am spätesten Abend nie in der Kirche gesungen werden kann, das genau genommen nur ein Lied ist beim Ausziehn zu singen; das hätten wir nicht aufnehmen sollen"[5]. Schleiermacher monierte ebenso den logischen „Unsinn"[6] wie die „verworrene Aufzählung [...] leere[r] Worte"[7], die das *Abendlied* zumute, und bestritt ihm jeden „größere[n] kirchliche[n] Werth"[8]; im Grunde dokumentiere es nur, daß Gerhardt „bisweilen mit der Sprache in Verwirrung ist bei seinem offenbar flüchtigen Arbeiten"[9]. Im März 1830 berichtete die Berliner *Evangelische Kirchen-Zeitung*, „die Gebildeten rümpften die Nasen über Vieh, Schuhe und andere gemeine Ausdrücke des veralteten Gesanges"[10]. Claus Harms ging mit dem Lied ebenfalls hart ins Gericht: „nicht ein Sylbchen Demuth, Dank" finde sich in ihm[11]. Für Carl Albrecht Bernoulli offenbarte das *Abendlied* „die empfindlichste Schwäche an Gerhardts Talent [...]: die Neigung, zu lang und verschwommen zu werden"; der scheinbar unvermittelte Übergang von der ersten zur zweiten Strophenhälfte bereite ihm „eine ähnlich unbehagliche Empfindung, wie wenn ein Klavierspieler während dem Wechsel einer Tonart das Pedal durchhält und davon die Akkorde ineinander überschwimmen"[12]. Und noch Hermann Petrich, der 1914

---

gottesdienstlichen Gebrauch in den Königlich Preußischen Landen, nach seinem Verleger zumeist „das Myliussche" genannt, 1780 flächendeckend eingeführt wurde, hatten Gemeindeglieder aus vier Berliner Parochien den König ersucht, ihnen den weiteren Gebrauch des alten Porst'schen Gesangbuchs zu verstatten. Mit jenem Kabinettsbescheid entsprach der König diesem Begehren; wenig später sah sich das Konsistorium dazu ermahnt, bei der Einführung des neuen Aufklärungs-Gesangbuchs mit aller Behutsamkeit zu verfahren (P. WEBER, Der Berliner Gesangbuchstreit 1781. Aporien der Aufklärung „von oben" [in: Berliner Aufklärung. Kulturwissenschaftliche Studien, Bd. 1, hg. v. U. GOLDENBAUM / A. KOŠENINA, 1999, 101–119]).

[4] Paul Gerhardt veröffentlichte noch ein weiteres Abendlied (*Der Tag mit seinem Lichte*; bequem greifbar in: P. GERHARDT, Wach auf, mein Herz, und singe. Vollständige Ausgabe seiner Lieder und Gedichte, hg. v. E. VON CRANACH-SICHART, ⁴2007, 137–139). Gleichwohl mag es angehen, nachfolgend mit der Kennung *Abendlied* allein das Gedicht *Nun ruhen alle Wälder* zu bezeichnen.

[5] F. SCHLEIERMACHER, Ueber das Berliner Gesangbuch. Ein Schreiben an Herrn Bischof Dr. Ritschl in Stettin (1830) (KGA I.9, 2000, 473–512), 502,10–13.

[6] AaO 503,16.

[7] AaO 502,15; 503,10.

[8] AaO 504,14f.

[9] AaO 503,35f.

[10] Ch. K. J. VON BUNSEN, Paul Gerhard's Abendlied (EKZ 6, 1830, 149–152), 150.

[11] C. HARMS, Beleuchtung des vielfältigen Tadels, mit welchem [...] das neue Berliner Gesangbuch angegriffen worden ist, 1830, 18.

[12] C. A. BERNOULLI, Gerhardt-Studie (MGKK 1, 1896/97, 139–145), 144f.

eine in Gründlichkeit und Sachverstand herausragende Gerhardt-Darstellung vorlegte, hat die „unorganische Aneinanderreihung und Protokollierung der einzelnen Tätigkeiten beim Zubettegehen" sowie den aufdringlichen „allegorischen Mechanismus" des Liedes beklagt[13].

Ob und inwiefern solche Kritik stichhaltig ist, mag sich erweisen. Jedenfalls genießt das *Abendlied* vitale, seit 360 Jahren unerschüttert anhaltende Popularität. Dafür stehen nicht zuletzt die bereits im 17. Jahrhundert einsetzenden Parodien – denn nur was allgemein bekannt ist, wird auch persifliert. 1676, im Todesjahr Gerhardts, veröffentlichte das *Nürnbergische Gesang-Buch* ein ebenfalls neunstrophiges, das *Abendlied* präzise spiegelndes *Morgenlied* aus der Feder des Oberkrumbacher Pastors Johann Ulrich Riedner[14]. Bald darauf setzte Hans Aßmann von Abschatz die parodistische Tradition fort:

> Nun klingen alle Wälder /
> Vieh / Menschen / Städt und Felder
> Sind von dem Schlaff erwacht /
> Mein Hertze / laß dich hören /
> Sey deinem GOTT zu Ehren
> Auff einen Lob-Gesang bedacht. [...][15]

Dankbar erinnerte sich Friedrich Schiller, daß seine Mutter ihn früh mit den Dichtungen Gerhardts vertraut gemacht und er dabei insonderheit das Lied *Nun ruhen alle Wälder* liebgewonnen habe[16]. In der *Evangelische[n] Kirchen-Zeitung* kontrastierte Christian Karl Josias von Bunsen den zitierten törichten Tadel des Liedes mit sachverständigem Lob: „In einem wahrhaft kindlichen Volksgeiste gefühlt und gedacht, vereinigt es mit dieser so seltenen ungekünstelten Einfachheit des Ausdrucks eine Erhabenheit der Gedanken, eine Tiefe christlicher Erkenntniß, einen Reiz der Poesie, daß es für diese Gattung von Liedern als ein ewiges Muster in unserer Sprache gelten muß"[17]. Die Gerhardtsche Dichtung, fügte Bunsen hinzu, sei „eines der beliebtesten und bekanntesten Lieder christlicher Andacht in ganz Deutschland gewor-

---

[13] H. PETRICH, Paul Gerhardt. Ein Beitrag zur Geschichte des deutschen Geistes. Auf Grund neuer Forschungen und Funde, 1914, 282.

[14] A. FISCHER, Das deutsche evangelische Kirchenlied des 17. Jahrhunderts. Vollendet u. hg. v. W. TÜMPEL, Bd. 5, 1911, ND 1964, 345.

[15] H. A. VON ABSCHATZ, Himmel-Schlüssel oder Geistliche Gedichte (in: DERS., Poetische Übersetzungen und Gedichte. Faksimiledruck nach der Gesamt-Ausgabe von 1704 mit der Vorrede von Ch. GRYPHIUS, hg. v. E. A. METZGER [Nachdrucke deutscher Literatur des 17. Jahrhunderts 3], 1970, 8–10).

[16] E. E. KOCH, Geschichte des Kirchenlieds und Kirchengesangs der christlichen, insbesondere der deutschen evangelischen Kirche, Bd. 8, ³1876, 195.

[17] BUNSEN (s. Anm. 10), 150.

den"[18]. Bald wurde es auch außerhalb der Kirchengesangbücher rezipiert, mitunter in abenteuerlich unbefangener Kontextualisierung, beispielsweise im *Liederbuch des deutschen Volkes* (¹1843) unter der Rubrik „Zeit-, Natur- und Stimmungslieder"[19].

Ausdrücklich wies August Friedrich Christian Vilmar den von Harms geübten Tadel zurück: „In dem Liede haben wesentlich evangelische Anschauungen [...] ihren vollständigen Ausdruck gefunden. [...] Das Körnlein Dankes, das Harms so sehr vermißte, vermissen wir nicht, denn das ganze Lied ist ein Dank"[20]. Friedrich Hebbel vertraute am Neujahrstag 1836 seinem Tagebuch an, das *Abendlied* Paul Gerhardts habe ihn „gewaltig ergriffen" und „die Poesie in ihrem eigentümlichsten Wesen und ihrer tiefsten Bedeutung zum erstenmal" erahnen lassen[21]. Theodor Fontane erkannte im *Abendlied* „jenes Musterstück einfachen Ausdrucks und lyrischer Stimmung, das durch einzelne daran anknüpfende Spöttereien [...] an Volkstümlichkeit nur noch gewonnen hat"[22]. Und Gerhard Ebeling vermerkte die glückliche Versöhnung der Gegensätze in dieser „gedichtete[n] Theologie": „die schlichte, jedem verständliche Sprache und der tiefe, nicht auslotbare Gedanke; das Anschauen der Natur, das gerade beim Kleinen liebevoll verweilt, und die Sehnsucht nach der alles überbietenden ewigen Heimat; das leid- und angstgeplagte Dasein – und dennoch alles voll Trost und Freude"[23].

---

[18] Ebd.

[19] Liederbuch des deutschen Volkes, hg. v. C. HASE / F. DAHN / C. REINECKE, ²1883, 229f.

[20] Zit. nach: J. KULP, Die Lieder unserer Kirche. Eine Handreichung zum Evangelischen Kirchengesangbuch (HEKG Sonderband), 1958, 550.

[21] F. HEBBEL, Tagebücher. Vollständige Ausgabe in drei Bänden, hg. v. K. PÖRNBACHER, Bd. 1: Tagebücher 1835–1843, 1984, 29.

[22] Th. FONTANE, Wanderungen durch die Mark Brandenburg, hg. v. W. KEITEL / H. NÜRNBERGER (Th. FONTANE, Werke, Schriften und Briefe, Abteilung II), Bd. 2, ²1977, 709f. – Erinnert sei überdies an die hübsche, in die Schilderung der Jerusalem-Abende im Hause Buddenbrook eingeflochtene Szene: „Da Lea Gerhardt taub war, war sie es gewöhnlich, die an den Jerusalemsabenden vorlas; auch fanden die Damen, daß sie schön und ergreifend läse. Sie nahm aus ihrem Beutel ein uraltes Buch, welches lächerlich und unverhältnismäßig viel höher als breit war und vorn, in Kupfer gestochen, das übermenschlich pausbäckige Bildnis ihres Ahnherrn enthielt, nahm es in beide Hände und las, damit sie selbst sich ein wenig hören konnte, mit fürchterlicher Stimme, die klang, wie wenn der Wind sich im Ofenrohr verfängt: Will Satan mich verschlingen ... Nun! dachte Tony Grünlich. Welcher Satan möchte die wohl verschlingen! Aber sie sagte nichts, hielt sich ihrerseits an den Pudding und dachte darüber nach, ob sie wohl auch dermaleinst so häßlich sein werde [...]" (Th. MANN, Buddenbrooks. Verfall einer Familie [Frankfurter Ausgabe, hg. v. P. DE MENDELSSOHN], 1981, 285f.).

[23] G. EBELING, Erfahrungen mit Liedern von Paul Gerhardt (in: DERS., Theologie in den Gegensätzen des Lebens [Wort und Glaube Bd. 4], 1995, 646), 646.

Bis in die Gegenwart zählt das Lied zum unverzichtbaren Kernbestand evangelischer Kirchengesangbücher. Und das letzte, mit „Breit aus die Flügel beide" einsetzende Strophenpaar wurde und wird zur Schlafenszeit an ungezählten Kinderbetten gesungen oder gebetet, auch an meinem.

2. Einleitungsfragen

Die Entstehungszeit des Liedes fällt in die Mitte der 1640er Jahre. Der Dichter ging, noch immer ein kurbrandenburgisches Pfarramt erstrebend, seinem 40. Geburtstag entgegen. In der südwestlich von Wittenberg gelegenen Kleinstadt Gräfenhainichen war er im Frühjahr, wahrscheinlich am 12. März 1607 zur Welt gekommen[24]. Nach dem Tod der Eltern – der Vater starb 1619, die Mutter zwei Jahre darauf – folgte Paul Gerhardt seinem älteren Bruder Christian auf die sächsische Fürstenschule Grimma (Collegium Moldanum). Die streng-solide, dem vornehmlich von Melanchthon inspirierten reformatorischen Bildungskonzept verpflichtete Erziehung, die er dort zwischen April 1622 und Dezember 1627 genoß, wurde zum fruchtbaren Wurzelgrund seines späteren poetischen und theologischen Wirkens.

Die folgenden 14 Jahre verbrachte Gerhardt als Student der Theologie im heimatnahen Wittenberg. Seinen Unterhalt dürfte er sich als Hauslehrer erwirtschaftet haben. Jedoch ist aus dieser ungewöhnlich langen Studienphase kaum etwas bekannt: weder ein detailliertes Studienprogramm noch prägende theologische Einflüsse noch die Teilnahme an einer akademischen Disputation; ungewiß ist sogar, ob Gerhardt tatsächlich die ganzen 14 Jahre an der Leucorea verbracht hat. Als Hauslehrer wechselte er vermutlich 1642[25] in die von den Auswirkungen des Dreißigjährigen Krieges tief gezeichnete brandenburgische Residenzstadt Berlin. Ein im September 1643 veröffentlichtes Glückwunschschreiben unterzeichnete Gerhardt noch immer als „Sanctissimae Theologiae studiosus"[26].

Im Haus des Berliner Kammergerichtsadvokaten Andreas Berthold in der Spandauer Straße fand Gerhardt eine für ihn schicksalhafte Anstellung als Informator: Nachdem er 1651 endlich eine karge Pfarrstelle in Mittenwalde beziehen konnte – seine existentielle Erleichterung ist in dem Danklied *Auf*

---

[24] Zur Orientierung vgl. Ch. BUNNERS, Paul Gerhardt. Weg – Werk – Wirkung, 2006; A. BEUTEL, Paul Gerhardt. Konfessionsstreit und Kirchenlied (in: DERS. [Hg.], Protestantismus in Preußen. Lebensbilder aus seiner Geschichte. Bd. 1: Vom 17. Jahrhundert bis zum Unionsaufruf 1817, 2009, 67–85).
[25] BUNNERS, Paul Gerhardt (s. Anm. 24), 37.
[26] AaO 38.

den Nebel folgt die Sonn' /Auf das Trauern Freud' und Wonn'[27] anrührend nachzulesen –, verheiratete er sich 1655 mit seiner ehemaligen Schülerin Anna Maria Berthold. Die Tochter Maria Elisabeth kam im Mai 1656 zur Welt, starb aber bereits acht Monate später. Von vier weiteren Kindern hat nur der 1662 geborene Sohn Paul Friedrich die Eltern überlebt; er starb 1716 in Berlin, wohl ohne eigene Nachkommen hinterlassen zu haben.

Spätestens während seiner Berliner Hauslehrerzeit muß Gerhardt, unbelastet von allen kontroverstheologischen Konflikten – der Berliner Kirchenstreit[28] lag noch in weiter Ferne –, seinem lyrischen Talent Lauf und Raum gegeben haben. In diesen Jahren ist Johann Crüger, der bedeutende Berliner Musikschriftsteller und Kantor an St. Nicolai, zum Entdecker und entscheidenden Förderer des Dichters geworden. Dessen 1647 erschienenes Gesangbuch *Praxis Pietatis Melica. Das ist: Übung der Gottseligkeit in Christlichen und Trostreichen Gesängen [...]* veröffentlichte erstmals 18 Kirchenlieder Paul Gerhardts, darunter so vollkomme Dichtungen wie das Morgenlied *Wach auf mein Herz und singe*[29], das Passionslied *Ein Lämmlein geht und trägt die Schuld*[30], das Osterlied *Auf, auf, mein Herz, mit Freuden*[31] und eben auch das Abendlied *Nun ruhen alle Wälder*. Crügers *Praxis Pietatis Melica* avancierte zu einem der wichtigsten evangelischen Gesangbücher überhaupt: 1661 bot sie bereits 95 Gerhardt-Lieder, über hundert Jahre hinweg ist sie immer wieder erschienen, mit 45 Auflagen allein in Berlin, darüber hinaus in Frankfurt am Main, in Hamburg und in Stettin.

Die religionskulturelle Bedeutung der Gesangbücher läßt sich für das 17. Jahrhundert kaum überschätzen: Da im Berlin jener Tage allenfalls die Hälfte aller Erwachsenen notdürftig zu lesen vermochte, stellte das Gesangbuch ein elementares Transfermedium des biblisch-reformationskirchlichen Gedankenguts dar. In der Vorrede seiner Gesamtausgabe der Gerhardt-Lieder von 1667 schrieb Johann Georg Ebeling: „Und ist das Gesinge und künstliche Gethöne der Menschen ein sonderlicher Griff / die Leute / so nicht lesen gelernet / oder zu lesen sich untöglich und verspetet befinden / alles heilsame Sprüche / Gebethe auch gantze Catechismen einzubringen"[32].

---

[27] Bequem greifbar in CRANACH-SICHART (s. Anm. 4), 299–302.
[28] A. BEUTEL, Kirchenordnung und Gewissenszwang. Paul Gerhardt im Berliner Kirchenstreit (in: DERS., Reflektierte Religion. Beiträge zur Geschichte des Protestantismus, 2007, 84–100).
[29] EG 446.
[30] EG 83.
[31] EG 112.
[32] Pauli Gerhardi Geistliche Andachten [...], hg. v. J. G. EBELING, 1667, X ij; hier zit. nach: Ch. BUNNERS, So laß die Englein singen ... Das Singen und die letzten Dinge bei Paul Gerhardt und in seinem Umkreis (in: LebensArt und SterbensKunst bei Paul Gerhardt, hg. v. S. WEICHENHAN / E. UEBERSCHÄR, 2003, 41–70), 43.

Nachdem Crüger 1662 gestorben war, hatte Ebeling das Kantorat an der Berliner Nikolaikirche übernommen. Seine Edition der Gerhardt-Lieder bot etliche, freilich fast durchweg unbedeutende Änderungen des ursprünglichen Wortlauts. Nachdem eine aktive Beteiligung Gerhardts an der Ebeling-Ausgabe nicht wahrscheinlich gemacht werden konnte[33], wird in der von Crüger gebotenen Textgestalt die authentische Fassung seiner Lieder vermutet werden dürfen. Da für das *Abendlied*, wie für die meisten seiner Dichtungen, genaue Entstehungsdaten nicht überliefert sind, bietet der Erstdruck im Crügerschen Gesangbuch von 1647 zumindest einen gesicherten terminus ad quem.

3. Makroanalyse

Das Lied besteht aus neun Strophen, deren formale Struktur klar und einheitlich ist: Zwei Terzette stehen jeweils parataktisch nebeneinander, deutlich unterschieden durch die beiden klingenden Reimpaare und die stumpfe Kadenz am Ende des dritten Verses, zugleich aber verbunden durch Schweifreim (a – a – b – c – c – b) und abschließende volle Kadenz. Der Rhythmus fließt in ruhigem, zwischen Hebung und Senkung streng alternierendem Gleichmaß dahin. Die Verse weisen durchgehend vier Hebungen auf[34], denn die dritte Hebung ist jeweils als taktfüllend zu verstehen, und der dritte Vers jeder Strophe endet stumpf, d.h. mit einer drei Silben bzw. anderthalb Takte währenden Pause[35]. Für die einheitliche Vierhebigkeit spricht sowohl der Umstand, daß es für Gerhardt noch völlig ungewöhnlich wäre, innerhalb einer Strophe das Metrum zu variieren – die Schlußverse sind evidentermaßen vierhebig! –, wie auch die synaphische Einbettung der einzelnen Verse: Wollte man nämlich nur drei Hebungen ansetzen ($x / \acute{x} x / \acute{x} x / \acute{x} x$), so würde im Übergang der Verse durch das Zusammentreffen zweier unbetonter Silben der metrische Gleichmaß jedesmal empfindlich gestört:

NUn ruhen alle Wälder,   Vieh, Menschen, Städt und Felder [...]
$x / \acute{x} x / \acute{x} x / \acute{x} x$ $x / \acute{x} x / \acute{x} x / \acute{x} x$

---

[33] BACHMANN, Ausgabe (s. Anm. 1), 4–11. – Vgl. zuletzt E. LIEBIG, Johann Georg Ebeling und Paul Gerhardt. Liedkomposition im Konfessionskonflikt: Die Geistlichen Andachten Berlin 1666/67 (EHS 36/253), 2008.

[34] Gegen R. HILLENBRAND, Paul Gerhardts deutsche Gedichte. Rhetorische und poetische Gestaltungsmittel zwischen traditioneller Gattungsbindung und barocker Modernität (EHS.DS 1315), 1992, 90.

[35] Vgl. W. MOHR, Art. Kadenz (RDL 1, 1958, 803–806).

Die metrische Struktur der Strophen läßt sich demnach wie folgt formalisieren (A = Auftakt, kl = klingende Kadenz, st = stumpfe Kadenz, v = volle Kadenz):

```
x / x́ x / x́ x / -́ / x̀         A – 4 – kl – a
x / x́ x / x́ x / -́ / x̀         A – 4 – kl – a
x / x́ x / x́ x / x́ ∧ / ∧       A – 4 – st – b
x / x́ x / x́ x / -́ / x̀         A – 4 – kl – c
x / x́ x / x́ x / -́ / x̀         A – 4 – kl – c
x / x́ x / x́ x / x́ x / x̀      A – 4 – v – b
```

Wie die Strophenform, so ist auch die dem Crügerschen Erstdruck beigefügte, von Heinrich Isaac um 1490 komponierte Melodie dem Sterbelied *O Welt, ich muß dich lassen*[36] entlehnt, das seinerseits eine geistliche Kontrafaktur des Abschiedslieds *Innsbruck, ich muß dich lassen*[37] darstellt. Diese Melodie ist bis heute mit dem Lied untrennbar verbunden geblieben; andere Weisen, die seit der Ebelingschen Gesamtausgabe immer wieder erprobt wurden, haben sich nicht durchzusetzen vermocht[38].

Die einnehmende Simplizität des Liedes ist hoch artifiziell. Keineswegs hat hier „ein schlichtes Gemüt für schlichte Gemüter ein schlichtes Lied gemacht"[39]. Vielmehr ist es Ausdruck und Resultat eines sorgfältig gestaltenden Stilwillens: In wirkungsästhetischer Absicht *wählt* Gerhardt den einfachen, der Opitzschen Poetik verpflichteten[40] Ton. Archaisierende Formen wie die Vermeidung des Hiats, also der unmittelbaren Aufeinanderfolge zweier Vokale in den Wortfugen (z.B. „Städt und Felder [I.2], „werd ich" [III.4], „Breit aus" [VIII.1]), desgleichen die im Mittelhochdeutschen gebräuchlichen und an die Sprache der Bibel, insbesondere der Psalmen gemahnenden Zwillingsformeln (z.B. „Stund und Zeiten" [VI.4], „Leib und Seel" [VII.3], „Aug und Wächter" [VII.6])[41] oder das poetische „gülden" (III.2; IX.5) tragen dazu ebenso bei wie die volkstümlich anmutenden unreinen Reime[42], die heranrücken-

---

[36] EG 521.
[37] Das Lied begegnet erstmals 1539 in der von G. Forster herausgegebenen Sammlung „Frische teutsche Liedlein" (vgl. H. Kuhn, Zwei Abendlieder [Text&Kontext. Zeitschrift für germanistische Literaturforschung in Skandinavien], 2000, 150–156), 155.
[38] J. G. Ebeling (s. Anm. 32) gab dem Gedicht *Nun ruhen alle Wälder* die Überschrift *Abend-Lied* und schrieb die Crügersche Melodie fort, der er – erfolglos – zugleich eine eigene Weise zur Seite stellte (vgl. Bachmann, Ausgabe [s. Anm. 1], 51).
[39] Hillenbrand (s. Anm. 34), 90.
[40] Vgl. E. Belfrage, Morgen- und Abendlieder. Das Kunstgerechte und die Tradition (JLH 20, 1976, 91–134), 115–126.
[41] E. Stutz, Das Fortleben der mittelhochdeutschen Zwillingsformel im Kirchenlied, besonders bei Paul Gerhardt (in: Medium aevum vivum. FS W. Bulst, hg. v. H. R. Jauss / D. Schaller, 1960, 238–252).
[42] Unreine Reime liegen vor in: I.1/2; I.3/6; V.1/2; VIII.1/2; IX.1/2; IX.4/5.

den Diminutive („Bettlein" [VI.6], „Küchlein" [VIII.3], „Englein" [VIII.5]) oder der im Kirchenlied der Barockzeit nur an dieser einen Stelle belegte, umgangssprachliche Ausdruck „Im Hui" (VII.2). Die Fülle der rhetorischen Figuren, die Gerhardt gebraucht, zeugt von reflektierter poetischer Gestaltungsabsicht, greifbar etwa in den rhetorischen Fragen (II.1; VII.3), in den die meisten Strophen prägenden Leitworten[43] oder den verschiedenen Epanalepsen („Auf, auf" [I.5], „Die Nacht [...], Die Nacht [...]" [II.2/3], „Nun geht [...], Geht hin [...]" [VI.1/2]). Erhebliche dramatische Dynamik bezieht das Lied aus einer bei Gerhardt sonst nicht erreichten Fülle wechselnder Apostrophen: Angeredet werden nacheinander „meine Sinnen" (I.4), die „Sonne" (II.1), das „Herz" (V.4), die „matten Glieder" (VI.1), Gott als „Aug und Wächter Israel" (VII.6), desgleichen „Jesus" (VIII.8) und, in finaler Horizontöffnung, „ihr meine Lieben" (IX.1).

Die selbständige literarische Gattung des Abendlieds tritt erstmals in der Reformationszeit hervor[44]. Als volkssprachiges Gegenstück zum ambrosianischen Komplethymnus *Te lucis ante terminum* der Kirche hat sie ihren Ort im Umkreis der geistlichen Gesänge. Die mit der Reformation nachhaltig intensivierte Individualisierung der Religion kann dafür als Ermöglichungsgrund gelten: Indem zu der Entdeckung des lyrischen Ich (12./13. Jahrhundert) nun die – vielfältig vorbereitete – (Wieder-)Entdeckung des religiösen Ich hinzutritt, erwächst vor allem dem Abendlied seine spezifische Note: Nikolaus Hermans *Hinunter ist der Sonne Schein*[45], Andreas Gryphius' *Der schnelle Tag ist hin*[46] und Gerhardts *Nun ruhen alle Wälder* sind nur die bekanntesten Exempel eines seit dem 16. Jahrhundert rasch expandierenden Genres.

Als gattungsspezifisch ist zumal der Natureingang anzusehen[47], der allerdings, in Gestalt des abendlichen Naturerlebens, erstmals bei Gerhardt zum eigenständigen, über sieben Strophen durchgehaltenen Thema erhoben wurde. Gleichermaßen typisch ist der Rückblick auf den vergangenen Tag wie der Ausblick auf die hereinbrechende Nacht. Gerade in der Angst vor der Nacht, in der sich reale und metaphorische Sinngehalte von „Schlaf" und „Dunkelheit" untrennbar verbinden, liegt ein „Hauptmovens für dieses Gen-

---

[43] „Sonne" (II), „Himmels Saal" (III), „Kleid" (IV), „Arbeit" (V), „Bett(lein)" (VI), „Leib und Seel" (VII).

[44] W. Ross, Abendlieder. Wandlungen lyrischer Technik und lyrischen Ausdruckswillens (GRM NF 5, 1955, 297–310), 307.

[45] EG 467.

[46] Bequem greifbar in Ch. Wagenknecht (Hg.), Gedichte 1600–1700. Nach den Erstdrucken in zeitlicher Folge (Epochen der deutschen Lyrik 4), ²1976, 191.

[47] „Der ‚Natur'-Eingang der Abendlieder ist einer der schmalen Durchgänge, durch die sich ein neuer lyrischer Ausdruckswille Bahn schafft" (Ross [s. Anm. 44], 308).

re"[48]: Die Abendstunde[49] ist die Stunde der Einkehr und Rechenschaft. Insofern entspricht es der gattungsspezifischen Logik, daß sich das von Gerhardt intonierte Abend*lied* zur Abend*andacht* und am Ende sogar zum Abend*gebet* konkretisiert.

Hermeneutischer Unverstand klagte bisweilen darüber, daß Gerhardt seine Strophen einer vermeintlichen starren Zweiteilung unterworfen habe: Unverbunden zerfielen sie in eine leiblich-physische und eine geistlich-metaphorische Hälfte[50]. Tatsächlich aber wird der in den ersten Strophenhälften angesprochene naturhafte Bereich keineswegs antithetisch entwertet, vielmehr transparent gemacht auf die in ihm zeichenhaft präsente Tiefendimension christlichen Lebens. Indem Gerhardt die naturhafte Wirklichkeit in ihrer Verweisstruktur offenlegt, läßt er im Vergänglichen das Unvergängliche, im Zeitlichen das Ewige aufscheinen. Die Texte, die seine Abendandacht meditieren, sind dem *Liber naturae* entlehnt: „omnis mundi creatura quasi liber et pictura nobis est et speculum"[51]. Der gattungsspezifischen Tendenz zur Individualisierung entsprechend inszeniert das *Abendlied* Gerhardts eine persönliche *meditatio mortis et vitae aeternae*, wohingegen andere, traditionelle Motive der Abendeinkehr – etwa Lebensdank, Sündenbeichte und Vergebungsbitte – ganz in den Hintergrund rücken.

Die makrostrukturelle Disposition des Liedes gibt sich nicht unmittelbar zu erkennen. Die meisten Interpreten orientierten sich an den *genera dicendi* und unterschieden demnach die abendliche Meditation (I–VII) vom abschließenden Abendgebet (VIII–IX). Solche Zweiteilung ist aber unzureichend, da die erste Strophe noch keinen Bestandteil, sondern erst die Aufforderung zur Meditation darstellt und das Gebet bereits mit der zweiten Hälfte der siebten Strophe beginnt. Plausibler erscheint demgegenüber, die Gliederung an der Situierung des lyrischen Ich auszurichten. Zwanglos ergibt sich daraus eine gleichmäßige Aufteilung in drei Strophenterzette: Das erste schildert den Einbruch der Dunkelheit (I–III), das zweite die Vorbereitung zur Nachtruhe (IV–

---

[48] R. MARX, Unberührte Natur, christliche Hoffnung und menschliche Angst – Die Lehre des Hausvaters in Claudius' „Abendlied" (in: K. RICHTER [Hg.], Gedichte und Interpretationen, Bd. 2, 1983, [339]341–355), 343.

[49] Die Annahme, es handle sich um einen „Sommerabend" (BERNOULLI [s. Anm. 12], 145), könnte sich dadurch gestützt fühlen, daß in den anderen Jahreszeiten die einbrechende Dunkelheit kaum mit der natürlichen Schlafenszeit übereinstimmte.

[50] KUHN (s. Anm. 37), 153; ähnlich schon BERNOULLI (s. bei und in Anm. 12) und PETRICH (s. bei und in Anm. 13).

[51] Alanus ab Insulis (MPL 210, 579a). – Vgl. H. M. NOBIS, Art. Buch der Natur (HWPh 1, 1971, 957–959); E. ROTHACKER, Das Buch der Natur. Materialien und Grundsätzliches zur Metapherngeschichte, hg. u. bearb. v. W. PERPEET, 1979.

VI), das dritte schließlich die fromme Ergebung in den von Gott behüteten Schlaf (VII–IX)[52].

Die Hartnäckigkeit, mit der literarkritische Archäologen nach Vorlagen des Gerhardtschen *Abendliedes* gruben, hat wunderliche Blüten getrieben. So wurden nacheinander, und jeweils mit apodiktischem Exklusivitätsanspruch, als unmittelbare Quellentexte namhaft gemacht: ein Abschnitt aus dem 4. Buch der *Aeneis*[53], ein bestimmtes Abendlied von Martin Opitz[54], Wilhelm Alardus[55] und Simon Dach[56] sowie das in die zweite Abteilung von Johann Arndts *Paradies-Gärtlein* (1612) eingerückte *Abendgebet*[57]. Vergleicht man indessen die angeführten Texte mit Gerhardts Lied, so zeigen sich zwar allenthalben gewisse motivische Analogien, aber nirgendwo eine evidente literarische Abhängigkeit. „Nacht war. Freundlichen Schlummer genossen auf Erden die müden Glieder. [...] Ringsum schwiegen die Fluren"[58]: Dieses abendliche Stimmungsbild mußte sich Gerhardt ebensowenig durch eindringende Vergil-Studien aneignen, wie er für die Einsicht, Gott habe „den Tag zur Arbeit, und die Nacht zur Ruhe bestimmt [...], auf daß sich Menschen und Vieh erquicken"[59], erst ausgreifender Arndt-Lektüre bedurfte[60].

Frappant ist demgegenüber – wenn auch im Grunde kaum verwunderlich –, wie nachhaltig in diesem Lied die biblische Bild- und Sprachwelt präsent ist. Nicht ein einzelner, durchgehend bearbeiteter Bezugstext der Bibel liegt ihm zugrunde, wie es etwa in Gerhardts Nachdichtung von Ps 146 *Du meine Seele singe*[61] der Fall ist. Vielmehr sind die Strophen des *Abendlieds* von etwa zwei Dutzend biblischen Zitaten, Anklängen und Anspielungen durchtränkt[62]

---

[52] So, gegen die Mehrzahl der Interpreten, auch HILLENBRAND (s. Anm. 34), 90.

[53] Dieser Hinweis begegnet bereits 1804; vgl. dazu bei und in Anm. 73.

[54] E. AELLEN, Quellen und Stil der Lieder Paul Gerhardts. Ein Beitrag zur Geschichte der religiösen Lyrik des XVII. Jahrhunderts, 1912, 2–4.

[55] PETRICH (s. Anm. 13), 282.

[56] F. SPITTA, Ueber den Ursprung des Paul Gerhardtschen Liedes „Nun ruhen alle Wälder" (MGKK 19, 1914, 212–216).

[57] Z.B. R. KÖHLER, Die biblischen Quellen der Lieder (HEKG I/2), 1965, 519f.

[58] Aeneis IV, 522–525; Übersetzung nach E. STAIGER (Vergil, Aeneis [BAW], 1981, 105).

[59] J. ARNDT, Paradies-Gärtlein, enthaltend: christliche Tugenden, wie solche durch andächtige, lehr- und trostreiche Gebete zur Erneuerung des Bildes Gottes, und zur Uebung des wahren lebendigen Glaubens in die Seelen zu pflanzen sind. Welchem noch vierzehn Wundergeschichten, welche sich mit diesem Buch begeben haben, und endlich Morgen- und Abendsegen auf alle Tage der Woche beigefügt sind, [1812], 133.

[60] Damit soll keineswegs der allgemeine Umstand in Abrede gestellt sein, daß Gerhardt ein fleißiger Arndt-Leser und -Rezipient gewesen ist; vgl. E. AXMACHER, Johann Arndt und Paul Gerhardt. Studien zur Theologie, Frömmigkeit und geistlichen Dichtung des 17. Jahrhunderts (Mainzer hymnologische Studien 3), 2001.

[61] EG 302.

[62] Vgl. KÖHLER (s. Anm. 57), 519–521.

– von den Eröffnungsversen, die Jes 14,7 zu paraphrasieren scheinen, bis hin zu den allerletzten, die augenscheinlich aus Hhld 3,7f geschöpft sind.

Im übrigen steht das Lied unverkennbar in der Tradition evangelischer Abendgebete, und wer den *Kleine[n] Katechismus* noch zu lernen das mühselige Vergnügen hatte, wird sich immer wieder an Luthers *Abendsegen*[63] erinnert fühlen. Gerhardt intoniert weder einen harmlosen Schlummergesang für Kinder[64], noch ergeht er sich in verklärender Betrachtung des nächtlichen Firmaments. Sondern er versinnbildlicht das zu jedem Abend geforderte Loslassen des Tages – „Fahr hin"! (II.4), ruft der Sänger dem letzten Abendrot hinterher – zur Einübung in die Gelassenheit christlichen Sterbens und in die Gewißheit, auch dabei in der Fürsorge Gottes geborgen zu sein. Damit aber werden die eigentlichen Quellen des Gedichts offenbar: biblisch genährte *ars moriendi* und lutherischer Lebenstrost.

4. Mikroanalyse

Die *erste Strophe* schildert den Einbruch der Nacht. Dabei setzt Gerhardt nicht mit dem Abstraktum ein, sondern bietet zunächst realitätshaltige, den *locus amoenus* beschwörende Anschauung[65]. Schleiermacher konnte die ersten beiden Verse nur als eine „verworrene Aufzählung"[66] degoutieren. Doch das blanke Gegenteil ist der Fall: Kunstvoll durchmessen sie die Lebensbereiche von Pflanzen, Tieren und Menschen. Das den Wäldern prädizierte „ruhen" ist nicht akustisch gemeint, es postuliert keineswegs einen – phänomenologisch auch gar nicht haltbaren – Zustand nächtlicher Geräuschlosigkeit, sondern macht die Natur anthropomorph. Mit der anschließenden Wendung „Städt und Felder" (I.2) differenziert Gerhardt noch einmal die ökonomischen Wirkungsbereiche des als drittes Glied genannten Menschen. In dieser offenkundigen Klimax verbirgt sich zugleich ein „Vieh" und „Felder" sowie „Menschen" und „Städt"[67] verbindender Chiasmus. Dadurch erzeugen die

---

[63] Vgl. dazu Abschnitt 5 dieser Studie.

[64] H. REINITZER, Paul Gerhardts biblische Bildersprache (in: Bildungsexklusivität und volkssprachliche Literatur. Literatur vor Lessing – nur für Experten?, hg. v. K. GRUBMÜLLER / G. HESS, 1986, 196–206), 201; ähnlich M. WESTER, Nun ruhen alle Wälder – EKG 361 (in: Aus dem Gesangbuch gepredigt. Predigten, Meditationen, Gottesdienste, hg. v. H. NITSCHKE, 1981, 117–122), 119.

[65] H.-B. SCHÖNBORN, Paul Gerhardt und seine Lieder in der Tradition des „locus amoenus" (JLH 21, 1977, 155–161).

[66] SCHLEIERMACHER (s. Anm. 5), 502,15.

[67] Die Erstausgabe von 1647 bietet die Singularform „Stadt". Daraus schloß BERNOULLI (s. Anm. 12), Gerhardt habe eine „bestimmte Stadt" und damit „einen konkreten landschaft-

ersten beiden Verse eine virtuose Totalität. Der dritte Vers bringt dann die geordnete Anschauungsvielfalt auf den Begriff: „Es schläft die ganze Welt". Aus dieser reinen, also interpretationslosen Wiedergabe des abendlichen Weltzustands erwächst eine das gesamte Lied durchstrahlende Gestimmtheit friedlicher Ruhe[68], die vom Äußeren auf das Innere übergreift und sich in dem Abendgebet der letzten zweieinhalb Strophen vollendet.

Gerade an diesen ersten drei Versen entzündete sich nun aber die Kritik der rationalistischen Gesangbuchreformer: „Wie kann man in unseren aufgeklärten Zeiten noch singen: Es ruht die ganze Welt, wenn man weiß, daß grade, wenn wir uns schlafen legen, unsere Gegenfüßler wach werden, also höchstens die halbe Welt schläft, und auch von dieser nur ein Theil, weder die wachthabenden Soldaten, noch Kranke, die an Schlaflosigkeit leiden"[69]. Mithin wurde das alte Lied aufklärerisch korrigiert. Das Kasseler Gesangbuch von 1773[70] besserte so:

> Schon ruhet auf den Feldern,
> in Städten und in Wäldern,
> ein Theil der müden Welt, [...]

Das *Gesangbuch für die häusliche Andacht* (1787) des Berliner Neologen Johann Samuel Diterich[71] bot folgende Variante:

> Befreyt von Sorg und Kummer,
> ruht nun im süßen Schlummer
> ein Theil der müden Welt! [...]

Und selbst die Herrnhuter Brüdergemeine zollte dem Zeitgeist Tribut[72]:

> Nun ruht und schläft im Friede,
> von Tagsgeschäften müde,
> ein grosser Theil der Welt: [...]

---

lichen Hintergrund" im Auge gehabt (aaO 144). Da aber die Lesart „Stadt" in allen weiteren Ausgaben von Crüger und Ebeling zu „Städt" korrigiert ist (vgl. BACHMANN, Ausgabe [s. Anm. 1], 51), dürfte es sich dabei um einen schlichten Druckfehler gehandelt haben.

[68] Vgl. E. HAUFE, Das wohltemperierte geistliche Lied Paul Gerhardts (in: Paul Gerhardt. Dichter – Theologe – Seelsorger 1607–1676, hg. v. H. HOFFMANN, 1978, 53–82), 71.

[69] BUNSEN (s. Anm. 10), 150.

[70] Verbessertes Gesang-Buch, zum Gebrauch bey dem öffentlichen Gottes-Dienst sowohl als zur Privat-Erbauung, 1773, Nr. 487 (zit. nach W. I. SAUER-GEPPERT, Hymnologische Vorbesinnung aus der Sicht eines Germanisten [JLH 22, 1978, 133–146], 135).

[71] Gesangbuch für die häusliche Andacht, hg. v. J. S. DITERICH, 1787, Nr. 344 (zit. nach SAUER-GEPPERT [s. Anm. 70], 135).

[72] Gesangbuch, zum Gebrauch der evangelischen Brüdergemeinen, 1778, Nr. 1587 (zit. nach SAUER-GEPPERT [s. Anm. 70], 136).

Aus diesem hymnologiegeschichtlichen Kontext läßt sich verstehen, daß Gottfried Lebrecht Richter, um das *Abendlied* Paul Gerhardts zu retten, im Jahre 1804 erstmals darauf verwies, die erste Strophe sei aus einigen Versen der *Aeneis* „fast wörtlich übersetzt"[73].

Im übrigen wiederholt sich das von Gerhardt gewählte Verfahren, die Totalität der „Welt" aus konkreten Einzelheiten zusammenzufügen, in seiner Darstellung des lyrischen Ich, das sich zumeist in seinen handelnden oder empfindenden Organen personifiziert: „meine Sinnen" (I.4), „mein Herz" (II.6; V.4), „Der Leib" (IV.1), „Das Häupt, die Füß und Hände" (V.1), die „matten Glieder" (VI.1), die verdrossenen „Augen" (VII.1). Weil aber dereinst vor Gott der „ganze Mensch"[74] zu stehen kommen wird, nennt die dritte Strophe nicht nur den Geist oder die Seele des Menschen, sondern das eigentliche, von jedem Organ repräsentierte Subjekt: Ich (III.4).

In der zweiten Strophenhälfte präsentiert Gerhardt die Antithese: Durch das adversative „aber" (I.4) unüberhörbar gemacht, soll das lyrische Ich die Ruhe der äußeren Welt durch inneres, Gott wohlgefälliges Tätigsein alternieren. Mit der Nennung des „Schöpfer[s]" (I.6) wird rückverweisend auch die ruhende Natur als Schöpfung qualifiziert. Der Aufbruch zu innerer Bewegung, den die zweite Strophenhälfte abfordert, ist zugleich poetisch versinnlicht: durch den jetzt viel kürzeren lyrischen Atem, durch die emphatische Apostrophe der eigenen Sinne (I.4) und durch die pathetische Epanalepse des ungeduldig rüttelnden „Auf, auf" (I.5).

Nun hat Rainer Hillenbrand unlängst die feinsinnige Bemerkung notiert, die in der ersten Strophe handfest eröffnete Antithese zwischen der ruhenden äußeren und der zur Tätigkeit gerufenen inneren Welt werde insofern subkutan unterlaufen, als sich die in der ersten Hälfte auftürmende Klimax über die Strophenmitte hinaus fortsetzt: Über Pflanzen, Tiere und Menschen führt der Weg weiter zu dem bestimmten Ich des Sprechers und schließlich zu seinem Schöpfer sowie zu dem Wohlgefallen, das dessen ganze Schöpfung ihm bereiten soll[75]. Mit dieser bereits in der ersten Strophe angelegten Doppelstruktur ist die Bewegung des gesamten Liedes prädisponiert: Sie macht es

---

[73] G. L. RICHTER, Allgemeines Biographisches Lexikon alter und neuer geistlicher Liederdichter, 1804, ND 1970, 96.
[74] D. RÖSSLER, Art. Mensch, ganzer (HWPh 5, 1980, 1106–1111); H.-J. SCHINGS (Hg.), Der ganze Mensch. Anthropologie und Literatur im 18. Jahrhundert (Germanistische Symposien-Berichtsbände 15), 1994; V. DREHSEN / D. HENKE / R. SCHMIDT-ROST / W. STECK (Hg.), Der ‚ganze Mensch'. Perspektiven lebensgeschichtlicher Individualität. FS D. Rössler (APrTh 10), 1997.
[75] HILLENBRAND (s. Anm. 34), 90–92. Für die vorliegende Liedinterpretation, zumal hinsichtlich der ersten drei Strophen, hat sich die Studie von Hillenbrand als besonders hilfreich erwiesen.

möglich, die Antithesen fortschreitend in Analogien zu überführen und die mit der äußeren Nacht assoziierte Sterbensangst in gläubigen Lebenstrost aufzuheben.

Ratlos notierte Schleiermacher: „Ich sehe [...] nichts was die Sinne beginnen im zweiten Vers. Das Lebewol an die Sonne beginnen doch die Sinne nicht, und daß Jesus im Herzen scheint können sie auch nicht beginnen. Dies waren also leere Worte"[76]. Die Blindheit, die aus dieser Einlassung spricht, ist kaum nachzuvollziehen. Denn was die Sinne, zum Wohlgefallen des Schöpfers, beginnen sollen, liegt doch offen zutage: nichts anderes nämlich als die meditative Versenkung in das abendliche Buch der Natur. Diese Lektüre hat Gerhardt im Fortgang des *Abendlieds* protokolliert.

Die *zweite Strophe* bietet Einübung in den Grundvollzug solcher Meditation. Das Verschwinden der Sonne wird rhetorisch erfragt und gleich darauf selbst erklärt: Sie mußte der Dunkelheit weichen, denn es herrscht Feindschaft zwischen Tag und Nacht. Damit potenziert sich die strukturelle Komplexität: Hatte die erste Strophe das zwischen erstem und zweitem Versterzett, zwischen äußerer Welt und innerer Reflexion antithetisch unterscheidende Konstruktionsprinzip eingeführt, so eröffnet nun das erste Glied in sich selbst eine weitere Antithese: Innerhalb der äußeren Welt herrscht der Gegensatz zwischen Licht und Finsternis. Die Überlegenheit der Finsternis „im lyrischen Augenblick"[77] dokumentiert sich in der anaphorischen Wiederholung der „Nacht" (II.2/3).

Doch die „Sonne", die dem Bereich der äußeren Welt zugehört, auch wenn sie aktuell aus diesem verschwunden ist, wird nun emblematisch in den Bereich der inneren Welt überführt. Damit erscheint wiederum in der Antithese die Analogie: Jesus ist die „ander[e] Sonne" (II.4). Wenn Bibelleser sich dabei an Ps 84,12a („Gott der Herr ist Sonne und Schild"[78]) und die in Mt 17 berichtete Verklärung Jesu (Mt 17,2b: „sein Angesicht leuchtete wie die Sonne") erinnert fühlen[79], entspricht dies durchaus dem dichterischen Kalkül.

Es fällt auf, daß Gerhardt an dieser Stelle zwar die weltliche Sonne, nicht aber deren Gegenspieler, die weltliche Nacht, emblematisch überträgt – erst in der achten Strophe kommt der „Satan" (VIII.4) ausdrücklich ins Spiel. Entscheidend ist dem Dichter zunächst die auf Jesus als die „ander[e] Sonne" vertrauende Glaubensgewißheit, die der weltlichen Sonne getrost das Entlas-

---

[76] SCHLEIERMACHER (s. Anm. 5), 503,7–10.
[77] HILLENBRAND (s. Anm. 34), 92.
[78] Sofern nicht anders verzeichnet, folgen biblische Zitate der Ausgabe: Die Bibel oder die ganze Heilige Schrift des Alten und Neuen Testaments. Nach der deutschen Übersetzung Martin Luthers, 1965.
[79] Vgl. etwa auch 2Kor 4,6.

sungswort „Fahr hin" (II.4) geben kann. Kunstvoll wird das von Gott entzündete innere Licht, das die äußere Finsternis hinfällig macht, identifiziert: zunächst emblematisch als „ander[e] Sonne", dann in namentlicher Anrede als „Jesus" (II.5), schließlich in seiner wonnevollen Wirkung auf das gläubig meditierende „Herz" (II.5/6).

Indem die *dritte Strophe* die Schilderung der irdischen Nacht komplettiert, erfährt die anfängliche Antithetik eine weitere Relativierung. Denn die Nacht hat der Welt zwar die Sonne genommen, aber durchaus nicht jegliches Licht: In der Finsternis leuchten goldene Sterne am Firmament! Ist damit schon der irdische Gegensatz zwischen Tag und Nacht vorsichtig abgeschwächt, so wird die Antithese zwischen äußerer und innerer Welt erst recht dadurch unterlaufen, daß Gerhardt die darin verborgene Analogie nicht mehr nur andeutet, sondern ausdrücklich benennt. Kein adversatives „aber" mehr, auch keine emblematische Übertragung wie bei der „ander[en] Sonne", vielmehr ein dezidiert analogisches „Also" (III.4) schlägt den Bogen von außen nach innen: Gleichwie die Sterne am irdischen Himmel stehen, „also" werde auch „ich" dereinst im himmlischen Himmel stehen vor Gott. Semantische Assistenz bezieht diese Analogie aus der Doppeldeutigkeit des Lexems „Himmels Saal"[80], das sowohl das nächtliche Firmament wie den Raum der postmortalen Seligkeit konnotiert. Allerdings bleibt in der immer stärker hervortretenden Analogie die Antithese präsent: Gleichwie es irdische Nacht werden muß, damit die Sterne zu leuchten beginnen, so ist die himmlische Seligkeit erst durch die Nacht des Todes hindurch zu erlangen.

Zentnerschwer zieht das letzte Wort der Strophe nach unten. Die irdische Welt, die der Sänger eingangs so traulich beschrieben hatte, ist nun als „Jammerthal" (III.6) desavouiert. Liegt darin nur ein Reflex der für Barocklyrik typischen weltflüchtigen Jenseitssehnsucht? Oder verbirgt sich darin eine theologisch distinkte Aussageabsicht? Die Vokabel, im Mittelhochdeutschen nur selten belegt, begann ihre Karriere mit der Reformation. Luther gebrauchte sie als Übersetzung von „vallis lacrimarum" (Vulgata) in Ps 84,7[81]. Auch sonst hat er sie mitunter verwendet[82], gern in Predigten[83], dazu in der fünften Stro-

---

[80] Die von J. G. Ebeling besorgte Gesamtausgabe (s. Anm. 32) bietet in allen Auflagen die Lesart „Himmels-Saal" (vgl. BACHMANN, Ausgabe [s. Anm. 1], 52).
[81] Dagegen bietet der hebräische Text keine unmittelbare semantische Vorgabe.
[82] Das Deutsche Sachregister zur Abteilung Schriften der Weimarana bietet 25 Belegstellen (WA 71, 222 s.v.).
[83] Besonders eindrücklich etwa WA 28; 67,4–9 (1528): „Sunt variae angst, praesertim quas gentes nobiscum gerunt: pericula, mangl an narung, quod moritur uxor, pestis, bellum, cruris fractio. Ista habent etiam gentiles. Et illi possunt dicere in mundo nihil esse nisi angst. Et hoc fassi optimi gentiles: Hanc vitam esse ein iamer tal, et ideo multi concluserunt nihil esse melius quam hominem non nasci aut cito mori".

phe des Weihnachtslieds *Gelobet seist du, Jesu Christ*[84] und in der Katechismuserklärung der siebten Bitte des Vaterunsers: „Wir bitten jnn diesem gebet als jnn der summa, das uns der Vater jm himel von allerley ubel leibs und seele, guts und ehre erlöse, und zu letzt wenn unser stündlin kömpt, ein seliges ende beschere und mit gnaden von diesem jamertal zu sich neme jnn den himel"[85]. Gerade in dieser Äußerung Luthers kommt die denotative Bedeutung des Wortes deutlich zum Ausdruck. Keineswegs wird die Schöpfung schlechthin als jammervoll und fliehenswürdig bezeichnet, sondern, theologisch präzise, allein die in ihre Schönheit eingeflochtenen „allerley ubel", nämlich „Sünde" (V.6), „Satan" (VIII.4), „Unfall" und „Gefahr" (IX.3), mithin alles das, was in der „Herrlichkeit" (IV.6) der neuen Schöpfung keinen Raum mehr haben wird. Die Zeitgenossen Paul Gerhardts, die den verheerenden Dreißigjährigen Krieg überlebt hatten, wußten genau, worauf das Wort „Jammerthal" sie verwies.

Die *vierte Strophe* eröffnet den zweiten und mittleren Teil des Gedichts. Nach dem Einbruch der Dunkelheit (I–III) bereitet sich das lyrische Ich zur Nachtruhe vor. „Der Leib eilt nun zur Ruhe, / Legt ab das Kleid und Schuhe" – ob er denn nicht auch gewaschen werde, fragt ein Ausleger keck[86]. Die in der Wendung „das Kleid und Schuhe" vorliegende Versparung des zweiten Artikels[87] ist wiederum archaisierend, da sich die „Schuhe" vom „Kleid" nicht allein im Genus, sondern auch im Numerus unterscheiden. Die damit verbundene, mystisch getönte Konnotation des irdischen Absterbens und Loslassens wird auch emblematisch benannt: Die zur Nacht abgelegte Tageskleidung trägt zugleich „Das Bild der Sterblichkeit" (IV.3) in sich.

Ein letztes Mal betont der Dichter zu Beginn der zweiten Strophenhälfte die Antithese. Das adversative „dagegen" (IV.4) verweist ebenso auf den Gegensatz von Aus- und Ankleiden wie auf den dabei vollzogenen Subjektwechsel: Auskleiden kann der sterbliche Leib sich selbst, unsterblich eingekleidet wird er von Christus. Eine besondere Häufung biblischer Anklänge geht damit einher: Man ist an die Umkleidung vom alten zum neuen Menschen (Eph 4,22–24) erinnert, desgleichen an das paulinische Kleid der Unsterblichkeit (vgl. 1Kor 15,53), und auch der in der Wendung „Den Rock der Ehr und Herrlichkeit" (IV.6) gebrauchte „emblematische Genitiv"[88] gemahnt an alt- (Jes 61,10) und neutestamentliche Rede (1Kor 15,43a).

---

[84] WA 35; 435,3 = AWA 4, 166.
[85] WA 30,1; 377,7–378,3 (1529/31).
[86] BUNNERS, So laß die Englein singen ... (s. Anm. 32), 67.
[87] SAUER-GEPPERT (s. Anm. 70), 142.
[88] Der Ausdruck stammt von Albrecht Schöne; vgl. REINITZER (s. Anm. 64), 201.

Die *fünfte Strophe* zerlegt den ermüdeten „Leib" (IV.1) in die von der Tagesmühe primär betroffenen Teile. „Das Häupt, die Füß und Hände" (V.1) empfinden die allabendliche Erleichterung darüber, die Herausforderungen und Belastungen des Tages mit dem Eintritt in den Feierabend beiseite legen zu können (vgl. Hi 7,2; Apk 14,13)[89]. Die Aufzählung der über das Ende der Arbeit erfreuten Körperteile setzt sich in die zweite Strophenhälfte hinein fort, indem nun den Gliedmaßen und dem Kopf das durch Hebungsprall emphatisch betonte „Herz" (V.4) noch hinzugefügt wird. Just in der Mitte des Liedes scheinen damit in verborgener Tiefe die Wunden des leidenden Christus berührt[90].

Allerdings stehen dem Herzen, anders als dem Leib, die Freuden des Feierabends erst noch bevor. Sollte damit auf die Erfahrung angespielt sein, daß man von den Problemen des Tages mitunter bis in den Schlaf und Traum hinein verfolgt werden kann? Eine weitere Frage drängt sich dadurch auf, daß der letzte Vers die genannte „Arbeit" (V.3) als „Sünden Arbeit" (V.6) qualifiziert: Kann denn Arbeit Sünde sein? Doch die Vokabel bezeichnet ursprünglich[91] nicht einfach Tätigkeit, vielmehr Mühsal, Bedrängnis und Not (vgl. Ps 90,10[92]), mithin, theologisch gewendet, die Folgen der Vertreibung aus dem Paradies: „Mit Mühsal sollst du dich [...] nähren dein Leben lang. [...] Im Schweiße deines Angesichts sollst du dein Brot essen" (Gen 3,17.19).

An diesen Fluch, der auf dem gefallenen Menschen lastet, gemahnt auch die Rede von dem „Elend dieser Erden" (V.5). Ebensowenig wie mit dem Wort „Jammerthal" (III.6) ist damit eine düstere, weltflüchtige Stimmung, erst recht nicht eine pauschale Disqualifizierung der Schöpfung gemeint. Das Elend, in etymologisch präzisem Sinn, ist das *alienum*, das fremde Land, die Verbannung, in der ich recht- und heimatlos bin und Heimweh mir im Herzen brennt: „Denn wir haben hier keine bleibende Stadt, sondern die zukünftige suchen wir" (Hebr 13,14). So wird, in abermals analogischer Deutung, der alltägliche Feierabend zu einem Fingerzeig und Vorgriff auf die „herrliche Freiheit der Kinder Gottes", die „von der Knechtschaft des vergänglichen Wesens" frei werden sollen (Röm 8,21; vgl. Joh 8,34–36). Diese Bibel-

---

[89] Abermals scheint Schleiermacher einen vorsätzlichen Mißverstand zu kultivieren, wenn er bemerkt: „In der fünften Strophe bleibt es ein schiefer Ausdrukk, daß die Arbeit zum Ende kommen ist; denn es liegt darin daß etwas bestimmtes fertig geworden ist, was man gar nicht alle Abend sagen kann" (s. Anm. 5, 503,21–24).
[90] Vgl. HILLENBRAND (s. Anm. 34), 96.
[91] J. GRIMM / W. GRIMM, Deutsches Wörterbuch, Bd. 1, 1854, ND 1984, 538–541.
[92] Vgl. Luthers Übersetzung von Ps 90,10: „Unser Leben wehret siebenzig Jar, wens hoch kompt so sinds achtzig jar, Und wens köstlich gewesen ist, so ists Mühe und Erbeit gewesen [...]" (WADB 10,1; 403 [1545]). In der 1964 vollzogenen Revision der Lutherbibel wurde diese als nicht mehr verständlich angesehene Formulierung ersetzt durch „und was daran köstlich scheint, ist doch nur vergebliche Mühe".

zitate sind keine Ausflucht in erbauliche Rede, sondern nüchterner Aufweis der von Gerhardt gebrauchten biblischen Quellen.

Mit der *sechsten Strophe* vollendet sich die äußere Handlung: Die „matten Glieder" (VI.1) werden aufgerufen, endlich die ersehnte Nachtruhe anzutreten. Die drängende Epanalepse „Nun geht [...], Geht hin [...]" (VI.1/2) korrespondiert sowohl mit dem reduplikativen „Auf, auf" der ersten Strophe[93] wie mit dem der Sonne nachgerufenen „Fahr hin" (II.4). Längst ist die Antithese von der Analogie übermannt: Gleichwie der Leib „nun" (VI.1) zu Bett[94] geht, wird ihm dereinst – die Zwillingsformel „Stund und Zeiten" ist biblisch[95] – „ein Bettlein in der Erd" (VI.6) bereitet werden, beidemal, erst den Tag, dann das Leben betreffend, mit dem Ziel, „daß sie ruhen von ihrer Arbeit" (Apk 14,13b). Der bereits den alten Heiden vertraute Trost, daß schon jeder Nachtschlaf ein Bild des Todes ist – „somnus est imago mortis", heißt es bei Cicero[96] –, wird durch das schwellenmindernde Diminutiv „Bettlein" (VI.6) noch einmal verstärkt. Entsprechend soll auch die das irdische Einschlafen grundierende Gewißheit, am nächsten Morgen fröhlich zu erwachen, das Vertrauen auf den seligen Eingang in den Frieden, von dem Jesaja sagt (Jes 57,2), konfigurieren.

Mit der *siebten Strophe* ergibt sich der Sänger in den von Gott behüteten Schlaf. Die Augen sind der vielfältigen Tageseindrücke überdrüssig geworden – das Wort „verdrossen" (VII.1), heute auf die Bedeutung „verärgert" reduziert, meint ursprünglich nichts anderes als „ermüdet"[97]. Mit der rhetorischen Frage nach dem Verbleib von „Leib und Seel" (VII.3) endet die abendliche Meditation. Statt einer direkten Antwort beschließt das lyrische Ich die zum Wohlgefallen des Schöpfers (I.6) aufgenommene innere Tätigkeit mit einem Gebet und befiehlt beide, „Leib und Seel", der gnädigen Hut Gottes[98] (VII.4–6). Die prophetische Schau der zurückliegenden Strophen ist nun dem imperativischen Gebetsgestus gewichen: „Nimm sie [...], Sei gut [...]" (VII.4/5). Auch darin sind die letzten drei Strophen zur Einheit gefügt.

---

[93] J. G. Ebeling hat das „Geht hin" (VI.2) entsprechend zu einem reduplikativen „Geht, geht" korrigiert (vgl. BACHMANN, Ausgabe [s. Anm. 1], 52).

[94] Weshalb der ermüdete Leib „Der Betten" (VI.3) und nicht vielmehr singularisch „des Bettes" begehrt, bleibt mir unergründlich.

[95] Vgl. 1Thess 5,1; Dan 2,21; 7,12 – dort allerdings durchweg in umgekehrter Reihenfolge.

[96] CICERO, Tusculanae disputationes 1, 38.

[97] F. KLUGE, Etymologisches Wörterbuch der deutschen Sprache, ²¹1975, 812 s.v.

[98] Der Vers „Du Aug und Wächter Israel" (VII.6), der Schleiermacher gleich doppelt anstößig war (s. Anm. 5, 503,29–32), läßt Ps 121,4 anklingen.

Für sich allein genommen, könnte die siebte Strophe als ein lediglich die bevorstehende Nacht betreffendes Abendgebet aufgefaßt werden[99]. Doch der Kontext läßt zugleich die tiefere Sinnebene, also den angesichts der eigenen Sterblichkeit empfundenen Lebenstrost, unzweifelhaft sein. Den lyrischen Bogen sollte man niemals, auch nicht im gottesdienstlichen Singen, eklektisch zerbrechen.

Die Evidenz des Bildes, mit dem die *achte Strophe* eröffnet – vom Ausbreiten der Flügel und Einnehmen der „Küchlein" (VIII.1–3) –, ist uns entrückt. Doch für Gerhardt und seine Zeitgenossen war das Bild allgegenwärtig: Auch in Berlin fand sich damals hinter jedem zweiten Haus ein Hühnerstall, in dem die Glucke ihre Küken „einnahm", das heißt: unter ihrem Gefieder in Sicherheit brachte. Die Wendung mitsamt der Wortbildung „Küchlein" ist der Lutherbibel entlehnt, näherhin der Übersetzung von Mt 23,37: „Wie oft habe ich deine Kinder versammeln wollen, wie eine Henne versammelt ihre Küchlein unter ihre Flügel"[100].

Das Bewußtsein existentieller Bedrohtheit, das die Glucke emblematisch veranschaulicht, kommt in der Nennung des „Satan[s]", der „mich verschlingen" (VIII.4) will (vgl. 1Petr 5,8), zu direktem Ausdruck und „macht die Strophe nicht nur geistlich, sondern auch psychologisch wahrhaftig"[101]. Doch das Drohende wird von dem Gesang der Engel bezwungen – ein Reflex der uralten Anschauung von der Bannung des Bösen durch Musik[102]. Das dem bergenden Schirm Jesu anbefohlene „Kind" (VIII.6) steht nicht allein für den von der Mutter in den Schlaf gesungenen Nachwuchs, sondern für alle Gotteskinder schlechthin: In der Wehrlosigkeit, die der Schlaf und „Schlafes Bruder"[103] über ihn bringen, weiß sich der Mensch von dem wehrhaften Gesang der Engel umfangen und gibt sich getrost dem Schutz Gottes anheim (vgl. Ps 91,4–6).

---

[99] HILLENBRAND (s. Anm. 34), 97.

[100] Luther hat dieses Bild gern verwendet und in vielen Predigten seelsorgerlich appliziert; vgl. nur WA 10,1,1; 270–289 (1522; Kirchenpostille).

[101] BUNNERS, Paul Gerhardt (s. Anm. 24), 127.

[102] Vgl. aaO. – Daß die Musik den Teufel vertreiben kann, hat auch Luther mehrfach betont (vgl. J. SCHILLING, Musik [in: Luther Handbuch, hg. v. A. BEUTEL [UTB 3416], ²2010, 236–244], 240–242).

[103] Die Wendung begegnet m.W. erstmals in dem Gedicht *DU, o schönes weltgebäude* (1653) von Johann Franck (FISCHER, Das deutsche evangelische Kirchenlied [s. Anm. 14], Bd. 4, 1908, ND 1964, 90). Die mit dem Vers „Komm, o tod, du schlafesbruder" (aaO) einsetzende sechste Strophe hat Johann Sebastian Bach als Schlußchoral seiner Kantate *Ich will den Kreuzstab gerne tragen* (BWV 56) bekannt gemacht. Daraus sind auch Titel und Leitmotiv des Romans *Schlafes Bruder* (1992; ²⁸2004) von Robert Schneider entlehnt.

Man könnte meinen, das Lied habe damit sein organisches Ende erreicht. Indessen vollzieht die *neunte Strophe* eine sachgemäße Öffnung des Horizonts. Blieb das lyrische Ich bislang auf den Dialog mit sich und Gott beschränkt, so weitet sich nun das selbstbezügliche Gebet zur Fürbitte und holt damit die unmittelbar angesprochenen „Lieben" (IX.1) in die göttliche Wächterschaft ein. Unter dem Eindruck des *Abendlieds* von Matthias Claudius[104], das in seiner letzten Strophe des „kranken Nachbarn" gedenkt, wurden die „Lieben" Paul Gerhardts mitunter als Inbegriff der gesamten Christenheit interpretiert[105]. Doch der weltumspannende Freundschaftsgedanke des 18. Jahrhunderts war der Barockzeit noch nicht vertraut, weshalb „ihr meine Lieben" (IX.1) hier wohl schlicht auf die eigene familiäre Hausgemeinschaft abzielt.

Die Fürbitte vermeidet jede pastose Allgemeinheit und bietet zweifach präzise Konkretion. Nicht überall und jederzeit, sondern „heinte" (IX.2) sollen „meine Lieben" bewahrt sein. Das bereits zu Gerhardts Zeit archaisch anmutende frühneuhochdeutsche Wort „heint" – wahrscheinlich eine Verschleifung aus „heinacht"[106] –, zielt in diesem Fall nicht auf die vergangene, sondern auf die angebrochene Nacht. Auch wenn damit ganz eindeutig der irdische Nachtschlaf bedacht ist, fällt daraus zugleich auf das Sterben ein Abglanz jener allabendlichen Selbstverständlichkeit, in der man darauf vertraut, daß dem Einschlafen gewiß ein Erwachen und Wiederaufstehen folgen wird[107].

Konkret ist die Fürbitte überdies darin, daß sie das nächtlich Drohende realistisch benennt. Der „Unfall" (IX.3) bezeichnet nicht allein die unbeabsichtigte Schädigung, sondern jede Art von Unheil und „Gefahr" (IX.3): Der „selig[e]" Schlaf (IX.4) wird im Kampf der Engel mit dem Satan errungen. Tatsächlich sind die zweifach zitierten „Engel" (IX.6; VIII.5) nichts weniger als puttenhaft niedliche, bisweilen honigschleckende Wesen, vielmehr jene starken, wehrhaften Helden[108], die einst das Nachtlager des jüdischen Königs Salomo schützten: „Siehe, es ist die Sänfte Salomos; sechzig Starke sind um sie her von den Starken in Israel. Alle halten sie Schwerter und sind geübt im Kampf; ein jeder hat sein Schwert an der Hüfte gegen die Schrecken der Nacht" (Hhld 3,7f). Dieses feudale Vorrecht erschließt Gerhardt als „ein jeder Für-

---

[104] M. Claudius, Sämtliche Werke, hg. v. J. Perfahl, ⁶1987, 217f (EG 482).
[105] So beispielsweise Rudolf Alexander Schröder (vgl. Bunners, Paul Gerhardt [s. Anm. 24], 127); ähnlich noch Hillenbrand (s. Anm. 34), 97.
[106] Grimm (s. Anm. 91), Bd. 10, 1877, ND 1984, 887 s.v.
[107] Ähnlich Hillenbrand (s. Anm. 34), 97.
[108] Daß J. G. Ebeling die Vokabel „Engel" (IX.6) durch „Helden" ersetzte (vgl. Bachmann, Ausgabe [s. Anm. 1], 53), mag aus der Assoziation mit Hhld 3,7f zu erklären sein.

bitte zugängliches Privileg"[109]. Doch der biblische Anklang ist polyphon: Die Engel stehen zugleich, gemäß Ps 103,20, für die starken Helden, die den Befehl des Herrn ausrichten. Und gleichwie die vorletzte Strophe den ersten Teil von Ps 91 paraphrasierte, wird nun dessen zweiter Teil dichterisch eingespielt: „Denn er hat seinen Engeln befohlen, daß sie dich behüten auf allen deinen Wegen, daß sie dich auf den Händen tragen und du deinen Fuß nicht an einen Stein stoßest" (Ps 91,11f).

Die syntaktische Struktur der letzten beiden Verse stieß auf Kritik: Das zweigliedrige Akkusativ-Objekt sei dadurch „befremdlich auseinandergerissen", daß „die güldne Waffen" (IX.5) und „seiner Engel Schaar" (IX.6) durch die präpositionale Ortsangabe „Ums Bett" (IX.6) getrennt würden[110]. Man mag diese der Opitzschen Poetik in der Tat widerstreitende Besonderheit als Nachhall der im Mittelhochdeutschen gebräuchlichen Fernstellung erklären[111]. Viel entscheidender ist allerdings der dadurch erzielte Ausklang des Liedes: Die „Schaar" der Engel bleibt sein letztes Wort! In ihrer Hut kann endlich auch der Sänger jene Ruhe finden, mit der die äußere Welt bereits im Eingangsvers des *Abendlieds* beschrieben war. Die anfängliche Antithetik ist ungetrübtem Einklang zwischen Schöpfung, Ich und Gott gewichen.

5. Zwischen Luther und Claudius

Die gattungsgeschichtliche Bedeutung des *Abendlieds* wird schwerlich überschätzt werden können. Zwar ist es abwegig, den barocken Pfarramtsaspiranten zu einem „Vorläufer Goethes"[112] zu stilisieren – solche bildungsphiliströse Verbrämung[113], der noch dazu jede Stichhaltigkeit mangelt, hat der bedeutendste evangelische Kirchenlieddichter[114] nicht nötig. Um so handgreiflicher ist demgegenüber die gattungsgeschichtliche Vorbildfunktion, die Gerhardt für das *Abendlied* von Matthias Claudius zukam[115]. Dessen wunderbares Ge-

---

[109] J. STALMANN / J. HEINRICH (Hg.), Liederkunde. Zweiter Teil: Lied 176–394 (HEKG III/2), 1990, 471.
[110] SAUER-GEPPERT (s. Anm. 70), 141f.
[111] AaO 142.
[112] BERNOULLI (s. Anm. 12), 145.
[113] W. SCHERER: „Was Gerhardt im Geistlichen begann, hat Goethe im Weltlichen vollendet" (zit. nach BERNOULLI, ebd.).
[114] „In dem Liederdichter Paul Gerhardt [...] kommt die lutherische geistliche Dichtung zu ihrem in die Dimension der Zeitlosigkeit reichenden Höhepunkt" (J. WALLMANN, Kirchengeschichte Deutschlands seit der Reformation, ⁵2000, 100; Hervorhebung aufgehoben).
[115] D. JACOBY, Paul Gerhardt und Matthias Claudius (Archiv für die Geschichte deutscher Sprache und Dichtung 1, 1874, 381–384); J. C. E. SOMMER, Studien zu den Gedichten

dicht *Der Mond ist aufgegangen*[116] darf als direkte Fortschreibung und Aktualisierung des Gerhardtschen Poems gelten: In Metrum und Strophenform, Thema und Metaphorik, Natureingang und Gebetsausklang bis hin zu einigen wörtlichen Übernahmen[117] erweisen sich die beiden Lieder als Zwillingsgeschwister[118]. Selbstredend hat sich in der 130 Jahre jüngeren Version auch der Zeitenabstand niedergeschlagen: Als antirationalistischer Aufklärer[119] verzichtet Claudius auf jede allegorische Ausdeutung der Natur, auch hat sich bei ihm der erbetene „selig[e]" (IX.4) zu „ruhig[em]" Schlaf profaniert und der schreckende „Satan" (VIII.4) aus den Nachtgedanken spurlos verflüchtigt.

Eine ähnlich unmittelbare Vorlage kennt Gerhardts *Abendlied* nicht. Doch dessen traditionsgeschichtlicher Wurzelgrund ist offenkundig: einerseits biblische Sprach- und Bilderwelt, andererseits lutherische Frömmigkeitstheologie. Die vorgeführte Mikroanalyse hat ein das ganze Lied durchziehendes, dicht gewobenes Netz biblischer Zitate, Anklänge und Allusionen sichtbar gemacht. Und auch der lutherisch temperierte Schöpfungs- und Rechtfertigungsglaube zeigt sich allenthalben präsent. So setzt die Meditationsbewegung, ausgehend von der „ganze[n] Welt" (I.3) und dem sie überspannenden Firmament (II.1; III.2f), im weitesten Horizont ein, um dann, dem lutherischen *principium individuationis* verpflichtet, den Blickwinkel immer mehr auf das bedrohte und getröstete Ich zu konzentrieren, das schließlich auch seine natürliche Umgebung in die religiöse Reflexion einholt und der weltumfassenden Weite der *providentia Dei* anheimgibt. Kunstvoll hat Gerhardt die Überführung der antithetischen in analogische Denk- und Daseinsstruktur inszeniert; bereits am Ende des ersten, die Antithese am deutlichsten betonenden Strophenterzetts beginnt ja, wie gezeigt, die Gleichnishaftigkeit der äußeren Welt den Reflexionsgang zu dominieren.

---

des Wandsbecker Boten (Frankfurter Quellen und Forschungen zur germanistischen und romanistischen Philologie 7), 1935, ND 1973, 63–66; G. E. HÜBNER, Kirchenliederrezeption und Rezeptionsforschung. Zum überlieferungskritischen Verständnis einiger Gedichte von Bürger, Goethe, Claudius (Studien zur deutschen Literatur 17), 1969, 109–114; KUHN (s. Anm. 37).

[116] S. Anm. 104. – Vgl. dazu A. BEUTEL, „Jenseit des Monds ist alles unvergänglich". Das „Abendlied" von Matthias Claudius (in: DERS., Protestantische Konkretionen. Studien zur Kirchengeschichte, 1998, 192–225).

[117] Die wörtlichen Übernahmen verzeichnet A. KRANEFUSS, Die Gedichte des Wandsbecker Boten (Palaestra 260), 1973, 132–134.

[118] Allerdings hat sich die Vermutung, das *Abendlied* von Claudius sei ursprünglich auf die Melodie von *Nun ruhen alle Wälder* gedichtet worden, als unhaltbar erwiesen (vgl. BEUTEL, „Jenseit des Monds ist alles unvergänglich" [s. Anm. 116], 199).

[119] A. BEUTEL, Kirchengeschichte im Zeitalter der Aufklärung. Ein Kompendium (UTB 3180), ²2009, 193f.

Keineswegs ist bei Gerhardt, wie sonst in der Barocklyrik durchaus gebräuchlich, das Sichtbar-Natürliche dualistisch entwertet. Vielmehr läßt er die äußere Welt durchweg als Schöpfung erkennen – als das von Gott geschriebene Buch der Natur, das dem Glauben die Offenbarungswahrheit zeichenhaft anschaulich macht. Nicht zufällig wird das Göttliche zuerst als „Schöpfer" (I.6) apostrophiert, näherhin als *mein* Schöpfer, wie denn überhaupt, mit Ausnahme der letzten, auf „meine Lieben" (IX.1) ausgreifenden Strophe, die Gottesnamen stets mit dem Possessivpronomen der ersten Person singularis bedacht sind: „mein Jesus" (II.5), „Mein Gott" (III.6), „Christus", der „mir" das Kleid der Unsterblichkeit anlegen wird (IV.5f), und „O Jesu, meine Freude" (VIII.2).

Zwanglos überträgt sich die das allabendliche Einschlafen grundierende frohe Gelassenheit auf den Gedanken an das eigene Sterben und auf die Gewißheit, wie im Schlaf, so auch im Tod von der gnädigen Fürsorge Gottes umfangen zu sein. Die Verläßlichkeit des lutherischen Lebenstrostes – daß ich aus dem „Elend dieser Erden" (V.5) getrost auf Gott hin mich verlassen kann – macht das *Abendlied* poetisch evident. Insofern gilt auch dafür, was Gerhard Ebeling im Blick auf das lyrische Gesamtwerk des Dichters feststellte: „Der unvergleichliche Ton erfahrungsgesättigten Glaubens und die Fülle geglückter Wendungen haben unendlich oft Herzen getröstet und Zungen gelöst"[120].

Die fünfte Strophe, die das formale Zentrum des Liedes markiert, birgt zugleich den Kern der religiösen Botschaft in sich: die Zusage der Sündenvergebung (V.4–6) und, in verborgener Tiefe, das Abbild des leidenden Christus[121]. Paul Gerhardt, der das von Luther geschaffene evangelische Kirchenlied auf einen Höhepunkt führte, hat darin die lutherische *theologia crucis* auf kunstvoll-subkutane Weise verdichtet.

So wird es nicht wundern, wenn die beiden Gebetsstrophen, in die das Lied mündet, schlicht Luthers *Abendsegen* – obschon in dichterischer Freiheit – paraphrasieren. Darin heißt es bekanntlich: „Mein himlischer Vater, [...] Du wollest [...] mich diese nacht gnediglich behuten, Denn ich befehel mich, mein leib und seele und alles jnn deine hende, Dein heiliger Engel sey mit mir, das der böse feind keine macht an mir finde, Amen". „Und als denn", fügte Luther hinzu, „flugs und frölich geschlaffen"[122].

---

[120] G. Ebeling (s. Anm. 23), 646.
[121] S.o. bei Anm. 90.
[122] WA 30,1; 394,13–20 (1529/31, Kleiner Katechismus).

Theologie im Zeitalter der Aufklärung

Aufklärung und Protestantismus

Begriffs- und strukturgeschichtliche Erkundungen zur Genese des neuzeitlichen Christentums

Aufklärung und Protestantismus: Man könnte, ein wenig pointierend, geneigt sein, die Titelwendung als Ausdruck einer zweifachen Tautologie zu verstehen. Denn obschon zweifellos auch, allerdings zeitlich verzögert und geographisch auf wenige Ballungsräume zentriert, die katholische Konfessionsfamilie daran partizipierte, erwuchs das Zeitalter der Aufklärung doch weithin aus genuin protestantischen Wurzeln. Zugleich scheint der Protestantismus dem Geist jener Epoche aufs engste verpflichtet zu sein: ganz offenkundig seit seiner im 18. Jahrhundert vollzogenen oder doch folgenreich inaugurierten Umformung in eine neuzeitfähige Denk- und Wesensgestalt, aber doch auch schon in den subkutanen Anlagen und Impulsen aus reformatorisch-altprotestantischer Zeit. Die damit angedeutete kulturgeschichtliche Konfiguration hat eine ganze Reihe komplexer und geistreicher Theoriebildungen provoziert, von denen das durch Ernst Troeltsch ausgearbeitete Deutungskonzept gewiß die interessanteste, wenn auch längst nicht die einzige ist[1]. Die historiographische Erschließungskraft solcher Protestantismustheorien sah sich allerdings nicht selten dadurch beschränkt, daß ihre intentionale Ausrichtung mindestens ebenso auf apologetische wie auf diagnostische Zwecke gerichtet zu sein schien.

Demgegenüber mag er der schlichten historiographischen Vergewisserung zuträglich sein, anhand einer begriffs- und strukturgeschichtlichen Basalverständigung das Profil jener Konfiguration, in der sich unzweifelhaft eine wesentliche Konstitutionsbedingung des neuzeitlichen Christentums abbildet, erinnernd zu vergegenwärtigen.

---

[1] Ch. ALBRECHT, Historische Kulturwissenschaft neuzeitlicher Christentumspraxis. Klassische Protestantismustheorien in ihrer Bedeutung für das Selbstverständnis der Praktischen Theologie (BHTh 114), 2000; M. OHST, „Reformation" versus „Protestantismus"? Theologiegeschichtliche Fallstudien (ZThK 99, 2002, 441–479); J. WALLMANN / D. GUDER / S. R. HOLMES, Art. Protestantismus (RGG[4] 6, 2003, 1727–1743).

1. Protestantismus

In konfessionskundlichem Sinn bezeichnet der Begriff *Protestantismus* die Gesamtheit aller christlichen Kirchen und Gruppen, die unmittelbar oder mittelbar aus der Reformation des 16. Jahrhunderts hervorgegangen sind oder sich ihr angenähert haben. Er umfaßt also nicht allein die lutherischen, reformierten und unierten Konfessionskirchen, sondern auch dissentierende Formationen und Strömungen, ferner die evangelischen Freikirchen und teilweise auch nachreformatorische Sekten. In kulturgeschichtlichem Sinn bezeichnet der Ausdruck daneben auch die kulturellen, sozialen, wirtschaftlichen und mentalen Prägungen, welche die protestantischen Kirchen und Gruppen in den von ihnen erfaßten Ländern und Kulturen ausgelöst haben.

Der Begriff geht auf die „Protestation von Speyer" zurück, mit der eine evangelische Minorität auf dem zweiten Reichstag zu Speyer (1529) gegenüber dem Mehrheitsbeschluß ihre Minderheitenrechte einklagte. Die *Protestation* wandte sich nicht grundsätzlich gegen die Organisation und Lehre der römisch-katholischen Kirche, sondern ganz konkret gegen die Aufhebung des 1526 einstimmig gefaßten Reichstagsbeschlusses, der das Wormser Edikt von 1521 suspendiert und damit eine Ausbreitung der Reformation reichsrechtlich legitimiert hatte. Allerdings trug der Einspruch doch insofern kontroverstheologische Züge, als er sich den lutherischen Grundsatz der uneingeschränkten Glaubens- und Gewissensfreiheit emphatisch zu eigen machte. In späteren Reichstagsverhandlungen verwiesen die evangelischen Stände mehrfach auf ihre 1529 eingelegte *Protestation* und sahen sich darum von der katholischen Kontroverstheologie bald „protestantes" oder „Protestierende" genannt[2]. Als evangelische Selbstbezeichnung wurde das Wort zunächst weithin vermieden, weil damit der im konfessionellen Zeitalter erbittert ausgefochtene Gegensatz zwischen lutherischen und reformierten Kirchentümern nivelliert worden wäre. Dagegen hat sich die anglikanische Kirche den Ausdruck seit der zweiten Hälfte des 16. Jahrhunderts rasch zu eigen gemacht.

Nachdem die lutherisch-reformierte Konfliktbereitschaft durch Pietismus und Aufklärung wirksam zurückgedrängt worden war, begann auch im deutschen Sprachraum die positiv konnotierte Rezeption des Begriffs. Bereits Jahrzehnte vor den ersten evangelischen Kirchenunionen war, zumal im Einflußbereich der kirchlichen und theologischen Aufklärung, allenthalben von „protestantischer" Kirche, Gesinnung und Lehre sowie von „Protestanten" die Rede. Das Abstraktum „Protestantismus" scheint dagegen erst um 1780 auf-

---

[2] Ch. V. WITT, Protestanten. Das Werden eines Integrationsbegriffs in der Frühen Neuzeit (BHTh 163), 2011.

gekommen zu sein. Über den kirchlichen Bereich ausgreifend, wurde es zum Inbegriff modern-freiheitlicher Religiosität: Selbst dem Juden Moses Mendelssohn konnte Georg Christoph Lichtenberg 1786 „wahren Protestantismus" bescheinigen[3].

Nach dem Zustandekommen der preußischen Union 1817 wurde das Wortfeld „Protestantismus" in den das Erbe der Aufklärung fortschreibenden Traditionslinien zusehends affirmativ rezipiert. Demgegenüber bezogen nicht allein die katholische Konfessionspolemik, sondern auch die evangelischen Erweckungsbewegungen und neokonfessionalistischen Formationen semantische Opposition. Seit der Mitte des 19. Jahrhunderts avancierte der Protestantismusbegriff zum Parteinamen liberaler Theologie: Der 1827 gegründeten konservativen *Evangelischen Kirchenzeitung* trat 1854 die *Protestantische Kirchenzeitung* entgegen, 1865 begann die Serie der „Protestantentage", und der 1863 initiierte, rasch aufblühende „Allgemeine deutsche Protestantenverein" proklamierte die „Erneuerung der protestantischen Kirche im Geiste evangelischer Freiheit und im Einklang mit der gesamten Kulturentwicklung unserer Zeit"[4].

Unter dem Eindruck des nach dem Kulturkampf wieder erstarkenden deutschen Katholizismus verlor der Protestantismusbegriff seinen kirchenparteilichen Klang und etablierte sich wieder als Ausdruck des evangelischen Gemeinbewußtseins. Größten Zulauf registrierte der 1886 gegründete „Evangelische Bund zur Wahrung der deutsch-protestantischen Interessen". Um 1900 standen der sog. Kulturprotestantismus und die kirchen- und kulturgeschichtliche Erforschung des Protestantismus in voller Blüte. Auch nach dem ersten Weltkrieg blieb der Begriff in den westeuropäischen und nordamerikanischen Debattenlagen unvermindert im Schwange. Dagegen wurde er durch den Aufbruch der dialektischen Theologie in Deutschland rasch distanziert. Während des Kirchenkampfs spielte er weder bei den Deutschen Christen noch seitens der Bekennenden Kirche eine namhafte Rolle. Mit den nach 1945 zaghaft einsetzenden Anknüpfungen an die im Kulturprotestantismus verhandelten Problemkonstellationen kehrte auch der Protestantismusbegriff wieder in die theologische (Paul Tillich, Gerhard Ebeling) sowie kultur- und sozialwissenschaftliche Forschung zurück. Seit einigen Jahrzehnten erlebt er sogar eine erstaunliche Renaissance.

---

[3] Georg Christoph Lichtenberg an Friedrich Nicolai, 21.4.1786 (in: DERS., Briefwechsel, hg. v. U. JOOST / A. SCHÖNE, Bd. 3: 1785–1792, 1990, 201).
[4] Vereinsstatuten (zit. nach H.-M. KIRN, Art. Protestantenverein [TRE 27, 1997, 538–542], 538).

2. Aufklärung

a) Begriffsgeschichtliche Orientierung

„Mehr Licht!" soll Goethe sterbend von seinem Diener Krause begehrt haben[5]. Sein „Letztes Wort" war zugleich ein Leitmotiv der Epoche, aus der er hervorging. Das Zeitalter der Aufklärung bildet die entscheidende, sich ihrer selbst bewußt werdende, vom Ausgang des Konfessionellen Zeitalters bis auf die Schwelle zur Moderne reichende Phase des neuzeitlichen Rationalisierungsprozesses. Den zeitdiagnostischen Befund, die „Sonne der Aufklärung" fange „jetzt überall zu leuchten an"[6], teilte Lichtenberg mit den meisten Gebildeten seines Jahrhunderts. Die kulturellen Figurationen, die sich, unbeschadet ihrer chronologischen, regionalen und motivischen Divergenzen, in problemgeschichtlicher Perspektive als das Zeitalter der europäischen Aufklärung begreifen lassen, haben das 18. Jahrhundert kaum überdauert, sind aber in ihren Wirkungen bis heute prägend geblieben.

Die in dem Begriff *Aufklärung* anklingende Lichtmetaphorik begegnet in allen wichtigen nationalsprachlichen Äquivalenten. Gleichwohl ist der Ausdruck, zumal im Deutschen, von einer bis an die Grenze zur Äquivokation reichenden Mehrdeutigkeit. Das Verbum *aufklären* scheint erstmals 1691 im Sinne von *aufhellen, aufheitern* gebraucht worden zu sein[7]. Der darin aufscheinende meteorologische Sinnbezirk ist für die Wort- und Begriffsgeschichte insofern konstitutiv, als das damit bezeichnete wetterkundliche Phänomen dann für den geistigen und geistesgeschichtlichen Bereich metaphorisiert worden ist. Die Aufklärung, konstatierte Lichtenberg, „hat bis jetzt noch kein allgemeiner verständliches allegorisches Zeichen [...] als die aufgehende Sonne"[8]. Entstanden ist das Wort *aufklären* wohl als eine Übersetzung des von Leibniz gebrauchten französischen *éclairer* oder des englischen *to enlighten*, das John Milton in seinem großen Epos „Paradise lost" (1667) als den Inbegriff des Handelns Gottes am Menschen bestimmte[9]. Dahinter steht ebenso der biblische Gebrauch der Lichtmetaphorik (Mt 5, Joh 1 u.ö.), der dann in einer breiten und zumal mystischen Tradition rezipiert worden ist, wie die philosophische Rede vom *lumen rationale*, das freilich seit Descartes nicht

---

[5] K. S. GUTHKE, Letzte Worte. Variationen über ein Thema der Kulturgeschichte des Westens, 1990, 88–94.
[6] G. Ch. LICHTENBERG, Goettinger Taschen Calender 1793, 179; 1788, 194.
[7] K. STIELER, Der Teutschen Stammbaum und Fortwachs oder Teutscher Sprachschatz, 1679, 969.
[8] G. Ch. LICHTENBERG, Goettinger Taschen Calender 1792, 212f.
[9] P.-A. ALT, Aufklärung, 1996, 3.

mehr als von göttlicher Offenbarung gespeist, sondern als autonom gedacht wurde.

Das Verbalsubstantiv *Aufklärung* begegnete seit der Mitte des 18. Jahrhunderts immer häufiger in kulturellem und geistigem Sinn. Seine entscheidende Ausprägung erhielt der Begriff im Verlauf einer durch den Berliner Pfarrer Johann Friedrich Zoellner ausgelösten Debatte. Zoellner hatte 1783 in der angesehenen *Berlinische[n] Monatsschrift* die Frage der Zivilehe erörtert und dabei das beiläufig gebrauchte Wort Aufklärung mit der Fußnote versehen: „Was ist Aufklärung? Diese Frage, die beinahe so wichtig ist, als: was ist Wahrheit, sollte doch wol beantwortet werden, ehe man aufzuklären anfinge! Und doch habe ich sie nirgends beantwortet gefunden!"[10] Zoellners Verfahren war dabei insofern selbst aufklärerisch, als er zur Klärung einer strittigen Frage einen öffentlichen Kommunikationsprozeß in Gang setzen wollte. Unter den dadurch ausgelösten Reaktionen ragen die von Mendelssohn und Kant als bedeutsam hervor[11]. Beide operierten dabei mit einer kategorialen Differenz, indem sie einen historiographischen von einem postulatorischen Aufklärungsbegriff unterschieden: Wir leben „in einem Zeitalter der Aufklärung" („das Jahrhundert Friedrichs"), nicht aber in dem einstweilen nur als regulative Idee dienenden „aufgeklärten Zeitalter"[12].

Nachdem das Selbstverständnis, in einem „Zeitalter der Aufklärung" zu leben, im späten 18. Jahrhundert vielfach, wenn auch längst nicht umfassend ausgebildet war, etablierte sich der Ausdruck als distinkter Epochenbegriff erst zu Beginn des 19. Jahrhunderts, als neue, aufklärungskritische Strömungen (Frühromantik, Deutscher Idealismus) das Bewußtsein historischer Distanz hervorgebracht hatten. In dieser Hinsicht gab Hegel dem Terminus wegweisende Prägung, indem er den historiographischen Begriff *Aufklärung* auf einen Wechselbegriff zu *Rationalismus* reduzierte und damit die der Aufklärung spätestens seit 1740 durchgehend innewohnende empfindsame Komponente sowie die von ihr, zumal in ihrer Spätphase, durchaus reflektierte Wahrnehmung einer „Dialektik der Aufklärung" ganz ausblendete. Anders als in Deutschland hat es weder in England noch in Frankreich das reflektierte Epochenbewußtsein einer den Zeitgeist prägenden allgemeinen Reformbewegung gegeben; die Ausdrücke *age of enlightenment* und *siècle des lumières* entstanden erst in der zweiten Hälfte des 19. Jahrhunderts als Nachbildung der deutschen Wendung „Zeitalter der Aufklärung".

---

[10] J. F. ZOELLNER, Ist es rathsam, das Ehebündniß nicht ferner durch die Religion zu sanciren? (in: N. HINSKE [Hg.], Was ist Aufklärung? Beiträge aus der Berlinischen Monatsschrift, ⁴1990, 107–116), 115.
[11] Vgl. aaO 444–465.
[12] I. KANT, Beantwortung der Frage: Was ist Aufklärung? (1784) (in: aaO 452–465), 462.

Angesichts des heute oft diffusen Wortgebrauchs mag es sachdienlich sein, drei Sinnebenen des Begriffs zu unterscheiden: als Bezeichnung eines geschichtlichen Strukturmoments, eines geschichtsphilosophischen Postulats sowie einer geistesgeschichtlichen Epoche.

b) Aufklärung als geschichtliches Strukturmoment

Im weitesten Sinn bezeichnet Aufklärung das Phänomen geschichtlicher Rationalisierungsprozesse, die grundsätzlich in allen Kulturen und zu allen Zeiten möglich sind, jedoch in bestimmten Konstellationen in spezifischer Verdichtung hervortreten. Damit wird nicht einer unhistorischen Typisierung des Geschichtsverlaufs das Wort geredet, sondern ein geschichtliches Strukturmoment benannt, das durch einen methodisch herbeigeführten Zuwachs an Wissen, durch programmatische Popularisierung wissenschaftlicher und philosophischer Erkenntnisse, durch eine traditionskritische und darin zumeist pädagogisch akzentuierte Geisteshaltung sowie durch ein reflektiertes Modernitäts- und Epochenbewußtsein charakterisiert ist. Dieser weite Aufklärungsbegriff hat insofern analogischen Charakter, als erst die abendländische Geschichtsperiode der Aufklärung den Blick für entsprechende geschichtliche Phänomene geschärft hat. So konnten d'Alembert im Vorwort der *Encyclopédie* den Humanismus als „ce premier siècle de lumière"[13] oder Herder und Hegel das Perikleische Athen als die Zeit der „Griechischen Aufklärung" bezeichnen[14], und der Berliner Kirchenfürst Johann Joachim Spalding konstatierte 1785 ganz allgemein: „Seit einigen hundert Jahren schon ist doch unstreitig [...] Aufklärung, der Sache nach, wenn gleich ohne dieß Wort, im Gange gewesen"[15].

Innerhalb der Antike kann die Sophistik des 5. vorchristlichen Jahrhunderts als das klassische Zeitalter der griechischen Aufklärung gelten. Indem sie die kritischen Ansätze der Naturphilosophie auf die Felder der praktischen Philosophie übertrug, verfolgte sie die bewußte traditionskritische Emanzipation des menschlichen Denkens. Mit ihrer anthropozentrischen Grundlegung verbanden sich ein ganz neues Bildungsideal sowie weitreichende (volks-)pädagogische Reformansätze, ferner die Überzeugung individuel-

---

[13] Discours préliminaire des editeurs (Encyclopédie, Abt. I, Bd. 1, 1751), XXIII.

[14] J. SCHMIDT, Einleitung (in: DERS. [Hg.], Aufklärung und Gegenaufklärung in der europäischen Literatur, Philosophie und Politik von der Antike bis zur Gegenwart, 1989, 1–31), 4.

[15] J. J. SPALDING, Vertraute Briefe, die Religion betreffend (^{1}1784–^{3}1788), hg. v. A. BEUTEL / D. PRAUSE (SpKA I/4), 2004, 176.

ler und gesellschaftlicher Perfektibilität und in alledem ein ausgeprägtes Epochenbewußtsein. Diese Impulse wirkten bei Sokrates fort – etwa in seiner Überzeugung, das sittlich Gute sei erkenn- und lehrbar, aber auch in seiner philosophischen Methode der Mäeutik – und haben auch darüber hinaus die griechische Philosophiegeschichte beeinflußt; ihre Spuren finden sich bei Plato und Aristoteles ebenso wie im Kynismus, dem hellenistischen Aufblühen der Einzelwissenschaften, der allegorischen Mythendeutung der Stoa oder der Religionskritik des Epikureismus.

Das noch immer gängige, oft zum Klischee geronnene Bild des Mittelalters als eines Zeitalters der Gegenaufklärung, mit dem die Legitimität einer aus Opposition zum Mittelalter sich konstituierenden Neuzeit begründet werden sollte, läßt sich durch distinkte Wahrnehmung mittelalterlicher Rationalisierungsprozesse nicht unerheblich modifizieren[16]. Dabei sind v.a. in den Funktionen und Manifestationen der Vernunft in den Wissenschaften, Künsten und der Gesellschaft aufklärerische Elemente und Tendenzen auszumachen, die sich, massiv verstärkt seit dem 12. Jahrhundert, unter der Leitdisziplin der Dialektik (Logik) in Philosophie und Theologie ebenso Geltung verschafften wie in Medizin, Magie und Alchemie, unterstützt zudem durch den prägenden Einfluß jüdischer und arabischer Gelehrter. Auch der Aufschwung der Rechtswissenschaften leistete einen erheblichen Beitrag zur Rationalisierung der mittelalterlichen Lebenswelten und ihrer Kultur.

Erst recht waren Humanismus und Renaissance von einem aufklärerischen Grundzug bestimmt. In programmatischem Rückgriff auf die griechisch-römische Antike und in der damit verbundenen emanzipatorischen Abkehr von den kirchlich-theologischen Traditionen des Mittelalters kam es zu einer aus den antiken Quellen gespeisten Revitalisierung der *studia humanitatis* und einem Wiederaufleben des (Neu-)Platonismus in der Florentiner Akademie. Entscheidend war dabei gleichermaßen die Entdeckung der Unbegrenztheit des Raumes, die als genuin physikalische Innovation zugleich in enormer Weise bewußtseinsbildend gewirkt hat, wie der sich formierende, reflektierte Anthropozentrismus, der, in Wiederaufnahme des Homo-mensura-Gedankens von Protagoras („Der Mensch ist das Maß aller Dinge"), den Willen zur Bemächtigung der Welt im Wissen wie im (technischen) Handeln freisetzte, verbunden mit dem Bewußtsein einer auf die eigene Gegenwart bezogenen epochalen Übergangszeit. Als das anthropologische Leitmotiv diente der „uomo universale", der umfassend gebildete, zu freiem Denken und Handeln ermächtigte,

---

[16] H. REUTER, Geschichte der religiösen Aufklärung im Mittelalter vom Ende des achten Jahrhunderts bis zum Anfange des vierzehnten, 2 Bde., 1875/77; K. FLASCH / U. R. JECK (Hg.), Das Licht der Vernunft. Die Anfänge der Aufklärung im Mittelalter, 1997.

im Mittelpunkt der Welt stehende Mensch. Dem korrespondierte in kunsthistorischer Hinsicht eine einzigartige Blüte der Portraitkunst wie überhaupt ein naturalistisches, auf anatomische Detailstudien sich stützendes Kunstideal. Das von Brunelleschi entdeckte und von Leonardo da Vinci fortentwickelte System der Zentralperspektive ist zugleich für das Selbstverständnis der gesamten Epoche paradigmatisch.

c) Aufklärung als geschichtsphilosophisches Postulat

In der kritischen Philosophie Kants hat sich die Aufklärungsphilosophie insofern vollendet, als er von ihr zwar das unbedingte Vertrauen in die Kraft der Vernunft sowie die Bestimmung des Menschen zu Freiheit und Autonomie übernahm, jedoch der Vernunft zugleich „das beschwerlichste aller ihrer Geschäfte, nämlich das der Selbsterkenntnis"[17], mithin das Reflexivwerden der „Kritik der reinen Vernunft" und damit den Abschied von allen unkritischen Universalitätsansprüchen zumutete. Als Voraussetzungen einer prozessual gedachten Aufklärung galten Kant ebenso die Freiheit, „von seiner Vernunft in allen Stükken öffentlichen Gebrauch zu machen"[18], wie die Toleranz in Sachen der Religion.

Seitdem in der Französischen Revolution gleichsam die geschichtliche Probe darauf gemacht worden war, ob die großen Leitideen der Aufklärung in einer politisch-konstitutionellen Ordnung zu verwirklichen wären, gehörte eine Verhältnisbestimmung zur „Großen Revolution" zu den konstitutiven Elementen jeder Inanspruchnahme der Aufklärung. Hegel hat diesen Zusammenhang von Aufklärung und Revolution mehrfach thematisiert. Die zur Revolution fortgeschrittene Aufklärung habe sich aller positiven Gestaltungsmöglichkeiten entäußert: „Kein positives Werk noch Tat kann [...] die allgemeine Freiheit hervorbringen; es bleibt ihr nur das negative Tun; sie ist nur die Furie des Verschwindens"[19]. Die spezifische Selbstgefährdung der Aufklärung, die mit der reflexiven Radikalisierung der Kritik zugleich sich selbst den Boden entzieht, ist freilich auch schon vor Hegel gesehen und diskutiert worden, etwa von Lessing, Mendelssohn, Lichtenberg oder Wieland.

Anders als in Westeuropa und den USA, wo die Leitideen der Aufklärung eine dauerhafte verfassungs- und menschenrechtliche Institutionalisierung erfuhren, wurde das Zeitalter der Aufklärung in Deutschland alsbald histo-

---

[17] I. KANT, Kritik der reinen Vernunft, A XI.
[18] DERS., Beantwortung der Frage: Was ist Aufklärung? (s. Anm. 12), 455.
[19] G. W. F. HEGEL, Phänomenologie des Geistes (in: DERS., Werke in zwanzig Bänden, Bd. 3, 1970), 435f.

risch distanziert. Hier haben sich die zu Beginn des 19. Jahrhunderts führenden geistigen Bewegungen durchweg, wenn auch nicht immer ausdrücklich, als Gegenbewegungen zur Aufklärung formiert; selbst schroff denunziatorische Töne blieben dabei nicht aus.

Im Vollzug einer notwendigen Selbstreflexion der Aufklärung legten Theodor W. Adorno und Max Horkheimer 1947 unter den geistesgeschichtlichen Bedingungen ihrer Zeit die *Dialektik der Aufklärung* frei. Angesichts der katastrophalen Folgen, die der Siegeszug der instrumentellen Vernunft gezeitigt hatte, werde die Hegelsche „Furie des Verschwindens" zur aktuellen Bedrohung des neuzeitlichen Rationalisierungsprozesses. Freilich sollte die geforderte Selbstreflexion der Aufklärung den Ideengehalt ihrer Epoche nicht diskreditieren, vielmehr der geschichtlichen Verwirklichung näherbringen.

Ähnlich erklärte auch die Kritische Theorie eine auf ihre eigenen Bedingungen, Grenzen und Folgen reflektierende Aufklärung zur aktuellen Aufgabe kritischer Philosophie. „Aufklärung über die Aufklärer" forderte Niklas Luhmann, für den sich das Reflexivwerden des Aufklärungsprozesses als der Fortschritt von der Vernunft-Aufklärung über die entlarvende Aufklärung zur soziologischen Aufklärung – Ralf Dahrendorf nannte sie *Die angewandte Aufklärung*[20] – vollzog. Demgegenüber entwickelte Jürgen Habermas seine Sicht der Aufklärung als eine emanzipatorische *Theorie des kommunikativen Handelns*[21].

Der postulatorische Charakter von Aufklärung hat sich selbst im vorwissenschaftlichen Gebrauch des Wortes erhalten. Hier wird mit Aufklärung zumeist eine engagierte, enttabuisierende Aufdeckung gefordert: als (sexual-)pädagogische oder militärische Aufklärung, als Aufklärung von Verbrechen und Verbrauchern.

d) Aufklärung als historische Epochenbezeichnung

Das Zeitalter der Aufklärung, von Troeltsch als „Beginn und Grundlage der eigentlich modernen Periode der europäischen Kultur und Geschichte" bestimmt[22], umfaßt eine gesamteuropäische Phase der Geistesgeschichte, die sich etwa von der Mitte des 17. Jahrhunderts bis zum Ausgang des 18. Jahrhunderts erstreckt. Auch in der Kirchen- und Theologiegeschichte bezeichnet es

---

[20] R. DAHRENDORF, Die angewandte Aufklärung. Gesellschaft und Soziologie in Amerika, 1963.
[21] J. HABERMAS, Theorie des kommunikativen Handelns, 2 Bde., 1981.
[22] E. TROELTSCH, Die Aufklärung (1897) (in: DERS., Gesammelte Schriften, Bd. 4: Aufsätze zur Geistesgeschichte und Religionssoziologie, 1925, 338–374), 338.

eine wesentliche, die Frühe Neuzeit vollendende, in ihren Fragestellungen und Folgen bis heute fortwirkende Epoche. Abhängend von den jeweiligen nationalen, konfessionellen und wissenschaftlich-philosophischen Kontexten, hat sich die kirchliche und theologische Aufklärung in mannigfaltigen, teils höchst disparaten Spielarten manifestiert. Einheitsstiftende, die Epoche konstituierende Motive finden sich etwa in der programmatischen oder effektiven Überwindung konfessioneller Polemik und aristotelischer Schulphilosophie, in der Akzentuierung der lebenspraktischen Relevanz von Religion sowie, damit unmittelbar zusammenhängend, in der konsequenten Kultivierung religiöser Individualität und Innerlichkeit.

Wie für die Epoche insgesamt, lassen sich auch in kirchen- und theologiegeschichtlicher Perspektive Kritik, Anthropozentrik und Perfektibilitätsglaube als Leitgesichtspunkte benennen. Nachdem der Dreißigjährige Krieg 1648 mit einem die religiöse Wahrheitsfrage bewußt suspendierenden politisch-säkularen Friedensschluß beendet worden war, sah sich das konfessionell plurale Christentum zur Ausbildung von transkonfessionell tragfähigen ethischen Grundlagen (Vernunft, Naturrecht, natürliche Religion) gedrängt und ermächtigt. Die Verhältnisbestimmung von Vernunft und Offenbarung, von natürlicher und positiver Religion wurde zur epochalen Aufgabenstellung der Theologie. In kritischer Absicht befragte man jetzt biblische Überlieferung, dogmatischen Lehrbestand und religiöse Traditionen nach ihrem vernünftigen Gehalt sowie nach ihrer lebenspraktischen Relevanz. Mittels historisch-kritischer Exegese und durch kritisch orientierte Dogmengeschichtsschreibung suchte man den rationalen Kern der theologisch-kirchlichen Tradition herauszuschälen, um ihn für eine neue, zeitgemäße Akkommodation in Gebrauch nehmen zu können. Diese kritische Sichtung des überkommenen Lehrsystems führte zu einer folgenreichen, die neuzeitliche Theologiegeschichte bis heute bestimmenden „Umformung des christlichen Denkens"[23].

Die anthropozentrische Ausrichtung der Aufklärungstheologie äußerte sich in einer Tendenz zur Ethisierung des Christlichen wie überhaupt in der Bemühung, die „theoretischen Kirchenlehren"[24] gegenüber den lebenspraktischen Vollzügen von Religion auf ihre subsidiäre Funktion zu reduzieren. Der damit verbundene Fortschritts- und Perfektibilitätsglaube manifestierte sich nicht nur in einer religionspädagogischen und populartheologischen

---

[23] E. HIRSCH, Die Umformung des christlichen Denkens in der Neuzeit. Ein Lesebuch, 1938, NA 1985; vgl. dazu H. M. MÜLLER, Das Evangelium und die Moderne. Zum Problem der Umformung des christlichen Denkens in der Neuzeit (ZThK 90, 1993, 284–298).
[24] J. J. SPALDING, Ueber die Nutzbarkeit des Predigtamtes und deren Beförderung ([1]1772–[3]1791), hg. v. T. JERSAK (SpKA I/3), 2002, 174.

Ausrichtung der kirchlichen und theologischen Arbeit, sondern auch in der dogmatischen, näherhin christologischen Theoriebildung: Die überkommene Satisfaktionslehre geriet zunehmend in Abgang, statt dessen entdeckte man Jesus als das Idealbild sokratischer Mündigkeit und als den Lehrer von Tugend, Freiheit und Glückseligkeit.

3. Protestantisches Aufklärungspotential

Die eingangs bedachte tautologische Verschränkung von Protestantismus und Aufklärung entsprang zuspitzender Übertreibung. Unbestreitbar ist freilich die enge motivische und intentionale Übereinstimmung beider Größen, die sich in auch nur annähernd vergleichbarer Weise für keine andere christliche Konfession konstatieren läßt. Tatsächlich hat der Protestantismus in seiner vormodernen Gestalt für das Zeitalter der Aufklärung entscheidende Potentiale entwickelt und verfügbar gehalten und dann erst recht in seiner neuzeitlichen Ausprägung die in der Aufklärung freigesetzten Potentiale aufgegriffen, sich anverwandelt und im Prozeß seiner weiteren geschichtlichen Entfaltung und Ausdifferenzierung vielfältig transformiert. Das protestantische Aufklärungspotential, das im 18. Jahrhundert erarbeitet und fruchtbar gemacht worden ist, läßt sich in dreifacher Hinsicht knapp andeutend exemplifizieren.

a) Kritik

Kritik war ein Leitmotiv der gesamten Aufklärungszeit und darum auch der in ihr zeitgemäß vollzogenen theologischen Reflexion. Umfassend stellte es die Bestimmtheit durch ein dogmatisch gebundenes, supranaturalistisches Wirklichkeitsverständnis in Frage und problematisierte zugleich die legitimatorische Berufung ethischer, religiöser oder theologischer Normen auf die Verbindlichkeit autoritativer Tradition. Dabei zielte *Kritik* nicht etwa unkritisch auf pauschale Traditions- und Autoritätsfeindlichkeit, sondern vollzog sich, gemäß ihrem Ursprung als philologische Textkritik, die in der konsequenten Ausbildung einer auf die biblischen Texte bezogenen historisch-kritischen Methode ein irreversibles Grunddatum protestantischer Hermeneutik bereitstellte, in der Ambivalenz von Ablehnung und Bewahrung aufgrund kritischer Prüfung. Das dadurch bestimmte Verfahren, das, jedem Systemzwang zuwider, das eigene kritische Urteil zur allein ausschlaggebenden Instanz erhob, läßt sich in formaler Hinsicht als Eklektizismus bestimmen. In ihm erfüllte sich die Maxime der Aufklärung, „jederzeit selbst zu denken"²⁵. Die dem 18. Jahrhundert auch in der Theologie eigene Neigung zu enzyklopädischer Vergewisserung stimmt damit insofern überein, als sie sich nicht der Herrschaft eines metaphysisch-apriorischen Systems unterwerfen, vielmehr das Wissen der Zeit in empirisch-additiver Ordnung darbieten wollte. Fluchtpunkt solcher Bemühungen war nun nicht länger eine immanente systematische Stimmigkeit, sondern die „Nutzbarkeit", also die lebenspraktische Relevanz theoretischer Einsichten, aber auch von Institutionen, Phänomenen und Handlungsvollzügen.

Das zeitigte unmittelbare Folgen für den Begriff der Wahrheit christlicher Religion. Die Rechtgläubigkeit eines Pfarrers bemaßen die Theologen der Aufklärung nicht länger an der Übereinstimmung seiner Lehre mit einem geschlossenen, vollständigen, etwa in den Bekenntnisschriften normativ vorgegebenen Glaubenssystem, sondern an der inneren Stimmigkeit, Wahrhaftigkeit und praktischen Belastbarkeit seiner mitgeteilten religiösen Überzeugung. Dadurch rückte die *Person* des Pfarrers in das Zentrum aller theologischen und zumal der homiletischen, poimenischen und religionspädagogischen Theoriearbeit. Die im Pietismus eingeleitete Aufwertung der Pastoraltheologie hat demgemäß in der Theologie der Aufklärung ihre konsequente Fortsetzung und ihre erste Vollendung erfahren. Das aufklärerische Pfarrerbild distanzierte sich von dem überkommenen Rollenklischee eines Propheten und Gotteskünders, indem es die dem Pfarrer zugewiesene religiöse Aufgabe zeitgemäß dahin verstand, seiner Gemeinde ein treuer Freund und Begleiter zu sein. Es gereiche, so Spalding, jeder christlichen Gemeinde zum Segen, „an einem verständigen und gewißenhaften Prediger einen vertrauten Freund zu haben, mit welchem man so über seine moralischen Angelegenheiten, wie mit einem Arzte über seinen Gesundheitszustand, zu Rathe gehen kann"²⁶.

b) Religionstheologie

Die von der Aufklärung betriebene Akzentuierung religiöser Individualität, Innerlichkeit und Autonomie manifestierte sich nicht zuletzt in der Ausformung einer neuzeitlichen protestantischen Religionstheologie. Die als Neo-

---

²⁵ „Selbstdenken heißt den obersten Probierstein der Wahrheit in sich selbst (d.i. in seiner eigenen Vernunft) suchen; und die Maxime, jederzeit selbst zu denken, ist die Aufklärung" (I. KANT, Was heißt: Sich im Denken orientieren? [in: DERS., Werke in sechs Bänden, hg. v. W. WEISCHEDEL, Bd. 3, 1958, 265–283], 283 Anm.).
²⁶ SPALDING, Ueber die Nutzbarkeit des Predigtamtes, (s. Anm. 24), 64.

logie angesprochene Reifegestalt der kirchlich-theologischen Aufklärung hat dabei insbesondere in vierfacher Hinsicht elementare Basisarbeit geleistet[27].

Zum einen zielte ihr Interesse auf die Wiedergewinnung der *religio Christi*. Das Unbehagen, das die Vertreter der *religio naturalis* gegenüber den Spielarten einer *religio revelata* artikulierten, gründete nicht zuletzt darin, daß dort der religiöse Lehrbestand als objektiv gegeben behauptet und darum dessen identische Aneignung autoritativ gefordert wurde, während die *religio naturalis* auf religiöse Subjekte gemünzt war, die ihre Glaubenssätze selbsttätig aus sich hervorbringen und sich darin als autonom erfahren. Diesen Impuls machte sich die Neologie insoweit zu eigen, als sie zwischen der ursprünglichen Religion Jesu und den Lehrbildungen der kirchlich-dogmatischen Tradition kategorial unterschied: Nicht durch autoritative Zwangsmaßnahmen, sondern nur durch selbsttätige innere Einstimmung könne die Lehre Jesu den Menschen verbindlich gemacht werden. Im Mittelpunkt stand dabei die Betonung der religiösen Vorbild-Funktion Jesu, die zu einer selbständigen Aneignung seines Gottesbewußtseins einladen und instandsetzen sollte.

Zum andern versuchte die Neologie die konstruktiven Impulse des Konzepts einer *religio naturalis* dadurch in die christliche Theologie einzuholen, daß sie die im Konfessionellen Zeitalter berührte, von den Übergangstheologen reflektierte und vom Pietismus praktizierte Unterscheidung zwischen Religion und Theologie als ein fundamentaltheologisches Prinzip umfassend zur Geltung brachte. Die Unterscheidung zielte, kurz gesagt, darauf ab, daß Theologie als die wissenschaftlich professionalisierte Beschäftigung mit Religion verstanden wird, Religion hingegen als der vorwissenschaftliche und darum von Theologie unabhängige Lebensvollzug des religiösen Subjekts. Ein zweifach emanzipatorischer Effekt verband sich damit: Die Religion vollzieht sich prinzipiell unabhängig von der jeweils gültigen kirchlich-dogmatischen Lehrgestalt und entgeht damit der Gefahr, mit jeder individuellen Glaubensäußerung sogleich dem Häresieverdacht zu verfallen, und die Theologie wiederum kann eine freiere, streng historisch-kritisch orientierte Lehrart ausbilden, ohne dadurch die Grundwahrheiten der christlichen Religion zu gefährden.

Zum dritten vollzog die Neologie die Fundamentalunterscheidung von privater und öffentlicher Religion. Sie hängt darin eng mit der eben dargestellten zusammen, daß der differenzbildende Leitgesichtspunkt, der dort zwischen Religion und Theologie unterscheiden ließ, nun gleichsam innerhalb des Religionsbegriffs zur Geltung gebracht wurde. Das Stichwort *Privat-*

---

[27] Vgl. dazu A. BEUTEL, Kirchengeschichte im Zeitalter der Aufklärung. Ein Kompendium (UTB 3180), 2009, 240–246. – Die nachfolgende bündelnde Rekapitulation der in diesem Band bereits mitgeteilten Überlegungen (s.o. 25–28) ist bewußt in Kauf genommen.

religion steht dabei für die selbständige, individuelle Anverwandlung der Grundwahrheiten des Christentums. Mit der hierfür als konstitutiv gesetzten Gewissensverantwortung des religiösen Subjekts sollte einerseits dem äußerlich bleibenden Gewohnheitschristentum gewehrt, andererseits in zeitgemäßer Form die von der Reformation betonte Unvertretbarkeit des Einzelnen vor Gott in Erinnerung gebracht werden. Demgegenüber versehe die in der Verantwortung des landesherrlichen Kirchenregiments liegende *öffentliche Religion* eine kirchenerhaltende Funktion, indem sie, ohne das Privatchristentum des Einzelnen normieren zu wollen, eine gemeinsame äußere Kirchensprache bereitstellt und dadurch der Konstituierung und Konsolidierung einer äußeren Kirchengemeinschaft zuträglich ist.

Zum vierten schließlich bestimmte bereits die Neologie – und also nicht erst der junge Schleiermacher – das Wesen der Religion als Gefühl. Spalding hat, stellvertretend für die meisten Repräsentanten der Aufklärungstheologie, die Autonomie des religiösen Gefühls durch den Hinweis betont, dieses verifiziere sich durch eine „eigene glückselige Erfahrung in dem Gemüthe" und gewähre „Empfindungen und Erfahrungen von noch anderer Art"[28]. Dieses Proprium des religiösen Gefühls sah Spalding näherhin dadurch bestimmt, daß allein hier, in der Ausrichtung der Seele auf Gott, der Mensch ein lebendiges Gefühl dafür bekommt, was er an Gott hat und was er selbst vor ihm ist. Als das Wesen der Religion erkannte Spalding darum, unverkennbar auf Schleiermacher vorausweisend, die Erkenntnis und Empfindung der „gänzliche[n] Abhängigkeit des Menschen von Gott"[29]. Dies sei, wie er in seiner Gedächtnispredigt auf Friedrich den Großen ausführte, „eine Empfindung, die eigentlich den Anfang und die Grundlage aller wirklichen Religion [...] in sich faßt"[30].

Man wird die opulente religionstheologische Reflexion des 19. und 20. Jahrhunderts[31] nicht zureichend würdigen können, solange man die neologische Basisarbeit, die ihr vorausging und von der sie zehrte, nicht zureichend kennt.

---

[28] J. J. SPALDING, Religion, eine Angelegenheit des Menschen ([1]1797–[4]1806), hg. v. T. JERSAK / G. F. WAGNER (SpKA I/5), 2001, 171. 194.

[29] J. J. SPALDING, Gedanken über den Werth der Gefühle in dem Christenthum ([1]1761–[5]1784), hg. v. A. BEUTEL / T. JERSAK (SpKA I/2), 2005, 51.

[30] J. J. SPALDING, Gedächtnißpredigt auf Friedrich den Zweyten, König von Preußen [...] (1786) (in: DERS., Einzelne Predigten, hg. v. A. BEUTEL / O. SÖNTGERATH [SpKA II/6], 2013, 63–80), 75. – Vgl. dazu A. BEUTEL, Frömmigkeit als „die Empfindung unserer gänzlichen Abhängigkeit von Gott". Die Fixierung einer religionstheologischen Leitformel in Spaldings Gedächtnispredigt auf Friedrich II. von Preußen (s.u. 165–187).

[31] V. DREHSEN / W. GRÄB / B. WEYEL (Hg.), Kompendium Religionstheorie (UTB 2705), 2005.

c) Dialektisch gebrochene Perfektibilität

In der um die Mitte des 18. Jahrhunderts einsetzenden „anthropologischen Wende" emanzipierte sich die neuzeitliche Subjektivität. Das Menschsein wurde nicht länger als ein Zustand, in den man hineingeboren wird, verstanden, sondern als eine Aufgabe, der jeder Einzelne durch die erziehungsgeleitete und selbstbildnerische Entwicklung seiner Anlagen und Fähigkeiten zu genügen habe. Indessen steht für die philosophische, erst recht für die theologische Anthropologie der Aufklärung eine umfassende Bestandsaufnahme immer noch aus. Doch lassen sich wesentliche Züge des aufklärungstheologischen Menschenbildes anhand von Spaldings Erfolgsbuch *Die Bestimmung des Menschen*[32], in dem eine Basisidee der deutschen Aufklärung erstmals literarischen Ausdruck gefunden hatte, annähernd umreißen.

Spalding wählte dafür, durch Shaftesbury angeregt, die literarische Form des Selbstgesprächs: Mittels eines inneren Dialogs sollte ein „Ich" sich seiner Bestimmung vergewissern und damit zugleich den Leser zu aufgeklärtem Selbstdenken anregen. Ausgehend von der Frage, „warum ich da bin, und was ich vernünftiger Weise seyn soll" (1,20f), rekurriert das Ich, über das Streben nach Reichtum und Ehre hinausgreifend, alsbald auf die Natur. Zwar findet es den Trieb zum Vergnügen tief eingebettet in die eigene Seele, doch wird es zugleich der Endlichkeit alles sinnlichen Vergnügens gewahr. Selbst „ein ordentlicher Wollüstling" (5,18) erfahre seine sinnliche Befriedigung letztlich als defizitär.

Ein umfassenderes Wohlgefallen gewähre demgegenüber das Streben nach Vervollkommnung des eigenen Geistes. Defizitär erscheint jedoch auch dieses Vergnügen insofern, als der dabei verfolgte eigene Nutzen nicht den einzigen „Zweck [...] meiner Sele" (7,11f) ausmachen kann. Die damit in den Blick rückende Moralität erschließt dem sich selbst ergründenden Ich die „Triebe [...] zu dem, was sich schickt" (8,17), die „Triebe des Rechts und der Güte" (9,24), als eine „ursprüngliche Einrichtung meiner Natur" (11,1f). Die religiöse Wendung des Moralitätsgedankens macht sodann das Gewissen als die Stimme Gottes kenntlich, „die sich ohne Unterlaß in dem innersten Grunde meiner Sele hören lässet" (17,11f). Diese Einsicht erschließt dem Ich die sittliche Pflicht, nach Übereinstimmung seiner Natur mit den Absichten Gottes zu trachten, und zugleich die Beruhigung, sich in den verwirrenden Rätseln des Lebens „den Fügungen desjenigen überlassen" zu können, „der alles nach seinem Willen lenket, und dessen Wille immer gut ist" (19,5–7).

---

[32] J. J. SPALDING, Die Bestimmung des Menschen ([1]1748–[11]1794), hg. v. A. BEUTEL / D. KIRSCHKOWSKI /D. PRAUSE (SpKA I/1), 2006. Die nachfolgend in den Text eingefügten Seiten- und Zeilennachweise beziehen sich auf diese Ausgabe.

Bereits in dieser Verknüpfung – nicht Identifikation! – von Moralität und Religion vollzog Spalding eine die Denkspur Shaftesburys verlassende Anverwandlung von leibniz-wolffischen Ideen. Erst recht wählte er dann in der Begründung seines Unsterblichkeitspostulats einen eigenen, auf Kant vorausweisenden Weg. Zum einen lasse die in der Welt wahrzunehmende „Disharmonie" die Erwartung einer späteren „vollkommene[n] Zusammenstimmung" und „vollständige[n] Aufklärung" (20,20–27) unabweisbar erscheinen: „Es muß eine Zeit seyn, da ein jeder das erhält, was ihm zukömmt" (20,10f). Zum andern transzendiere die Einsicht in die eigene moralische und geistige Perfektibilität die Grenzen der Endlichkeit: „Ich bin also für ein anderes Leben gemacht" (22,15). Bereits für Spalding dienten Gott und Unsterblichkeit gleichsam als regulative Ideen: Der Begriff eines „ganzen Lebens" mache „dieses Leben" erst wahrhaft schätzenswert, indem er dazu anhalte, „von einer jeden Sache immer so zu denken, wie ich einmal in der zukünftigen Welt und in den letzten Augenblicken des itzigen Lebens davon werde denken müssen" (23,17–20).

Innerhalb des damit abgesteckten Rahmens waren es insbesondere zwei Hauptmotive der aufklärerischen Anthropologie, die sich die Theologie jener Zeit anverwandelnd zu eigen machte. Das eine bestand in dem Postulat des *ganzen Menschen*. Entgegen einem bis heute nicht verstummenden Fehlurteil konterkarierten die Aufklärer die pietistische Gefühlskultur keineswegs durch ein einseitig rationalistisches Menschenbild, erstrebten vielmehr die integrative Vermittlung der bipolaren Wesensstruktur, indem sie Kopf und Herz, Seele und Leib, ethische Einsicht und moralisches Gefühl, theologische Reflexion und religiöse Empfindung in harmonischen Austausch und Einklang zu bringen suchten. Insofern bewährte sich der aufklärungstheologische Rationalismus gerade darin, daß er die ergänzungsbedürftige Partikularität der menschlichen Verstandeskräfte erkannte: „Es ist Bedürfniß der vernünftigen menschlichen Natur, nicht bloß zu erkennen, sondern auch zu empfinden; nicht bloß erleuchtet, sondern auch erwärmt zu werden"[33]. Im übrigen gemahnte auch die durchgehend gewahrte Unterscheidung des fragmentarisch irdischen und des vollendeten ewigen Lebens an die Unvollkommenheit alles menschlichen Strebens und damit an die dem Perfektibilitätspostulat unentrinnbar zugewiesene dialektische Brechung. Die „Dialektik der Aufklärung" ist nicht erst von Horkheimer und Adorno entdeckt worden, sondern war bereits den Vertretern jener Epoche schmerzlich und erfahrungsgesättigt vertraut.

---

[33] SPALDING, Vertraute Briefe, die Religion betreffend (s. Anm. 15), 152.

Gleichwohl gewann der frühneuzeitliche Fortschrittsoptimismus zusehends eine Dynamik, die immer stärker aus der naturwissenschaftlichen in die politische, ethische und theologische Theoriebildung ausstrahlte und die Idee der Perfektibilität, also der Fähigkeit und Verpflichtung zu prozessualer Vervollkommnung, als eine basale Denkform der Epoche auswies. Schon Leibniz und Spener hatten die „Hoffnung besserer Zeiten" zur Grundlage ihrer optimistischen Welt- und Religionswahrnehmung gemacht. Erst recht betonten dann die Neologen die moralische Perfektibilität des Menschen. Nicht in plattem innerweltlichem Eudämonismus, sondern gerade angesichts der allenthalben aufscheinenden „Disharmonie" ließ Spalding den „ehrlichen Mann" seiner Selbstreflexion sagen: „Ich spüre Fähigkeiten in mir, die eines Wachsthums ins Unendliche fähig sind" (20,34–21,1). Und für Wilhelm Abraham Teller, einen weiteren Hauptvertreter der Berliner Aufklärungstheologie, bestand die Perfektibilität der christlichen Religion nicht etwa in der Verbesserung einzelner lehrhafter Systemfehler, sondern einzig in dem geschichtlich fortschreitenden religiösen Erkenntnisprozeß: „Nicht also die Religion selbst ist es, die verändert wird, wenn der in derselben erzogene Mensch aus dem einen Alter derselben in das andre übertritt; sondern ihre Erkenntnis in dem Menschen wird von Zeit zu Zeit deutlicher, richtiger, reiner und practischer. [...] Und dazu ist nun eben das Christenthum die herrlichste Veranstaltung, indem es von den ersten Anfangsgründen an immer zu höhern Einsichten und Übungen fortleitet"[34].

4. Aufzuklärender Protestantismus

Im Blick auf den weiteren Fortgang des Protestantismus wird man die von Teller geäußerte Zuversicht kaum uneingeschränkt zu teilen geneigt sein, auch wenn er sie weit eher religionsbiographisch denn christentumsgeschichtlich gemeint haben dürfte. Gleichwohl würde der Protestantismus sein Wesen verkennen oder verleugnen, wenn er die in der Aufklärung freigesetzten Identitätsimpulse nicht weiterhin fortwährend zulassen, wahrnehmen und kritisch umsetzen wollte. Noch immer stellt er neben dem römischen Katholizismus und den orthodoxen Kirchen den dritten Haupttypus des neuzeitlichen Weltchristentums dar. Allerdings ist dem 1923 gegründeten „Protestantischen Weltverband" nach seiner Auflösung 1944 keine entsprechende internationale Organisation nachgefolgt. Statt dessen wird die globale Zusammengehörigkeit der Evangelischen heute lediglich in internationalen Konfessionsbünden

---

[34] W. A. TELLER, Die Religion der Vollkommnern, ²1793, 76.

wie dem Lutherischen Weltbund, dem Reformierten Weltbund, der Baptist World Alliance oder dem Weltrat Methodistischer Kirchen zum Ausdruck gebracht. In diesem Tatbestand spiegelt sich freilich insofern genuin protestantisches Erbe, als die organisatorische, lehrmäßige und kulturelle Pluralität seit jeher die Grundverfassung des Protestantismus bestimmt hat. Die daraus namentlich für das Gespräch mit der römisch-katholischen Weltkirche resultierenden Erschwernisse sind offenkundig. Obschon die zu Beginn des 20. Jahrhunderts aufbrechende ökumenische Bewegung aus protestantischem Geist und Boden erwuchs, vermeiden die meisten konsensökumenischen Dokumente der Gegenwart jede affirmative Bezugnahme zu Begriff und Sache des Protestantismus. In solcher Fatalität bekommt das alte Wort Lichtenbergs eine ganz neue ermutigende Bedeutung: Aufklärung, hatte er definiert, „besteht eigentlich in richtigen Begriffen von unsern wesentlichen Bedürfnissen"[35].

---

[35] G. Ch. LICHTENBERG, Schriften und Briefe, hg. v. W. PROMIES, Bd. 1, 1968, 688.

Gotthold Ephraim Lessing und die Theologie der Aufklärung

1. Horizonte

Die harmlos anmutende Kopula, die in der mir aufgetragenen Themenstellung zwei scheinbar eindeutige Größen miteinander verbindet, ist von tückischer Abgründigkeit. Die Schwierigkeiten beginnen schon damit, daß es *die* Theologie der Aufklärung, als sei damit eine monolithische Einheit der christlichen Reflexionsgeschichte bezeichnet, selbstverständlich niemals gegeben hat. Vielmehr begegnet sie stets nur in einer disparaten Vielfalt synchroner Erscheinungsformen. Der in den meisten Lehrbüchern ungeprüft fortgeschriebene Schematismus, der im 18. Jahrhundert die Haupttypen der theologischen Aufklärung einander phasenhaft ablösen läßt, ist nichts weiter als ein am historiographischen Reißbrett entworfenes, realitätsfernes Konstrukt. Tatsächlich hat es Vertreter eines theologischen Wolffianismus nicht nur in Konkurrenz zum Halleschen Pietismus, sondern bis in die Jugendzeit Schleiermachers gegeben. Und auch die mit dem periodologischen Verlegenheitsbegriff der Übergangstheologie angesprochene Spielart war längst nicht nur als Transformationsprodukt im Stabwechsel der Hauptepochen präsent. Lediglich für die Neologie, deren Spätausläufer noch zu Beginn des 19. Jahrhunderts begegnen, ließe sich mit einigem Recht als präziser *terminus ante quem non* das Jahr 1748 benennen[1]. Dagegen ist der theologische Rationalismus, der etwa in Gestalt von Julius August Ludwig Wegscheider noch dem Schleiermacher der *Glaubenslehre* vitalen Widerpart bot, keineswegs auf die nachkantische Spätphase der Aufklärungstheologie eingeschränkt, stellt vielmehr, beginnend mit Johann Konrad Dippel oder Johann Christian Edelmann, ein durchgehendes Strukturmoment jener Zeit dar.

Und selbst diese vielgestaltige Theologie der Aufklärung beherrschte im Zeitalter der Aufklärung durchaus nicht konkurrenzlos das Feld. Neben ihr

---

[1] In diesem Jahr erschienen erstmals zwei epochenprägende Hauptwerke der Neologie: J. J. SPALDING, Betrachtung über die Bestimmung des Menschen, 1748 (zur kritischen Neuausgabe s. Anm. 25), sowie A. F. W. SACK, Vertheidigter Glaube der Christen, 1748. – Vgl. dazu A. BEUTEL, Kirchengeschichte im Zeitalter der Aufklärung. Ein Kompendium (UTB 3180), 2009, 112–115 u. passim.

fristete ein undogmatisches biblisches Luthertum weiterhin sein behagliches Dasein. Desgleichen durchlebte die Spätorthodoxie, exemplarisch repräsentiert durch Figuren wie Valentin Ernst Löscher oder Johann Melchior Goeze, eine anhaltende, kraftvolle Blüte. In mannigfaltiger Prävenienz diversifizierten zudem die pietistischen Haupt- und Seitentriebe erfolgreich das Bild. Etliche religiöse und theologische Randgruppen, bisweilen in radikaler Zuspitzung, kamen noch allenthalben hinzu. Die *Theologie der Lessingzeit*, die Karl Aner in seinem damit bezeichneten Buch auf die Neologie enggeführt hat[2], präsentierte sich in Wirklichkeit in einer höchst komplexen, heterogenen, von keinem vorausgehenden Zeitalter je erreichten oder geduldeten theologischen Pluralität.

Nicht minder vielschichtig erscheint, auch in dieser Hinsicht, Gotthold Ephraim Lessing. Das respektvolle Lob, das er gelegentlich den Vertretern der altprotestantischen Orthodoxie zu erstatten beliebte, ist ebenso geläufig wie sein abschätziges Urteil über die Neologie, deren auf die Versöhnung von Offenbarungsglauben und Vernunfterkenntnis abzielendes Programm er als ein „Flickwerk von Stümpern und Halbphilosophen" verhöhnte, welches die Menschen „unter dem Vorwande, uns zu vernünftigen Christen zu machen, zu höchst unvernünftigen Philosophen"[3] gemacht habe. Zugleich freilich konnte er, längst nicht nur im Fragmentenstreit, theologische Einsichten vertreten oder doch versuchsweise erproben, die ein Semler oder Jerusalem oder Spalding nicht treffender zu formulieren gewußt hätte. Jedenfalls war Lessing mit dem theologischen Thema zeitlebens auf eigene, ebenso engagierte wie streitbare Weise befaßt. Es mag sachdienlich sein, diesbezüglich die wichtigsten Eckdaten und Konturen knapp andeutend zu erinnern.

Er war die Kulminationsgestalt der deutschen literarischen Aufklärung. Als Pfarrersohn im sächsischen Kamenz geboren, erhielt Lessing den ersten Unterricht von seinem Vater, der ihn dann auf die städtische Lateinschule schickte. 1741 bezog er die Fürstenschule St. Afra in Meißen, deren exquisite Bildungschancen er begierig nutzte – „ein Pferd, das doppeltes Futter haben muß"[4], war der Eindruck des Rektors. Dagegen scheint Lessing das 1746 in Leipzig aufgenommene Studium der Philosophie und Theologie, später der Medizin nur halbherzig betrieben zu haben; sein Wunsch, „nun auch leben

---

[2] K. ANER, Die Theologie der Lessingzeit, 1929, ND 1964.
[3] G. E. Lessing an Karl Lessing, 2.2.1774 (in: Briefe von und an Lessing 1770–1776, hg. v. H. KIESEL [G. E. LESSING, Werke und Briefe in zwölf Bänden, hg. v. W. BARNER, Bd. 11/2], 1988, 615).
[4] R. DAUNICHT, Lessing im Gespräch. Berichte und Urteile von Freunden und Zeitgenossen, 1971, 18.

zu lernen"⁵, zielte auf intensive Geselligkeit und auf die Welt des Theaters, die ihm in Gestalt der Neuberschen Truppe höchst anregende, freilich auch kostspielige Erfahrungen bot. 1748 übersiedelte er als freier Schriftsteller und Mitarbeiter der *Berlinische[n] privilegirte[n] Zeitung* in die preußische Hauptstadt. Das Experiment, das Lessing 1767 als Dramaturg des neu gegründeten Nationaltheaters in Hamburg einging, war alsbald gescheitert. Seit 1770 lebte er als Herzoglicher Bibliothekar in Wolfenbüttel. Der an Weihnachten 1777 geborene Sohn Traugott überlebte nur wenige Stunden, kurz darauf verstarb auch Eva König, mit der Lessing nach langer Verlobungszeit seit 1776 verheiratet war. Er selbst erlag im Februar 1781 52jährig einer Brustwasserkrankheit.

Die Auseinandersetzung mit religiösen und theologischen Fragen bildete einen integralen Bestandteil von Lessings gesamter literarischer Lebensarbeit, der sich in dessen letztem, Wolfenbütteler Jahrzehnt nur augenfällig verdichtet hat. Sein viel zitiertes Wort, er sei bloß „Liebhaber der Theologie und nicht Theolog"⁶, verweist ebenso auf die institutionelle Ungebundenheit wie auf den dialogisch-situativen Charakter seiner Reflexion. Was er zum Ausdruck brachte, entsprang nicht systematisch durchgeformter Positionalität, sondern artikulierte einen rhapsodischen Reflex auf konkrete Provokationen. Die Art dieser „gymnastischen" Teilnahme am theologischen Diskurs faßte Lessings Bruder Karl in ein treffendes Bild: „Er spann gern philosophische und theologische Gewebe, aber fast keines aus"⁷. Auch darin war Lessing ein Aufklärer par excellence: Einem vernünftigen Humanitätsideal folgend, suchte er nach der Wahrheit, indem er Vorurteile bekämpfte, Toleranz einforderte und in alledem zu autonomem Selbstdenken anleiten wollte.

Diesem Pathos aufklärerischer Wahrheitssuche entsprach Lessings Hochschätzung der denkerischen und religiösen Subjektivität. Schon als Student hatte er den lutherisch-orthodox geprägten Vater wissen lassen, die christliche Religion sei „kein Werk, das man von seinen Eltern auf Treue und Glaube annehmen soll"⁸. Die orthodoxe Offenbarungstheologie galt ihm als schlechterdings widervernünftig, auch wenn er der stringenten Geschlossenheit ihrer Systeme den Respekt nicht versagte. Um so verhaßter war ihm dagegen

---

⁵ G. E. Lessing an Justina Salome Lessing, Dezember 1948 oder Januar 1749 (in: Briefe von und an Lessing 1743–1770, hg. v. H. KIESEL [G. E. LESSING, Werke und Briefe in zwölf Bänden, hg. v. W. BARNER, Bd. 11/1], 1987, 15f.

⁶ G. E. LESSING, Axiomata, wenn es deren in dergleichen Dingen gibt (in: DERS., Werke. Bd. 8: Theologiekritische Schriften III. Philosophische Schriften, hg. v. H. G. GÖPFERT, 1979, 128–159), 130.

⁷ DAUNICHT (s. Anm. 4), 588.

⁸ G. E. Lessing an Johann Gottfried Lessing, 30.5.1749 (in: Briefe von und an Lessing 1743–1770 [s. Anm. 5], 26).

die Neologie, die sich gegenüber der Orthodoxie „als Mistjauche gegen unreines Wasser"[9] ausnehme.

Durch die Veröffentlichung der deistischen Reimarus-Fragmente sah sich Lessing alsbald in heftige theologische Händel verstrickt. Der Hamburger Hauptpastor Goeze, dessen Einsprüche Lessing mit insgesamt elf *Anti-Goeze*-Schriften quittierte, war dabei nicht der einzige, nur der hartnäckigste literarische Gegner. Im Zuge des Fragmentenstreits hat Lessing wichtige Beiträge zur neutestamentlichen Kanonforschung geliefert, darunter eine anregende Urevangeliumshypothese und die Erkenntnis, daß die Ausbildung der – von ihm fälschlich mit dem Apostolicum identifizierten – *regula fidei* dem Abschluß der neutestamentlichen Kanonbildung vorausgegangen war. Durch seine kanonkritischen Erwägungen, die eine frappante Nähe zu der exegetischen Arbeit der Neologie und insbesondere Semlers erkennen lassen, kam Lessing, deistische und sozinianische Einflüsse aufnehmend, zu der später vor allem durch den Hallenser Aufklärungstheologen Heinrich Philipp Konrad Henke ausgearbeiteten Unterscheidung von „Religion Christi" und „christlicher Religion"[10]: Während das Dogma der Gottheit und Auferstehung Jesu Christi erst im Verlauf der kirchlichen Lehrbildung entstanden sei, verehrte ihn Lessing „nur als einen von Gott erleuchteten Lehrer"[11], dessen Botschaft der testamentarische Satz des Johannes „Kinderchen, liebt euch!"[12] zusammengefaßt habe, und als den „erste[n] zuverlässige[n], praktische[n] Lehrer der Unsterblichkeit der Seele"[13]. Weil die christliche Offenbarungsreligion schon vor Abschluß der Kanonbildung vollständig entwickelt war, sah Lessing die „Religion Christi" nicht notwendig an die Existenz der biblischen Bücher gebunden, gleichwie man auch den lutherischen Glauben selbst dann würde bewahren können, wenn es kein einziges Exemplar des Kleinen Katechismus mehr gäbe[14].

Mit seiner Ablehnung aller Formen von „Bibliolatrie" suchte Lessing das von der Reformation begonnene geistige Befreiungswerk zu vollenden. Die innere Wahrheit und Evidenz des Christentums erwies sich für ihn allein durch die unmittelbare, das Gemüt erleuchtende Kraft seines Geistes. Dieser *Be-*

---

[9] G. E. Lessing an Karl Lessing, 2.2.1774 (in: Briefe von und an Lessing 1770–1776 [s. Anm. 3], 615).
[10] Vgl. BEUTEL, Kirchengeschichte (s. Anm. 1), 159.
[11] G. E. LESSING, Gedanken über die Herrnhuter (1750) (in: DERS., Werke. Bd. 3: Frühe kritische Schriften, hg. v. H. G. GÖPFERT, 1972, 682–691), 686.
[12] DERS., Das Testament Johannis (1777) (in: aaO Bd. 8 [s. Anm. 6], 15–20).
[13] DERS., Die Erziehung des Menschengeschlechts (1777/80) (in: aaO 489–510), 502.
[14] DERS., Axiomata (s. Anm. 6), 143–146.

weis des Geistes und der Kraft[15] lasse sich niemals durch geschichtliche Religionsdokumente ersetzen: „Zufällige Geschichtswahrheiten können der Beweis von notwendigen Vernunftwahrheiten nie werden"[16]. Darum: „Luther, du! – Großer, verkannter Mann! [...] Du hast uns von dem Joche der Tradition erlöset: wer erlöset uns von dem unerträglichern Joche des Buchstabens! Wer bringt uns endlich ein Christentum, wie du es *itzt* lehren würdest; wie es Christus selbst lehren würde!"[17]

Nachdem Herzog Karl von Braunschweig, um den weiteren Fortgang des Fragmentenstreits zu unterbinden, die seinem Bibliothekar gewährte Zensurfreiheit im Sommer 1778 revoziert hatte, unternahm Lessing bekanntermaßen den Versuch, „ob man mich auf meiner alten Kanzel, auf dem Theater wenigstens, noch ungestört will predigen lassen"[18]. Insofern hat Friedrich Schlegel das Drama *Nathan der Weise* (1779) durchaus treffend als die „Fortsetzung vom ,Anti-Goeze', Numero zwölf" bezeichnet. Dessen organisierendes Zentrum bildet die „Predigt" der Ringparabel[19]. Die drei einander täuschend ähnlichen Ringe stehen für die christliche, jüdische und islamische Religion. Der von allen Religionen erhobene absolute Wahrheitsanspruch läßt sich, so die „Botschaft", nicht durch geschichtlich-äußerliche Gründe, sondern allein im Prozeß ihrer lebenspraktischen Bewährung erweisen. Damit aber erhalten die drei Offenbarungsreligionen die Chance, sich als eine legitime Durchgangsstufe zu der über ihnen allen stehenden reinen Vernunftreligion zu erzeigen. Deutlich wie kaum einmal hat sich Lessing im ersten Entwurf einer Vorrede zu der Weisheit seines Helden bekannt: „Nathans Gesinnung gegen alle positive Religion ist von jeher die meinige gewesen"[20].

2. Konkretionen

Lessing und die Theologie der Aufklärung: Anstatt dieses intrikate Verhältnis nun weiterhin, also über die Vergegenwärtigung der Hauptkonturen hinaus, in allgemeiner systematischer und darum unhistorischer Vorgehenswei-

---

[15] DERS., Über den Beweis des Geistes und der Kraft (1777) (in: DERS., Werke. Bd. 8 [s. Anm. 6], 9–14).
[16] AaO 12.
[17] G. E. LESSING, Eine Parabel (1778) (in: DERS., Werke. Bd. 8 [s. Anm. 6], 117–127), 125f.
[18] G. E. Lessing an Elise Reimarus, 6.9.1778 (in: Briefe von und an Lessing 1776–1781, hg. v. H. KIESEL [G. E. LESSING, Werke und Briefe in zwölf Bänden, hg. v. W. BARNER, Bd. 12], 1994, 193).
[19] G. E. LESSING, Nathan der Weise, III/7.
[20] DERS., Werke. Bd. 2: Trauerspiele. Nathan. Dramatische Fragmente, hg. v. H. G. GÖPFERT, 1971, 748.

se zu erörtern, scheint es mir ratsam, durch eine Inspektion dreier exemplarischer Konkretionen das Ganze im Teil zu erkunden. Dabei sollen Beispiele aus unterschiedlichen literarischen Gattungen kurz ins Visier kommen: zunächst die frühe Komödie *Der Freigeist* (a), sodann das wenig später verfaßte Fragment einer „Rettung" des Grafen Zinzendorf (b), schließlich, wenn auch nur noch in ganz spezifischer Aspektierung, die viel erörterte geschichtsphilosophische Spätschrift *Die Erziehung des Menschengeschlechts* (c).

a) Verstand und Gemüt – „Der Freigeist" (1749)

Das vergnügliche Jugendwerk entsprang der sächsischen Typenkomödie in doppeltem Sinn: Es kam von dort her, und es ging weit darüber hinaus. Die neuartige Gattung der Typenkomödie war der *Critische[n] Dichtkunst* Gottscheds verpflichtet. Sie löste Belustigung und Erbauung aus, indem sie ein typenspezifisches Fehlverhalten bloßlegte und karikierte. Das Publikum wußte bereits bei den Titeln – etwa *Die Betschwester*[21] oder *Der Hypochondrist*[22] oder *Der geschäftige Müßiggänger*[23] –, was zu erwarten stand. *Der Freigeist* schien sich nahtlos in dieses Raster zu fügen. Doch Lessing, bewußt daran anknüpfend, unterzog das Typische einer programmatischen Individualisierung: Der Freigeist Adrast privatisiert sich zur Person, der Geistliche Theophan zum unverwechselbaren Charakter. Beide wohnen sie im Hause des Lisidor, das zudem zwei heiratsfähige Töchter beherbergt: die ausgelassene, lebenslustige Henriette, auf die der Freigeist ein Auge geworfen hat, und die zurückhaltende, kluge, anmutige Juliane, die von dem jungen Theologen hofiert wird. Das Stück lebt von zwei ineinander verwobenen Handlungssträngen: einerseits der doppelten Liebesgeschichte, die am Ende natürlich im glücklichen Austausch der Frauen geklärt wird, andererseits dem geistigen Wettstreit der männlichen Protagonisten[24].

---

[21] Ch. F. GELLERT, Die Betschwester, 1745.
[22] Th. J. QUISTORP, Der Hypochondrist, 1745.
[23] J. E. SCHLEGEL, Der geschäftige Müßiggänger, 1743.
[24] G. E. LESSING, Der Freigeist. Ein Lustspiel in fünf Aufzügen. Verfertiget im Jahre 1749 (in: DERS., Werke. Bd. 1: Gedichte. Fabeln. Lustspiele, hg. v. H. G. GÖPFERT, 1970, 473–555). – Um auch andere Textausgaben nutzbar zu machen, werden Zitate aus dieser Komödie lediglich mit Akt- und Szenenangabe nachgewiesen. – Vgl. W. BARNER / G. E. GRIMM / H. KIESEL / M. KRAMER (Hg.), Lessing. Epoche – Werk – Wirkung, ⁶1998, 124–134; C. CASES, Über Lessings „Freigeist" (in: DERS., Stichworte zur deutschen Literatur. Kritische Notizen, 1969, 89–108); M. FICK (Hg.), Lessing-Handbuch. Leben – Werk – Wirkung, 2000, 59–74; G. UNGEHEUER, Gesprächsanalyse an literarischen Texten (Lessing: Der Freigeist) (in: Literatur und Konversation. Sprachsoziologie und Pragmatik in der Literaturwissenschaft, hg. v. E. W. B. HESS-LÜTTICH, 1980, 43–71).

Gleich der erste Auftritt präsentiert konturscharf die Ausgangslage. Theophan wirbt um persönliche Freundschaft, doch der stolze Freigeist erweist sich als Generalist: „Wissen Sie [...], was Freundschaft ist? [...] Muß denn der Mensch eines von beiden, hassen, oder lieben?" (I/1). Theophan gibt sich gleichwohl nicht geschlagen, sondern sucht durch den kalten Geist hindurch das „Herz" des Adrast zu erreichen. Der aber bleibt in borniertem Rationalismus verstockt: „Ich weiß [...] nicht, was das für Schwachheiten sein müssen, [...] derentwegen Ihnen mein Herz so wohlgefällt; das aber weiß ich, daß ich nicht eher ruhen werde, als bis ich sie, durch Hülfe meines Verstandes, daraus verdrungen habe" (I/1). In der Person des Theophan sieht er lediglich ein Exemplar seiner Gattung: den „Schwarzrock" eben, und darum notwendig zugleich den „Heuchler" (I/2). In antisokratischem Hochmut deklamiert er: „Ich weiß, was ich weiß" (I/1), und hält sich damit hinter seinen Begriffen, die längst schon zu Vorurteilen degeneriert sind, verschanzt. Für Theophan indessen ist Freundschaft nicht ein abstrakter Begriff, sondern ein konkretes Verhalten. So wird er nicht müde, den Freigeist an dessen „eigne Empfindungen" zu verweisen, und vermag damit tatsächlich bei Adrast einen Individuationsprozeß auszulösen. Schließlich kann selbst dieser im Pfarrer den Menschen erkennen – „lassen Sie uns Ihren Stand einmal bei Seite setzen" (V/3), sagt er großmütig zu Theophan – und überwindet damit zugleich die eingebildete Antithese von freiem Denken und offenbarungsgebundenem Glauben. „Seine Verachtung der Religion löset sich allmählich in die Verachtung derer auf, die sie lehren" (III/1). Darin kommt Theophan dann auch annähernd mit ihm überein.

Im Konkurrenzstreit der Diener gerät der Antagonismus zwischen Freigeist und Schwarzrock zur Persiflage (II/5). Sie sind „die wahren Bilder ihrer Herren, von der häßlichen Seite! Aus Freigeisterei ist jener ein Spitzbube; und aus Frömmigkeit dieser ein Dummkopf" (II/4). Immerhin entfaltet Johann, indem er seinen Herrn Adrast zu imitieren sucht, hofnärrische Qualität. Zunächst empfindet Adrast elitären Ekel angesichts seines in freigeistiger Pose auftrumpfenden Dieners. Als dann aber ein Gläubiger eintrifft, dessen Schuldscheine er nicht begleichen kann, versinkt Adrast in Verzweiflung und Konfusion: „Ich bin verloren! [...] Was ist anzufangen? [...] Ich möchte rasend werden" (I/5). Seine abstrakte Klugheit scheitert am erstbesten praktischen Lebensproblem. Johann aber, sein Diener, weist ihm den Lösungsweg und entlarvt damit die Hohlheit des sich in windigen Distinktionen verstrickenden Freigeistes. Als der wahre Aufklärer zieht Johann aus der Szene das Resümee: „Wohl dem, der nach seiner Überzeugung auch leben kann!" (I/5). Er weiß: Wahrheit ereignet sich allererst dann, wenn Theorie und Praxis, Kopf und Herz, Wort und Tat in Übereinstimmung sind.

Doch eben dies, daß die Wahrheit „unter den Pöbel gebracht" wird, erscheint Adrast unerträglich: „Wenn meine Meinungen zu gemein würden, so würde ich der erste sein, der sie verließe, und die gegenseitigen annähme" (IV/3). Sein Glück in der Wahrheit zu finden, bleibt für Adrast ein dem Denker vorbehaltenes Privileg. Der Rest der Menschheit, also der „Pöbel" und das weibliche Geschlecht, möge in der Religion, welche der Denker als Irrtum durchschaut, glücklich werden. Beherzt widerspricht ihm Juliane, deren aufkeimende Liebe er noch übersieht: „Nein, Adrast!" Religion sei nicht eine „Schminke" der Frauen, sondern „eine Zierde für alle Menschen" (IV/3). Allein die Religion, stellt sie in weiblicher Weisheit klar, vermöge zwischen Denken und Fühlen Eintracht zu stiften. Indem die Religion von Gott und der Bestimmung des Menschen die rechten Begriffe vermittle und zugleich das Herz rein und ruhig werden lasse, mache sie uns zu dem, was wir sein sollen: aufrichtige Freunde, gute Bürger, wahre Menschen (IV/3). Fast scheint es, als habe Juliane die im Vorjahr erschienene Erstausgabe von Spaldings Jugendwerk *Die Bestimmung des Menschen*[25] gelesen.

Tatsächlich ist in der 1749 verfaßten Komödie ein Anhauch vom Geist der entstehenden Neologie zu verspüren. Philosophie und Theologie, Reflexion und Religion, Geist und Glaube finden sich in personaler Verträglichkeit zusammengeführt. Im übrigen schien Lessing, indem er den titelgebenden Helden, anstatt ihn der typenspezifischen Lächerlichkeit preiszugeben, einem individuellen Läuterungsprozeß unterzog, nicht zuletzt den Freigeist in sich selbst retten zu wollen[26]. Daß Vorurteile, sofern sie sich der Wirklichkeit aussetzen, abgebaut werden können, daß Wahrheit erfahrbar sein muß, daß die eigene Empfindung untrügliches Verifikationspotential freisetzt und Religion sich allein in der lebenspraktischen Konkretion zu bewähren vermag – all dies sind Indizien einer neologischen Erprobungsphase des jungen Lessing und vielleicht sogar erste, zaghafte Erkundungsgänge auf dem Weg in das dramatische Gedicht *Nathan der Weise* (1779).

b) Pietismus und Neologie – „Gedanken über die Herrnhuter" (1750)

Zur Mitte des 18. Jahrhunderts hat Lessing mehrfach eine auch von ihm so genannte „Rettung" verfaßt. Damit ist diejenige Textsorte bezeichnet, die einer Gestalt der Gegenwart oder Geschichte gegen falsche Vorurteile, die ihr Ansehen trüben, historische Gerechtigkeit widerfahren läßt. Auch die *Ge-*

---

[25] J. J. SPALDING, Die Bestimmung des Menschen ([1]1748–[11]1794), hg. v. A. BEUTEL / D. KIRSCHKOWSKI / D. PRAUSE (SpKA I/1), 2006.
[26] Vgl. CASES (s. Anm. 24), 94.

danken über die Herrnhuter[27] sind dieser Gattung verpflichtet. Sie entstanden 1750, brachen allerdings an bezeichnender Stelle ab und blieben Fragment. Für die Frage, in welchem Verhältnis Lessing zur Theologie der Aufklärung stand, werden sie dadurch um so interessanter.

Mit dem Hinweis, er pflege die „liebe Ordnung der Faulen" (683), notiere also spontan, was ihm durch den Sinn geht, und nehme dabei Nachträge, Sprünge und Wiederholungen gern in Kauf, führte Lessing die Leser bereits in die Irre. In Wirklichkeit folgt das Fragment einer klaren, leicht erkennbaren Disposition.

Die Einleitung klärt das Motiv dieser Gattung. In Kämpfen, gleich ob sie mit Waffen oder Gedanken, mit „Blut oder Dinte" (682) ausgetragen werden, hänge der Sieg stets auch vom Glück und den zufälligen Umständen ab. Weil darum die moralische Berechtigung eines Sieges oft zweifelhaft sei, gelte es insbesondere, den Verlierern die Chance auf Rehabilitation einzuräumen. Eben dies gedenkt Lessing nun in bezug auf die von orthodoxer wie hallisch-pietistischer Seite übel beleumundete Gruppe der Herrnhuter zu tun, freilich nicht auf direktem, sondern, wie er selbst einräumt, auf weit ausholendem Weg.

Zunächst entwirft er einen Abriß der Geschichte der Weltweisheit Das Axiom, dem er sich dabei verpflichtet weiß, benennt er gleich vorneweg: „Der Mensch ward zum Tun und nicht zum Vernünfteln erschaffen" (683). Aber die „Bosheit" des Menschen – die hamartiologische Konnotation ist unüberhörbar – reizte alsbald zu einem bestimmungswidrigen, nämlich praxisirrelevanten Gebrauch der Vernunft. Glückselige Zeiten standen am Anfang, als der Tugendhafteste zugleich der Gelehrteste war. Doch bereits mit den Sieben Weisen und namentlich den Pythagoreern nahm der Verfall seinen Lauf. Sokrates, „der weiseste unter den Menschen" (684), suchte die Umkehr, doch er endete tragisch. In offenkundiger Analogie zu Jesus hält Lessing viererlei für ihn fest: Durch ihn hat Gott geredet, er war „ein Prediger der Wahrheit" (684), bezeugte diese noch durch seinen erzwungenen Tod, und nur die wenigsten seiner Jünger folgten dann dem von ihm gewiesenen Weg. Geschichtsprägend wurden demgegenüber zwei abtrünnige Schüler: „Plato fing an zu träumen, und Aristoteles zu schließen" (684). Die neuzeitliche Beschleunigung des Verfalls begann mit Descartes. Sein Dualismus setzte Newton und Leibniz dazu instand, die Weltweisheit gänzlich „der Meßkunst" (685) zu unterwerfen und *more geometrico* die letzten praktischen Reste in ihr zu tilgen. Ihre Schüler exekutierten die dadurch beschworene Fatalität: Sie „füllen

---

[27] G. E. LESSING, Gedanken über die Herrnhuter (s. Anm. 11). Auf diese Ausgabe beziehen sich die nachfolgend in den Fließtext in runden Klammern eingefügten Nachweise der direkten Zitate.

[...] den Kopf, und das Herz bleibt leer"; sie führen den Geist „bis in die entferntesten Himmel" und erniedrigen zugleich das Gemüt, dessen Leidenschaften nicht mehr gezügelt werden, „bis unter das Vieh" (685).

Eine analoge Verfallsgeschichte attestiert Lessing sodann auch der Religion. Wiederum war der Anfang, „die Religion des Adams", „einfach, leicht und lebendig" (685). Bald aber verfinsterte die „Sündflut von willkürlichen Sätzen" (685), die lediglich eigenem Gutdünken entsprangen, die von Gott gestiftete Szene. Da kam Christus, der Sokrates der Religionsgeschichte, ein „von Gott erleuchtete[r] Lehrer" (686). Obschon er getötet wurde, fand er zunächst Gehör. In unbekümmerter Geschichtskonstruktion – man sieht sich an William Cave und Gottfried Arnold erinnert – deklariert Lessing die Konstantinische Wende zum christlichen Sündenfall. Unter der Verfolgung hätten sich die Christen „der strengsten Tugend" befleißigt, danach aber ihre „heilige Lebensart" (686) nutzlosem Räsonnement aufgeopfert. Die römische Zentrale begann „die göttliche Wahrheit mit menschlichen Beweisen zu unterstützen" (687) und die Gewissen der Gläubigen zu tyrannisieren. Die Reformation hätte eine Wende zum Guten einleiten können, wäre sie nicht in zweifacher Tragik gescheitert. Denn zum einen brach im Abendmahlsstreit das schicksalhafte Bündnis von Zwingli und Luther „über Worte, über ein Nichts" (687) auseinander. Und zum andern, fataler noch, erwies sich die Vernunft, mit der Luther den römischen Aberglauben vom Thron stürzte – bekanntlich hatte der Reformator den in Worms geforderten Widerruf in der Tat unter Verweis auf Schrift und Vernunft abgelehnt[28] – als heilloser Bumerang, indem sie die christliche Wahrheit unpraktisch machte und damit die Religion „von der Ausübung der Pflichten eines Christen" (688) desto weiter entfernte. Als stehe er an der Spitze der frühneuzeitlichen antiorthodoxen Reformbewegung, in der Pietismus und theologische Frühaufklärung zunächst Seite an Seite marschierten, fragt Lessing: „Was hilft es, recht zu glauben, wenn man unrecht lebt?" (688).

Im Horizont dieses doppelten Geschichtsdurchlaufs wendet er sich schließlich Zinzendorf und den Herrnhutern zu. Dabei entwirft er die fiktive Analogie eines zeitgenössischen, „mit einer sokratischen Stärke" (688) ausgestatteten Denkers, der, als „ein verwegener Freund der Laien" (690), „die Stimme der Natur in unsern Herzen lebendig empfinden" (689) lehrt und als einzigen Weg zur Glückseligkeit das tugendhafte Leben empfiehlt. Er würde, so Lessing, alsbald von allen theoriefixierten Vertretern der Philosophie nichts als Hohn und Verachtung empfangen. Die Analogie war unverkennbar auf den

---

[28] „Nisi convictus fuero testimoniis scripturarum aut ratione evidente [...], revocare neque possum nec volo" (WA 7; 838,4–7).

Inaugurator der Herrnhuter Brüder gemünzt[29]. Auf Zinzendorf selbst verwendet Lessing dann freilich nur noch einige in rhetorischer Frageform ergehende Refutationen, welche die Fehlurteile, denen er ausgesetzt ist, als haltlos und töricht ausweisen.

Eingangs hatte Lessing für seinen Anmarschweg um Verständnis geworben: „Ich werde sehr weit auszuholen scheinen. Allein, ehe man sich's versieht, so bin ich bei der Sache" (683). Doch dieses Versprechen bleibt uneingelöst. Nachdem er zuletzt allerlei gegen Zinzendorf erhobene Unterstellungen abgewehrt hatte, bricht der Text mit der Frage „Was will er denn?" (691) einfach ab. Über die Gründe, die dazu geführt haben mögen, läßt sich nur spekulieren. Auffallend ist immerhin, daß Lessing eben an *der* Stelle verstummt, an der nun eine positive inhaltliche Bestimmung der von Zinzendorf verfolgten religiösen und theologischen Intentionen hätte erfolgen müssen. Es ist nicht auszuschließen, daß ihn die Einsicht, die materiale Würdigung des Grafen werde den Erwartungen, die er bis dahin geweckt hatte, und dem Idealbild, das ihm selbst vorschwebte, zuwiderlaufen, gerade an dieser neuralgischen Stelle die Schreibfeder aus der Hand legen ließ.

Aufschlußreich ist der Text, auch wenn er Fragment blieb, allemal. Gegenüber Philosophie und Theologie erhebt er gleichermaßen den Vorwurf, das Wechselspiel von Kopf und Herz unterbrochen, also das Denken von Empfindung und Gefühl, worin doch allein dessen lebensrelevantes Verifikationsmedium liege, abgespalten zu haben. Dabei plädiert Lessing keineswegs für einen irrationalen Sensualismus, sondern sucht eine neue Verbindung von Geist und Gemüt, die sich gegenüber den unheilvollen Auswüchsen eines durch den cartesischen Dualismus ultimativ verschärften Intellektualismus als überlegen erweist. Der Pietismus und namentlich die Herrnhuter Brüdergemeine schien ihm in dieser Absicht als ein „strategische[r] Bundesgenosse"[30] geeignet zu sein. Daß er damit den Pietismus für ein Unternehmen in Anspruch nahm, das dessen eigener intentionaler Ausrichtung deutlich zuwiderlief, muß Lessing fraglos gewußt haben. Weit eher entsprach er den theologischen Reformimpulsen der Neologie, die ja ihrerseits eine an Sokrates orientierte, moralische Vorbild-Christologie vertrat, die Ausmusterung aller nur theoretischen Religionslehren betrieb und eine lebenspraktisch nutzbare, auf Moralität abzielende, Geist und Gemüt gleichermaßen ansprechende und in alledem konsequent handlungsleitende Religiosität propagierte. Es wird nicht abwegig sein, auf die Frage, ob Zinzendorf und die Herrnhuter am Ende viel-

---

[29] Keinesfalls wird man diese fiktive Analogie mit einem Portrait des Grafen Zinzendorf verwechseln dürfen (gegen FICK [s. Anm. 24], 112f).

[30] FICK (s. Anm. 24), 112.

leicht nur den Umstand, daß Lessing durchaus nicht in neologischer Nähe ertappt werden wollte, ironisch kaschieren sollten, einiges Nachdenken zu verwenden.

c) Offenbarung und Vernunft – „Die Erziehung des Menschengeschlechts" (1777/80)

Wie die meisten seiner theologiekritischen und geschichtsphilosophischen Texte war auch *Die Erziehung des Menschengeschlechts*[31] eine Gelegenheitsschrift. Mit ihr griff Lessing in eine literarische Auseinandersetzung ein, die Hermann Samuel Reimarus, den Offenbarungscharakter des Alten Testaments rundweg bestreitend, mit William Warburton und über diesen mit Thomas Morgan geführt hatte[32]. Die damit angedeutete Bezugnahme auf eine konkrete deistische Debatte über das Verhältnis von vernunftreligiöser Unsterblichkeitslehre und biblischer Offenbarung stellt zugleich klar, daß die den Gedanken der Seelenwanderung berührenden Schlußparagraphen der *Erziehungsschrift* nicht etwa an einem clandestinen Reinkarnationsdiskurs partizipieren, sondern die radikal-deistische Bibelkritik durch eine Religionsgeschichte des Christentums alternieren. Darin sind natürliche, positive und vernünftige Religion einem Entwicklungsschema verpflichtet, das seine Spitze in einer vernünftigen Vorstellung von Seelenwanderung findet.

„Offenbarung ist Erziehung", hat Lessing als zielführende Erkenntnis des Schriftchens notiert (§ 2). Aus dem damit gesteckten Rahmen ergibt sich, daß die natürliche Religion keineswegs mit der Vernunftreligion übereinkommt, sondern erst im Entwicklungsgang der Offenbarungsgeschichte dorthin gelangt. Innerhalb dieses dreigestuften Religionsbegriffs weist Lessing den religiösen Offenbarungsformen die geschichtliche Aufgabe zu, die natürliche Anlage des Menschen zur Religion in die Gestalt einer vollendeten, vernünftigen Humanitätsreligion fortzuentwickeln, deren lebenspraktische Realisierung sich nicht mehr, wie auf der alttestamentlich-jüdischen Offenbarungsstufe, in dem Glauben an innerweltliche oder, wie auf der neutestamentlich-christlichen Offenbarungsstufe, an jenseitige Vergeltung, sondern darüber hinauswachsend, allein in der Liebe zum Guten, das um seiner selbst willen getan wird, vollzieht.

---

[31] G. E. LESSING, Die Erziehung des Menschengeschlechts (s. Anm. 13). Um auch andere Textausgaben nutzbar zu machen, werden Zitate aus dieser Schrift lediglich mit der Nummer des entsprechenden Paragraphen nachgewiesen.

[32] Vgl. hierzu wie überhaupt zu Lessings *Erziehungsschrift* D. CYRANKA, Lessing im Reinkarnationsdiskurs. Eine Untersuchung zu Kontext und Wirkung von G. E. Lessings Texten zur Seelenwanderung (Kirche – Konfession – Religion 49), 2005, 253–405.

In der Perspektive dieses differenzierten strukturhistorischen Religionsbegriffs[33] wird sich nun auch die Frage, wie Lessing das Dependenzverhältnis von Vernunft und Offenbarung bestimmt hat, einer Klärung zuführen lassen. Wohl kein anderes Interpretationsproblem der *Erziehungsschrift* ist bislang intensiver, konträrer und, wie mir scheint, insgesamt erfolgloser traktiert worden. Näherhin betrifft es die Frage, wie der scheinbare oder auch wirkliche Widerspruch zwischen der Auskunft, die Offenbarung gebe dem Menschengeschlecht nichts, worauf die Vernunft nicht auch von sich aus kommen würde (§ 4), und der Feststellung, auf die offenbarungsreligiösen Begriffe wäre „die menschliche Vernunft von selbst nimmermehr gekommen" (§ 77), erklärt und allenfalls aufgelöst werden könne. Die beiden Paragraphen, die man dabei miteinander zu konfrontieren pflegt, lauten wie folgt:

§ 4:
Erziehung gibt dem Menschen nichts, was er nicht auch aus sich selbst haben könnte: sie gibt ihm das, was er aus sich selber haben könnte, nur geschwinder und leichter. Also gibt auch die Offenbarung dem Menschengeschlechte nichts, worauf die menschliche Vernunft, sich selbst überlassen, nicht auch kommen würde: sondern sie gab und gibt ihm die wichtigsten dieser Dinge nur früher.

§ 77:
Und warum sollten wir nicht auch durch eine Religion, mit deren historischen Wahrheit, wenn man will, es so mißlich aussieht, gleichwohl auf nähere und bessere Begriffe vom göttlichen Wesen, von unsrer Natur, von unsern Verhältnissen zu Gott, geleitet werden können, auf welche die menschliche Vernunft von selbst nimmermehr gekommen wäre?

Aus dem Kaleidoskop der Lösungsvorschläge, die bislang eingebracht worden sind[34], sei jetzt nur an wenige, wichtige Exempel erinnert. Abwegig sind die von Karl Eibl und Volker Dörr eingebrachten semantischen Dechiffrierungsversuche. Eibl möchte das Wort *nimmermehr* (§ 77) lediglich als eine nachdrückliche Verneinung auffassen und paraphrasiert es deshalb mit der

---

[33] Vgl. dazu zuletzt: Ch. DANZ, Wir „halten mit Lessing selbst die Ausbildung geoffenbarter Wahrheiten in Vernunftwahrheiten für schlechterdings nothwendig". Bemerkungen zur Lessingrezeption in Schellings Freiheitsschrift (in: Gott, Natur, Kunst und Geschichte. Schelling zwischen Identitätsphilosophie und Freiheitsschrift, hg. v. Ch. DANZ / J. JANTZEN [Wiener Forum für Theologie und Religion 2], 2011, 127–152), v.a. 130–135.
[34] Vgl. die Übersicht in: G. E. LESSING, Werke 1778–1781, hg. v. A. SCHILSON / A. SCHMITT (G. E. LESSING, Werke und Briefe in zwölf Bänden, hg. v. W. BARNER, Bd. 10), 2001, 851–864. – Die jüngst von I. STROHSCHNEIDER-KOHRS (Zur Logik der Erziehungs-Schrift. Widerspruch oder Kohärenz? [in: Gotthold Ephraim Lessings Religionsphilosophie im Kontext. Hamburger Fragmente und Wolfenbütteler Axiomata, hg. v. Ch. BULTMANN / F. VOLLHARDT [Frühe Neuzeit 159], 2011, 155–178]) vorgelegte Deutung ergeht in Unkenntnis der grundlegenden Studie D. CYRANKAS (s. Anm. 32) und fällt damit hinter den aktuellen Stand der Forschung zurück.

Wendung „bisher noch nicht"[35]. Doch das von ihm als Kronzeuge bemühte *Deutsche Wörterbuch* der Gebrüder Grimm stützt diese Lesart, sieht man schärfer zu, überhaupt nicht[36]. Auch der Vorschlag von Dörr, den Ausdruck *nimmermehr* als eine Hyperbel zu nehmen, in der die Wendung „sehr lange nicht" zu rhetorischer Übertreibung gebracht sei[37], findet im sonstigen Sprachgebrauch Lessings schlechterdings keinen Anhaltspunkt. Nicht minder abwegig erscheint die von Klaus Bohnen grotesk unterstellte Aussageabsicht, Lessing habe in Paragraph 77 die Offenbarungswahrheiten der positiven Religion als unsinnige Irreführungen eingeschätzt, auf welche die Vernunft „von selbst" niemals verfallen wäre[38].

Bezugspunkt der meisten neueren Deutungen ist die von Helmut Thielicke entwickelte Analyse. Er konstatiert zwischen den beiden Aussagen einen brennenden Widerspruch, der nicht weniger als eine „Schicksalsfrage" und damit die „Krisis im Ansatz des Lessingschen Denkens"[39] markiere. Demzufolge stehe der Vernunftbegriff im ersten Satz für ein „transzendental allgemeines Vermögen"[40], im zweiten dagegen für dessen empirisch-geschichtliche Realisierung, die sich niemals in reiner Idealität, sondern stets nur in praktischer Abhängigkeit von der Offenbarung vollziehe[41]. Erklärungskraft für die Geisteswelt des Hamburger Theologen birgt diese Konstruktion in der Tat, dagegen kaum für das Denken des Wolfenbütteler Geschichtsphilosophen. Auch die Interpretation des an Thielicke anknüpfenden Leonard P. Wessell, der hier die Diastase eines rationalistischen und empiristisch-skeptizistischen Vernunftbegriffs walten sieht, in der sich die epistemologische Krise der Spätaufklärung manifestiere[42], stellt zwar ein geistreiches epochenspezifisches Deutungsmuster bereit, wird aber schwerlich der konkreten texthermeneutischen Überprüfung standhalten können. Die von Henry E. Allison eingebrachte

---

[35] K. EIBL, „... kommen würde" gegen „... nimmermehr gekommen wäre". Auflösung des ‚Widerspruchs' von § 4 und § 77 in Lessings „Erziehung des Menschengeschlechts" (in: Germanistisch-romanistische Monatsschrift. NF 34, 1984, 461–464).

[36] Vgl. J. GRIMM / W. GRIMM, Deutsches Wörterbuch, Bd. 13, 1889, ND 1984, Sp. 849f.

[37] V. DÖRR, Offenbarung, Vernunft und ‚fähigere Individuen'. Die positiven Religionen in Lessings *Erziehung des Menschengeschlechts* (in: Lessing Yearbook 26, 1994, 29–54), 40.

[38] K. BOHNEN, Geist und Buchstabe. Zum Prinzip des kritischen Verfahrens in Lessings literarästhetischen und theologischen Schriften (Kölner Germanistische Studien 10), 1974, 197f. – Dagegen spricht Lessing ausdrücklich von „nähere[n] und bessere[n] Begriffe[n]", die dem Menschen von der Religion offeriert werden (§ 77).

[39] H. THIELICKE, Offenbarung, Vernunft und Existenz. Studien zur Religionsphilosophie Lessings, ³1957, 65.

[40] AaO 133.

[41] Vgl. aaO 134–136.

[42] L. P. WESSELL, G. E. Lessing's Theology. A Reinterpretation. A Study in the Problematic Nature of the Enlightenment, 1977, 183f.

Lesart, die religiösen Ideen, die dem Menschen naturhaft angeboren seien, unterlägen den „psychological conditions necessary for their apprehension"[43] und könnten daher allein in der Begegnung mit den Offenbarungswahrheiten geschichtlich realisiert werden, bringt lediglich eine anthropologische Variante der von Thielicke entwickelten Deutungsmatrix ins Spiel. Eine dezidiert theologische Ehrenrettung trug demgegenüber Gerhard Freund ins Gespräch: „Das Ineffabile des geschichtlichen Daß, der puren Faktizität geschichtlicher Offenbarung" verweise die Vernunft in die Dialektik des „erzogenen Selbsterzieher[s]". Insofern käme die Vernunft zwar „wesentlich von selbst auf die Offenbarungswahrheiten", jedoch „,von selbst nimmermehr' auf deren Gekommensein, auf das Unbegreifliche des geschichtlichen Daß"[44]. Dieser Versuch, Lessing durch den Aufweis seiner getreuen Bultmann-Schülerschaft zu erklären, entbehrt nicht der Originalität, ist jedoch als Lesehilfe für den konkreten Text kaum von durchschlagender Nutzbarkeit. Über diese Beispiele hinaus dürfte eine vollständige, Forschungsstand und Rezipientenschaft gleichermaßen erschöpfende Präsentation aller eingebrachten Lösungsvorschläge wenig zielführend und darum ohne Schaden entbehrlich sein.

Wie wäre nun aber ein füglicher Zusammenhang der beiden in Rede stehenden Paragraphen zu denken? Die Möglichkeit eines immanenten Widerspruchs ist auch bei Lessing selbstverständlich nicht auszuschließen, und dies um so weniger, als gerade er das gymnastische Spiel mit positioneller Verkleidung beherrschte und liebte. Daß die *Erziehungsschrift* überdies nicht in einem Zuge, sondern erst nach dreijähriger Unterbrechung vollendet wurde, schenkt solcher Möglichkeit weiteren Raum. Gleichwohl erscheint mir die Absicht, die beiden spannungsträchtigen Aussagen im Einklang hören zu wollen, statthaft und legitim. Allerdings dürfte dabei nur eine Interpretation überzeugen, die nicht umständliche metatheoretische Suppositionen voraussetzt, sondern durch exakte, textorientierte Deutung zu argumentieren vermag.

Beide Paragraphen handeln von der Möglichkeit und Grenze einer im offenbarungsgeschichtlichen Erziehungsprozeß freigesetzten religiösen Vernunfterkenntnis des Menschen. Zentrale Beachtung verdient dabei die Differenz der Vokabeln, mit denen Lessing jeweils den Gegenstand solcher Erkenntnis bezeichnet. Im ersten Fall sind es „Dinge", also konkrete *res* oder *causae*, substantielle Angelegenheiten, religiöse Ideengehalte, auf welche „die menschliche Vernunft, sich selbst überlassen, [...] auch kommen würde" und die ihr durch die Offenbarung „nur früher", „nur geschwinder und leichter"

---

[43] H. E. ALLISON, Lessing and the Enlightenment. His Philosophy of Religion and Its Relation to Eighteenth-Century Thought, 1966, 159.
[44] G. FREUND, Theologie im Widerspruch. Die Lessing-Goeze-Kontroverse, 1989, 176 (Hervorhebungen des Originals wurden getilgt).

gegeben werden (§ 4). Im anderen Fall sind es dagegen „Begriffe", also abstrakte *conceptiones* und gleichsam gedankliche Haltevorrichtungen, die eine Anschauung reflexiv zu fassen, zu bezeichnen, zu greifen oder eben: zu begreifen erlauben. Und genau in diesem Sinn postuliert Lessing, die positive Religion halte für das „göttliche Wesen", „unsre Natur", „unser[e] Verhältnisse zu Gott" und analoge Ideengehalte „nähere und bessere Begriffe [...], auf welche die menschliche Vernunft von selbst nimmermehr gekommen wäre", bereit (§ 77). Inwiefern das eben angebrochene dritte Zeitalter der vernünftigen Religion an solchen Offenbarungsbegriffen einen anders nicht erschwinglichen „Leitfaden" (§ 76) findet, der „tatsächlich nicht notwendig aus logischer Ableitung entstehen kann, dennoch aber nicht widervernünftig sein muß"[45], hat Lessing in den unmittelbar vorausgehenden Paragraphen an den Begriffen der Dreieinigkeit (§ 73), der Erbsünde (§ 74) und der Genugtuung des Sohnes (§ 75) eindrücklich exemplifiziert[46].

3. Perspektiven

Die von der aufklärerischen Theologie geforderte und beförderte Individualisierung der Religion hat sich bisweilen in ganz autarken Spielarten einer Privatreligion oder eines Privatchristentums realisiert. Diese manifestierten sich – man möchte sagen: natürlicherweise – zumal im literarischen Raum. Im Grunde finden sich bei allen deutschen Schriftstellern des 18. Jahrhunderts, die zu einem erheblichen Teil evangelischen Pfarrhäusern entstammten[47], zumindest Ansätze einer aufklärungsreligiösen Individuation. Selbst die Vertreter der Weimarer Klassik haben sich zur Religion auf eigene, kaum noch kirchlich vermittelte Weise ins Verhältnis gesetzt, was sich anhand der humanistischen Weltfrömmigkeit Goethes[48] ebenso vorführen ließe wie an der ästhetisch-positionslosen Religiosität Schillers[49]. Ein Privatglaube, der seine

---

[45] CYRANKA (s. Anm. 32), 359.
[46] Der damit eingebrachte Interpretationsvorschlag modifiziert die von D. Cyranka vorgetragene Deutung insofern, als dieser die semantische Denotation von *Begriff* (§ 77) durch die Gleichsetzung mit dem „*Inhalt* der Offenbarung" (CYRANKA [s. Anm. 32], 359) gerade verwischt.
[47] Vgl. A. SCHÖNE, Säkularisation als sprachbildende Kraft. Studien zur Dichtung deutscher Pfarrersöhne, 1968.
[48] Vgl. M. BOLLACHER, Art. Christentum (in: Goethe Handbuch, Bd. 4/1, hg. v. B. WITTE / Th. BUCK / H.-D. DAHNKE / R. OTTO, 1998, 165–175); H.-J. SCHINGS, Art. Religion / Religiosität (in: aaO Bd. 4/2, 1998, 892–898); H. BORNKAMM, Das Christentum im Denken Goethes (in: ZThK 96, 1999, 177–206); P. HOFMANN, Goethes Theologie, 2001.
[49] Vgl. zuletzt R. SAFRANSKI, Friedrich Schiller oder Die Erfindung des Deutschen Idealismus, ³2004, 471–489.

Authentizität nur noch in der Negation aller positiven Religionssätze zu behaupten vermochte, mußte zwar seine Kommunikations- und Tradierfähigkeit einbüßen, hat aber den Religionsdiskurs des 18. Jahrhunderts[50] gleichwohl in erheblichem Maß stimuliert. Wie stark selbst noch solche konsequenten Individuationen des Christlichen an den Intentionen, Motiven und Denkstrukturen der theologischen Aufklärung spielerisch partizipierten, läßt sich in bevorzugter Weise an Lessing exemplifizieren.

Nun ist es zwar, wie gezeigt, durchaus möglich, für einzelne seiner Schriften und Voten eine distinkte theologische Positionierung auszuarbeiten. Gleichwohl wäre das Bestreben, in der Zusammenschau solcher Teile ein konsistentes Gesamtsystem konstruieren zu wollen, nicht allein hoffnungslos, sondern bereits in seinem Ansatz von Grund auf verfehlt, weil dabei die *Form* seines Denkens in ihrer konstitutiven materialen Relevanz unterschätzt, ja gänzlich verkannt werden würde.

Von Jugend auf bis in seine letzten Äußerungen hinein war Lessing darauf bedacht, sich zumal in religiösen und theologischen Fragen stets *gymnasticos* zu artikulieren, also formallogisch konsistente und übrigens auch rhetorisch glänzende Thesen und Argumente in die Diskussion seiner Zeit einzubringen, ohne darüber in seinen Ansichten jemals *dogmaticos* zu erscheinen[51]. In diesem Sinn hat er sich auch hinsichtlich der *Erziehungsschrift* durchaus selbstironisch geäußert: Sie stamme „von einem guten Freunde, der sich gern allerlei Hypothesen und Systeme macht, um das Vergnügen zu haben, sie wieder einzureißen"[52]. Im übrigen läßt nicht zuletzt Lessings Vorliebe für dialogische und metaphorische Rede erkennen, daß es ihm allenthalben um eine zweifache Freiheit zu tun war: die der Sache, welche sich selbst mitteilen will, und vielleicht mehr noch die des Subjekts, das die Wahrheit für sich selbst finden und sich authentisch aneignen soll[53]. Zumal in der Auseinandersetzung mit anders denkenden theologischen Streit- und Gesprächspartnern liebte es Lessing, gastweise in deren eigene Sprachwelten einzukehren, um sich ihnen besser verständlich zu machen und sie nicht selten gerade darin zu täuschen[54].

---

[50] Vgl. BEUTEL, Kirchengeschichte (s. Anm. 1), 240–246.
[51] Vgl. G. E. Lessing an Karl Lessing, 16.3.1778 (in: Briefe von und an Lessing 1776–1781 [s. Anm. 18]), 131.
[52] G. E. Lessing an Johann Albert Heinrich Reimarus, 6.4.1778 (aaO 143).
[53] Vgl. J. VON LÜPKE, Wege der Weisheit. Studien zu Lessings Theologiekritik (GTA 41), 1989, 176.
[54] Vgl. zuletzt E.-P. WIECKENBERG, Wahrheit und Rhetorik. Lessings Theologiekritik im Fragmentenstreit (in: Gotthold Ephraim Lessings Religionsphilosophie im Kontext [s. Anm. 34], 261–279).

In gewisser Weise würde sich sagen lassen: Die Eklektik, derer sich die theologischen Aufklärer gern als Methode bedienten, erhob Lessing zum Grundprinzip seines Denkens. Doch selbst damit wäre wohl noch zu viel Positivität konstatiert. Denn während die Aufklärer die Eklektik dazu gebrauchten, den logischen Systemzwang durch personale Systemkohärenz zu ersetzen, war Lessing Eklektiker nie im Zusammenhang, sondern stets nur im freien, spontanen Vollzug. Das erklärt die für den systematischen Rekonstrukteur in der Tat „irritierende Beweglichkeit"[55] seines Denkens. „Haec omnia inde esse in quibusdam vera, unde in quibusdam falsa sunt": Dieser der *Erziehungsschrift* als Motto vorangestellte Satz Augustins war bei Lessing nicht allein auf die Postulate der positiven Religion, sondern auf schlechthin alle Gestalten des menschlichen Wissens gemünzt.

Lessing und die Theologie der Aufklärung: Dieses abgründige Verhältnis wird sich allein unter den zuletzt genannten Voraussetzungen sachgemäß ausloten lassen. Zweifellos verband ihn innerhalb der zu seiner Zeit herrschenden theologischen Pluralität mit der Neologie eine besondere Affinität. Und vielleicht ging er mit ihr nicht zuletzt deshalb so harsch ins Gericht, weil er ihren Motiven und Intentionen sehr viel näher stand, als dem privatreligiösen Autonomiestreben, das ihm eigen war, lieb sein konnte.

---

[55] LÜPKE (s. Anm. 53), 174.

Frömmigkeit als „die Empfindung unserer gänzlichen Abhängigkeit von Gott"
Die Fixierung einer religionstheologischen Leitformel in Spaldings Gedächtnispredigt auf Friedrich II. von Preußen

I. Tod Friedrichs II. und einsetzende Memorialkultur

In der Nacht zum 17. August 1786, frühmorgens um 2.19 Uhr, verstarb in seiner bei Potsdam gelegenen Sommerresidenz Sanssouci der preußische König Friedrich II.[1] Seit Dezember 1785 hatte sich der Gesundheitszustand des Monarchen, der bis zuletzt alle diätetischen und hygienischen Ratschläge seiner Ärzte souverän zu ignorieren beliebte, dramatisch verschlechtert. Sein Ableben, auf das er in den vergangenen Jahren immer häufiger reflektiert hatte, konnte niemanden überraschen, weder in der engeren Umgebung des Königs noch in den Weiten seiner preußischen Lande. Bekannt ist der atmosphärische Eindruck, den Graf Mirabeau als unmittelbarer Augenzeuge jenes Tages festhielt: „Alles ist düster, niemand traurig, alles ist geschäftig, niemand betrübt. Kein Gesicht, das nicht Aufatmen und Hoffnung verrät; kein Bedauern, kein Seufzer, kein Wort des Lobes"[2].

Nachdem der Tod eingetreten war, entwässerten die Wundärzte den Leichnam des Königs. Dann wurde er gewaschen und im Konzertzimmer des Schlößchens aufgebahrt. Bereits gegen 3 Uhr erschien der Thronfolger, um

---

[1] Den genauen Zeitpunkt des Todes überliefert J. G. Kletschke, Der Tod Friedrichs des Großen. Letzte Stunden und feierliche Beisetzung des Preußenkönigs. Bericht eines Augenzeugen [1786], durchgesehen u. hg. v. H. Bentzien, 2006. Vgl. ferner z.B. J. D. E. Preuss, Friedrich der Große. Eine Lebensgeschichte, Bd. 4, 1834, 173–285; F. Agramonte y Cortijo, Friedrich der Große. Die letzten Lebensjahre. Nach bisher unveröffentlichten Dokumenten aus spanischen, französischen und deutschen Archiven. Deutsche Bearbeitung von A. Semerau, 1928, 321–357; zuletzt J. Kunisch, Friedrich der Große. Der König und seine Zeit, 2004, 525–539, und Ders., Das Begräbnis eines Unsterblichen? Die Trauerfeierlichkeiten für Friedrich den Großen (in: Ders., Friedrich der Große in seiner Zeit. Essays, 2008, 106–144). – Für sachkundige, empathische Zuarbeit gilt Frau Friederike I. E. Ebert mein sehr herzlicher Dank.

[2] G. B. Volz (Hg.), Friedrich der Große im Spiegel seiner Zeit. Bd. 3: Geistesleben, Alter und Tod, [1927], 255.

seinem Oheim die letzte Ehre zu erweisen und die anstehenden Maßnahmen zu verfügen. Am Abend wurde der Leichnam auf einem achtspännigen Wagen in das Potsdamer Stadtschloß feierlich überführt und ohne Einbalsamierung im Großen Marmorsaal aufgebahrt. Hier konnten die preußischen Offiziere sowie die Zivilbevölkerung am folgenden Tag Abschied nehmen von ihrem Monarchen, derweil ein zu Häupten der Leiche stehender Kammerhusar „mit einem Wedel aus Pfauenfedern die Fliegen vertrieb"[3]. Ein zeitgenössischer Bericht weiß zu vermelden, es seien schätzungsweise 23.000 Menschen an dem Toten vorbeidefiliert[4]. Noch am 18. August wurde Friedrich, in protokollarischer Feierlichkeit und nahtlosem Zusammenspiel staatlicher und kirchlicher Würdenträger, in der Gruft der Potsdamer Garnisonkirche beigesetzt, unmittelbar neben den sterblichen Überresten seines Vaters, des Soldatenkönigs Friedrich Wilhelm I.

Als erster Hof- und Domprediger und reformierter Oberkonsistorialrat erhielt Friedrich Samuel Gottfried Sack den Auftrag, anläßlich des vornehmen Todesfalls sowie des Regierungswechsels eine Notifikation auszufertigen, die am darauf folgenden Sonntag (20. August) auf allen Kanzeln des Landes zur Verlesung gebracht wurde: Während seiner 46jährigen Regierungszeit, heißt es da, sei Friedrich II. „im Gehorsam gegen den göttlichen Willen ganz seinem hohen Berufe treu gewesen"[5].

Die darin anklingende postume Rechristianisierung des Königs entsprach der nun einsetzenden Memorialkultur[6]. Wie selbstverständlich war mit der kirchlichen Beisetzung gegen den ausdrücklichen Willen Friedrichs verstoßen worden. Bereits 1744, noch vor dem Bau des Weinbergschlößchens, hatte sich dieser auf der oberen Terrasse eine Gruft anlegen lassen, von der Friedrich Nicolai vermutete, daß sie „wahrscheinlich die eigentliche Veranlaßung [war], diesem Orte die Benennung Sans-Souci zu geben"[7]. In seinem politischen Testament vom 8. Januar 1769 hatte der König unmißverständlich als seinen letzten Willen verfügt: „Man bestatte mich in Sanssouci auf der Höhe

---

[3] G. DE BRUYN, Ende und Anfang (in: DERS., Als Poesie gut. Schicksale aus Berlins Kunstepoche 1786 bis 1807, 2006, 7–12), 8.
[4] KLETSCHKE (s. Anm. 1), 32.
[5] AaO 40; die gesamte Notifikation aaO 39–41.
[6] E. HELLMUTH, Die „Wiedergeburt" Friedrichs des Großen und der „Tod fürs Vaterland". Zum patriotischen Selbstverständnis in Preußen in der zweiten Hälfte des 18. Jahrhunderts (in: Nationalismus vor dem Nationalismus, hg. v. E. HELLMUTH / R. STAUBER [Aufklärung 10/2], 1998, 23–54).
[7] F. NICOLAI, Anekdoten von König Friedrich II. von Preußen, und von einigen Personen, die um Ihn waren, 2. Heft, 1789, 203.

der Terrassen in einer Gruft, die ich mir habe errichten lassen"[8]. Der Grund dieser Bestimmung dürfte kaum im Kontext eines freimaurerisch inspirierten Totenkultes[9], vielmehr in der Selbstinszenierung Friedrichs als eines autonomen Freigeists zu suchen sein: „Gern und ohne Klage gebe ich meinen Lebensodem der wohltätigen Natur zurück, die ihn mir gütig verliehen hat, und meinen Leib den Elementen, aus denen er besteht. Ich habe als Philosoph gelebt und will als solcher begraben werden"[10]. In dieser Verfügung fanden die antihöfischen und antikirchlichen Affekte des Königs zusammen. Nicht von einem Schöpfergott, sondern einzig von „der wohltätigen Natur" meinte er sein Leben abhängig zu wissen.

In der zeitgenössischen Publizistik wurde die Ernstlichkeit der königlichen Bestattungsverfügung sogleich in Zweifel gezogen: „Es war dies denn doch nur ein vorübergehender Wunsch, an dessen genaue Erfüllung man eben nicht denkt, wenn man glaubt, dem Tode schon nahe zu sein"[11]. Der Thronfolger, der die Gruft in Sanssouci noch am Todestag inspizierte, soll ob der dort herrschenden Verwahrlosung erschüttert gewesen sein[12]. So nahm denn die staatskirchliche Domestikation des Verstorbenen ihren ungehinderten Lauf. Das für Samstag, den 9. September, verfügte öffentliche Leichenbegängnis orientierte sich an dem zuletzt bei den Trauerfeierlichkeiten für den Soldatenkönig erprobten, monumentalischen Ritual; die Untertanen sahen sich von der Inszenierung dieser „triumphalen Trauer" zeitnah und eingehend unterrichtet[13].

---

[8] FRIEDRICH DER GROSSE, Das Testament vom 8. Januar 1769 (in: Die Werke Friedrichs des Großen. Bd. 7: Antimachiavell und Testamente, hg. v. G. B. VOLZ, 1912, 287–291), 287. – Entsprechend hatte der König bereits in seinem persönlichen Testament vom 11. Januar 1752 verfügt: „Man bringe mich beim Schein einer Laterne, und ohne daß mir jemand folgt, nach Sanssouci und bestatte mich dort ganz schlicht auf der Höhe der Terrasse, rechterhand, wenn man hinaufsteigt, in einer Gruft, die ich mir habe herrichten lassen" (aaO 276).
[9] So A. VON BUTTLAR, Das Grab im Garten. Zur naturreligiösen Deutung eines arkadischen Gartenmotivs (in: „Landschaft" und Landschaften im achtzehnten Jahrhundert, hg. v. H. WUNDERLICH, 1995, 79–119), 106–115. Dagegen votiert einleuchtend KUNISCH, Friedrich der Große (s. Anm. 1), 532.
[10] FRIEDRICH DER GROSSE (s. Anm. 8), Bd. 7, 287; entsprechend aaO 277. – Vgl. insgesamt W.-D. HAUSCHILD, Religion und Politik bei Friedrich dem Großen (Saec. 51, 2000, 191–211).
[11] KLETSCHKE (s. Anm. 1), 33.
[12] KUNISCH, Friedrich der Große (s. Anm. 1), 537.
[13] KLETSCHKE (s. Anm. 1); H. L. MANGER, Baugeschichte von Potsdam, besonders unter der Regierung König Friedrichs des Zweiten. Bd. 2, 1789, 504–532. Weitere Titel verzeichnen H. HENNING / E. HENNING, Bibliographie Friedrich der Große 1786–1986. Das Schrifttum des deutschen Sprachraums und der Übersetzungen aus Fremdsprachen, 1988, 281f. – Vgl. U. STEINER, Triumphale Trauer. Die Trauerfeierlichkeiten aus Anlaß des Todes der ersten preußischen Königin in Berlin im Jahre 1705 (FBPG NF 11, 2001, 23–52).

Für den folgenden Tag wurden, flächendeckend für ganz Preußen, Gedächtnisgottesdienste verordnet[14]. Als Predigttext hatte Friedrich Wilhelm II. bereits am 29. August das von Nathan an David gerichtete Wort ausgegeben „Ich habe dir einen Namen gemacht, wie die Großen auf Erden Namen haben" (1Chr 17,8b). In der Berliner Oberpfarr- und Domkirche predigte, als ranghöchster reformierter Geistlicher, „in Gegenwart S[einer] Majestät des Königs und des Königl[ichen] Hauses", der erste Hofprediger Sack[15]. Hatte er im Exordium noch den Beinamen des verstorbenen Königs, der schon seit 1745 von den Zeitgenossen als „der Große" tituliert worden war, durch den Satz „Gott allein ist groß"[16] sowie durch die Ankündigung, er werde nicht die Größe des Königs schildern, sondern daran erinnern, daß „über die Fürsten und Gewaltigen auf Erden [...] noch ein Höherer" regiere[17], religiös konterkariert, so intonierte die Durchführung zunächst einen ungebrochenen Hymnus auf die Größe des Verstorbenen: „Wenn es nach David irgend einen Fürsten in der Welt gegeben hat, von dem man mit Recht sagen kann, daß ihm Gott einen großen Namen auf Erden gemacht hat, so ist es der preißwürdige Monarch"[18]. Dann aber, im zweiten Hauptteil, gelang es Sack, die menschliche Größe des Königs erneut in ihren göttlichen Bezugsrahmen einzupassen: „Bewundert Ihn, meine Zuhörer! aber vergöttert Ihn nicht"[19]. Am Ende war der Verstorbene dann wieder „unser von Gott so groß gemachte[r] Regent"[20].

Angesichts des vorgegebenen Bibelwortes konnte es kasualhomiletisch in der Tat kaum überraschen, daß die Größe des Königs gewürdigt und zugleich als ein irdisches Lehen Gottes kenntlich gemacht wurde. Durchmustert man die überkommenen Predigtdrucke[21], so dürfte sich die Vermutung nahelegen, daß an jenem Sonntag in fast allen preußischen Kirchen Text und Anlaß

---

[14] Mitunter wurde auch der nächstfolgende Sonntag gewählt; vgl. z.B. J. G. FRANKE, Gedächtnißpredigt auf den Tod Friedrichs des Großen Königs von Preußen; am 14ten Sonntage nach Trinitatis den 17. Sept. 1786 in der evangelischen Kirche zu Bunzlau gehalten, [1786].
[15] F. S. G. SACK, Gedächtnißpredigt auf den allerdurchlauchtigsten, großmächtigsten König und Herrn, Herrn Friderich den Zweiten, König von Preußen etc. etc. In Gegenwart Sr. Majestät des Königs und des Königl. Hauses den 10. September 1786 gehalten in der Oberpfarr- und Domkirche, ²1786.
[16] AaO IV.
[17] AaO V.
[18] AaO VI.
[19] AaO XIII.
[20] AaO XX.
[21] Die – nicht vollständige – Bibliographie von HENNING / HENNING (s. Anm. 13, 285–291) verzeichnet 74 Predigtdrucke.

der Predigt auf entsprechende Weise zusammengebracht worden sind. Als Propst von Berlin-Cölln sprach Wilhelm Abraham Teller in der Kirche St. Petri[22], als der ranghöchste lutherische Geistliche in Preußen predigte zur selben Stunde in St. Nikolai[23] Johann Joachim Spalding[24].

II. Spalding und Friedrich II.

Mit einem veritablen Karrieresprung war der vormalige pommersche Landpfarrer in die preußische Haupt- und Residenzstadt gelangt: Im Juni 1764 wurde Spalding zum preußischen Oberkonsistorialrat, Propst in Berlin sowie ersten Pfarrer an der Nikolai- und Marienkirche ernannt[25]. Die vage Hoffnung, bereits im März 1748 als Geistlicher Anstellung in Berlin zu finden, war rasch zerstoben[26], und einen Ruf auf das dritte Diakonat an St. Petri hatte Spalding noch im Vorjahr (1763) selbstbewußt ausgeschlagen[27].

Als oberster lutherischer Geistlicher war Spalding rasch mit dem königlichen Hof in Berührung gekommen, zumal mit der aus dem Hause Braunschweig-Bevern stammenden lutherischen Königin Elisabeth Christine, die ihn alsbald zu ihrem Seelsorger und Beichtvater nahm. Ihre aufmunternde Zuneigung hatte nicht wenig dazu beigetragen, daß der anfangs überaus scheue

---

[22] W. A. TELLER, Predigt zum Gedächtnis des Höchstseligen Königs Friedrich des Zweyten gehalten in der Kirche zu St. Petri am 10. Sept., ²1786.
[23] Zwar vermerkt der Predigtdruck Spaldings keinen Hinweis auf den Ort des Kanzelvortrags, doch da der lutherische Propst den Sonntagsgottesdienst stets in St. Nikolai zu halten pflegte und in der Berliner Marienkirche zur selben Stunde Johann Friedrich Zoellner predigte (J. F. ZOELLNER, Predigt zum Andenken Friedrichs des Zweiten. Am 10ten Septembr. 1786 Nachmittags in der Marienkirche gehalten, 1786), kommt für Spalding, der als Propst und erster Pfarrer an der Nikolai- und Marienkirche bestallt war, nur seine Hauptkirche St. Nikolai in Frage.
[24] J. J. SPALDING, Gedächtnißpredigt auf Friedrich den Zweyten, König von Preußen [...] (1786) (in: DERS., Einzelne Predigten, hg. v. A. BEUTEL / O. SÖNTGERATH [SpKA II/6], 2013, 63–80).
[25] Zur raschen lebens- und werkgeschichtlichen Orientierung vgl. V. LOOK, Johann Joachim Spalding (1714–1804). Populartheologie im Zeitalter der Aufklärung (in: Protestantismus in Preußen. Lebensbilder aus seiner Geschichte. Bd. 1: Vom 17. Jahrhundert bis zum Unionsaufruf 1817, hg. v. A. BEUTEL, 2009, 207–226).
[26] Spalding an Gleim, 16.3.1748 (in: J. J. SPALDING, Kleinere Schriften 2: Briefe an Gleim – Lebensbeschreibung, hg. v. A. BEUTEL / T. JERSAK [SpKA I/6-2], 2002, 22–26), 23,6–16.
[27] J. J. SPALDING, Lebensbeschreibung von ihm selbst aufgesetzt [...] (1804) (aaO 105–240): „Unter, oder gleich nach dieser Unterhandlung, trug mir der sel. Propst Süßmilch das unterste Diakonat bey der Petrikirche in Berlin an, welches anzunehmen ich natürlicherweise keine Ursache finden konnte" (aaO 154,17–21; Hervorhebung getilgt).

Theologe[28] in der Residenzstadt heimisch zu werden begann[29], und die Predigten, die er regelmäßig in den Privatgemächern der Königin hielt[30], zeugen ebenso von ihrem respektvollen Einvernehmen wie der Umstand, daß Elisabeth Christine *Die Bestimmung des Menschen*[31], das geniale Jugendwerk und Erfolgsbuch ihres geistlichen Vertrauten, zweimal in selbstverfertigter französischer Übersetzung ausgehen ließ[32]. Unter dem Eindruck ihres Todes schrieb der greise Spalding 1797, das Andenken der Königin werde „im Segen bleiben [...] als ein rührendes Muster der edelsten Geistesbeschäftigung, der eben so aufgeklärten als lebendigen Religiosität und einer ungewöhnlich thätigen Menschenbeglückung"[33].

Auch die Gedächtnispredigten auf den 1767 verstorbenen Prinzen Friedrich Heinrich Carl[34] und auf Prinzessin Louise Amalie, die 1780 verschied[35], dokumentieren die überaus warmherzige und persönliche Verbundenheit Spaldings mit ihm nahestehenden Personen des preußischen Hofes. Namentlich die zweitgenannte Predigt ist, rhetorisch wie theologisch, ein Meisterwerk eigener Art, das gleich mit dem ersten Satz die religiöse Höhenlage bestimmt: „Wenn Frömmigkeit vor dem Tode schützte, so hätten wir diese traurige Feyerlichkeit nicht"[36].

Doch zwischen Friedrich II. und Spalding blieb das Verhältnis zeitlebens kühl. Dem Theologen mißfiel ebenso die demonstrative Unkirchlichkeit des Monarchen wie die exorbitante Glorifizierung, die ihm zuteil wurde. Seine

---

[28] Vgl. die bemerkenswerte Selbstanalyse aaO 156,21–160,16.

[29] „Dazu kam die Aufmunterung aus den unerwarteten Beweisen des Beyfalls und der Gnade [...] von der regierenden itzt verwittweten Königin, vor welcher ich oft bey ihrem gewöhnlichen Gottesdienste auf dem Schlosse, ordentlich aber und beständig nach ihrer jedesmaligen Kommunion, so lange Alter und Kräfte es mir verstatteten, zu predigen hatte" (aaO 161,4–10).

[30] Einige dieser Predigten finden sich abgedruckt in: J. J. SPALDING, Barther Predigtbuch. Nachgelassene Manuskripte, hg. v. A. BEUTEL / V. LOOK / O. SÖNTGERATH (SpKA II/5), 2010.

[31] J. J. SPALDING, Die Bestimmung des Menschen (^{1}1748–^{11}1794), hg. v. A. BEUTEL / D. KIRSCHKOWSKI / D. PRAUSE (SpKA I/1), 2006.

[32] Traité sur la destination de l'homme, 1776; Traité sur la destination de l'homme. Nouvelle traduction, 1796.

[33] SPALDING, Lebensbeschreibung (s. Anm. 27), 205,22–26.

[34] DERS., Predigt auf das Absterben des Prinzen Friedrich Heinrich Carl, von Preussen. Am 14ten Junius 1767 gehalten und auf hohen Befehl dem Druck übergeben (1767) (in: DERS., Predigten größtentheils bey außerordentlichen Fällen gehalten (1775), hg. v. M. VAN SPANKEREN / Ch. E. WOLFF [SpKA II/4], 2011, 66–85).

[35] J. J. SPALDING, Gedächtnißpredigt auf die Hochselige Prinzeßinn Louise Amalie verwitwete Prinzeßinn von Preußen, gebohrne Prinzeßinn von Braunschweig-Wolfenbüttel. Auf höchsten Befehl zum Druck gegeben (1780) (in: DERS., Neue Predigten. Zweyter Band [1784], hg. v. M. VAN SPANKEREN / Ch. E. WOLFF [SpKA II/3], 2009, 16–31).

[36] AaO 17,14–16.

Lebensbeschreibung notiert, in sprechender Kürze, den lakonischen Satz: „Im August 1786 starb Friedrich der Zweyte, der große Mensch, wenn gleich immer noch Mensch"[37]. Schon vor seinem Berliner Dienstantritt hatte sich Spalding immer wieder über die freigeistige Religionsspötterei des Königs mokiert[38]. Seine seit 1771 von verschiedener Seite betriebene Aufnahme in die Königlich Preußische Akademie der Wissenschaften scheiterte an der Ungnade des Königs[39]; als Johann Georg Sulzer, Akademiedirektor der philosophischen Klasse, 1777 eine günstige Gelegenheit zu nutzen versuchte, um den König für Spalding einzunehmen, wischte dieser den Vorstoß mit einer zynischen Bemerkung beiseite[40]. Kurz vor dem Tod Spaldings, im August 1803, ist dann dessen jüngster Sohn Georg Ludewig, der sich als Altphilologe einen Namen gemacht hatte und mit Friedrich Schleiermacher seit den gemeinsamen Studientagen befreundet war, zum außerordentlichen, fünf Jahre später zum ordentlichen Mitglied der Akademie ernannt worden[41].

Immerhin scheint der König die religionsdiplomatische Kompetenz Spaldings durchaus gekannt und gewürdigt zu haben. Zweimal ließ er ihm eine intrikate Kommissionsarbeit übertragen: gegen den aufgrund von Pflichtverletzung und Frömmelei mißliebig gewordenen Abt von Kloster Berge Johann Friedrich Hähn (1770)[42] und, noch delikater, in der Scheidungssache des Thronfolgers Prinz Friedrich Wilhelm (1769)[43].

Die skeptische Distanz, die er gegenüber seinem König zeitlebens wahrte, durchbrach Spalding nur ein einziges Mal, überwältigt von der Freude über den Abschluß des Friedens von Teschen. Mit ihm war am 13. Mai 1779 der Bayerische Erbfolgekrieg zu Ende gegangen[44]. Zehn Tage später hielt Spalding

---

[37] SPALDING, Lebensbeschreibung (s. Anm. 27), 178,12f; Hervorhebung getilgt.
[38] Vgl. z.B. J. K. LAVATER, Reisetagebücher, hg. v. H. WEIGELT. Teil 1: Tagebuch von der Studien- und Bildungsreise nach Deutschland 1763 und 1764 (TGP 8/3), 1997, 65. 115. 420. 537 u.ö.; Spaldings *Briefe an Gleim* (s. Anm. 26), 29,9–12; 42,4–8 u.ö.
[39] A. HARNACK, Geschichte der Königlich Preußischen Akademie der Wissenschaften zu Berlin, 1900, ND 1970, Bd. I.1: Von der Gründung bis zum Tode Friedrich's des Großen, 470 Anm. 1.
[40] AaO 376.
[41] AaO Bd. 3: Gesamtregister [...], 259.
[42] SPALDING, Lebensbeschreibung (s. Anm. 27), 165,30–166,30. Vgl. Ch. SPEHR, Das Magdeburger Neologentreffen im Jahre 1770 (in: Christentum im Übergang. Neue Studien zu Kirche und Religion in der Aufklärungszeit, hg. v. A. BEUTEL / V. LEPPIN / U. STRÄTER [AKThG 19], 2006, 87–102), 89–94.
[43] SPALDING, Lebensbeschreibung (s. Anm. 27), 164,25–165,5.
[44] Bereits in einer am Sonntag Reminiscere (28. Februar) 1779 gehaltenen Predigt hatte Spalding seine Friedenshoffnung mit warmherzigen Worten für den König verbunden: „Welchen innigen Dank unserer Seele werden wir ihm [sc. Gott] nicht schuldig seyn, wenn er so bald dem angegangenen Verderben steuret, Ruhe und Sicherheit wieder befestigt,

über Ps 46,10–12 („[...] Der Herr Zebaoth ist mit uns, der Gott Jakobs ist unser Schutz") eine Predigt „Am Dankfeste wegen des Teschenschen Friedens"[45]. Sie geriet zu einem panegyrischen Lobgesang[46] auf den königlichen „Friedens- und Freyheitsstifter" (9,11f), „den großen Mann" (8,31), in welchem sich, als dem „Vater des Vaterlandes" (12,30), jünglingshafter Kampfesmut (9,1–8) mit gemeinsinnigem Patriotismus (12,21–13,1) auf einzigartige Weise verbinde: „Suchet die Fürsten, die ein gleiches thun" (12,18). Wer jetzt noch über partikulare Beschwernisse Klage führen und kleinliche Kritik üben zu sollen glaube, dessen Seele habe sich „ein unedler Geist der Unzufriedenheit und des Mißvergnügens" bemächtigt (13,7f): nichts als „ehrerbietige Liebe" und „treuen Gehorsam" (13,17f) schulde man nunmehr dem König. Hatte er diesen noch eingangs als ein Werkzeug der „Fürsehung des Höchsten" erkannt – „*Gott* ist der Stifter unsers Friedens" (5,10f)[47] –, so änderte Spalding in dem auf die Predigt folgenden Bittgebet die kausale Zuständigkeit: „Vergilt ihm [...] alles das Große und Gute, was er [!] gethan hat" (15,2–4).

Nun aber, in der Gedächtnispredigt auf den verblichenen Monarchen, waren derartige religionspatriotische Anwandlungen längst wieder verflogen. Mit ihr unternahm Spalding vielmehr eine feinsinnig austarierte Gratwanderung zwischen pflichtschuldiger patriotischer Ehrenbezeugung und sublimer religiöser Distanznahme. Unterscheidet sich die Memorialrede Spaldings schon dadurch von den anderen erhaltenen Predigten jenes Tages, so erst recht durch ihren exzeptionellen theologischen Tiefgang. Der Prediger nutzte den Anlaß, um sein lebenslanges Nachdenken über das „Wesen des Christenthums"[48] in eine hier erstmals programmatisch gebrauchte Formel zu bringen, die wenige Jahrzehnte später, in der *Glaubenslehre* Schleiermachers, dann abermals für – nunmehr anhaltende – Aufmerksamkeit sorgen sollte[49].

---

den König mit glücklichem Erfolge s[einer] edlen und großen Absichten gekrönt, zu uns zurück bringt, und so unsere Besorgniße in Freude verwandelt" (SPALDING, Barther Predigtbuch [s. Anm. 30], 475,18–23).

[45] DERS., Am Dankfeste wegen des Teschenschen Friedens (in: DERS., Neue Predigten. Zweyter Band [s. Anm. 35], 3–15); Nachweise aus dieser Schrift sind nachfolgend dem Fließtext in Klammern beigefügt.

[46] DERS., Lebensbeschreibung (s. Anm. 27), 174,24–27: „Nicht leicht habe ich bey Feyerlichkeiten dieser Art mit mehr theilnehmender Empfindung eine Predigt gehalten, als die hernach gedruckte Friedenspredigt".

[47] Hervorhebung von mir.

[48] In fundamentaltheologischer Bedeutung begegnet die Wendung erstmals in J. J. SPALDING, Ueber die Nutzbarkeit des Predigtamtes und deren Beförderung (^{1}1772; ^{2}1773; ^{3}1791), hg. v. T. JERSAK (SpKA I/3), 2002, 129,9. – Vgl. dazu A. BEUTEL, „Gebessert und zum Himmel tüchtig gemacht". Die Theologie der Predigt nach Johann Joachim Spalding (in: DERS., Reflektierte Religion. Beiträge zur Geschichte des Protestantismus, 2007, 210–236), 221.

[49] Vgl. hierzu Abschnitt IV. dieser Studie.

III. Die Gedächtnispredigt

1. Kanzelgebet und Exordium

Bereits in dem auf die Predigt einstimmenden Kanzelgebet läßt Spalding das Grundmotiv seiner religiösen Situationsdeutung anklingen: die gänzliche Abhängigkeit des Menschen von der göttlichen Omnipotenz. Gott als der „Allerhöchste" wolle „uns Geschöpfen von Staube" – eine in der philanthropischen Theologie Spaldings höchst außergewöhnliche Wendung! – die Weisheit erschließen, „daß wir in *Allem*, was da geschieht, deine *allwaltende* Hand erkennen"[50].

In der Gedächtnispredigt hat Spalding diese leitmotivisch verwendete Grundeinsicht für den gegebenen Anlaß konkretisiert. Gleich der Eingangssatz eröffnet, in unerschrockener Anspielung auf den gängigen Beinamen des Verstorbenen, die Antithese: „Wir wollen Gott, der allein groß ist und über Alles gebietet, [...] in Demuth anbeten" (63,18–20). In religiöser Perspektive würden die für Friedrich II. „sonst gebräuchlichen Beywörter und Ehrenbenennungen [...] entbehrlich" (63,28–64,2). Allerdings kann Spalding, nachdem der Ermöglichungsgrund aller irdischen Macht festgestellt ist, den Verblichenen auch wieder ganz unbefangen als „große[n], außerordentliche[n] Mann" (64,12f) und „unser[n] großen König" (66,3f u.ö.) ansprechen.

Neben der Einstimmung in die homiletische Situation leistet das Exordium vor allem eine die ganze Predigt tragende Unterscheidung der Perspektiven. Während die Würdigung dessen, „was dieser König für Sich, für die Welt und für uns gewesen ist", in die Zuständigkeit der „Geschichtschreiber und Lobredner" falle, sollten „wir, die wir Christen sind", unseren Sinn „zu demjenigen hinauf erheben, der uns diesen König, und Ihm Seine Größe gab" (64,18–27). In der Durchführung wird Spalding dann freilich zeigen, daß die dem Verstorbenen coram mundo zukommende Bedeutung für die coram Deo situierte religiöse Reflexion keineswegs irrelevant ist, sondern von ihr überhaupt erst in rechter Weise verstanden und ausgelegt werden kann.

Auf die Verlesung des Bibelwortes, das „uns für die heutige Gedächtnißfeyer vorgeschrieben worden" (64,32f)[51], folgt eine knappe, durch die innerbiblische Parallelstelle 2Sam 7,9 bestätigte exegetische Analyse (65,4–18), aus der Spalding die aktuelle Applikation dann unmittelbar hervorgehen läßt: „Friedrichs Nahme ist groß geworden, und Gott hat ihn groß gemacht" (65,10f). Im irdisch Vordergründigen leuchtet damit sein religiöser Hintersinn auf.

---

[50] SPALDING, Gedächtnißpredigt (s. Anm. 24), 63,11–13 (Hervorhebungen von mir); Nachweise aus dieser Schrift sind nachfolgend dem Fließtext in Klammern beigefügt.
[51] Im Erstdruck war die Bibelstelle 1Chr 17,8 irrtümlich als 1Chr 18,8 beziffert worden.

Obschon die Gliederung der Predigt in vier Hauptteile deutlich zu erkennen ist, verrät Spalding seinen „christlichen Zuhörer[n]" (63,18) merkwürdigerweise zunächst nur die der Person Friedrichs gewidmete erste Hälfte der Disposition (65,25–31). In Absetzung von der „niedrigen Schmeicheley" gewinnt der Prediger die „ganz ander[e] und wahrhafter[e] Bedeutung" (66,8–10) des königlichen Beinamens zurück: Die eigentliche Größe Friedrichs lasse sich nacheinander darin studieren, daß Gott *an ihm* und *durch ihn* Großes getan habe.

2. Erster Teil: Die an *Friedrich II.* erwiesene Größe Gottes

Kunstvoll ist die Ausführung des ersten Teils disponiert. Spalding rühmt die außerordentlichen Eigenschaften des Königs – seine Verstandesschärfe und Geistesgegenwart, seine Tatkraft und Entschlossenheit, seinen „unerschütterlichstandhaften Muth" (66,18f) –, die alsbald auch nach außen hin sichtbar geworden seien: in seiner Arbeitsamkeit, seiner innen- und außenpolitischen Gestaltungskraft und, nicht zuletzt, „Seinen siegreichen Kriegen" (66,28). Auf die verwunderte Frage der „Fürsten und Völker [...], wie alle diese Dinge möglich wären", weiß der Prediger sichere Antwort zu geben: „*Gott* machte sie möglich, indem er einen Geist, wie Friedrichs, schuf, und durch seine Fürsehung Ihn unterstützte" (66,33–67,3)[52].

Das Stichwort der göttlichen Providenz nimmt Spalding zum Anlaß, die außerordentlichen Gaben Friedrichs noch einmal, nun freilich im Lichte ihrer göttlichen Begabung, zu würdigen. Die Vorsehung fügte die Umstände, in denen Friedrich glückhaft agieren konnte. Die Vorsehung setzte ihn auf den Thron, der ihm seine Anlagen in größter Effizienz zu entfalten erlaubte. Die Vorsehung sandte ihm Mitarbeiter, deren Weisheit und Treue ihm nützlich wurden, und Situationen, in denen er seine Geisteskräfte entwickeln und üben konnte. Und schließlich war sie es auch, die in auswegloss scheinenden Konstellationen durch „Veränderungen im Leben und Tode" (67,21f) Rettung und Sicherheit brachte. Kurzum: „Alles, meine Freunde, war Gottes Werk an Ihm" (67,24f).

Diese an Friedrich exemplifizierte göttliche Omnipotenz erweist Spalding sodann als die conditio humana schlechthin. In auffallender Häufung biblischer Zitate und Anspielungen legt er dar, daß nicht allein Dasein und Fähigkeiten des Menschen, sondern auch das, „was wir, in unserer Kurzsichtigkeit, glückliche Zufälle nennen", in Wahrheit der „Regierung eines allmächtigen und allweisen Oberherrn der Welt" untersteht: „Alles gehöret in die Reihe

---

[52] Hervorhebung von mir.

von Ursachen und Wirkungen, die er, mit seiner unübersehbaren Weisheit, vorausbestimmt, angeordnet und zusammengeknüpft hat" (68,6–12).

Diese allgemeine christliche Wahrheit macht Spalding abermals an dem verstorbenen König konkret: Dessen angeborene Eigenschaften waren nicht weniger als die „glückliche[n] Fügungen" (68,27), die ihm zustatten kamen, allein das Werk Gottes an ihm. Und dann, als ob er es oben vergessen hätte, fügt Spalding dem eingangs gesungenen Loblied auf die Begabungen Friedrichs eine weitere Strophe hinzu, in welcher er die stoische Gelassenheit und Standhaftigkeit rühmt, die der König gegenüber seiner letzten, schmerzhaften Krankheit und dem herannahenden Tode bewiesen und damit sein Sterbelager zu einem „Bette der Ehre" (69,25) gemacht habe. Dieser Gesichtspunkt, den Spalding listig als ein aus scheinbarer dispositioneller Unordnung geborenes Postskriptum kaschiert, erfüllt tatsächlich eine doppelt bedeutsame strukturelle Funktion: einerseits als abschließende Spitze der den König auszeichnenden Begabungen, andererseits als ein im dritten, fundamentaltheologischen Predigtteil dann negativ respondierter Bezugspunkt. Bemerkenswert, obgleich erst vom Ende her zu verstehen ist dabei der Umstand, daß die von Friedrich zuletzt bewiesene ars moriendi unter den genannten Eigenschaften die einzige ist, deren Größe Spalding nicht als von Gott gewirkt kenntlich macht[53].

3. Zweiter Teil: Die durch Friedrich II. erwiesene Größe Gottes

Hatte der erste Predigtteil davon gehandelt, was Gott *an* Friedrich Großes gewirkt hat, so wendet sich Spalding nun der – davon schärfer als nötig unterschiedenen – Betrachtung zu, „was Gott *durch Ihn* that" (70,2). Sechs Aspekte ergänzen sich dabei zu einer Gesamtschau. Auch wenn Spalding das „für uns fremdere Feld" (70,5f) der auswärtigen Angelegenheiten am liebsten gar nicht betreten hätte, rühmt er doch den die großen Taten des Königs krönenden Abschluß des Deutschen Fürstenbundes (1785), der „jedem patriotischen Deutschen" (70,13) dankbare Verehrung abfordere. Sodann würdigt Spalding nacheinander des Königs aktive und kompetente Förderung der „Wissenschaften und Künste" (70,24), dessen fürsorgliche Arbeit an der „Aufklärung Seines Volks" (70,30), die von ihm eingeleiteten Maßnahmen zur Vorbereitung einer umfassenden Justiz- und Verwaltungsreform sowie, in besonderer Detailliertheit, die von Friedrich verfolgte Beförderung des allgemeinen Wohl-

---

[53] Die zusammenfassende Bündelung (69,26–34) bezieht sich auf den gesamten ersten Teil der Predigt und nicht mehr auf die Erwähnung der von Friedrich praktizierten ars moriendi.

standes, die sich beispielsweise in seiner Peuplierungs- und Schulpolitik, aber auch in der Urbarmachung von Landschaften – zumal an das Oderbruch dürfte dabei gedacht sein –, der kameralistischen Unterstützung von Handel und Gewerbe und nicht zuletzt in der persönlichen Freigebigkeit und Hilfsbereitschaft des Monarchen erzeigt habe.

Schließlich habe der König auch darin Gutes gestiftet, daß durch ihn „dem Zwange und dem Verfolgungsgeiste in Ansehung der Glaubensmeinungen [...] gewehret, und jedem Gewissen seine eigene Ueberzeugung mehr frey gelassen worden" (72,12–16) sei. In diesem letzten Aspekt der unter Friedrich beförderten Gewissens- und Glaubensfreiheit kulminiert zwar die Liste seiner öffentlichen Wohltaten, doch ist er von Spalding nun nicht mehr, wie alles übrige, als die Frucht eines vom König aktiv betriebenen Engagements, vielmehr als der willkommene Effekt seiner religiösen Gleichgültigkeit kenntlich gemacht worden. Die darin subkutan angedeutete kritische Distanzierung dürften die Hörer und Leser der Predigt gewiß aufmerksam registriert haben.

Um so eindringlicher schildert Spalding den für „das eigentliche [...] Christenthum" (72,31–34) daraus resultierenden Nutzen. Abträglich sei diesem ebenso eine ungehinderte Verbreitung von Atheismus und Religionsspötterei wie ein blindwütig ausgeübter Bekenntniszwang, mit dem seinerseits nur dem Aber- und Unglauben Vorschub geleistet werde. Auf dem zwischen diesen beiden „unseligen Abwegen" (73,8) sicher dahinführenden Mittelweg, der unter der Regentschaft Friedrichs so nachhaltig erleichtert worden sei, könne, unterstützt durch die jeder Zensur enthobene Freiheit der theologischen Forschung[54], die „göttliche Lehre Jesu in ihrer eigenthümlichen Reinheit und Würde" (73,19f) erscheinen und damit dem „leichtsinnigen Unglauben" wehren, „jeder verwirrenden Schwärmerey" steuern und dank ihrer vernünftigen Evidenz Tugend und Seelenfrieden befördern (73,21–24).

Im resümierenden Blick auf alles, „was durch Friedrich Gutes ausgerichtet, veranlasset, oder auch aus Seinen Handlungen, dem Ansehen nach nur zufällig, erfolgt ist" (73,32–34), erinnert Spalding abermals an die Bewunderung und Verehrung, die man dem „großen König" (74,4) dafür schulde. Indessen führt ihn dieser Gedanke sogleich wieder auf die basale religiöse Einsicht zurück, daß im Grunde allein Gott als der „eigentliche wahre Urheber" zu erkennen und zu preisen sei: „Es ist nur Eine ursprüngliche, allgemeine Quelle alles dessen, was wahrhaft und wesentlich gut ist" (74,9–13). Gleichwie Gott *jedem* Menschen die Eigenschaften, Fähigkeiten und Umstände zu-

---

[54] Vgl. dazu A. BEUTEL, Zensur und Lehrzucht im Protestantismus. Ein Prospekt (s.o. 37–59).

kommen lasse, durch die er „ein *Werkzeug* zu wohlthätigen und rühmlichen Wirkungen werden kann" (74,20f)[55], so sehe Gott insonderheit auch, den verstorbenen König betreffend, „*sein* Werk an Ihm verherrlichet, *seine* Absichten durch Ihn erfüllet" (74,29f)[56]. Das ist die bemerkenswerte Zwischenbilanz der Gedächtnispredigt auf Friedrich den Großen: Auch er war, in all seiner irdischen Größe, nichts weiter als ein Werkzeug des großen, allmächtigen Gottes.

4. Dritter Teil: Die Empfindung unserer gänzlichen Abhängigkeit

Hervorgehoben durch eine deutliche gliederungstechnische Zäsur, vertieft Spalding seine Gedächtnispredigt nun, als deren dritten Hauptteil, in eine fundamentaltheologische Besinnung, deren Allgemeinheit sich nur scheinbar von dem konkreten Anlaß der Kanzelrede entfernt. Im Schutze der jetzt einsetzenden grundsätzlichen Erwägungen kann der psychologisch versierte Prediger darauf vertrauen, daß die impliziten Applikationen, die seine Betrachtung durchziehen, von den unter dem Eindruck des königlichen Todes stehenden Hörern und Lesern umstandslos erkannt und verstanden werden, ohne daß der Redner für solche situativ naheliegende Anwendung irgend haftbar gemacht werden könnte.

Unmißverständlich hebt Spalding zu einer Grundsatzerklärung an: Aus dem Predigttext und dessen vorgetragener Auslegung ergebe sich eine „Lehre". „Und diese Lehre bestehet darin: daß die Empfindung unserer gänzlichen Abhängigkeit von Gott [...] in Allem, was wir sind und haben [...] für uns von der höchsten Wichtigkeit sey" (75,6–12). Dieses schlechthinnige Abhängigkeitsgefühl markiere, so Spalding, „den Anfang und die Grundlage aller wirklichen Religion" (75,10f). In dieser religionstheologischen Ureinsicht sieht er nicht weniger als die Bedingung der Möglichkeit wahrer, christlicher Frömmigkeit zum Ausdruck gebracht. In ihrer Anwendung konstituiere sich christlicher Glaube, weshalb denn auch „der lebhafte Eindruck davon von einem jeden unter uns mit dem gewissenhaftesten Nachdenken erweckt und unterhalten werden müsse" (75,12–15). Die „Lehre", die Spalding der Trauergemeinde entwickelt, ist mit Bedacht formuliert: Als das Wesen der Religion bestimmt er ein Gefühl, das der gänzlichen Abhängigkeit des Menschen von Gott inne wird und das durch reflexive Redlichkeit erweckt und erhalten zu werden vermag.

---

[55] Hervorhebung von mir.
[56] Hervorhebungen von mir.

Die konstitutive Bedeutung dieses Gefühls erhärtet Spalding gleichsam ex negativo. Wo das Gefühl unserer gänzlichen Abhängigkeit von Gott nicht lebendig sei – „kurz: wo Religion fehlet" (75,19f) –, da könne es für den Menschen „nichts wirklich Befriedigendes" (75,20) und also keine Glückseligkeit geben. Ein von Gott abgewandter Mensch verfehle sein „wahre[s] innerliche[s] Glück" (75,24), für das ihm weder Weisheit noch irdisches Vergnügen, auch nicht Philosophie, Sarkasmus oder das Trugbild selbstbestimmter Autonomie zureichende Kompensation zu leisten vermöge – ein Schelm, wer dabei an Friedrich den Großen dächte!

Spalding vertieft diese Überlegung durch einen Blick auf den natürlichen Alterungsprozeß des Menschen, der die Unersetzlichkeit des christlichen Gottesglaubens immer mehr offenbar werden lasse. Was er dabei zur Sprache bringt, sind allgemeine menschliche Erfahrungen, deren situative Applikation er abermals den Hörern und Lesern der Predigt stillschweigend anheimstellt. Mit fortschreitendem Alter würden „die Berauschungen der Sinnlichkeit [...] geschmacklos und leer" (76,2–4), wichen die gewachsenen Freundschaftsbande zunehmender Einsamkeit und verbliche die aus Würde, Ruhm und Pracht gezogene Freude gegenüber dem „Druck der gänzlichen Hinfälligkeit" (76,10f), in der, so die von Spalding feinsinnig konnotierte Assoziation, die „Empfindung unserer gänzlichen Abhängigkeit von Gott" (75,7f) ihre trostlose säkulare Entsprechung erlebt. Als Höhepunkt solcher beschwerlicher Alterserfahrung riskiert Spalding eine kaum verhohlene, disjunktive Anspielung auf die oben gerühmte ars moriendi des Königs: Selbst eine „an sich starke standhafte Seele", die sich „durch eine lange voraus gefaßte Entschlossenheit" gegen die Schrecknisse des „letzten Feindes" (76,13–17) gerüstet hat, sei schlechterdings zu bedauern, da sie „die durch nichts zu ersetzenden seligen Erheiterungen in ihrem Innersten entbehren muß, die nur das getroste Hingeben in die Hände einer gnädigen Allmacht, und der zuverläßige frohe Vorausblick in ein besseres Leben wirken kann" (76,19–24). Die amtlich verordnete Rechristianisierung des freigeistigen Königs wird in der Gedächtnispredigt des Berliner Propstes sublim konterkariert.

Auch der konkrete, traurig-vornehme Anlaß dürfe eine konsequente Unterscheidung der eingangs genannten Perspektiven nicht unterbinden. Unumwunden präsentiert Spalding deshalb der im Gedenken an den freigeistigen König versammelten Gemeinde die Quintessenz seiner Predigt: „So viel hat der Christ voraus vor dem, der es nicht ist" (76,25). Und als sei er über den in solcher Antithese anklingenden Freimut nun doch erschrocken, fügt Spalding sogleich hinzu, es sei allein der Predigttext, der ihn „sehr natürlich und rechtmäßig" (76,33) zu der Einsicht geführt habe, „daß Alles, was in der Welt groß ist und Gutes geschieht, dem ewigen Ursprunge alles Guten zuzuschreiben sey" (77,2–4).

5. Vierter Teil: Segenswünsche

Im letzten Teil seiner Predigt widmet sich Spalding den Hinterbliebenen. Indem er nun, graduell unterschieden, auch die Frömmigkeit der Betroffenen würdigt, werden die Hörer und Leser abermals darauf gestoßen, bei wem der Prediger zu solcher Würdigung weder Grund noch Anlaß gefunden hat.

Der höfischen Etikette entsprechend beginnt Spalding beim Thronfolger Friedrich Wilhelm II. An ihm rühmt er aufsteigend seine unermüdliche Tatkraft, seinen Gerechtigkeitssinn, seine Güte und, endlich, seine „unverhehlte öffentliche Verehrung Gottes und der Religion" (77,24f). Ihm, als einem „unschätzbare[n] Geschenk von Gott" (77,15f), schuldeten wir Ehrfurcht, Treue und „Gehorsam aus Liebe" (77,28f). Von untertäniger *Liebe* war, nebenbei bemerkt, im Blick auf den verstorbenen König niemals die Rede gewesen, und fraglos wird Spalding, ernüchtert durch die mit dem Woellnerschen Religionsedikt heraufbeschworene Unbill[57], auch die gegenüber Friedrich Wilhelm II. hier noch eingeforderte Liebespflicht alsbald revidiert haben[58].

Gegenüber den sich lediglich auf das Zeitliche erstreckenden Glückwünschen, mit denen Spalding die regierende Königin Friederike Luise bedenkt, fällt die innige Anteilnahme, die er der verwitweten Königin Elisabeth Christine zuteil werden läßt, um so mehr ins Gewicht: Zwischen allerlei Segensbitten rühmt er sie – man bedenke: anläßlich des Todes ihres königlichen Gemahls! – als das „sichtbare Beyspiel von den seligen Wirkungen einer richtig erkannten und lebhaft empfundenen Religion" (78,31–33). In gebührender Abstufung gedenkt der Prediger dann auch noch der Geschwister des verstorbenen Königs sowie der übrigen Angehörigen des preußischen Hofes.

Spalding beschließt seine Gedächtnispredigt mit der an „meine Zuhörer" gerichteten Ermahnung, die „Eine große Wahrheit" (79,22f), die er dargestellt habe, nicht zu versäumen. In dieser bündigen, durch das die Predigt beschließende Kanzelgebet fortgeführten Peroratio wird die zentrale „Lehre" der Predigt, der gemäß „die Empfindung unserer gänzlichen Abhängigkeit von Gott [...] den Anfang und die Grundlage aller wirklichen Religion" (75,7–11) in sich fasse, noch einmal eindrucksvoll paraphrasiert.

---

[57] U. WIGGERMANN, Woellner und das Religionsedikt. Kirchenpolitik und kirchliche Wirklichkeit im Preußen des späten 18. Jahrhunderts (BHTh 150), 2010.
[58] Vgl. dazu eingehend SPALDING, Lebensbeschreibung (s. Anm. 27), 178–190.

IV. Zur Genese der religionstheologischen Leitformel

1. Ihre Bedeutung bei Schleiermacher

Bekanntlich hat Schleiermacher in der fundamentaltheologischen Einleitung seiner *Glaubenslehre* (1821/22) als das „Wesen der Frömmigkeit" festgestellt, „daß wir uns unsrer selbst als schlechthin abhängig bewußt sind, das heißt, daß wir uns abhängig fühlen von Gott"[59]. Die zweite Auflage (1830/31) übernahm diesen Leitsatz fast unverändert[60] und gab der Entscheidung, das Gefühl schlechthinniger Abhängigkeit als Gottesbewußtsein zu definieren[61], eine ausführliche Erläuterung bei[62].

Nun ist die theologische Aussage, der Mensch unterstehe in allem, was ihm gegeben ist und widerfährt, der Allmacht Gottes[63], nicht eben originell, und der Versuch, Schleiermacher gerade in dieser Hinsicht als einen unmit-

---

[59] F. Schleiermacher, Der christliche Glaube nach den Grundsätzen der evangelischen Kirche im Zusammenhange dargestellt (1821/22), § 9 (KGA I.7,1, 1980, 31,2–5).

[60] Ders., Der christliche Glaube nach den Grundsätzen der evangelischen Kirche im Zusammenhange dargestellt. Zweite Auflage (1830/31), § 4 (KGA I.13,1, 2003, 32,10–15).

[61] „Sich schlechthin abhängig [sic] fühlen und sich seiner selbst als in Beziehung mit Gott bewußt sein [ist] einerlei" (aaO 40,5f).

[62] AaO 33,1–40,30. – Eine exzellente Rekonstruktion der von Schleiermacher in der *Glaubenslehre* entwickelten Frömmigkeitstheorie bietet Ch. Albrecht, Schleiermachers Theorie der Frömmigkeit. Ihr wissenschaftlicher Ort und ihr systematischer Gehalt in den Reden, in der Glaubenslehre und in der Dialektik (SchlAr 15), 1994, 195–260. Vgl. auch G. Ebeling, Schlechthinniges Abhängigkeitsgefühl als Gottesbewußtsein (in: Ders., Wort und Glaube. Bd. 3: Beiträge zur Fundamentaltheologie, Soteriologie und Ekklesiologie, 1975, 116–136); Ders., Zum Religionsbegriff Schleiermachers (in: Ders., Theologie in den Gegensätzen des Lebens [Wort und Glaube Bd. 4], 1995, 55–75); J. Rohls, Frömmigkeit als Gefühl schlechthinniger Abhängigkeit. Zu Schleiermachers Religionstheorie in der „Glaubenslehre" (in: K.-V. Selge [Hg.], Internationaler Schleiermacher-Kongreß Berlin 1984 [SchlAr 1,1], 1985, 221–252); W. Schock, Abhängigkeitsgefühl und Sinneinheit. Zum Gottesbegriff in Schleiermachers Glaubenslehre (NZSTh 37, 1995, 41–56); G. Behrens, Feeling of absolute dependence or absolute feeling of dependence? (What Schleiermacher really said and why it matters) (RelSt 34, 1998, 471–481); H.-P. Grosshans, Selbsterkenntnis als Gotteserkenntnis? Zum Verhältnis von schlechthinnigem Abhängigkeitsgefühl und schlechthinniger Ursächlichkeit bei Friedrich Schleiermacher (in: I. U. Dalferth / J. Fischer / H.-P. Grosshans [Hg.], Denkwürdiges Geheimnis. Beiträge zur Gotteslehre. Festschrift für E. Jüngel zum 70. Geburtstag, 2004, 127–144); H. E. Finlay, ‚Feeling of absolute dependence' or ‚absolute feeling of dependence'? A question revisited (RelSt 41, 2005, 81–94); H.-P. Grosshans, Alles (nur) Gefühl? Zur Religionstheorie Friedrich Schleiermachers (in: A. Arndt / U. Barth / W. Gräb [Hg.], Christentum – Staat – Kultur. Akten des Kongresses der Internationalen Schleiermacher-Gesellschaft in Berlin, März 2006 [SchlAr 22], 2008, 547–565).

[63] J. Bauke, Die Allmacht Gottes. Systematisch-theologische Erwägungen zwischen Metaphysik, Postmoderne und Poesie (TBT 96), 1998.

telbaren Schüler und Erben Calvins auszuweisen[64], entsprechend absurd[65]: Schwerlich dürfte es einen kirchlichen Theologen gegeben haben, der sich nicht selbstverständlich die biblische Lehre zu eigen gemacht hätte, der Paulus mit der rhetorischen Frage „Was hast du aber, das du nicht empfangen hast? So du es aber empfangen hast, was rühmst du dich dessen, als ob du es nicht empfangen hättest?" (1 Kor 4,7) ihren klassischen Ausdruck verlieh. Parallel dazu gehörte die Einsicht, daß die Welt mitsamt allem, was in ihr ist, der göttlichen Dependenz unterliegt, zum Kernbestand der abendländischen Metaphysik, von Aristoteles[66] bis hin zu Descartes, Leibniz, Voltaire und dem vorkritischen Kant[67].

Allerdings hat Schleiermacher dieses theologische und philosophische Basalwissen nicht nur seinerseits fortgeschrieben, sondern erstmals auch zum Angelpunkt einer dogmatischen Prinzipienlehre erhoben: Nicht mehr irgendwelche Heilstatsachen oder Offenbarungswahrheiten, sondern das menschliche Abhängigkeitsgefühl und Gottesbewußtsein bilden das Materialprinzip seiner „systematisch verfahrende[n] Rechenschaft über den christlichen Glauben"[68]. In dieser Grundentscheidung war Schleiermacher zweifellos innovativ. Entsprechendes behauptet die ihm gewidmete Forschung allerdings auch – und daran sind Zweifel geboten – für die gedankliche und sprachliche Ausformung seines fundamentaltheologischen Leitsatzes: Die „Formel"[69], das Wesen der Frömmigkeit bestehe in dem Gefühl der schlechthinnigen Abhängigkeit des Menschen von Gott, habe Schleiermacher „gebildet"[70] und damit einen „Paradigmenwechsel"[71] vollzogen. Merkwürdigerweise konnte der gelehrte Hinweis eines Theologiehistorikers, bereits 1810 habe der Heidelberger Dogmatiker Carl Daub die Religiosität als „das Gefühl der Abhängigkeit

---

[64] So zuerst A. SCHWEIZER, Die Glaubenslehre der evangelisch-reformierten Kirche. Bd. 1, 1844, 40; vgl. dazu I. WERNER, Calvin und Schleiermacher im Gespräch mit der Weltweisheit. Das Verhältnis von christlichem Wahrheitsanspruch und allgemeinem Wahrheitsbewußtsein, 1999, 130–139.
[65] Zur berechtigten Kritik dieses genetischen Postulats vgl. A. HUIJGEN, Calvinrezeption im 19. Jahrhundert (in: H. SELDERHUIS [Hg.], Calvin Handbuch, 2008, 480–490), 482.
[66] ARISTOTELES, Metaphysik, 1072b.
[67] Vgl. dazu die gelehrte Studie von G. SCHOLTZ, Gefühl der Abhängigkeit. Zur Herkunft von Schleiermachers Religionsbegriff (Philotheos 4, 2004, 66–81), 69–73.
[68] G. EBELING, Dogmatik des christlichen Glaubens. Bd. 1: Prolegomena, Teil 1: Der Glaube an Gott den Schöpfer der Welt, ⁴2012, 11. Mit diesem Zitat soll zugleich daran erinnert sein, daß auch die Dogmatik G. Ebelings in einer Schleiermacher verpflichteten Weise entworfen und durchgeführt ist (vgl. A. BEUTEL, Gerhard Ebeling. Eine Biographie, 2012, 421–434).
[69] SCHLEIERMACHER, Der christliche Glaube (s. Anm. 60), 40,5.
[70] H.-J. BIRKNER, Art. Gefühl schlechthinniger Abhängigkeit (HWPh 3, 1974, 98).
[71] ROHLS (s. Anm. 62), 221.

von Gott"⁷² definiert⁷³, weder das für Schleiermacher erhobene Originalitätspostulat erschüttern noch zu weitergehender Spurensicherung anregen⁷⁴.

Indessen hat die vorstehende Predigtanalyse ergeben, daß *Spalding* mit Fug und Recht als der eigentliche Urheber jener religionstheologischen Leitformel reklamiert werden kann. Schleiermacher war dem „alte[n] Probst Spalding", diesem „herrlichen Mann"⁷⁵, durch persönlichen Umgang verbunden⁷⁶: Während seiner ersten Berliner Zeit verkehrte er regelmäßig in dessen Haus, und die dort herrschende „echt patriarchalische Eintracht und Pietät" hat ihn „immer fast bis zum Entzüken" erfreut⁷⁷. In mehrfacher Hinsicht führte Schleiermacher die von Spalding gebahnten Denkspuren fort⁷⁸ und besaß nicht nur selbstverständlich die Werke des bedeutenden Neologen⁷⁹, sondern vermutlich auch dessen *Gedächtnißpredigt auf Friedrich den Zweyten, König von Preußen*⁸⁰. In ihr war ein theologiegeschichtlich höchst folgenreicher Begriffsbildungsprozeß zum Abschluß und zur Vollendung gelangt.

2. Ihre Entfaltung bei Spalding

Ein erster, noch ganz beiläufiger und unspezifischer Niederschlag der Überlieferung findet sich bei Spalding in seinen 1761 erschienenen *Gedanken über den Werth der Gefühle in dem Christenthum*⁸¹. Zwei Jahre später, in den Er-

---

⁷² C. DAUB, Einleitung in das Studium der christlichen Dogmatik aus dem Standpunkte der Religion, 1810, 34.

⁷³ ROHLS (s. Anm. 62), 242f.

⁷⁴ Als nicht nur rühmliche, sondern höchst ponderable Ausnahme sei auf die Studie von SCHOLTZ (s. Anm. 67) verwiesen. Die dort hinsichtlich C. Daub angestellten Erwägungen (aaO 78f) dürften die oben getroffene Feststellung einer unableitbaren Innovationsleistung Schleiermachers zumindest als überprüfenswürdig erscheinen lassen.

⁷⁵ F. Schleiermacher an Ch. Schleiermacher, 4.10.1797 (KGA V.2, 1988, 174,173–176,254), 174,186.192f.

⁷⁶ Vgl. A. BEUTEL, Aufklärer höherer Ordnung? Die Bestimmung der Religion bei Schleiermacher (1799) und Spalding (1797) (in: DERS., Reflektierte Religion [s. Anm. 48], 266–298), 274–278.

⁷⁷ F. Schleiermacher an Ch. Schleiermacher (s. Anm. 75), 174,196–175,204.

⁷⁸ Vgl. dazu insgesamt BEUTEL, Aufklärer höherer Ordnung? (s. Anm. 76).

⁷⁹ G. MECKENSTOCK (Hg.), Schleiermachers Bibliothek. Bearbeitung des faksimilierten Rauchschen Auktionskatalogs und der Hauptbücher des Verlages G. Reimer (SchlAr 10), 1993, 274f.

⁸⁰ Der Rauchsche Auktionskatalog verzeichnet drei Mappen mit insgesamt 116 leider nicht spezifizierten „Predigten von verschiedenen Kanzel-Rednern" (aaO 121), unter denen die Spaldingsche *Gedächtnißpredigt* zu vermuten nicht gänzlich abwegig sein dürfte. Diese Vermutung wird unterstützt durch die augenfällige Entsprechung, in der beide Theologen das Wesen der Frömmigkeit bzw. der Religion auf den Begriff gebracht haben.

⁸¹ J. J. SPALDING, Gedanken über den Werth der Gefühle in dem Christenthum (¹1761– ⁵1784), hg. v. A. BEUTEL / T. JERSAK (SpKA I/2), 2005, 124,22–30. Allerdings bekundet das

weiterungen der 7. Auflage seiner *Bestimmung des Menschen*, ist die Wendung bereits fest in das semantische Repertoire integriert; die kleine lexische Variante, daß Spalding hier durchweg von „Abhänglichkeit" spricht, wird für die Frage nach seinen Quellen noch von Bedeutung sein[82]: „Ich will ohne Unterlaß ein lebendiges Gefühl meiner gänzlichen Abhänglichkeit von ihm bey mir gegenwärtig erhalten"[83]. Zugleich findet der Ausdruck nun auch Eingang in die katechetische Unterweisung: Lavater weiß zu berichten, Spalding habe seinen Konfirmanden „den Glauben an Gott als die Erkenntniß unserer Abhängigkeit von ihm"[84] erklärt. Bereits in diesem frühen Stadium zeigt sich, daß Spalding dabei zwischen *Erkenntnis* und *Gefühl*[85] bzw. *Empfindung*[86] der gänzlichen Dependenz keineswegs kategorial unterscheidet. Vielmehr ist sein religiöser Gefühlsbegriff von einem kognitiven Element durchgängig begleitet[87], und bisweilen wird diese bipolare Bestimmung des religiösen Gefühls auch direkt zum Ausdruck gebracht: „Wer Gott und sich selbst recht *kennet*, der wird auch in diesem Stücke seine gänzliche Abhängigkeit von demselben [...] lebendig *fühlen*"[88].

In den nächstfolgenden Jahren setzt Spalding den Gebrauch der Wendung kontinuierlich fort, nicht nur in den gedruckten Schriften[89], sondern auch auf

---

von Lavater angefertigte Exzerpt einer – nicht erhaltenen – Epiphanias-Predigt, daß Spalding die Wendung bereits 1758 gebraucht habe: „Je mehr wir uns durch die Überzeügung unser Abhängigkeit von Gott mit ihm zu vereinigen suchen [...], desto näher sind wir, so zu reden, bey der rechten Quelle, bey dem wahren Ursprung unserer Wohlfahrt" (LAVATER [s. Anm. 38], 139). – Mit Freuden sehe ich, daß die Spalding-Forscherin Laura Anna Macor in einem jüngst erschienenen Beitrag die vorliegende Studie, freilich ohne sich mit Rückverweisen aufzuhalten, getreulich nachgezeichnet hat (L. A. MACOR, Die Abhängigkeit des Menschen von Gott. Zur Endlichkeit als Geschöpflichkeit bei Johann Joachim Spalding [in: Endlichkeit und Transzendenz. Perspektiven einer Grundbeziehung, hg. v. J. SIROVÁTKA, 2012, 119–137]).

[82] Siehe dazu bei Anm. 108f.
[83] SPALDING, Bestimmung des Menschen (s. Anm. 31), 305, 6–8 (1763); vgl. aaO 201,12–20 (1763); 233,18–25 (1763).
[84] LAVATER (s. Anm. 38), 170.
[85] SPALDING, Bestimmung des Menschen (s. Anm. 31), 305,7 (1763).
[86] DERS., Werth der Gefühle (s. Anm. 81), 120,1 u.ö. Die von GROSSHANS, Alles (nur) Gefühl? ([s. Anm. 62], 549) für das Zeitalter der Aufklärung nachgewiesene Unterscheidung von Empfindung und Gefühl hat Spalding nicht vollzogen.
[87] Vgl. dazu BEUTEL, Aufklärer höherer Ordnung? (s. Anm. 76), 281–286.
[88] SPALDING, Werth der Gefühle (s. Anm. 81), 74,25–27 (1769; Hervorhebungen von mir). In diesem Sinn ist auch zu verstehen, daß Spalding den in seiner „Bestimmung des Menschen" vollzogenen Reflexionsgang als „die Geschichte der *Empfindungen* eines ehrlichen Mannes" bezeichnen konnte (DERS., Bestimmung des Menschen [s. Anm. 31], 214,7f [Hervorhebung von mir]).
[89] DERS., Werth der Gefühle (s. Anm. 81), 120,1 (1764); 182,1f (1764); 183,12 (1764).

der Kanzel[90]. Eindringlich heißt es in dem der *Bestimmung des Menschen* ab der 1768 herausgebrachten 9. Auflage beigefügten Schlußgebet: „O daß ich doch niemal diese meine gänzliche Abhängigkeit von Dir vergessen möchte"[91]. Spaldings *Neue Predigten*, ebenfalls 1768 erschienen, bieten die Wendung nicht allein in auffallender Häufung[92], sondern dazu auch in zweifach signifikanter Spezifizierung. Zum einen wird das der natürlichen Religion[93] eigene Gefühl der gänzlichen Abhängigkeit des Menschen von Gott nun auch explizit als christlich erwiesen[94]. Und zum andern beginnt sich jetzt erstmals die wenig später in jener Formel entdeckte Wesensbestimmung der Religion anzubahnen, wenn Spalding, sich gleichsam dorthin vortastend, zunächst festhält, „die beständige Empfindung unserer gänzlichen Abhängigkeit von Gott" sei in der „wahren christlichen Frömmigkeit [...] *enthalten*"[95]. Entsprechend vermerkt die 1772[96] veröffentlichte Schrift *Ueber die Nutzbarkeit des Predigtamtes* in ebenfalls noch nicht zureichend geklärter Bestimmtheit, die gänzliche Dependenzerfahrung gehöre „zu dem eigentlichen Wesen der Religion"[97].

Bemerkenswerterweise scheint sich der Durchbruch zur vollständigen Wesensbestimmung auf der Kanzel vollzogen zu haben. In zwei von Spalding nicht veröffentlichten Predigten des Jahres 1775 heißt es uneingeschränkt, „das Wesen der Religion und der Gottseligkeit" bestehe in der „beständige[n] herschende[n] Empfindung unserer gänzlichen Abhängigkeit von ihm"[98]. Der literarischen Öffentlichkeit teilte Spalding diese religionstheologische Grunderkenntnis erstmals in einem 1784 erschienenen Predigtband mit: „Religion haben" bedeute, „sich stets des guten Gottes, von dem er gänzlich anhängt,

---

[90] „Da die geringste ernsthafte Ueberlegung einen jeden lehret, daß doch unsre Abhängigkeit von Gott und unsre Verbindung mit ihm niemals zerrissen werden kann [...]" (DERS., Predigten [¹1765–³1775], hg. v. Ch. WEIDEMANN [SpKA II/1], 2009, 35,11–14).

[91] SPALDING, Bestimmung des Menschen (s. Anm. 31), 195,22f (1768); leicht verändert in ¹¹1794 (aaO 221,26f).

[92] DERS., Neue Predigten (¹1768; ²1770; ³1777), hg. v. A. BEUTEL / O. SÖNTGERATH (SpKA II/2), 2008, 73,3–18; 77,14–21; 94,25–95,3; 212,17–213,5; 2–9; 260,4–15; 268,23–269,2.

[93] SPALDING, Bestimmung des Menschen (s. Anm. 31), 201,17 u.ö.

[94] DERS., Neue Predigten (s. Anm. 92), 219,29–220,9 (in direkter Auslegung von 1Kor 10,31).

[95] AaO 268,23–28; Hervorhebung von mir.

[96] Für die Zwischenzeit vgl. SPALDING, Werth der Gefühle (s. Anm. 81), 51,9–21 (1769); 120,1f (1769).

[97] DERS., Ueber die Nutzbarkeit des Predigtamtes (s. Anm. 48), 70,23; vgl. aaO 193,19–23; 200,18–29.

[98] DERS., Barther Predigtbuch (s. Anm. 30), 386,8f; entsprechend aaO 415,4; 416,4–6: „Unser zeitliches Glück als Segen Gottes zu betrachten" sei die „unausbleibliche Folge bey einem Gemüthe, das wirklich Religion hat, das sich in seiner beständigen Abhängigkeit von Gott erkennet".

Frömmigkeit als „die Empfindung unserer gänzlichen Abhängigkeit"   185

mit Freuden bewußt zu seyn"[99]. Nachdem Spalding diesen Gedanken in der Neuauflage der „Vertraute[n] Briefe" von 1785 noch einmal erprobt hatte[100], gab er ihm schließlich, ein Jahr später, in der oben eingehend analysierten Gedächtnispredigt auf Friedrich II. seine fundamentaltheologisch ausgereifte Gestalt[101].

3. Spalding und Schleiermacher

Obwohl Spalding seit 1735 bereits etliche Schriften und Aufsätze veröffentlicht hatte, begegnet die einschlägige Wendung erst seit dem Beginn der 1760er Jahre. Nun war 1758 im Berliner Verlagshaus Christian Friedrich Voß die deutsche Übersetzung eines abendmahlstheologischen Buches von Benjamin Hoadly erschienen[102], in dem das Dependenz-Motiv mehrfach, beginnend mit der Vorrede, gebraucht und betont wird[103]. Spalding besaß[104] und kannte

---

[99] DERS., Neue Predigten. Zweyter Band (s. Anm. 35), 265,15.23f; vgl. aaO 42,18–29 (hier in ausdrücklicher Bezugnahme auf 1Kor 4,7); 192,22–33; 255,10–20.

[100] DERS., Vertraute Briefe, die Religion betreffend (¹1784, ²1785, ³1788), hg. v. A. BEUTEL / D. PRAUSE (SpKA I/4), 2004, 80,22–81,10; vgl. 118,18–119,2 (1784).

[101] Für die Rezeption der Dependenz-Formel in Spaldings Alterswerk vgl. J. J. SPALDING, Religion, eine Angelegenheit des Menschen (¹1797–⁴1806), hg. v. T. JERSAK / G. F. WAGNER (SpKA I/5), 2001, 29,8–11; 36,18–31; 97,8–19; 98,28–99,2.

[102] B. HOADLY, Deutlicher Unterricht von der Natur und dem Zwecke des Heiligen Nachtmals worinn alle Stellen des Neuen Testaments, so sich darauf beziehen, angeführet und erkläret sind, und die ganze Lehre von dieser heiligen Handlung daraus hergeleitet wird. Aus dem Englischen übersetzt; mit einer Vorrede des königl. Preußischen Hof-Predigers A. F. W. Sacks von der Redensart: Seine Andacht haben, 1758. Die englische Originalausgabe erschien unter dem Titel: A plain account of the nature and the end of the Sacrament of the Lord's Supper. In which are all the texts in the New Testament, relating to it, are produced and explained. To which are added, Forms of Prayer, 1735, ⁸1772 (ND 1986).

[103] HOADLY, Deutlicher Unterricht (s. Anm. 102), 177: „Der grosse Zweck der Pflicht der Gebets ist, unter einem lebhaften Gefühl der göttlichen Allgegenwart, diejenige gute [sic] Empfindungen und gottselige Gesinnungen auszudrücken, die wir als abhängliche vernünftige, und gesellschaftliche Geschöpfe, und besonders als Geschöpfe, die im Stande sind ihren höchsten Schöpfer und Beherrscher zu erkennen und für ihre Handlungen zur Rechenschaft gezogen zu werden, in uns zu unterhalten und zu verbessern verbunden sind. Die Empfindungen, von denen ich rede, sind solche, die aus unsrer Abhänglichkeit von Gott, aus unsrer Verbindlichkeit und Verpflichtung gegen ihn, und aus unsern Verhältnissen, in welchen wir uns einer gegen den andern als Besitzer einer Natur und als Glieder einer Gesellschaft befinden, entstehen". Vgl. etwa auch aaO 188: „Ich flehe deine väterliche Barmherzigkeit an, und ich bitte dich um Schutz und Gnade, o Herr, der du der Regierer der ganzen Welt bist, und von dessen Weisheit, Macht und Güte ich gänzlich abhänge". Vgl. ferner aaO 21, 198 u. passim. – Für seine ebenso unermüdliche wie findige Spurensuche gilt Herrn Dr. Malte van Spankeren mein herzlicher Dank.

[104] Verzeichniß der vom verstorbenen Oberkonsistorialrath und Probst zu Berlin Herrn Spalding hinterlassenen sehr ansehnlichen und wichtigen Sammlung von [...] Büchern, Land-

die Schrift und hat sie des öfteren lobend erwähnt[105]. Denkbar wäre wohl beides: daß sie ihm von seinem Verleger Voß oder von seinem Freund und Kollegen August Friedrich Wilhelm Sack, der die Übersetzung mit einer eigenen, thematischen Vorrede versehen hatte[106], zugestellt wurde[107]. Für die Vermutung einer unmittelbaren literarischen Anregung durch Hoadly spricht überdies, daß das in der deutschen Übersetzung aufscheinende, ungewöhnliche Lexem „Abhängigkeit"[108] zunächst auch von Spalding fortgeschrieben worden ist[109].

Während er, angeregt durch seine Hoadly-Lektüre, jene Wendung schrittweise zur Wesensbestimmung der Religion ausformte, setzte bereits deren zeitgenössischer Rezeptionsprozeß ein. Andere Neologen wie Johann Friedrich Wilhelm Jerusalem[110], Johann August Nösselt[111] oder Johann Salomo Semler[112] machten von ihr nun ebenso Gebrauch wie beispielsweise der Philosoph Gottlob Ernst Schulze[113], und zu Beginn des 19. Jahrhunderts fand

---

karten, Kupferstichen, Bücherspinden mit Glasthüren u. Repositorien [...], 1804, 180 Nr. 249b.

[105] Vgl. LAVATER (s. Anm. 38), 416. 665. 718f. 723f.

[106] A. F. W. SACK, Seine Andacht haben (in: HOADLY, Deutlicher Unterricht [s. Anm. 102], II–XII); Wiederabdruck in M. POCKRANDT, Biblische Aufklärung. Biographie und Theologie der Berliner Hofprediger August Friedrich Wilhelm Sack (1703–1786) und Friedrich Samuel Gottfried Sack (1738–1817) (AKG 86), 2003, 697–702.

[107] Sack, der bereits in dem 1748 veröffentlichten zweiten Stück seiner Schrift *Vertheidigter Glaube der Christen* von der Erkenntnis „unsere[r] gänzliche[n] Abhängigkeit von Ihm" gesprochen hatte (zit. nach POCKRANDT [s. Anm. 106], 242f), dürfte dazu von der 1735 erschienenen englischen Originalausgabe Hoadlys inspiriert worden sein; vgl. aaO 158f. 365. 553. Die von Sack 1748 gebrauchte Wendung scheint allerdings folgenlos geblieben zu sein.

[108] HOADLY, Deutlicher Unterricht (s. Anm. 102), 177.

[109] SPALDING, Bestimmung des Menschen (s. Anm. 31), 201,12f; 233,20; 305,7.

[110] J. F. W. JERUSALEM, Betrachtungen über die vornehmsten Wahrheiten der Religion, 1768 (ND 2007), 335: „Diese Erfüllung seines Willens würde auch schon unsre erste und heiligste Pflicht seyn, wenn wir auch keine andere Relation mit diesem höchsten Wesen hätten, als diese, daß er durch die Schöpfung unser oberster Herr ist. Auch bleibt diese Relation ewig, und alle Betrachtung seiner Güte, darf diese Empfindung unserer Dependenz keinen Augenblick in uns schwächen".

[111] J. A. NÖSSELT, Vertheidigung der Wahrheit und Göttlichkeit der Christlichen Religion, ⁴1774, 17: „Sie würden einsehen müssen, [...] daß keine wahre Religion sey, die uns nicht immer darauf weiset: daß wir von Gott abhängen". (Auch diesen Hinweis verdanke ich Herrn Dr. Malte van Spankeren).

[112] J. S. SEMLER, Magazin für die Religion. Zweiter Theil, 1780, 24 Anm. 16. – Vgl. dazu G. HORNIG, Schleiermacher und Semler. Beobachtungen zur Erforschung ihres Beziehungsverhältnisses (in: SELGE [s. Anm. 62], 875–897), 885; H.-E. HESS, Theologie und Religion bei Johann Salomo Semler. Ein Beitrag zur Theologiegeschichte des 18. Jahrhunderts, Diss. masch., Berlin 1974, 201. 396 Anm. 22.

[113] G. E. SCHULZE, Grundriß der philosophischen Wissenschaften, Bd. 2, 1790, 153; vgl. 175.

sie, als eine offenbar längst geläufige religionstheologische Grundbestimmung, bereits Eingang in eine weit verbreitete Enzyklopädie[114].

Der Bochumer Philosophiehistoriker Gunter Scholtz gab unlängst seine Einschätzung kund, die „Bestimmung der Religion als ‚Gefühl schlechthinniger Abhängigkeit' dürfte der berühmteste Religionsbegriff der Neuzeit sein"[115]. An dessen Ausbildung hat Spalding, Jahrzehnte vor der *Glaubenslehre*, maßgeblichen Anteil genommen. Insofern konnte Scholtz – mit mehr Berechtigung, als ihm selbst dabei bewußt war – konstatieren: „Schleiermacher fand jedenfalls seinen Religionsbegriff in populären und leicht zugänglichen Schriften bereits vor"[116]. Dafür spricht im übrigen auch, daß Schleiermacher die Wendung schon in einer 1801 veröffentlichten Predigt gebrauchte, hier allerdings noch in eindeutig negativer Konnotation: „Wen das Gefühl der Abhängigkeit am meisten zum Gedanken an Gott erweckt, der denkt gewiß sonst gar nicht an ihn, und der Geist des Christenthums fehlt ihm gänzlich"[117].

Indessen fügt sich dieser Befund nahtlos in das Profil des Berliner Charitépredigers ein: Der junge Schleiermacher, der (nicht nur) an der Universität Halle in aufklärungstheologisch temperierter Denkungsart geschult worden war, begann sich, namentlich unter dem Einfluß von Frühromantik und Spinoza-Renaissance, von den geistigen Kräften, die ihn geprägt hatten, in juvenil zugespitzter Radikalität abzusetzen, wofür seine Reden *Über die Religion* (1799) zweifellos das eindrücklichste Beispiel abgeben. Doch in der *Glaubenslehre* hatte er sich, mittlerweile im sechsten Lebensjahrzehnt stehend, längst wieder in ein gelasseneres Verhältnis zur Tradition eingefunden: Nun war er nicht allein zu dem in den *Reden* verschmähten christlichen Gottesbegriff zurückgekehrt, sondern hatte auch die von Spalding ausgebildete Wesensbestimmung der Religion aufgegriffen und sich konstruktiv zu eigen gemacht.

In seiner *Gedächtnißpredigt auf Friedrich den Zweyten* äußerte Spalding die Erwartung, selbst noch die künftigen Jahrhunderte würden des Königs „mit bewundernder Ehrfurcht gedenken"[118]. Nicht minder dürfte auch seine Predigt zwar nicht „bewundernde Ehrfurcht", aber doch ein fortdauerndes historisch-kritisches Gedenken verdient haben.

---

[114] G. S. A. MELLIN, Art. Abhängigkeit (Allgemeine Encyklopädie der Wissenschaften und Künste, hg. v. J. S. ERSCH / J. G. GRUBER, 1. Teil, 1818, 115–117).

[115] SCHOLTZ (s. Anm. 67), 66.

[116] AaO 78.

[117] F. SCHLEIERMACHER, Die Kraft des Gebetes, in so fern es auf äußere Begebenheiten gerichtet ist (1801) (in: DERS., Kleine Schriften und Predigten, hg. v. H. GERDES / E. HIRSCH, Bd. 1, 1970, 167–178), 178.

[118] SPALDING, Gedächtnißpredigt (s. Anm. 24), 4.

Christian Gotthilf Salzmanns Platz in der Aufklärungstheologie

Aufgesucht anhand seines „Unterricht[s] in der christlichen Religion" (1808)

Die Organisatoren der Tagung, in die der vorliegende Beitrag eingebracht wurde, hatten mir den Auftrag erteilt, „Salzmanns Platz in der Aufklärungstheologie" zu erkunden. Die schelmische Absicht, die damit verbunden war, durchschaute ich bereits unmittelbar nach der Aufnahme meiner Vorbereitung. Denn die historiographische Platzanweisung, die ich vornehmen sollte, ist in Wahrheit ja längst schon erfolgt. In seiner 2005 erneut vorgelegten, gründlich überarbeiteten Dissertation hat Rainer Lachmann dazu plausibel, klar und zureichend alles Notwendige festgestellt[1]. Insofern kann ich mich getrost damit bescheiden, dem kurz zu wiederholenden Nachweis, daß Salzmann ein waschechter Neologe war, eine gründliche, mit Bedacht angestellte Probe aufs Exempel noch beizufügen.

I.

Während seines in Jena vornehmlich bei Johann Georg Walch, dem Schwiegersohn von Johann Franz Buddeus, erbrachten Theologiestudiums wurde Christian Gotthilf Salzmann (1744–1811) mit dem Geist einer milden lutherischen Spätorthodoxie, in die sich zusehends Impulse der Übergangstheologie einmengten, vertraut. Nach dem 1764 abgelegten Examen[2] arbeitete er vier Jahre lang als ehrenamtlicher Adjunkt seines Vaters. Die damals entstandene *Disputatio de praeparatione Theologi* (1767)[3] dürfte nicht zuletzt aus der Nei-

---

[1] Vgl. R. LACHMANN, Die Religions-Pädagogik Christian Gotthilf Salzmanns. Ein Beitrag zur Religionspädagogik der Aufklärung und Gegenwart mit einer Bibliografie der Salzmann-Literatur ab 1981 sowie dem Text und der kommentierten Übersetzung der Salzmannschen „Disputationis Theologicae de Praeparatione Theologi Particula Prima" Erfurt 1767, 2005, v.a. 273–296.

[2] Vgl. aaO 275 Anm. 7.

[3] Ch. G. SALZMANN, Disputationis Theologicae de Praeparatione Theologi Particula Prima, 1767 (in: LACHMANN [s. Anm. 1], 325–352).

gung, die akademische Laufbahn anzustreben, geboren sein. In jugendlicher Unschärfe und Verwegenheit distanzierte sich Salzmann dabei von Pietismus, theologischem Wolffianismus und der ihm affektiert und frivol erscheinenden Theologie Siegmund Jacob Baumgartens. Anerkennung zollte er hingegen Johann Lorenz von Mosheim und dem Tübinger Christoph Matthäus Pfaff. Als Schwerpunkte einer sachgemäßen Theologenausbildung benannte Salzmann die biblische Exegese, die freilich von philosophischen und hermeneutischen Theoriebildungen zu entlasten sei, sowie eine auf die jüngste Vergangenheit konzentrierte Kenntnis der Kirchengeschichte. Demgegenüber schienen ihm, angesichts seines späteren Wirkens durchaus bemerkenswert, die Belehrungen der Praktischen Theologie, namentlich der Homiletik und Pastoraltheologie, weithin entbehrlich zu sein, da sich die dort verwalteten Weisheiten, wie er meinte, dem gesunden Menschenverstand ohnehin ganz von sich aus erschlössen[4]. Respektvoll gedachte er insbesondere des Leipziger Theologen Johann August Ernesti. Den in Halle lehrenden Johann Salomo Semler lobte er als ausgezeichneten Philologen und Kritiker, verband damit aber zugleich die Hoffnung, Gott möge ihn über die damit bezeichneten Grenzen auch künftig nicht hinaustreten lassen[5].

Unter den Erfahrungen, die Salzmann in seinem wenig später angetretenen Pfarramt – erst in Rohrborn (1768–1772), dann in Erfurt (1772–1780) – zuteil wurden, veränderte und präzisierte sich dann aber seine theologische Orientierung. Die Galerie seiner Helden und Vorbilder zierten nun die Vertreter einer aufgeklärten, lebensnahen Religionstheologie. So habe Gottfried Leß „hauptsächlich die Religion von ihrer praktischen Seite zu würdigen" und „die Wahrheit des christlichen Glaubens an die Bedürfnisse des menschlichen Herzens anzuknüpfen"[6] gewußt. Georg Friedrich Seiler galt ihm als vorbildlicher Praktiker des Religionsunterrichts. Zentrale Bedeutung gewann indessen Johann Joachim Spalding, den Salzmann nun nicht allein in auffallender Häufigkeit anführte, sondern nachweislich auch intensiv rezipierte. Und mit dem berühmten Leipziger Homiletiker und Kanzelredner Georg Joachim Zollikofer, den er seinen „Freund und Rathgeber"[7] nannte, wußte sich Salzmann über die fachliche Wertschätzung hinausgehend persönlich verbunden.

Im ungetrübten Geist der Neologie tilgte auch Salzmann diejenigen theoretischen Religionslehren, die ihm weder vernünftig erklärbar noch für prak-

---

[4] „Quam Homilia vel Theologia pastoralis, quam cuivis sana ratio dictat" (aaO 343).
[5] „Eiusque ingenuum filium Semlerum, insignem Philologum et Criticum, quem Deus intra hosce limites coerceat!" (aaO 350).
[6] Zitiert nach LACHMANN (s. Anm. 1), 287.
[7] Zitiert nach aaO 286.

tische Lebensfrömmigkeit nutzbar erschienen, aus dem Themenbestand von Predigt und Religionsunterricht. So distanzierte er sich gleichermaßen von der Trinitätslehre, der Erbsündenlehre, der Zweinaturenlehre und überhaupt allen Spielarten einer metaphysischen Christologie, dies allerdings kaum einmal in frontaler Bestreitung, sondern vornehmlich dadurch, daß er solche Dogmenbildungen stillschweigend überging oder, wie sich beispielhaft zeigen wird, einer bisweilen abenteuerlich anmutenden rationalistischen Umdeutung unterzog. Die Leitgesichtspunkte der Epoche, nämlich Kritik, Anthropozentrik sowie ein unerschütterlicher Perfektibilitätsglaube, bezeichneten auch für den Salzmann die wesentlichen theologischen und pädagogischen Koordinaten. Insofern wird man die von mir geforderte Platzanweisung nicht kürzer und treffender als mit einem Satz Rainer Lachmanns vollziehen können: In spurtreuer Übereinstimmung folgte Salzmann „dem Weg der Neologie von ihren Anfängen in Übergangstheologie und Wolffianismus bis an die Grenzen des Rationalismus"[8].

Nun steht bekanntlich der Ausdruck „Neologie" – im Grunde ein ganz nichtssagender, aber einstweilen unersetzter Begriff – nicht für eine streng durchgebildete, positionelle Systemtheologie, sondern für eine vielgestaltige theologische und kirchliche Bewegung, die eine zugleich bibel- und zeitgemäße Frömmigkeit zu ermöglichen suchte und deren bleibendes geschichtliches Verdienst wahrscheinlich allem zuvor darin besteht, daß sie das Christentum ihrer Zeit davor zu bewahren vermochte, sich in Religionsphilosophie aufzulösen oder in steriler Orthodoxie zu erstarren, und es eben dadurch in eine modernitätsfähige Gestalt überführte[9]. Die individuellen Ausformungen, in denen sich die Neologie jeweils konkretisierte, waren dabei im einzelnen höchst unterschiedlicher, manchmal auch widersprüchlicher Art. Insofern entbehrt die pauschale Zuordnung Salzmanns zur Neologie noch jeder personscharfen Kenntlichkeit. In dieser Absicht mag es sachdienlich sein, eine einzelne, in sich geschlossene Stellungnahme Salzmanns nun exemplarisch der kritischen Inspektion auszusetzen. Ich wähle dafür sein drittes und letztes religionspädagogisches Lehrbuch, das er 1808, drei Jahre vor seinem Tod, publizierte und dessen Titel Albrecht Ritschl dann 67 Jahre später für ein gymnasiales Schulbuch von allerdings gänzlich anderer Art wortgetreu, aber stillschweigend übernommen hat: *Unterricht in der christlichen Religion*[10].

---

[8] AaO 292.
[9] Vgl. zur Gesamtorientierung A. BEUTEL, Kirchengeschichte im Zeitalter der Aufklärung. Ein Kompendium, ²2009.
[10] A. RITSCHL, Unterricht in der christlichen Religion [1875], hg. v. Ch. AXT-PISCALAR (UTB S 2311), 2002.

II.

Die Schrift erschien in der Buchhandlung der Erziehungsanstalt Schnepfenthal, und zwar, wie es Salzmann auch sonst praktiziert hatte, in doppelter Version: sowohl als luftig und in großen Lettern gesetzte Normalausgabe von 146 Seiten wie als „wohlfeile Ausgabe", die den identischen Textbestand auf 80 Druckseiten komprimiert hatte. Sie wendet sich, gemäß der von Salzmann in den „Boten aus Thüringen" eingerückten Ankündigung, an „junge Leute, deren Verstand sich zu entwickeln anfängt"[11], also an Schüler im 12. bis 14. Lebensjahr, läßt freilich in diversen Ratschlägen an Eltern, Obrigkeiten und andere Gruppen der Gesellschaft erkennen, daß der Verfasser zugleich auf ein allgemeines Leserinteresse spekuliert haben mochte.

Zwei formale Besonderheiten fallen bereits beim anfänglichen Blättern ins Auge. So hat er durchgehend jede kleinste Sinneinheit mit der Angabe einzelner oder kombinierter Bibelstellen versehen, wodurch, ohne daß Salzmann dies ausspricht, eine unmittelbare biblische Verifikation des Argumentationsgangs beansprucht ist. Zudem wird der Fließtext allenthalben von lyrischen Einschüben unterbrochen, die den zuvor dargestellten Gedanken in erbaulichen, memorierfähigen Reimen reproduzieren. Die Qualität dieser Gedichte ist insgesamt durchaus gediegen, manchmal freilich auch, jedenfalls im Abstand der Zeiten, von unabsichtlicher Komik. So heißt es etwa zum fortwährenden Schöpfungshandeln Gottes:

> Was dürr ist feuchtest du mit Regen;
> Was kalt ist wärmt dein Sonnenschein;
> Du theilst die Zeiten, wie den Segen
> Zu unserm Besten weislich ein.
> Bey Wärme, Hitze, Kält' und Frost
> Grünt, wächst und reifet unsre Kost. (6f)[12]

Oder zum göttlichen Weltregiment:

> Endlich geht der Menschheit Schicksal
> Immer rechten Wegs zum Ziel,
> Und durch Nationenunfall
> Baust du Heil, wie dirs gefiel.
> Noch so sehr verschiedne Willen
> Müssen, was du willst, erfüllen.
> So sehn wir dich, Herr der Welt,
> Der regiert, wie's ihm gefällt. (13f)

---

[11] Zitiert nach: R. LACHMANN, Einleitung (in: DERS. [Hg.], Christian Gotthilf Salzmann, Religionsbücher, 1994, IX–XLVIII), XL.
[12] Die nachfolgend in den Fließtext eingefügten Seitennachweise beziehen sich auf: Ch. G. SALZMANN, Unterricht in der christlichen Religion, 1808 [Normalausgabe].

Oder auch als Warnung vor kulinarischer Unmäßigkeit:

> Mit Speis und Trank sein Herz beschweren,
> Steht keinem wahren Christen an;
> Ihm ist genug, was ihn ernähren,
> Und nach der Arbeit laben kann.
> Nichts ist, das so den Geist zerstreut,
> Als Mißbrauch unsrer Sinnlichkeit. (124)

In der *Einleitung* präsentiert Salzmann einen Gottesbeweis, der in seinem Gehalt lupenrein deistisch, in der Form hingegen von neologischer Erfahrungsevidenz ist. „Ich" lautet, durchaus programmatisch, das erste Wort. In gleicher Weise hatte Spalding den in seiner *Bestimmung des Menschen* vollzogenen Prozeß exemplarischer Selbstexplikation eingeleitet[13] und übrigens auch René Descartes seine *Meditationes de prima philosophia* eröffnet[14]. Mit diesen beiden Klassikern sind Niveau und Ertrag von Salzmanns Ich-Reflexion allerdings nicht annähernd zu vergleichen.

„Ich bin da", stellt er fest, kann sinnlich empfinden, mir Abwesendes vorstellen und nachdenken. Ich habe einen funktionierenden Leib, sehe die höchst vernünftige Einrichtung der Natur und den pünktlich geordneten Lauf der Himmelskörper. Weil „ich" all dies nicht gemacht habe, müsse, schließt Salzmann, „ein anderes vernünftiges Wesen da seyn, das mich und alles was um mich ist hervorbrachte". Und „dieses verständige Wesen, von dem alles entstanden ist, nennen wir Gott" (5).

Die Funktion dieser in all ihrer Trivialität liebenswürdigen Einleitung scheint mir allein darin zu liegen, daß Salzmann fortan, in den beiden Hauptteilen seiner Schrift, den Sachbezug seiner Rede von Gott als zwingend erwiesen voraussetzen kann.

Das erste Hauptstück bietet einen holzschnittartig elementarisierten Abriß der vorchristlichen Religionsgeschichte. Salzmann beginnt mit einer propädeutischen Basisverständigung. Als Religion definiert er dabei schlicht „die Art und Weise Gott zu verehren" (8). Das Mißverständnis, die Mittel, deren sich Gott zur Welterhaltung bedient, ihrerseits für Gottheiten anzusehen, sei das Konstitutionsprinzip aller heidnisch-archaischen Religion. Darin lag, solange die Menschen „keines Bessern waren belehret worden" (8), für Gott

---

[13] „Ich sehe, daß ich die kurze Zeit, die ich auf der Welt zu leben habe, nach ganz verschiedenen Grundregeln zubringen kann [...]" (J. J. Spalding, Die Bestimmung des Menschen [¹1748–¹¹1794], hg. v. A. Beutel / D. Kirschkowski / D. Prause [SpKA I/1], 2006, 1).

[14] „Animadverti iam ante aliquot annos [...]" (R. Descartes, Meditationes de prima philosophia / Meditationen über die Grundlagen der Philosophie, hg. v. L. Gäbe [PhB 250a], 1959, 30).

weder Anstoß noch Ärgernis. Indessen habe er bisweilen „einsichtsvolle Männer, die eine bessere Religion den Menschen mittheilen" (9), erweckt, insbesondere die drei weltweit ausstrahlenden, auf den „gemeinschaftlichen Stammvater" Abraham zurückweisenden „Religionsstifter" (9) Mose, Jesus und Mohammed. Die Stiftung des letzteren möchte Salzmann nicht weiter verfolgen, doch ist der Grund, den er dafür nennt, durchaus bemerkenswert. Die Zurückstellung des Mohammed, erklärt Salzmann, legitimiere sich daraus, daß dieser kein eigenes Religionskonzept vorlegte, seine Religion vielmehr lediglich „aus der Lehre Jesu und Moses zusammensetzte" und im übrigen nur „zur Belehrung weniger gebildeter Völker" (9) bestimmt gewesen zu sein schien.

Als Zentralfigur der israelitischen Religionsgeschichte, der sich Salzmann nun zuwendet, stellt er die Person des Mose heraus. Er gilt ihm als der Stifter der vollständigen israelitischen Religion, während die nach seinem Tod auftretenden Propheten lediglich noch den Auftrag erfüllt hätten, die Verbindlichkeit der von Mose gelehrten Religion gegen alle Anstürme von „Gottesverachtung und Sittenlosigkeit" (34) sicherzustellen. Auffallend ist bei der Schilderung des Mose – wie dann auch später in der Geschichte Jesu –, daß Salzmann den Begriff und Gedanken einer übernatürlichen göttlichen Offenbarung, aber auch aller anderen supranaturalen Erscheinungen konsequent meidet und stattdessen durchweg Erklärungsmuster einer rationalistischen Anthropologie oder Psychologie einsetzt. So begab sich Mose nach seiner Flucht aus Ägypten allein deshalb in die arabische Wüste, weil er hier die „beste Gelegenheit" wähnte, „über die Befreyung seines Volks und eine bessere Religion nach[zu]denken", und zudem „die besten Weideplätze, Quellen und Wasserbehälter sich bekannt machen" (17) konnte. Nachdem Mose sich zureichend gerüstet hatte, stieß er auf den brennenden Dornbusch. Doch Salzmann klärt sogleich auf: Mose „erblickte [...] einen Busch, der so feurig war, als wenn er brennte" (18). Dies befestigte in ihm die Überzeugung, „daß ihn Gott zum Befreyer seines Volks berufen habe" (18). Die notwendige Autorität als Religionsstifter begründete und stabilisierte er sodann durch „mancherley wunderbare Thaten, von welchen, weder die Israeliten noch die Aegypter, einsehen konnten, wie es damit zugehe, und deßwegen glaubten, daß sie unmittelbar von Gott gewirkt würden" (19).

Für die rationalistische Entmythologisierung, der Salzmann die Berichte des Pentateuch unterzieht, ist die Geschichte vom Sündenfall von zugleich paradigmatischer und reizvoller Anschaulichkeit. Anfangs wandelten Adam und Eva allein deshalb nackt, weil der Garten Eden „in einer warmen Gegend" lag. Eines Tages ließen sie sich „gelüsten [...], die Früchte eines Baums zu genießen, von deren Schädlichkeit sie überzeugt waren". Also schon hier, durchaus prototypisch, der für die Theologie Salzmanns grundlegende Widerstreit zwischen sinnlicher Begierde und vernünftiger Einsicht! Der Apfel, den Adam und Eva wider besseres Wissen verzehrten, „verursachte [...] eine Unordnung in ihrem Körper". Dadurch wurde ihnen „der Ort ihres bisherigen Aufenthalts furchtbar", weshalb sie, um Besseres zu finden, „in eine rauhere Gegend" auszogen, deren bald erfahrene „Mühseligkeiten [...] sie als Strafen ansahen, die ihnen Gott dafür auferlegt habe, weil sie ihrer Begierde mehr als ihrem Gewissen [...] gehorcht hatten" (24). Und dann noch das erbauliche Fazit in Versform:

> Wie würde jede wahre Lust auf Erden
> Erhöht, und jede Last erleichtert werden,
> Wenn Herr! dein Mensch den Täuschungen der Sünde
> Stets widerstünde! (25)

Damit die Umrisse der von ihm gestifteten Religion deutlich würden, ergriff Mose drei Maßnahmen: Er gab den Israeliten die zehn Gebote, „eine Menge Ceremonien" (29) und „allerley Verordnungen" (31). Daß der Dekalog „nur die groben Verbrechen untersagt" (28), jedoch die „höhern Pflichten, z.E. der allgemeinen Menschenliebe, der Sorge für das Seelenwohl des Nebenmenschen" (28f), nicht nennt, ist für Salzmann deshalb verständlich und legitim, weil ein Volk, „das noch ganz roh und unwissend war", ohnehin „zur Erfüllung derselben nicht würde aufgelegt gewesen seyn" (29). Auch die von Mose eingeführten kultischen Institutionen entsprangen der Rücksicht auf ein „noch ungebildete[s] Volk", das „noch keiner geistigen Verehrung Gottes fähig war" (31). So gewährte der Tempel die sinnliche Erinnerung an die Gegenwart Gottes, die Existenz der Priester mahnte zur Hochachtung vor dem Heiligen, die geforderten Opfer versinnbildlichten die menschliche Strafwürdigkeit, und die von Mose verordneten Feste sollten an die von Gott empfangenen Wohltaten erinnern[15].

Was schließlich die mosaischen Verordnungen angeht, so erwies er sich darin für Salzmann erst recht als ein Volksaufklärer par excellence. Weil sich das israelitische Volk in ägyptischer Leibeigenschaft hygienisch vernachlässigt hatte und dadurch für die Lepra-Krankheit anfällig wurde, „mußte man sehr strenge zur Reinlichkeit anhalten, wenn es nach und nach davon sollte frey werden" (32). Und der Genuß von Schweinefleisch wurde schlicht darum verboten, „weil dieses Personen, die zum Aussatze geneigt sind, sehr schädlich ist" (32).

So vernünftig die von Mose gelehrte Religion also war, so unvollkommen erscheint sie Salzmann gleichwohl. Insbesondere tadelt er die anthropomorphen Elemente der Gottesvorstellung – als ob sich Gott von Ort zu Ort be-

---

[15] Vgl. SALZMANN, Unterricht in der christlichen Religion (s. Anm. 12), 31.

wege oder zornig sei – und die exklusive Beschränkung auf das israelitische Volk[16]. Und die merkwürdige Formulierung, Mose habe „die Unsterblichkeit der menschlichen Seele [...] nicht *deutlich* gelehret"[17], mag zu der Frage veranlassen, ob Salzmann damit nicht die weiterführenden, aber versteckten „Anspielungen" und „Fingerzeige", die Lessing in seiner *Erziehung des Menschengeschlechts* der israelitischen Religion zuschrieb[18], in trivialisierter Form reproduziert hatte.

Das zweite Hauptstück berichtet sodann *Von der Religion Jesu* (35). Die Schilderung seines irdischen Wirkens ist wiederum streng rationalistisch grundiert. So fand Jesus bei seiner Taufe durch Johannes zu der Überzeugung, „daß ein höherer Geist in ihm wohne" (38). Und der neutestamentliche Bericht, Jesus habe in der Wüste vierzig Tage lang gefastet, sei lediglich so zu verstehen, daß er dort „im Genuß der Nahrungsmittel sehr mäßig war", um „desto ungestörter und freyer nachdenken zu können über das große Werk der höchst nöthigen Religionsverbesserung, das er [!] sich vorgenommen hatte" (39), und um den Versuchungen, die sich einstellten, glücklich entgehen zu können. Im übrigen habe sich Jesus dergestalt der Vorstellungswelt seiner Mitmenschen akkommodiert, daß er etwa, angesichts des verbreiteten Dämonenglaubens, etliche Kranke „als Leute, die wirklich vom Teufel besessen wären" (43), behandelte und auch sonst „manche Irrthümer, die bey dem Volke zu tief eingewurzelt waren, unangetastet" (42) ließ. Entsprechend hätten sich auch die Apostel, indem sie Jesus als Hohepriester und seinen Tod als ein Opfer bezeichneten, lediglich „der herrschenden Denkungsart" (54) angepaßt. Hinsichtlich der wunderbaren Geistausgießung zu Pfingsten begnügt sich Salzmann mit der Feststellung, davon könne man „jetzt, wegen der großen Entfernung der Zeit, in welcher sie vorfiel, eben so wenig, als von dem übrigen Wunderbaren, welches in der Geschichte Jesu vorkommt, eine genaue Kenntniß haben" (50).

Die Auffassung, das Neue Testament sei „Gottes Wort", möchte Salzmann zwar in die Bestimmung, daß „die in demselben enthaltenen Lehren Ausdruck des göttlichen Willens sind" (53), korrigieren, bereitet ihm ansonsten aber keine Beschwer. Deutlich weist er allerdings jeden damit verbundenen Offenbarungsanspruch zurück. Die entscheidende Botschaft, die Jesus hinterlassen habe und in der die von ihm bewirkte „Religionsverbesserung" (39) gründe, besteht für Salzmann allein darin, „daß er die Menschen anwieß, Gott

---

[16] Vgl. aaO 26.
[17] AaO 33; Hervorhebung von mir.
[18] G. E. LESSING, Die Erziehung des Menschengeschlechts [1777/80], § 43 (in: DERS., Werke, hg. v. H. G. GÖPFERT, Bd. 8: Theologiekritische Schriften III. Philosophische Schriften, 1979, 499f).

[...] durch Heiligung oder Veredelung ihrer selbst zu verehren" (54). Solche „Veredelung", die Jesus den Menschen zu verschaffen suche, vollziehe sich unter vier Aspekten: dem der Wahrheit, Liebe, Freiheit und Seligkeit. Von Salzmann werden sie jeweils in einem eigenen Abschnitt gewürdigt.

Als Wahrheit bezeichnet er „die richtige Vorstellung von den Personen und Sachen" (55), als ihr Gegenteil nicht etwa die vorsätzliche Lüge, sondern den unschuldigen Irrtum. Aus der von Mose gelehrten Religion habe Jesus alles Wahre behalten, zugleich aber die Hauptirrtümer, denen Mose aufgesessen war, korrigiert. So habe Gott als der Vater *aller* Menschen zu gelten sowie als Urheber nicht allein der großen Begebenheiten, sondern schlechterdings aller, selbst noch so geringer Vorfälle in der Welt[19]. Diese und andere, durchaus schlichten Gegenstände christlichen Religionsunterrichts verbindet Salzmann mit einer neologisch temperierten, von naivem Optimismus getragenen Anthropologie. Während die Selbstauskunft Jesu, er sei Gottes Sohn, dahin zu verstehen sei, daß er „unter allen, uns bekannten Personen, die höchste Aehnlichkeit mit Gott" (60) habe – dies als Ausdruck einer von jeder metaphysischen Überzeichnung befreiten, vernünftigen Jesulogie –, könne der als „Stellvertreter Gottes auf Erden" (60f) agierende Mensch sich selbst „immer mehr vervollkommnen" (61) und dadurch seinerseits Gott immer ähnlicher werden. Solche Gottesähnlichkeit erweise sich zumal darin, daß man nicht nur für sich und die Seinen, sondern dazu auch für andere, oft ganz unbekannte Personen eintrete. „Dieß beweiset", fügt Salzmann hinzu, „die Stiftung jeder Schule, jedes Armenhauses" (61). Ein Schelm, wer dabei etwa an Schnepfenthal dächte!

Die Lebensanweisungen, die Salzmann daraus ableitet, sind weder anspruchsvoll noch originell und den Abgründen realer Bedrängnis, die auch den Primäradressaten des Buches ohne Zweifel vertraut waren, schon gar nicht gemäß. Der Mensch, stellt Salzmann fest, sei eigentlich Geist oder Seele[20]. Darum müßten wir auch „die Sorge für den Geist zu unserm Hauptgeschäfte machen" (63). Zugleich liege allerdings in der Beherrschung des Leibes ein göttlicher Auftrag, mit dessen Erfüllung wir „unsern Beytrag zum Besten der Menschenfamilie geben" (64). Widrige Schicksale sollten nicht als ein Übel beklagt, sondern als eine heilsame Erziehungsmaßnahme Gottes begrüßt werden[21]. Darüber hinaus sei jederzeit zu bedenken, daß Gott nicht zuerst für das Wohl des Einzelnen, sondern des Ganzen zu sorgen habe[22]. Die Stichhal-

---

[19] Vgl. SALZMANN, Unterricht in der christlichen Religion (s. Anm. 12), 57–60.
[20] Vgl. aaO 62.
[21] Vgl. aaO 65.
[22] Vgl. aaO 72.

tigkeit eines trostreichen Glaubens an das ewige Leben meint Salzmann durch zwei Hinweise, die er für schlagend hält, unwiderleglich beweisen zu können: einmal, das alte Perfektibilitätsargument aufgreifend, durch die Feststellung, „daß wir noch nicht sind, was wir, nach unsern Anlagen und Kräften, seyn sollten, und seyn könnten", zum andern mit dem erbaulichen Bildwort, es sei unmöglich zu glauben, „daß ein guter Vater, in dessen Gewalt das Leben seiner Kinder ist, ihnen dasselbe entziehen werde" (71).

Als Kernstück der durch Jesus ermöglichten „Veredelung" nennt Salzmann die Liebe. Ihr widmet er darum auch den umfangreichsten Abschnitt des Büchleins. Seine Definition erscheint schlicht, aber treffend: „Die Liebe ist die herzliche Neigung, das Wohl anderer zu befördern" (76). Die höchste Liebe, stellt er im Einklang mit Bibel und christlicher Tradition fest, seien wir Gott schuldig. Wir erbrächten sie in lebensdurchdringender Andacht zu ihm, dazu in dem Bestreben, jederzeit nicht dem Eigenwillen, sondern *seinem* Willen gemäß zu leben, und dem Vertrauen in die umfassende Güte seiner Fügungen.

Aus der Liebe zu Gott ergebe sich die Liebe zu seinen Kindern. Damit aber verbindet sich ein Problem. Da wir zwar schlechterdings *allen* Menschen Liebe schuldeten, es aber unmöglich sei, „die Liebe gegen alle Menschen thätig zu beweisen" (81), erstellt Salzmann zur Entlastung und Orientierung eine wohldurchdachte Prioritätenliste. Angeführt wird sie von den eigenen Eltern und deren Vertreter, dann folgen die Lehrer, deren „Geschäfte zu erleichtern" (83) Ausdruck pflichtschuldiger Dankbarkeit sei, ferner die Vorgesetzten und Untergebenen, an die uns Gottes Fügung gewiesen hat, schließlich die Lebensverbindungen zu Ehegatten, Mitbewohnern, Nachbarn und Reisegefährten sowie uns zufällig begegnenden Personen, die liebender Fürsorge bedürfen. Erst am Ende, darin allerdings die natürliche Abstufung in eine christliche Klimax umkehrend, nennt Salzmann die Feindesliebe. In ihr vollende sich unsere „Veredelung", denn „Liebe zu denen, die uns Böses erzeigten, macht uns Gott recht ähnlich" (88). Daß die Fremdenliebe an der Selbstliebe Orientierung und Maß finden soll, exemplifiziert Salzmann an einem damals abständigen, heute aber alltäglichen Beispiel: „Käme z. E. ein Türke in unsere Gegend und bedürfte unsers Beystandes, so müssen wir uns fragen: wenn du in der Türkey wärest, und bedürftest der Türken Hülfe, was würdest du von ihnen erwarten?" (89f)

Die christliche Liebespflicht erweitert sich dann in den transpersonalen Bereich. So verdienten andere Religionen weder Spott noch Verachtung und erst recht nicht gewaltsame Bekehrungsversuche, denn „wenn wir die Wahrheit zu verbreiten suchen: so werden die Menschen, die davon überzeugt werden, schon von selbst ihre Irrthümer ablegen" (95). Darüber hinaus seien wir gehalten, den guten Leumund unserer Mitmenschen aktiv zu befördern – „auf diese Art", stellt Salzmann in ungewollter und darum gutherziger Herablassung fest, „kann auch der Aermste und Niedrigste seinem Nebenmenschen oft die wichtigsten Dienste leisten" (100). Ebenso sei der Erwerb und Genuß von Eigentum allenthalben zu unterstützen – Friedrich Wilhelm Raiffeisen hätte in Salzmann einen hervorragenden Ahnherrn gefunden! –, woraus sich, durchaus bemerkenswert, auch die Verpflichtung ergebe, die eigenen Kinder „zur Arbeitsamkeit zu gewöhnen" (103). Schließlich unterstellt Salzmann selbst noch den Naturschutz der christlichen Liebespflicht: „Nie dürfen wir [...], aus bloßem Muthwillen, ein Thier tödten oder eine Pflanze beschädigen, nie ein Thier peinigen, oder, wenn es unserer Aufsicht anvertrauet ist, es Noth leiden lassen" (104f).

Die Freiheit, die Salzmann als drittes Moment der Selbstveredelung anführt, ist nicht, wie man vielleicht erwarten könnte, als die Bevollmächtigung zu selbstbestimmter Lebens- und Weltgestaltung gemeint, sondern, in strenger Selbstdisziplin, als „das Vermögen, der erkannten Wahrheit gemäß zu handeln" (105). Ein neu geborenes Kind entbehre dieses Vermögens noch vollständig, weil bei ihm das „Uebergewicht [...], das der Körper über den Geist hat" (106), noch absolut sei. Dann aber, in dem durch das Erwachen der Vernunft ausgelösten Prozess der Vervollkommnung, werde „der Mensch, der erst blos Thier war, wirklich Mensch" und erlebe genau darin die von der Bibel verheißene und von Salzmann kraß profanierte „neue Geburt" (107). Als den „Anfang der Freyheit" (109) erkennt Salzmann das ernste Bestreben, sich der Herrschaft seiner Begierden – ein Baby ist reine Begierde – immer mehr zu entziehen.

Hilfreich sei in dieser Hinsicht allem zuvor das Gebet. Anstatt dabei Gott etwas mitzuteilen, das er vermeintlich nicht wisse, komme es allein darauf an, „uns selbst durch den Umgang mit ihm zu stärken und zu veredeln" (112). Neben dem Gebet im Kämmerlein weise das öffentliche Gebet den erheblichen Nutzen auf, daß man in solcher Übung „einander gegenseitig zum Lobe und zur Verehrung des gemeinschaftlichen Vaters ermuntern, und unsere Abhängigkeit von ihm bekennen" (117) kann.

Über das Gebet hinaus empfiehlt Salzmann weitere Maßnahmen der Selbstdisziplin. Im Mittelpunkt steht dabei, als Kern seiner Religionspädagogik, die konsequente „Beherrschung der Begierden" (122). Darunter rechnet er „Mäßigung im Genuß der Nahrungsmittel", insonderheit „starker Getränke" (123), sodann aber auch Keuschheit in jedweder Hinsicht. Dabei sei die Bezwingung derjenigen Begierden, die „nach unerlaubten Dingen streben" (122), ganz selbstverständlich. Doch diene es erst recht der eigenen Festigung, wenn man sich zuweilen auch die Befriedigung legitimer Bedürfnisse vorsätzlich versage, „damit sie sich an die Unterthänigkeit gewöhnen, und die

Herrschaft über sie gesichert werde" (122). So sei, nach geendigter Arbeit, „die Sehnsucht nach Schlaf" (122) an sich durchaus erlaubt. Gleichwohl solle man sich die Stillung dieses Bedürfnisses manchmal verwehren, damit der Körper dann, wenn ein Anderer tatsächlich des Nachts meine Hilfe braucht, auch dazu gewöhnt und geübt ist[23]. Entsprechend realisiere sich in der „Gewöhnung des Körpers, Hunger, Durst und allerley Beschwerden auszuhalten" (125), der rechte, christliche Freiheitsgebrauch.

Als letztes der vier Elemente, in denen sich die „Veredelung" des Menschen vollziehen soll, nennt Salzmann die Seligkeit. Sie bezeichne einen solchen „Zustand des Geistes, in dem wir zufrieden sind und uns wohl befinden" (126). Derart sei die Seligkeit nichts anderes als das ewige Leben. Dieses beginne bereits „von dem Zeitpunkte an, da der erleuchtete Mensch anfängt, der Wahrheit gemäß zu handeln" (126), vollende sich freilich erst dann, wenn der Geist sich aus dem Gefängnis des Leibes befreit haben wird. Einstweilen möge man sich damit begnügen, seinen äußeren Wohlstand – dies versichert Salzmann tatsächlich! – als „Folge und Frucht der innern Veredelung" (131) zu genießen und sich in Trübsalen harmlos und vertrauensvoll an den Glauben zu halten, „daß alle harten Schicksale wohlthätige Fügungen des weisen und guten Vaters sind" (133). Vor „Verzweiflung und Selbstmord" könnten dann allein diejenigen nicht geschützt werden, denen „ein fehlerhafter Zustand des Körpers den Geist in seiner freyen Wirksamkeit hindert" (133).

Wohlgemerkt also: Die Seligkeit entspringt „aus unserer Veredelung" (134). Analog dazu führt „ein sündiges Leben" (135) in das Verderben. Beides aber, was in diesem irdischen Leben den Anfang nimmt: Seligkeit und Verderben, wird nach Salzmanns Überzeugung über den Tod hinaus andauern. Die biblischen Bezeichnungen der Hölle als Feuer, Finsternis oder Heulen und Zähneklappern seien bloß sinnliche Bilder. Als deren Realitätsgehalt und als den Inbegriff ewiger Verdammnis bestimmt Salzmann einen nicht endenden heillosen Zustand, der „wahrscheinlich [!] aus den Vorwürfen des Gewissens, Trostlosigkeit, heftigen Begierden, die nicht befriediget werden, und der Gesellschaft ruchloser Geister entspringen wird" (138). Angesichts der in der Neologie breit und populär geführten Debatte über die Ewigkeit der Höllenstrafen ist dieser fatale Ausblick, mit dem Salzmann endet, ein erstaunliches Resultat.

Ein letzter, nachklappender Abschnitt berührt dann noch die Sakramente und Feiertage. Sie dienten allesamt, das Abendmahl ebenso wie Weihnachten, der „grüne Donnerstag" (144) oder Ostern, allein der Erinnerung und dem Andenken an die durch Gott bereitgestellte Möglichkeit der Erlösung.

---

[23] Vgl. aaO 122f.

III.

Die Inspektion der letzten religionspädagogischen Theorieschrift, die Salzmann kurz vor seinem Tod vorlegte, hat, wie ich hoffe, seine Klassifizierung als Neologe nicht nur bestätigt, sondern zugleich auch in der individuellen Umsetzung, die er darin vollzog, anschaulich werden lassen. Ohne jetzt die einzelnen neologischen Attribute, die dabei hervortraten, zu rekapitulieren, mag lediglich noch darauf verwiesen sein, daß Salzmanns *Unterricht in der christlichen Religion* weder lutherische noch explizit protestantische, sondern, durchaus programmatisch, entschieden transkonfessionelle Züge trägt. Allenfalls in der Abwesenheit dezidiert katholischer Lehr- und Glaubensspielarten oder in dem eindeutig signifikativen Abendmahlsverständnis, das zuletzt deutlich wurde, ließen sich gewisse Spurenelemente einer konfessionellen Prägung erkennen.

Mögen die Applikationen, in denen Salzmann das neologische Gedankengut in religionspädagogischer Umsetzung konkretisierte, gelegentlich auch überraschend, dazu aus dem Abstand der Zeiten sogar vergnüglich erscheinen, so muß doch am Ende mit Entschiedenheit festgestellt sein: Der Ideengehalt, der hier zum Vortrag und zur Anwendung kommt, ist nirgendwo auch nur im Ansatz originell. Es wäre freilich, aus drei Gründen, ganz und gar unbillig, der Schrift Salzmanns daraus einen Vorwurf zu machen. Zum einen hatte der Verfasser niemals den Anspruch erhoben oder den Anschein erweckt, ein selbständiger theologischer Denker zu sein. Zum andern läßt die Art, in der Salzmann das neologische Gedankengut in religionspädagogischer Absicht sich anverwandelt, eine durchaus eigenständige Leistung erkennen. Schließlich aber, dies vor allem, ist seine Schrift als ein ausgesprochener Spätling der Neologie anzusehen. In ihrem Erscheinungsjahr 1808 war die vitale geschichtliche Wirksamkeit der Neologie schon weithin erloschen oder erschöpft, und andere, neue theologische Strömungen begannen bereits kraftvoll das Feld zu beherrschen. Dergestalt intonierte dieses Alterswerk einen liebens- und lesenswerten, jedoch bereits bei seinem Erscheinen anachronistisch anmutenden neologischen Abgesang.

Wegmarken in die Gegenwart

„Der unmögliche Mönch"
Das Lutherbild Friedrich Nietzsches

1. Dispositionen

Luther, „der unmögliche Mönch"[1]: In diese Formel hat Nietzsche seine Wahrnehmung des Reformators verdichtet. „Unmöglich" war ihm der Mönch, weil er das monastische Ideal, das er nicht zu erreichen wußte, zerschlug[2]. Doch die Formel ist nicht repräsentativ. Neben ihr stehen andere, konträre Einschätzungen Luthers. Der Gesamteindruck, der sich daraus ergibt, gleicht einem Blick durch das Kaleidoskop.

Die oszillierende Unbestimmtheit, die seinem Lutherbild anhaftet, ist bei Nietzsche kein Sonderfall. Sie gründet in der von ihm meisterhaft gebrauchten, systemresistenten Denk- und Sprachform des Aphorismus[3]. Den aphoristischen Ausdruck für bare Münze zu nehmen, ohne darauf zu achten, was er subkutan anspielt und was er verschweigt, würde Gattung und Redeabsicht

---

[1] F. NIETZSCHE, Die fröhliche Wissenschaft V, 358 (KSA [= DERS., Sämtliche Werke. Kritische Studienausgabe in 15 Bänden, hg. v. G. COLLI / M. MONTINARI, 1967–1977] 3; 604,19).
  Im Folgenden werden Nachweise aus KSA durch einen Hinweis auf Titel und Abschnitt der jeweiligen Schrift Nietzsches ergänzt. Dabei gelten folgende Siglen:
GT Die Geburt der Tragödie aus dem Geiste der Musik, 1872.
UB Unzeitgemässe Betrachtungen, Stück I–IV, 1873–76.
MA Menschliches Allzumenschliches, 2 Bde., 1878/82.
M   Morgenröthe. Gedanken über die moralischen Vorurtheile, 1881.
FW Die fröhliche Wissenschaft, 1882.
JGB Jenseits von Gut und Böse. Vorspiel einer Philosophie der Zukunft, 1886.
GM Zur Genealogie der Moral. Eine Streitschrift, 1887.
AC Der Antichrist. Fluch auf das Christenthum, 1888/95.
EH Ecce homo. Wie man wird, was man ist, [1888/89].
GD Götzen-Dämmerung, oder: Wie man mit dem Hammer philosophirt, 1889.
NW Nietzsche contra Wagner. Aktenstücke eines Psychologen, [1889].
N   Nachlaß.
[2] KSA 3; 604,16f (FW V, 358).
[3] M. STINGELIN, Art. Aphorismus (in: Nietzsche-Handbuch. Leben – Werk – Wirkung, hg. v. H. OTTMANN, 2000, 185–187).

verfehlen. „Wer Nietzsche ‚eigentlich' nimmt, wörtlich nimmt, wer ihm glaubt, ist verloren"[4]. Der viel zitierte hermeneutische Fingerzeig Thomas Manns wird sich auch für die Frage nach dem Lutherbild Nietzsches bewähren.

Die Beziehung zu Luther schien ihm bereits in die Wiege gelegt. Für den Sohn eines lutherischen Geistlichen, dessen Großväter ebenfalls geistliche Amtsträger waren[5], dürfte, zumal in der Mitte des 19. Jahrhunderts, die milieuspezifische Verehrung des Ahnherrn aller evangelischen Pfarrer ein nicht zu unterschätzendes sozialisationsprägendes Moment gewesen sein. Auch sonst war die Mitgift, mit der Nietzsche ins Leben trat, einschlägig akzentuiert. Am 24. Oktober 1844 gab ihm der Vater als Taufspruch Lk 1,66 auf den Weg: „Was, meinst du, will aus diesem Kindlein werden?"[6] Lesen und Schreiben hat Nietzsche aus der Luther-Bibel erlernt[7]. Seine Mutter war tief beglückt, als ein Verwandter über ihren 12jährigen Sohn Friedrich sagte, er sehe Luther ähnlich und werde am Ende ein Luther[8]. Beim Eintritt in die königliche Landesschule Pforta (1858) stand für den Knaben fest, daß er den Beruf seiner Väter ergreifen würde[9]. Die Mitschüler belustigten sich über den „kleinen Pastor"[10]. Zu Beginn seines im Wintersemester 1864/65 in Bonn aufgenommenen Studiums immatrikulierte sich Nietzsche für Klassische Philologie und Theologie. Erst ein Jahr später, im Zuge seines Wechsels nach Leipzig, gab er das Theologiestudium auf[11].

Vor diesem Hintergrund mag es erstaunen, daß Nietzsche eine genuine Lutherkenntnis offenbar weder erlangt noch erstrebt hat. Die spärlichen Zitate, die sich in seinem Werk finden[12], beschränken sich auf zwei Sätze des

---

[4] Th. MANN, Nietzsche's Philosophie im Lichte unserer Erfahrung (1947) (in: DERS., Leiden und Größe der Meister, 1982, 838–875), 871.

[5] J. SALAQUARDA, Art. Christentum (in: Nietzsche-Handbuch [s. Anm. 3], 381–385), 381.

[6] Ein Faksimile des entsprechenden Eintrags im Kirchenbuch der Gemeinde Röcken (bei Lützen) bietet I. FRENZEL, Friedrich Nietzsche in Selbstzeugnissen und Bilddokumenten, 1966, 9.

[7] SALAQUARDA (s. Anm. 5), 381. – Vgl. Anm. 175.

[8] C. P. JANZ, Friedrich Nietzsche. Biographie, Bd. 1, 1978, 105.

[9] SALAQUARDA (s. Anm. 5), 381.

[10] JANZ (s. Anm. 8), 50f.

[11] SALAQUARDA (s. Anm. 5), 381. – Mitte März 1865 ließ Nietzsche Mutter und Schwester brieflich wissen, er sei in Bonn „eigentlich nur in die theologische Fakultät eingeschrieben" (F. NIETZSCHE, Sämtliche Briefe. Kritische Studienausgabe, Bd. 2, 1986, 48,24).

[12] E. HIRSCH (Nietzsche und Luther [in: DERS., Lutherstudien, Bd. 2, 1998, 168–206]) kennt bei Nietzsche nur ein einziges, noch dazu „arg entstellt[es] [...] Lutherwort" (aaO 171), ist dann freilich im Fortgang seiner Studie noch auf einige weitere Lutherzitate und -paraphrasen eingegangen.

Großen Katechismus[13], einen Vers aus dem Lied *Ein feste Burg*[14], eine kurze, von Aurifaber überlieferte Tischrede[15], den berühmten Schlußsatz aus Luthers Rede in Worms[16] und zwei nicht nachweisbare Sentenzen[17]. Hinzu kommen drei angebliche Lutherworte, die Nietzsche dem Reformator unterschoben oder bis zur Unkenntlichkeit entstellt hat[18], sowie fünf Wendungen Luthers, die dem bildungsbürgerlichen Allgemeingut entstammen[19].

Um so bemerkenswerter ist demgegenüber die Häufigkeit, in der Luthers Name bei Nietzsche begegnet: Von allen Personen, die in seinem Werk aufscheinen, steht Luther an vierzehnter Stelle[20]. Unter den nachantiken Personen[21] rangiert Luther nach Beethoven, Goethe, Kant, Napoleon, Schiller, Schopenhauer und Richard Wagner sogar an achter Stelle[22], also beispielsweise noch vor Hegel, Mozart, Pascal oder Rousseau. Allein schon diese äußerlich-statistische Beobachtung macht die Frage nach Art und Funktion der Bezug-

---

[13] KSA 3; 83,1–4 (M I, 88). – KSA 9; 112,25–113,2 (N 1880). – Beide Stellen beziehen sich auf Formulierungen Luthers aus der Erklärung des neunten und zehnten Gebots im Großen Katechismus (WA 30,1; 178, 22–30 [1529]).

[14] KSA 3; 209,35–38 (M IV, 262). – KSA 6; 121,5f (GD 14).

[15] KSA 8; 111,6–10 (N 1875) (= WAT 2; 456, 5–9 [2310b]).

[16] KSA 3; 492,17 (FW III, 146). – KSA 6; 302,5 (EH). – KSA 9; 116,8 (N 1880).

[17] „Gott selber kann nicht ohne weise Menschen bestehen" (KSA 3; 484,30f [FW III, 129]). – „Cicero, ein weiser und fleissiger Mann, hat viel gelitten und gethan" (KSA 7; 644,13f [N 1873]. – KSA 7; 706,18f [N 1873]).

[18] „Luther selbst hat einmal gemeint, dass die Welt nur durch eine Vergesslichkeit Gottes entstanden sei; wenn Gott nämlich an das ‚schwere Geschütz' gedacht hätte, er würde die Welt nicht geschaffen haben" (KSA 1; 269,28–32 [UB II, 3]; ähnlich KSA 7; 706,7–9 [N 1873]) (die von HIRSCH [s. Anm. 12, 171] angestellte Vermutung, Nietzsche habe sich dabei auf ein bestimmtes Wort aus Luthers Tischreden – nämlich WAT 3; 403,24–404,4 [Nr. 3552] – bezogen, kann ich nicht nachvollziehen). – „Lange vor Kant und seinem kategorischen Imperativ hatte Luther [...] gesagt: es müsse ein Wesen geben, dem der Mensch unbedingt vertrauen könne" (KSA 3; 188,4–7 [M III, 207]; ähnlich KSA 9; 113,3f [N 1880], wo Nietzsche zugleich als Fundort benennt: J. J. BAUMANN, Handbuch der Moral nebst Abriss der Rechtsphilosophie, 1879, 243).

[19] „[...] weil die Rechtfertigung durch die Gnade ihm [sc. Luther] als sein grösster Wahl- und Fundspruch erschien [...]" (KSA 2; 481,11–13 [MA II, 226]). – „Jedermann sein eigner Priester" (KSA 3; 604,12f [FW V, 358]). – „Fraw Klüglin die kluge Hur" (KSA 5; 357,11f [GM III, 9]). – „[...] das böse Gewissen, dies ‚grewliche thier', mit Luther zu reden" (KSA 5; 390,2f [GM III, 20]). – „[...] Luther's Widerstand gegen die Mittler-Heiligen der Kirche (insbesondere gegen ‚des Teuffels Saw den Bapst')" (KSA 5; 394,27f [GM III, 22]).

[20] Grundlage dieser statistischen Erhebung ist das Gesamtregister der „Sämtliche[n] Werke" (KSA 15; 273–367).

[21] Folgende Personen des Altertums sind im Werk Nietzsches häufiger als Luther erwähnt: Aristoteles, Dionysos, Homer, Jesus Christus, Plato, Sokrates.

[22] Im Winter 1870/71 hat Nietzsche eine unkommentierte Namensliste erstellt, in der, bis auf Kant und Napoleon, eben diese Personen vertreten sind (KSA 7; 260,1–6 [N 1870/71]. – Vgl. KSA 8; 248,14f [N 1875]).

nahme auf Luther als des neben Christus am extensivsten bedachten *homo religiosus* bedeutsam und interessant.

Das Thema ist mehrfach bearbeitet worden. In der Aufbruchsphase der Nietzsche-Forschung haben sich die großen Monographien von Ernst Bertram[23] und Kurt Hildebrandt[24] um den Nachweis einer engen geistigen Verwandtschaft zwischen Nietzsche und Luther bemüht. Zumeist freilich waren es evangelische Theologen, die sich für das Lutherbild Nietzsches interessierten. Allemal ist ein dabei zugrundeliegendes[25] oder mitschwingendes apologetisches Interesse nicht zu verkennen. Für Adolf von Harnack stand Nietzsche dem Reformator „mit einem hilflosen Ingrimm gegenüber"[26]. Karl Holl nahm es als „ein tief tragisches Schicksal", daß Nietzsche, „der das Heldenhafte in Luthers Sittlichkeit tatsächlich besser als die Zeitgenossen begriffen hat, doch zugleich als der Antichrist meinte auftreten zu müssen". Freilich sei an dem „schärfsten Gegensatz", den Nietzsche zu Luther bezog, „das Luthertum, so wie es geworden war, nicht unschuldig" gewesen. Gleichwohl habe Nietzsches ,Übermensch' „sein wahres Vorbild [...] in dem ,Starken' des Apostels Paulus und Luthers" und sei „aus dem auch in ihm noch immer regsamen lutherischen Gewissen geschöpft"[27]. Andere namhafte Theologen, darunter Dietrich Bonhoeffer, haben die Geschichte der christlichen, näherhin lutherischen Vereinnahmung Nietzsches variantenreich fortgeschrieben[28].

Die tief eindringende, gelehrte Studie *Nietzsche und Luther*, die Emanuel Hirsch 1921 erstmals veröffentlicht hat[29], ist ein Markstein der Forschungsgeschichte. Hirsch diskutiert zunächst Nietzsches ausdrückliche Stellungnahmen zu Luther, soweit sie ihm beim damaligen Editionsstand bekannt sein konnten, und stellt fest, deren polemische Urteile seien aus trüben Quellen geschöpft und zielten durchweg ins Leere[30]. Trotz der attestierten Unkennt-

---

[23] E. BERTRAM, Nietzsche. Versuch einer Mythologie, 1918, ⁸1965.
[24] K. HILDEBRANDT, Wagner und Nietzsche. Ihr Kampf gegen das neunzehnte Jahrhundert, 1924.
[25] Z.B. G. HULTSCH, Friedrich Nietzsche und Luther, 1940; R. HOMANN, Luther und Nietzsche. Zur Krise des Glaubens in der Gegenwart (Luther 44, 1973, 86–95).
[26] A. VON HARNACK, Lehrbuch der Dogmengeschichte, Bd. 3, ⁴1909 (ND 1990), 691.
[27] K. HOLL, Die Kulturbedeutung der Reformation (1911) (in: DERS., Gesammelte Aufsätze zur Kirchengeschichte, Bd. 1: Luther, ⁶1932, 468–543), 533.
[28] Zu Bonhoeffers Nietzsche-Deutung vgl. P. KÖSTER, Kontroversen um Nietzsche. Untersuchungen zur theologischen Rezeption, 2003, 240f. 282f. – Zur theologischen Nietzsche-Rezeption insgesamt vgl. die vorzügliche Studie von T. KLEFFMANN, Nietzsches Begriff des Lebens und die evangelische Theologie. Eine Interpretation Nietzsches und Untersuchungen zu seiner Rezeption bei Schweitzer, Tillich und Barth (BHTh 120), 2003.
[29] S. Anm. 12; zuerst erschienen in LuJ 3, 1921, 61–106. – Zu Hirschs Nietzsche-Deutung vgl. zuletzt KÖSTER (s. Anm. 28), 218–221.
[30] KÖSTER (s. Anm 28), 218; vgl. aaO 218–221.

nis entdeckt Hirsch dann aber eine sich in etlichen sachlichen Abhängigkeiten und charakterlichen Analogien ausdrückende „wirkliche Verwandtschaft"[31] zwischen Nietzsche und Luther. Anstatt nach der Funktion des vielgestaltigen Luther-Rekurses bei Nietzsche zu fragen, inszeniert Hirsch, die geschichtliche Distanz nivellierend, den intellektuellen Wettstreit zweier wesensverwandter Denker. Die Urteile über Luther enthielten Widersprüche[32], über die nachzudenken Nietzsche vergessen habe[33]. Dessen „Denkarbeit" lasse sich „objektiv [...] als das verzweifelte Bemühen bezeichnen, die wichtigsten Elemente lutherischer Glaubensweise und Frömmigkeit vom atheistischen Naturalismus aus zurückzugewinnen"[34]. Der Schiedsspruch, mit dem Hirsch als „der Historiker des deutschen Geistes"[35] den Wettstreit beendet, ergeht kaum überraschend: Im Vergleich zu Nietzsche erweise sich Luther „als der tiefere und stärkere Geist"[36], die Theoriebildung Nietzsches stehe „hinter der entschlossenen Klarheit Luthers weit zurück"[37] und könne darum „als Überbietung des Werkes Luthers [...] unmöglich gelten"[38].

Nach dem zweiten Weltkrieg hat Heinz Bluhm die Stadien der Lutherwahrnehmung Nietzsches minutiös untersucht[39]. Aufgrund zusätzlicher Quellentexte und durch vertiefende Analysen konnte er die Arbeit von Hirsch produktiv fortschreiben. Allerdings wollte auch Bluhm weniger als Nietzsche-Interpret denn als der Anwalt Luthers agieren. Es sei Nietzsche zum Verhängnis geworden, daß er die lutherische Orthodoxie mit Luther verwechselte und nicht einmal in Luthers Hauptwerken einigermaßen belesen war[40]. Eines abschließenden Werturteils konnte sich Bluhm ebensowenig enthalten: Luther war größer als Nietzsche![41]

---

[31] HIRSCH (s. Anm. 12), 185.
[32] AaO 176.
[33] AaO 181.
[34] AaO 194.
[35] Ebd.
[36] AaO 189; ähnlich aaO 185.
[37] AaO 197.
[38] AaO 194.
[39] H. BLUHM, Das Lutherbild des jungen Nietzsche (1943) (in: DERS., Studies in Luther – Luther Studien, 1987, 203–225); DERS., Nietzsche's Idea of Luther in „Menschliches Allzumenschliches" (1950) (aaO 227–241); DERS., Nietzsche's View of Luther and the Reformation in „Morgenröthe" and „Die Fröhliche Wissenschaft" (1953) (aaO 243–258); DERS., Nietzsche's Final View of Luther and the Reformation (1956) (aaO 259–267).
[40] BLUHM, Lutherbild (s. Anm. 39), 222.
[41] „Im allgemeinen kann man [...] nur bedauern, daß der verschwenderisch begabte Nietzsche, aus welchem Grunde auch immer, nicht dazu gekommen ist, sich in den ebenfalls bis zur Verschwendung begabten größeren Luther zu vertiefen" (ebd.).

Die 1983 vorgelegte Studie des Germanisten Bernhard Greiner[42] ist anderer Art. Sie bietet zunächst einen knappen Abriß der wechselvollen Luther-Rezeption Nietzsches. Zutreffend konstatiert Greiner, daß sich dessen Lutherbild „nicht aus den einzelnen Formulierungen, sondern erst aus dem Gesamtdiskurs Nietzsches" ergeben könne[43]. Unter kräftigen Anleihen aus dem psychoanalytischen und strukturalistischen Theoriearsenal deutet er den Signifikanten ‚Luther' als austauschbaren Platzhalter der durch Vernunft und Gesetz repräsentierten Vaterwelt, die Nietzsche zunächst affirmativ bestätigt, dann als den Antitypus der von ihm ödipal-narzißtisch kultivierten dionysischen Welt abgestoßen, schließlich, gleichsam als das Andere seiner selbst, syntagmatisch vermittelt habe.

Für eine sachgemäße Bestimmung des Bildes, das sich Nietzsche von Luther gemacht hat, dürfte es in der Tat sinnvoll sein, die darin aufscheinenden disparaten Aspekte nicht atomistisch-positionell, sondern integrativ-strukturell zu interpretieren, also nicht nur zu fragen, inwiefern einzelne Äußerungen Nietzsches den Reformator verstanden oder verfehlt haben, sondern zugleich die Funktionen, die der Bezugnahme auf Luther in Nietzsches Denken und Selbstverständnis zukommen, herauszuarbeiten, freilich ohne dafür ein bestimmtes zeitgenössisches Theoriemodell unkritisch in Anspruch zu nehmen (Teil 3). Dies aber setzt eine Inspektion der Metamorphosen, die das Lutherbild Nietzsches durchlaufen hat, unabdingbar voraus (Teil 2).

2. Metamorphosen

a) Die frühen Jahre (1859–1876)

Die frühesten Erwähnungen Luthers begegnen in drei Reiseberichten des 14- und 15jährigen Nietzsche. Im Sommer 1859, während eines Ferienaufenthalts in Jena, bemerkte er die an zahlreichen Häusern angebrachten Hinweisschilder auf frühere namhafte Bewohner und fand „besonderes Vergnügen" darin, „die größten Häupter unser [!] Nation, wie Luther, Göthe, Schiller[,] Klopstok, Winkelmann und viele andere aufzusuchen"[44]. Im darauf folgenden Sommer

---

[42] B. GREINER, Der Signifikant ‚Luther' im Diskurs Nietzsches (in: Martin Luther, hg. v. H. L. ARNOLD [text + kritik, Sonderband], 1983, 205–217).
[43] AaO 205. – Kaum weiterführend ist der Beitrag von E. IBSCH, Nietzsches Luther-Bild (in: Luther-Bilder im 20. Jahrhundert. Symposion an der Freien Universität Amsterdam, hg. v. F. VAN INGEN / G. LABROISSE, 1984, 79–90).
[44] F. NIETZSCHE, Frühe Schriften, Bd. 1, 1994, 115.

kam er, wie schon im Vorjahr zu Pfingsten, durch Eisleben und besichtigte dort auch „Luthers Denkwürdigkeiten"[45].

Erst während der beiden Bonner Studiensemester hat sich Nietzsche wieder einschlägig geäußert. Angesichts des ihn offenbar tief befremdenden katholisch-jesuitischen Milieus[46] war er als Ausdruck seiner „Gegenwehr"[47] dem Gustav-Adolf-Verein beigetreten, dessen Arbeit er im März 1865 mit einem Vortrag[48] über *Die kirchlichen Zustände der Deutschen in Nordamerika*[49] zu unterstützen suchte. Dabei schilderte er auch knapp die verschiedenen, einander oft feindselig gegenüberstehenden Gruppierungen des amerikanischen Luthertums[50], freilich ohne deren Verhältnis zu Werk und Intention Martin Luthers auch nur zu berühren. In einer kurzen, im Herbst 1865 entstandenen Notiz zur *Weltanschauung der protestant[ischen] Orthodoxie*[51], deren Geschichtsverständnis auf die von Troeltsch bekannt gemachte These einer substantiellen Affinität von Mittelalter und Reformationszeit vorausweist, streifte Nietzsche das traditionelle Weltbild Luthers, der „doch nur ein Kind seiner Zeit"[52] gewesen sei. Bei diesen wenigen, unbedeutenden Erwähnungen ist es vorerst geblieben. Für eine distinkte geschichtliche Wahrnehmung Luthers findet sich in der Schul- und Studienzeit nicht der geringste Anhaltspunkt.

Ende November 1870 erschien der Beethoven-Essay Richard Wagners[53]. Als musikalischer Nachfahre „de[s] grosse[n] Sebastian Bach", heißt es dort, sei Beethoven, obschon katholisch getauft und erzogen, von wahrhaft evangelischer Gesinnung gewesen: „Der ganze Geist des deutschen Protestantismus [lebte] in ihm"[54]. Die theologischen Streitigkeiten der Reformationszeit empfand Wagner als abstoßend; „nur Luthers herrlicher Choral" habe damals „den gesunden Geist der Reformation" zu retten vermocht[55]. Beide Motive

---

[45] AaO 139. 205f.
[46] Vgl. Nietzsche an Daechsel und Rosalie Nietzsche, Dezember 1864 (in: F. NIETZSCHE, Sämtliche Briefe. Kritische Studienausgabe, Bd. 2, 1986, 25–27).
[47] AaO 26,31.
[48] BLUHM, Lutherbild (s. Anm. 39), 206, hat darauf aufmerksam gemacht, daß der Vortrag im wesentlichen das Referat einer einzigen Publikation gewesen ist, nämlich von Ph. SCHAFF, Amerika. Die politischen, sozialen und kirchlich-religiösen Zustände der Vereinigten Staaten von Nordamerika mit besonderer Rücksicht auf die Deutschen aus eigner Anschauung dargestellt, 1854.
[49] F. NIETZSCHE, Frühe Schriften, Bd. 3, 1994, 84–97.
[50] AaO 94.
[51] AaO 125–127.
[52] AaO 126.
[53] R. WAGNER, Beethoven, [1840], 1914.
[54] AaO 47.
[55] AaO 75.

hat sich Nietzsche kurz darauf, ganz offensichtlich unter dem unmittelbaren Einfluß von Wagner, in seiner *Geburt der Tragödie* (1872) zu eigen gemacht[56]. Aus dem Abgrund einer „herrliche[n], innerlich gesunde[n] uralte[n] Kraft" sieht er die Reformation geboren, „in deren Choral die Zukunftsweise der deutschen Musik zuerst erklang"[57]. „Dieser Choral Luther's", „so tief, muthig und seelenvoll, so überschwänglich gut und zart", habe „als der erste dionysische Lockruf [...] die Wiedergeburt des deutschen Mythus" verkündet[58]. Und nach dem Sieg über Frankreich erneuert Nietzsche, damit „der deutsche Geist sich auf sich selbst zurückbesinnt"[59], die verpflichtende Erinnerung an Luther als den ersten „erhabenen Vorkämpfer auf dieser Bahn"[60]. Auch in den Bildungsvorträgen von 1872 hat Nietzsche „jenen männlich ernsten, schwergemuthen, harten und kühnen deutschen Geist [...] des Bergmannssohnes Luther" beschworen[61].

In den Aufzeichnungen des Jahres 1873 häufen sich die durchweg freundlichen Erwähnungen Luthers. Selbst die Auskunft, Schopenhauer sei „grob wie Luther"[62], ist, wie der Kontext eindeutig ausweist, als Kompliment zu verstehen. Bisweilen wird der Reformator nun auch als Ursprung verschiedener Genealogien in Anschlag gebracht. „Die deutschen grossen Geister" seien „Luther, Goethe, Schiller und einige Andere", bei denen am besten „von lutherartigen Menschen" zu reden wäre[63]. Die Leistungsfähigkeit des Individuums hätten „ein Luther und ein Kant, ein Goethe und ein Bismarck" erwiesen[64]. Mitunter kann Nietzsche aus solchen Listen den Namen Luther auch wieder streichen[65]. An seiner grundsätzlichen Hochschätzung ändert sich dadurch zunächst nichts. Angesichts des von ihm diagnostizierten Bildungsnotstands ersehnt Nietzsche die furchtlose Kraft des Reformators: „Wenn

---

[56] Interessante Hinweise auf einen analogen Einfluß Cosima Wagners bietet BLUHM, Lutherbild (s. Anm. 39), 215f.
[57] KSA 1; 146,31–147,5 (GT 23).
[58] KSA 1; 147,5–12 (GT 23). – Vgl. KSA 7; 275,9–13 (N 1871).
[59] KSA 1; 149,14f (GT 23).
[60] KSA 1; 149,20 (GT 23).
[61] KSA 1; 749,12–15 (Ueber die Zukunft unserer Bildungsanstalten. Vortrag V [1872]).
– Die Bezeichnung Luthers als „Bergmannssohn" begegnet noch einmal in KSA 3; 82,20 (M I, 88).
[62] KSA 7; 618,13f (N 1873).
[63] KSA 7; 645,13–18 (N 1873).
[64] JANZ (s. Anm. 8), 661. – Vgl. ferner KSA 7; 691,22–28 (N 1873); KSA 8; 248,14–17 (N 1875).
[65] In der Reihung „[...] Naturen von Erz wie Beethoven, Goethe, Schopenhauer und Wagner [...]" (KSA 1; 352,15f [UB III, 3]) hatte Nietzsche ursprünglich Luther statt Beethoven zu nennen beabsichtigt (KSA 14,76 [Kommentar zur Stelle]).

jetzt ein Luther entstünde, so würde er gegen die ekelhafte Gesinnung der besitzenden Klassen sich erheben"⁶⁶. Wenn jetzt ein Luther entstünde! Am 28. Februar 1875 überbringt Nietzsche seinem Freund Erwin Rohde die briefliche „Schreckensnachricht", daß der ihm nahestehende Basler Privatdozent Heinrich Romundt zu konvertieren und katholischer Priester zu werden gedenke – „das Böseste, was man mir anthun konnte"⁶⁷. Diese ihm unfaßliche Absicht kann Nietzsche nur pathologisch erklären: „Ich frage mich, ob er noch bei Verstande ist und ob er nicht mit Kaltwasserbädern zu behandeln ist"⁶⁸. Allerdings läßt der Brief an Rohde auch deutlich werden, daß die Erschütterung Nietzsches nicht religiös oder theologisch, sondern gleichsam mentalitätsästhetisch motiviert ist – er wittert Verrat an dem von Luther archetypisch repräsentierten „deutschen Wesen"⁶⁹: „Unsre gute reine protestantische Luft! Ich habe nie bis jetzt stärker meine innigste Abhängigkeit von dem Geiste Luthers gefühlt als jetzt, und allen diesen befreienden Genien will der Unglückliche den Rücken wenden?"⁷⁰

Schon Hirsch hatte scharfsichtig erkannt, daß die Lutherverehrung des jungen Basler Professors im wesentlichen durch Wagner angeregt worden war⁷¹. Allerdings ist Hirschs These, die um die Mitte der 1870er Jahre einsetzenden Distanznahmen zu Wagner und Luther hätten sich zeitgleich vollzogen⁷², erheblich zu modifizieren. Die unterdessen publizierten Nachlaßtexte zeigen vielmehr, daß Nietzsche sich zunächst *mit* Luther von Wagner zu lösen begann. „Das Ekstatische [...] bei Wagner" ironisch entschuldigend, heißt es in einer Notiz von 1874, es sei „unbillig", „von einem Künstler die Reinheit und Uneigennützigkeit [zu] verlangen, wie sie ein Luther [...] besitzt"; indessen leuchte „aus Bach und Beethoven eine reinere Natur"⁷³. Kurz danach verschärft sich der Ton: „Wagner ist für einen Deutschen zu unbescheiden; man denke an Luther"⁷⁴. Besonders aufschlußreich, weil auf den alsbald aufbrechenden Dissens zu Luther vorausweisend, ist der Spott über den Ehrgeiz, mit dem sich Wagner „mit den Grössen der Vergangenheit", darunter auch

---

⁶⁶ KSA 7; 718,5f (N 1873).
⁶⁷ Nietzsche an Rohde, 28.2.1875 (F. NIETZSCHE, Sämtliche Briefe. Kritische Studienausgabe, Bd. 5, 27,51).
⁶⁸ AaO 28,69–71.
⁶⁹ KSA 1; 146,22 (GT 23).
⁷⁰ Nietzsche an Rohde, 28.2.1875 (F. NIETZSCHE, Sämtliche Briefe. Kritische Studienausgabe, Bd. 5, 27,66–28,69). – Zum weiteren Schicksal Romundts vgl. JANZ (s. Anm. 8), 605.
⁷¹ HIRSCH (s. Anm. 12), 171.
⁷² AaO 172.
⁷³ KSA 7; 762,5–10 (N 1874).
⁷⁴ KSA 7; 763,29f (N 1874).

Luther, ins Verhältnis setze; „nur zur Renaissance fand er kein Verhältniss"[75]. Wenig später wird Nietzsche entdecken, daß auch Luther zur Renaissance „kein Verhältniss" gefunden hatte, ja daß er ihr Totengräber geworden ist.

Aber noch 1876 rühmt Nietzsche die einzigartige „deutsche Heiterkeit", „jene goldhelle durchgegohrene Mischung von Einfalt, Tiefblick der Liebe, betrachtendem Sinne und Schalkhaftigkeit", die unter den „wahrhaft grossen Deutschen" zuerst Luther verkörpert habe[76]. Zugleich erscheint nun auch dasjenige Moment, das Nietzsche dann bis zuletzt an Luther verehren sollte: die in seinem „deutschen Stile" sich ausdrückende Sprachgewalt[77].

So zeigt sich für die Jahre bis 1876 ein durchweg freundliches, wenn auch weithin ästhetisch – Hirsch meinte: musikalisch[78] – begründetes Lutherbild. Nietzsche hat es niemals zu einer historisch, erst recht nicht theologisch distinkten Wahrnehmung zu vertiefen gesucht. Luther war für ihn der positiv konnotierte Ahnherr ganz unterschiedlicher musik-, sprach- und nationalgeschichtlicher Genealogien. Das Zwischenergebnis ist dürftig. Doch stellt es für die nun eintretenden Wandlungen die unentbehrliche Verstehensvoraussetzung dar.

b) Die mittleren Jahre (1878–1882)

In der seit dem Ende der 1880er Jahre unverhohlen hervortretenden Abneigung gegen Luther sah Hirsch das Resultat eines einzigen Lektüreerlebnisses. Es sei „beschämend für Nietzsche", daß dessen Urteile über Luther und die Reformation „nichts als das Echo aus dem berüchtigten zweiten Bande der ‚Geschichte des deutschen Volkes' [sind], die der katholische Priester Janssen geschrieben hat"[79]. In der Tat zeigte sich Nietzsche von diesem 1879 erschienenen Buch, das er, einer Empfehlung Jacob Burckhardts folgend, sogleich gelesen hatte, nachhaltig angetan. Am 5. Oktober schrieb er an Köselitz, er stehe noch immer unter der „Nachwirkung" dieser „mächtigen Materialsammlung"[80], aus der denn auch etliche Zitate und Urteile in seine nächstfolgenden

---

[75] KSA 7; 774,17–21 (N 1874). – Vgl. KSA 8; 190,28–191,5 (N 1875).
[76] KSA 1; 480,2–14 (UB IV, 8). – Ähnlich KSA 8; 253,7–9 (N 1875). – Vgl. ferner: KSA 8; 205,13–16 (N 1875). – KSA 8; 372,2f (N 1877).
[77] KSA 8; 279,13–23 (N 1876 [?]).
[78] HIRSCH (s. Anm. 12), 171.
[79] AaO 175. – Hirsch bezieht sich auf J. JANSSEN, Geschichte des deutschen Volkes seit dem Ausgang des Mittelalters, Bd. 2: Vom Beginn der politisch-kirchlichen Revolution bis zum Ausgang der socialen Revolution von 1525, 1879.
[80] Nietzsche an Köselitz, 5.10.1879 (F. NIETZSCHE, Sämtliche Briefe. Kritische Studienausgabe, Bd. 5, 451,32–35).

Schriften eingingen⁸¹. Allerdings läßt sich die Verdüsterung seines Lutherbildes bereits in den 1879 fertiggestellten, mithin der Janssen-Lektüre vorausliegenden Teilen von *Menschliches Allzumenschliches* (1878/82) nachweisen. Durch das Buch von Janssen, schrieb Nietzsche an Overbeck, habe er „in der Hauptsache nicht viel umzulernen gehabt"⁸². Offenbar ist die Revision des Lutherbildes bei Nietzsche nur eine Begleiterscheinung der seine mittlere Schaffensperiode insgesamt kennzeichnenden Wendung zum Antimetaphysiker, Aufklärer und Entlarvungspsychologen. Mag darum die Janssen-Lektüre den Wandel des Lutherbildes auch bekräftigt und munitioniert haben: Begründet oder ausgelöst hat sie ihn nicht.

Die mittlere Phase pflegt bis etwa 1882 datiert zu werden. In den Schriften dieser Zeit – *Menschliches Allzumenschliches, Morgenröthe* (1881) und *Die fröhliche Wissenschaft* (1882) – sowie den entsprechenden Nachlaß-Papieren öffnet Nietzsche ein ganzes Arsenal von Despektierlichkeiten. Er geißelt „die gräßliche hochmüthige gallig-neidische Schimpfteufelei Luthers"⁸³ und deutet die Reformation als das reaktionäre Werk „schroffe[r], gewaltsame[r] und fortreissende[r], aber trotzdem zurückgebliebene[r] Geister"⁸⁴. Luther ist ihm geschwätzig⁸⁵ und vom „Grundirrthum" des Platonismus „bethört"⁸⁶, er agiere als ein unaufrichtiger Fanatiker⁸⁷ und gewissenlos-rechthaberischer Opportunist⁸⁸, in ihrer distanzlosen Zudringlichkeit gleiche seine Botschaft einem „geistliche[n] Überfall"⁸⁹.

Was Nietzsche vordem an Luther gerühmt hatte, wird makuliert. Nun ist keine Rede mehr von dem Heros des deutschen Geistes, im Gegenteil: Die durch Luther beschleunigte intellektuelle „Verflachung" und „Vergutmüthigung" habe den „Bauernaufstand", „den Plebejismus des Geistes" verschuldet⁹⁰. Seine Sprachgewalt ist zur „Geschwätzigkeit des Zornes"⁹¹ entzaubert. Freundlich scheint allein noch die Würdigung der *musikalischen* Nachblüte

---

⁸¹ Nachweise bei HIRSCH (s. Anm. 12), 176–181.
⁸² Nietzsche an Overbeck, ca. 10.11.1882 (F. NIETZSCHE, Sämtliche Briefe. Kritische Studienausgabe, Bd. 6, 276,25f).
⁸³ Nietzsche an Köselitz, 5.10.1879 (AaO 451,42f).
⁸⁴ KSA 2; 46,27–47,4 (MA I, 26).
⁸⁵ KSA 3; 451,21f (FW II, 97).
⁸⁶ KSA 3; 34,1–16 (M I, 22).
⁸⁷ „Die Ehrlichkeit ist die grosse Versucherin aller Fanatiker. Was sich Luthern in Gestalt des Teufels oder eines schönen Weibes zu nahen schien und was er auf jene ungeschlachte Art von sich abwehrte, war wohl die Ehrlichkeit und vielleicht, in seltneren Fällen, sogar die Wahrheit" (KSA 3; 298,7–12 [M V, 511]).
⁸⁸ KSA 2; 581,26–582,7 (MA II, 66).
⁸⁹ KSA 3; 78,21–28 (M I, 82).
⁹⁰ KSA 3; 602,21–605,21 (FW V, 358).
⁹¹ KSA 3; 451,21 (FW II, 97).

der Refomation: „Erst in Händel's Musik erklang das Beste von Luther's und seiner Verwandten Seele, der grosse jüdisch-heroische Zug, welcher die ganze Reformations-Bewegung schuf"[92]. Doch die Nachblüte ist ein Abgesang: Händels Musik „kommt zu spät"[93].

Im Zuge solcher Umwertung Luthers entdeckte Nietzsche eine frappante Strukturanalogie zwischen diesem und Immanuel Kant. Dessen kategorischen Imperativ nahm er als den Ausdruck eines „moralischen Fanatismus"[94]. Das „logische ,Jenseits'" sei für den Pessimisten Kant unabdingbar gewesen, weil ihm die Gefährdung jeder moralischen Ordnung durch die Vernunft illusionslos bewußt war[95]. Kant glaubte an die Moral, freilich nicht aus Erfahrung, sondern aller Erfahrung zum Trotz[96]. Dieser Trotz erinnert Nietzsche an „jenen andern grossen Pessimisten", der mit seiner „ganzen Lutherischen Verwegenheit" der Vernunft die Erkennbarkeit Gottes entzog, um dadurch Raum zu schaffen für die Unbedingtheit des Glaubens[97]. In dieser jenseitig verorteten moralischen Unbedingtheit sah Nietzsche „etwas Verwandtes"[98] zwischen Luther und Kant. Allerdings sei bei Luther der gleiche Gedanke „gröber und volksthümlicher" gefaßt: Kant habe den unbedingten moralischen Gehorsam auf einen Begriff gegründet, Luther hingegen auf eine Person[99]. Trotz dieses Unterschieds trifft sie am Ende dasselbe Verdikt: Beide seien sie der Moral erlegen, dieser „grössten[n] Meisterin der Verführung"[100].

Als das Zentrum seiner Luther-Kritik sind nun zwei Motive erwachsen, die zusammen eine merkwürdige – teils organische, teils disparate – Konstellation ergeben. Luther habe den hoffnungsvollen Aufbruch der Renaissance zunichte gemacht oder doch folgenschwer retardiert. Und sein Scheitern am monastischen Ideal habe in ihm ein niederträchtig verfolgtes Ressentiment gegen die Kirche entfacht.

Die Hochschätzung der Renaissance teilte Nietzsche mit Burckhardt. Dessen *Kultur der Renaissance in Italien* (1859) hinterließ im Werk Nietzsches zahlreiche Spuren. Anders als Burckhardt hat allerdings Nietzsche den Immoralismus der Renaissance nicht verworfen, sondern „als Symbiose von Vita-

---

[92] KSA 2; 450,14–17 (MA II, 171).
[93] KSA 2; 450,11 (MA II, 171).
[94] KSA 3; 14,15 (M, Vorrede 3).
[95] KSA 3; 14,22–31 (M, Vorrede 3).
[96] KSA 3; 14,31–15,3 (M, Vorrede 3).
[97] KSA 3; 15,3–9 (M, Vorrede 3).
[98] KSA 3; 15,4 (M, Vorrede 3).
[99] KSA 3; 188,2–13 (M III, 207). – Vgl. KSA 9; 113,3–16 (N 1880); KSA 9; 223,14–28 (N 1880); KSA 9; 382,1–9 (N 1880).
[100] KSA 3; 13,15 (M, Vorrede 3).

lität und Kultur, von Macht und Pracht" ausdrücklich begrüßt[101]. Die italienische Renaissance war für Nietzsche der Ursprungsort aller Konstitutionsfaktoren, die die „moderne Cultur" ermöglicht und begründet haben; mit ihrem Kampf für intellektuelle und moralische Autonomie, für freie Bildung und Wissenschaft, für Wahrhaftigkeit und Individualität galt sie ihm, „trotz aller Flecken und Laster", als „das goldene Zeitalter dieses Jahrtausends"[102]. Aber der Siegeslauf der Renaissance scheiterte, kaum daß er begonnen hatte, an der von Luther ausgelösten deutschen Reformation. „Zu einer hundertfältigen Pracht der Blüthe [...] fehlte nur noch Eine Nacht; aber diese brachte den Sturm, der Allem ein Ende machte"[103].

Für Luthers Triumph über die Renaissance sah Nietzsche einen doppelten Ermöglichungsgrund. In äußerlicher Hinsicht kam der weltgeschichtliche Zufall zu Hilfe, daß Luther in dem Kräftespiel zwischen Papst, Kaiser und Reichsfürsten für einen kurzen, aber ausschlaggebenden Moment zum entscheidenden Faktor geworden war[104]. Dieser äußere Umstand wurde durch die weit fatalere innere Konstellation unterstützt, daß Luther die im Norden Europas intakt gebliebenen „Heerdeninstincte" mobilisieren[105] und einen „energische[n] Protest zurückgebliebener Geister, welche die Weltanschauung des Mittelalters noch keineswegs satt hatten", lostreten konnte[106]. Mit „nordische[r] Kraft und Halsstarrigkeit" stemmte sich Luther dem Umbruch entgegen und erzwang eine Restitution des Christentums, die sich für Nietzsche nicht allein im Protestantismus, sondern gleichermaßen in der durch ihn ‚erzwungenen'[107] Gegenreformation, diesem „katholische[n] Christenthum der Nothwehr", geschichtlich konkretisierte[108]. Im Reichstag zu Regensburg 1541, auf dem der von „Verdächtigungen und unheimliche[n] Aengsten" getriebene „knöcherne Kopf Luther's" die zum Greifen nahe Friedenslösung zerstört habe, sah Nietzsche die „Tragikomödie" jener geistes- und kulturgeschichtlichen Wende sinnbildlich verdichtet[109]. Unter anderen geschichtlichen Umständen „wäre Luther verbrannt worden wie Hus – und die Morgenröthe der Aufklärung vielleicht etwas früher und mit schönerem Glanze, als wir jetzt ahnen können, aufgegangen"[110].

---

[101] H. Ottmann, Art. Renaissance / Renaissancismus (in: Nietzsche-Handbuch [s. Anm. 3], 311f), 311.
[102] KSA 2; 199,2–16 (MA I, 237).
[103] KSA 3; 492,31–493,3 (FW III, 148).
[104] KSA 2; 199,34–200,7 (MA I, 237).
[105] KSA 3; 493,5–494,12 (FW III, 149).
[106] KSA 2; 199,16–22 (MA I, 237).
[107] KSA 2; 199,23 (MA I, 237).
[108] KSA 2; 199,22–29 (MA I, 237).
[109] KSA 2; 480,27–482,1 (MA II, 226).
[110] KSA 2; 200,7–9 (MA I, 237).

Das andere zentrale Motiv seiner Luther-Kritik liegt in Nietzsches grandioser Fehldeutung der reformatorischen Wende. „Ein wackerer Bergmannssohn" sei Luther auch im Kloster geblieben, indem er dort, „in Ermangelung anderer Tiefen [...], in sich einstieg und schrecklich dunkle Gänge bohrte"[111]. Dieses quälerische Hinabsteigen in sich selbst habe Luther am Ende zu der Einsicht geführt, daß alle Kasteiungen, mit denen er den Weg zum Heiligen zu finden hoffte, umsonst und das beschauliche heilige Leben ihm gänzlich unmöglich sei[112]. „Rachsüchtig und rechthaberisch, wie er war, trat er auf die Seite der vita practica", „ließ seine Wuth gegen die vita contemplativa aus"[113] und „zerschlug ein Ideal, das er nicht zu erreichen wußte"[114]. „Eine bäuerische Art, Recht zu behalten", war Nietzsches Kommentar – der Bauer hatte über den Bergmann gesiegt.

So wurde aus Luther „der unmögliche Mönch". Indem er „die Herrschaft der homines religiosi" umstürzte, habe er, so Nietzsche, in der *kirchlichen* Ordnung genau dasjenige angezettelt, was er in der *bürgerlichen* Ordnung so unduldsam bekämpfte: einen „Bauernaufstand"[115]. Drei Hauptmaßnahmen hätten diesen Aufstand zum Erfolg werden lassen. Zum einen habe Luther den transzendenten Grund der Kirche zerschlagen, indem er ihr den Anspruch auf geistgewirkte Autorität[116] und von den Heiligen gesammelte Gnadenschätze bestritt[117]. Zum andern habe er dem ihm verhaßten geistlichen Stand[118] die Legitimationsgrundlage entzogen, indem er „dem Priester den Geschlechtsverkehr mit dem Weibe zurück[gab]", ihm deshalb auch die Ohrenbeichte entziehen mußte – man fragt sich, ob Nietzsche dieses historische Fehlurteil wirklich nur für eine witzige, frauenfeindliche Sottise in Kauf nahm – und stattdessen das allgemeine Priestertum ausrief[119]. Und zum dritten habe Luther, weil er nicht mehr an den Papst glauben wollte, an die Bibel geglaubt[120], sie deshalb auch an jedermann ausgeliefert, so daß sie endlich „in die Hände der Philologen [geriet], das heisst der Vernichter jeden Glaubens, der auf Bü-

---

[111] KSA 3; 82,20–23 (M I, 88).
[112] KSA 3; 82,23–26 (M I, 88).
[113] KSA 9; 113,24–27 (N 1880).
[114] KSA 3; 604,16f (FW V, 358). – „[...] endlich fasste er seinen Entschluß uns sagte bei sich: ‚es giebt gar keine wirkliche vita contemplativa! Wir haben uns betrügen lassen! Die Heiligen sind nicht mehr werth gewesen, als wir Alle'" (KSA 3; 82,27–30 [M I, 88]). – Vgl. auch KSA 9; 113,24–28 (N 1880); KSA 9; 165,3–13 (N 1880).
[115] KSA 3; 604,19–23 (FW V, 358).
[116] KSA 3; 603,29–33 (FW V, 358).
[117] KSA 3; 82,30–83,4 (M I, 88).
[118] KSA 9; 165,3–13 (N 1880).
[119] KSA 3; 603,33–604,16 (FW V, 358).
[120] KSA 9; 165, 9–13 (N 1880).

chern ruht"¹²¹. Gerade dieser letzte Punkt läßt nun aber die Ambivalenz von Nietzsches Urteil deutlich erkennen. Hat doch nach ihm, was zur Rettung des Glaubens gedacht war, den Keim der Selbstaufhebung bereits in sich getragen¹²². Diese geschichtliche Dialektik unabsichtlich in Gang gesetzt zu haben, war für Nietzsche der Ausdruck eines verhängnisvollen Mangels an Machtinstinkt, der die von Luther beabsichtigte Restitution des Christentums unter der Hand zum „Anfang eines Zerstörungswerks" werden ließ¹²³.

Auch sonst zeigt das negative Lutherbild Nietzsches manche Ambivalenzen. Hat Luther, indem er den monastischen Lebensentwurf umkehrte, nicht gerade das Gegenteil dessen zerstört, was er an der Renaissance so erbittert bekämpft haben soll? Und hat er den Idealen der Renaissance – Individualismus, Freiheit der Wissenschaften, menschliche Autonomie – nicht doch auf sublime Weise zum Durchbruch verholfen? In seiner *Fröhliche[n] Wissenschaft* deutet Nietzsche das emphatische „Ich", mit dem Luther in Worms, allein auf sich gestellt, widerstanden hat, als den Beginn eines antireligiösen Aufbegehrens, das ihn unterdessen zu der Hoffnung beflügelt, die Deutschen könnten „das erste unchristliche Volk Europa's" werden: „So käme das Werk Luther's zur Vollendung"¹²⁴. Und wenn Nietzsche einerseits diagnostiziert, daß Luther „in allen kardinalen Fragen der Macht verhängnissvoll kurz, oberflächlich, unvorsichtig angelegt war"¹²⁵, so hat er zugleich für den von ihm ins Recht gesetzten Willen zur Macht den Nihilisten Luther¹²⁶ als Kronzeugen zitiert: „Warum sage ich diess noch? Luther hat es schon gesagt, und besser als ich"¹²⁷. Im Sommer 1880 notierte Nietzsche seine unverhohlene

---

¹²¹ KSA 3; 603,26–28 (FW V, 358).
¹²² KSA 3; 604,28–605,14 (FW V, 358).
¹²³ KSA 3; 603,17–24 (FW V, 358). – Vgl. AaO 602,19–605,21 (FW V, 358).
¹²⁴ KSA 3; 492,2–17 (FW III, 146). – Ähnlich KSA 3; 82,14–20 (M I, 88): „Das Bedeutendste, was Luther gewirkt hat, liegt in dem Misstrauen, welches er gegen die Heiligen und die ganze christliche vita contemplativa geweckt hat: seitdem erst ist der Weg zu einer unchristlichen vita contemplativa in Europpa wieder zugänglich geworden und der Verachtung der weltlichen Thätigkeit und der Laien ein Ziel gesetzt". – Vgl. KSA 3; 603,17–24 (FW V, 358).
¹²⁵ KSA 3; 603,17–19 (FW V, 358).
¹²⁶ KSA 9; 125,25–29 (N 1880).
¹²⁷ „Der Dämon der Macht. – Nicht die Nothdurft, nicht die Begierde, – nein, die Liebe zur Macht ist der Dämon der Menschen. Man gebe ihnen Alles, Gesundheit, Nahrung, Wohnung, Unterhaltung, – sie sind und bleiben unglücklich und grillig: denn der Dämon wartet und wartet und will befriedigt sein. Man nehme ihnen Alles und befriedige diesen: so sind sie beinahe glücklich, – so glücklich als eben Menschen und Dämonen sein können. Aber warum sage ich diess noch? Luther hat es schon gesagt, und besser als ich, in den Versen: ‚Nehmen sie uns den Leib, Gut, Ehr', Kind und Weib: lass fahren dahin, – das Reich muss uns doch bleiben!' Ja! Ja! Das ‚Reich'!" (KSA 3; 209,18–28 [M IV, 262]).

Bewunderung für den von Luther bewiesenen Mut zu „individuelle[m] Handeln"[128]: Er habe sich nicht unter ein Gesetz zwingen lassen, sondern sei „trotz allem Gebot und Verbot sich selber treu" geblieben[129]. Offenbar hat sich die Luther-Wahrnehmung Nietzsches in dessen mittlerer Phase nicht einfach ins Negative verkehrt, vielmehr, wie man vielleicht sagen könnte, zu einem eigentümlichen Vexierbild verkompliziert.

c) Die späten Jahre (1883–1888)

Während der letzten Schaffensperiode haben sich bei Nietzsche die Erwähnungen Luthers deutlich verdichtet. Mehr als fünf Dutzend mal kommt er in den Schriften[130], Notizen und Briefen jener Jahre auf den Reformator zu sprechen. Viele Motive der mittleren Phase sind dabei fortgeschrieben, nun zumeist in einem schärfer, zuspitzender, radikaler gewordenen Ton, der die ironische Leichtigkeit der vorausgehenden Jahre weithin eingebüßt hat.

Insbesondere dem Affekt gegen die niedere, bäuerische Gesinnung Luthers schenkt Nietzsche jetzt breiten Raum. Mit seinem „treuherzige[n] und bärbeissige[n] Unterthanen-Glaube[n]" sei Luther „ein nordischer Barbar des Geistes" gewesen[131] – der „beredteste und unbescheidenste Bauer, den Deutschland gehabt hat"[132]. Dessen „bäurische, treuherzige und zudringliche [...] Leidenschaft für Gott"[133] habe seinen „Widerstand gegen die Mittler-Heiligen der Kirche" zu dem „Widerstand eines Rüpels" degeneriert: „Luther, der Bauer, wollte [...] direkt reden, selber reden, ‚ungenirt' mit seinem Gott reden ... Nun, er hat's gethan"[134]. So machte sich der „Bauern-Apostel"[135] ein „Pöbel- und Bauernchristenthum zurecht"[136] und brach den „große[n] Pöbel- und Sklavenaufstand"[137] vom Zaun. Das alles kann Nietzsche

---

[128] Allerdings hat Nietzsche aus dem Satz „Sehr spannkräftige Männer, wie zum Beispiel Goethe, durchmessen so viel als kaum vier Generationen hinter einander vermögen; desshalb kommen sie aber zu schnell voraus [...]" (KSA 2; 224,21–24 [MA I, 272]) die zunächst neben Goethe stehenden Beispielnamen Luther und Wagner wieder getilgt (vgl. KSA 14; 140 [Kommentar zur Stelle]).
[129] KSA 9; 116,9–14 (N 1880).
[130] Nämlich: JGB, GM, AC, EH, NW.
[131] KSA 5; 66,19–22 (JGB III, 46).
[132] KSA 5; 394,24f (GM III, 22). – Vgl. KSA 11; 81,7–9 (N 1884).
[133] KSA 5; 70,26f (JGB III, 50).
[134] KSA 5; 394,27–395,3 (GM III, 22). – „Der Bauer in Luther schrie über die Lüge des ‚höheren Menschen' an den er geglaubt hatte: ‚es giebt gar keine höheren Menschen' – schrie er" (KSA 11; 82,13–15 [N 1884]).
[135] KSA 6; 234,25 (AC 53).
[136] KSA 11; 200,15f (N 1884).
[137] KSA 11; 235,12 (N 1884). – Vgl. KSA 11; 27,21f (N 1884); KSA 11; 70,13f (N 1884).

nur mit grenzenloser Verachtung quittieren: „Als ob ein Jesus Christus überhaupt neben einem Plato in Betracht käme, oder ein Luther neben einem Montaigne!"[138] Was für „ein Volk, welches sich der Intelligenz eines Luther unterordnet!"[139] Den größten Fehler des Reformators und zugleich dessen tiefstes anthropologisches Mißverständnis sieht Nietzsche darin, daß er das Privileg des höheren Menschen – die geistige und moralische Autonomie – in jedermanns Hände legte und damit den „Instinkt der Heerde" zu überwinden glaubte[140]. Das Urteil, das Nietzsche fällt, kommt einer Verurteilung gleich: Zusammen mit Sokrates, Christus und Rousseau sieht sich Luther unter die „vier grossen Demokraten" gezählt[141].

Neue Aspekte treten nun freilich hinzu. Der allgemeinen Tendenz seiner letzten Jahre entsprechend, hat Nietzsche auch die Wahrnehmung Luthers zunehmend ästhetisiert. „In der Art, wie er Feind ist", verrate Luther einen „bäurische[n] [...] Mangel an Vornehmheit"[142], an „südliche[r] delicatezza"[143], an Takt und „Etiquette", an guten Manieren und gutem Geschmack[144]. „Dieses beständige Auf-du-und-du mit Gott des schlechtesten Geschmacks" ist Nietzsche nur eine Variante widerlicher „jüdische[r] Zudringlichkeit"[145]. In *Der Antichrist* (1888) wird der Fanatiker Luther kurzerhand pathologisiert[146].

Besonders interessant ist der hier und in *Ecce homo* (1888) variierend fortgeschriebene Widerstreit Luthers gegen Mönchtum und Renaissance[147]. Beide Auseinandersetzungen fügt Nietzsche jetzt ineinander, und der die Schriften der mittleren Jahre durchziehende Gedanke, Luther habe den Idealen seiner Gegner ungewollt zugearbeitet, ist nun einem hoffnungslosen kulturgeschichtlichen Pessimismus gewichen. Nietzsche stilisiert die Renaissance zu der einzigen, unwiederbringlich versäumten Möglichkeit, die von ihm als tragischem Nachkömmling verkündeten Ziele geschichtlich zu realisieren: „die Umwerthung der christlichen Werthe, [...] die Gegen-Werthe, die vornehm en

---

[138] KSA 11; 143,4–6 (N 1884). – Vgl. KSA 11; 121,27f (N 1884).
[139] KSA 11; 155,11f (N 1884).
[140] KSA 11; 78,9–13 (N 1884).
[141] KSA 12; 348,6f (N 1887). – Vgl. KSA 12; 408,5–17 (N 1887).
[142] KSA 10; 257,18f (N 1883).
[143] KSA 5; 70,26–28 (JGB III, 50).
[144] KSA 5; 394,16–395,9 (GM III, 22). – Vgl. KSA 11; 679,7–14 (N 1885).
[145] KSA 5; 394,14–16 (GM III, 22).
[146] „Die pathologische Bedingtheit seiner Optik macht aus dem Überzeugten den Fanatiker – Savonarola, Luther, Rousseau, Robespierre, Saint-Simon – den Gegensatz-Typus des starken, des *freigewordnen* Geistes. Aber die grosse Attitüde dieser *kranken* Geister, dieser Epileptiker des Begriffs, wirkt auf die grosse Masse, – die Fanatiker sind pittoresk, die Menschheit sieht Gebärden lieber als dass sie *Gründe* hört ..." (KSA 6; 237,12–19 [AC 54]).
[147] KSA 6; 250,16–252,8 (AC 61). – Vgl. KSA 6; 358,19–360,23 (EH).

Werthe zum Sieg zu bringen"[148]. Der sphärische Zauber dieser welthistorischen Chance, an deren Verwirklichung „alle Gottheiten des Olymps einen Anlass zu einem unsterblichen Gelächter gehabt hätten"[149], lag zumal darin, daß jener entscheidende Angriff auf das Christentum aus diesem selbst hervorgebracht worden ist. „Cesare Borgia als Papst ... Versteht man mich? ... Wohlan, das wäre der Sieg gewesen, nach dem ich heute allein verlange –: damit war das Christenthum abgeschafft!"[150] Aber „Luther, dies Verhängniss von Mönch, hat die Kirche, und, was tausend Mal schlimmer ist, das Christenthum wiederhergestellt, im Augenblick, wo es unterlag"[151]. Was der Reformator als das Verderbnis des Papsttums bekämpfte, sei in Wahrheit „der Triumph des Lebens" gewesen, „das grosse Ja zu allen hohen, schönen, verwegenen Dingen"[152]. „Luther, ein unmöglicher Mönch"[153], „mit allen rachsüchtigen Instinkten eines verunglückten Priesters im Leibe", habe die Kirche, indem er sie angriff, restituiert und damit aus der Renaissance „ein Ereignis ohne Sinn" werden lassen, „ein grosses Umsonst"[154]. Die Katholiken, so Nietzsche sarkastisch, würden heute noch Anlaß haben, „Lutherfeste zu feiern, Lutherspiele zu dichten"[155].

Beachtung verdient nicht zuletzt die Ambivalenz, mit der Nietzsche in seinen letzten Jahren den Machtinstinkt Luthers beurteilt hat. Einerseits schien ihm Luther von „groben Begierden" getrieben[156], andererseits mit geradezu machiavellistischer Klugheit begabt[157]. Einerseits war Luther nur das Opfer einer „persönliche[n] Thatsache" – nämlich seines Ressentiments gegen christliche Werke, zu denen er sich instinktiv unfähig wußte[158] – und seine Lehre nur der Ausdruck einer „rein persönliche[n] Noth", gleichsam „die Frage eines Kranken nach einer Kur"[159]. Andererseits war Luther gerissen genug, um seine „starke[n], unbändig gewordene[n] und gründlich gemeine[n] Triebe" in „großartige Worte" zu kleiden[160] und namentlich unter der Parole der

---

[148] KSA 6; 250,21–24 (AC 61).
[149] KSA 6; 251,7f (AC 61).
[150] KSA 6; 251,9–12 (AC 61).
[151] KSA 6; 359,25–27 (EH).
[152] KSA 6; 251,23f (AC 61). – Vgl. auch KSA 12; 560,17–561,3 (N 1887); KSA 11; 145,3–12 (N 1884).
[153] KSA 6; 359,29 (EH).
[154] KSA 6; 251,12–26 (AC 61).
[155] KSA 6; 359,31f (EH). – Vgl. auch KSA 11; 79,16–19 (N 1884); KSA 11; 703,7–17 (N 1885); KSA 14; 502.
[156] KSA 13; 156,27f (N 1887/88).
[157] KSA 14; 747.
[158] KSA 12; 478,1–23 (N 1887).
[159] KSA 11; 242,15–21 (N 1884).
[160] KSA 12; 271,4–7 (N 1887).

„evangelischen Freiheit"[161] seinen Instinkten ungehinderten Spielraum zu geben[162]. In dieser „schöne[n] Tartüfferie Luthers" erkannte Nietzsche den „‚Wille[n] zur Macht' in seiner schüchternsten Form"[163]. „Luthers Schlauheit: sein Wille zur Macht", notierte er Anfang 1888 als Überschrift eines Fragment gebliebenen Aphorismus[164]. Insofern liegt darin kein Widerspruch, daß Nietzsche die „moral[ische] Verlogenheit" Luthers geißeln[165], zugleich aber dessen noch immer nicht eingeholte geschichtliche Bedeutung würdigen[166] und den „Muth zu seiner Sinnlichkeit" als dessen vielleicht größtes Verdienst preisen konnte[167]. Ein Vexierbild ist ihm Luther bis zum Ende geblieben.

Von seiner Bewunderung für Luther den Künstler ist Nietzsche zeitlebens nicht abgerückt. Zwar hat er sich zur Musikalität des Reformators nur noch einmal geäußert: In *Nietzsche contra Wagner* (1888) duplizierte er nahezu wörtlich jene Bemerkung zu Luther und Händel[168], die er bereits in das zweite Buch von *Menschliches Allzumenschliches* eingerückt hatte[169]. Um so nachhaltiger rühmte er aber, jetzt auch in selbstbezüglicher Absicht, die Sprachgewalt Luthers. Auslösenden Anlaß bot dafür eine Betrachtung zum „deutsche[n] Stil", der kaum noch „mit dem Klange und mit den Ohren zu thun" habe[170], in deutlichem Unterschied zur rhetorischen Kultur der Antike: „Damals waren die Gesetze des Schrift-Stils die selben, wie die des Rede-Stils"[171].

---

[161] KSA 12; 271,9 (N 1887). – Vgl. KSA 12; 412,21 (N 1887); KSA 12; 489,6 (N 1887).
[162] „Das Christ-sein, die Christlichkeit auf ein Für-wahr-halten, auf eine blosse Bewusstseins-Phänomenalität reduzirt heisst die Christlichkeit negiren. *In der That gab es gar keine Christen.* Der ‚Christ', das, was seit zwei Jahrtausenden Christ heisst, ist bloss ein psychologisches Selbst-Missverständniss. Genauer zugesehn, herrschten in ihm, trotz allem ‚Glauben', *bloss* die Instinkte – und *was für Instinkte!* – Der ‚Glaube' war zu allen Zeiten, beispielsweise bei Luther, nur ein Mantel, ein Vorwand, ein *Vorhang*, hinter dem die Instinkte ihr Spiel spielten –, eine kluge *Blindheit* über die Herrschaft *gewisser* Instinkte ... Der ‚Glaube' – ich nannte ihn schon die eigentliche christliche Klugheit, – man sprach immer vom ‚Glauben', man *that* immer nur vom Instinkte ..." (KSA 6; 212,4–17 [AC 39]). – Vgl. insbesondere auch KSA 12; 478,1–23 (N 1887); ferner KSA 12; 271,1–14 (N 1887); KSA 12; 489,3–7 (N 1887).
[163] KSA 12; 412,21–25 (N 1887).
[164] KSA 13; 199,8f (N 1888).
[165] KSA 12; 489,3–7 (N 1887).
[166] „Wir sind noch ganz *jung*. Unser letztes Ereigniß ist immer noch *Luther*, unser einziges Buch immer noch die *Bibel*" (KSA 11; 56,14–16 [N 1884]).
[167] KSA 5; 340,32f (GM III, 2). – Vgl. etwa auch KSA 12; 271,11–13 (N 1887).
[168] „Erst in Händel's Musik erklang das Beste aus Luther's und seiner Verwandten Seele, der jüdisch-heroische Zug, welcher der Reformation einen Zug der Grösse gab – das alte Testament Musik geworden, *nicht* das neue" (KSA 6; 423,22–26 [NW]).
[169] S.o. bei Anm. 92.
[170] KSA 5; 190,2f (JGB VIII, 247).
[171] KSA 5; 190,12f (JGB VIII, 247).

In Deutschland sei die Tradition der öffentlichen Kunstrede eigentlich nur von der Kanzel herab gepflegt worden: „Der Prediger allein wusste in Deutschland, was eine Silbe, was ein Wort wiegt, inwiefern ein Satz schlägt, springt, stürzt, läuft, ausläuft, er allein hatte Gewissen in seinen Ohren"[172]. Insofern könne es nicht verwundern, daß „das Meisterwerk der deutschen Prosa [...] billigerweise das Meisterwerk ihres grössten Predigers [ist]: die Bibel war bisher das beste deutsche Buch"[173]. Daß mit der Einschränkung „bisher" nichts anderes als sein im Vorjahr erschienenes Werk *Also sprach Zarathustra* (1885), welches die Luther-Bibel stilgeschichtlich antiquieren sollte, gemeint war, hatte Nietzsche bereits am 22. Februar 1884 seinem Freund Rohde bekannt: „Ich bilde mir ein, mit diesem Z[arathustra] die deutsche Sprache zu ihrer Vollendung gebracht zu haben. Es war, nach Luther und Goethe, noch ein dritter Schritt zu thun"[174]. Tatsächlich ist im *Zarathustra* der Sprachgestus Luthers allenthalben, wenn auch kontrafaktorisch, präsent[175]. Nietzsche war sich dieser produktiven Aneignung selbstverständlich bewußt, ja er reklamierte es ausdrücklich als „meine Erfindung", „die Sprache Luthers und die poetische Form der Bibel als Grundlagen einer neuen deutschen Poesie" erschlossen zu haben[176]. Wie das Vorbild der Luthersprache, so hatte auch die Sprache des *Zarathustra* „mit dem Klange und mit den Ohren zu thun"[177]. Nietzsches theoretische und praktische Kompetenz im „Spiel mit den verschiedensten Metren"[178] ist unverkennbar der Traditionsspur protestantischer Kanzelrhetorik verpflichtet. Mit Luther teilte er Sinn und Geschmack für die „Semantik des Rhythmus"[179].

---

[172] KSA 5; 191,2–5 (JGB VIII, 247).
[173] KSA 5; 191,8–11 (JGB VIII, 247).
[174] Nietzsche an Rohde, 22.2.1884 (F. NIETZSCHE, Sämtliche Briefe. Kritische Studienausgabe, Bd. 6, 479,28–30). – Der Fortgang lautet: „Sieh zu, alter Herzens-Kamerad, ob Kraft, Geschmeidigkeit und Wohllaut je schon in unsrer Sprache *so* beieinander gewesen sind. Lies Goethen nach einer Seite meines Buchs – und Du wirst fühlen, daß jenes ‚undulatorische', das Goethen als Zeichner anhaftete, auch dem Sprachbildner nicht fremd blieb. Ich habe die strengere, männlichere Linie vor ihm voraus, ohne doch, mit Luther, unter die Rüpel zu geraten. Mein Stil ist ein *Tanz*; ein Spiel der Symmetrien aller Art und ein Überspringen und Verspotten dieser Symmetrien. Das geht bis in die Wahl der Vokale. –" (aaO 479,30–40).
[175] Nicht nachvollziehbar ist mir die Behauptung Hirschs, Nietzsche habe sich zu dem Zweck, den *Zarathustra* zu schaffen, erst mit der Luther-Bibel bekannt gemacht (HIRSCH [s. Anm. 12], 180 Anm. 3).
[176] KSA 11; 60,7–10 (N 1884). – Vgl. KSA 11; 548,28f (N 1885).
[177] Noch für Gottfried Benn war Nietzsche „seit Luther das größte deutsche Sprachgenie" (G. BENN, Nietzsche – nach 50 Jahren [in: DERS., Sämtliche Werke, Bd. 5, 1991, 198–208]), 199.
[178] KSA 11; 60,2–6 (N 1884).
[179] Diese glückliche Wendung ist von dem Tübinger Germanisten Theo Schumacher (1924–2004) geprägt, aber nie veröffentlicht worden.

3. Funktionen

Es wäre müßig, Nietzsches Wahrnehmung und Deutung des Reformators nun im einzelnen darauf zu prüfen, inwiefern sie dem aus den Quellen erhebbaren, geschichtlichen Luther gerecht wird. Oft sind es Geschmacksurteile, über die sich bekanntlich nicht streiten läßt. Der Versuch, den darin aufscheinenden Sachgehalt historisch-kritisch zu sichten, unterläge auch den Prädispositionen des eigenen Geschmacks und der Verführung zu apologetischer Rechthaberei. Ohnehin sind die Lutherbilder, die Nietzsche entworfen hat, weniger als historische Miniaturen denn als geschichtlich verfremdete Selbstaussagen interessant. Daraus ergibt sich als die entscheidende Frage, welche Funktionen der Rekurs auf Luther bei Nietzsche erfüllen und was er über dessen Denken und Selbstverständnis aussagen könnte.

Die „fast schwärmerische Verehrung"[180], die Nietzsche dem Reformator zunächst entgegenbrachte, war vornehmlich aus drei Motiven gespeist: Sie rühmte an Luther die Musik, die Sprache und den in ihm paradigmatisch verkörperten deutschen Geist. Für die mit den beiden ersten Motiven berührte künstlerische Begabung Luthers hatte Nietzsche ein feines, von ihm später zur Kongenialität stilisiertes Gespür. Und was den Heros des deutschen Geistes angeht, so mag, nicht zuletzt anhand der verschiedenen von Nietzsche erstellten genealogischen Ahnenreihen, deutlich geworden sein, daß er Luther darin kaum als geschichtliches Individuum, um so mehr hingegen als Platzhalter in einer kulturhistorischen Vergewisserungslinie nostrifiziert hat. In dieser Hinsicht dürfte aufschlußreich sein, woran genau sich das Entsetzen Nietzsches über die drohende Konversion des Freundes Romundt einst festgemacht hatte. Mit keiner Silbe erwähnte Nietzsche dabei einen religiösen, theologischen oder konfessionellen Dissens. Vielmehr war es, wie erinnerlich, allein der „Geist Luthers", den Romundt zu verraten schien und von dem sich Nietzsche deshalb um so inniger abhängig wußte[181]. So war Luther für Nietzsche auch hier der Repräsentant des eigenen milieuprotestantischen Selbstbewußtseins, das sich namentlich in dem Pathos der Geistes- und Gewissensfreiheit konkretisierte.

Respekt und Achtung vor dem Geist Luthers: Das scheint bis zum Ende die Grundierung zu bleiben, von den Metamorphosen der folgenden Jahre meist bis zur Unkenntlichkeit überdeckt, jedoch nicht grundsätzlich alterniert. Die negativen Töne, die das Lutherbild Nietzsches seit 1878 dominieren, sind Ausdruck einer radikalen Distanznahme von der vaterweltlichen

---

[180] HIRSCH (s. Anm. 12), 170.
[181] Nietzsche an Rohde, 28.2.1875 (F. NIETZSCHE, Sämtliche Briefe. Kritische Studienausgabe, Bd. 5, 27,66–28,69).

Positionalität des Reformators. *Was* Luther gewollt und gewirkt hat, fällt, zumal als die Initiation eines höchst fatalen „Cultur-Malheurs"[182], abgrundtiefer Verachtung anheim. Aber *wie* er gewollt und geschichtlich gewirkt hat, erfährt doch durchgehend die verborgene Wertschätzung Nietzsches. Das trotzige „Hier stehe ich" Luthers auf dem Reichstag zu Worms, sein Mut zur Sinnlichkeit, zu individuellem Handeln, kurz: zu sich selbst, dies alles war für Nietzsche von bleibender Faszination. Mochte der „Wille zur Macht" bei Luther auch falschen Zielen gedient haben und dilettantisch gebraucht worden sein, so war er in ihm bei aller Entstellung doch unverkennbar am Werk.

Im Frühjahr 1884 und noch einmal im Sommer 1885 notierte Nietzsche sein „Mitleid" mit Luther[183]. Er meinte es im übertragenen Sinn, weil es „keinen Leidenden giebt, mit dem ich da litte"[184] – „ein Gefühl, für das mir kein Name genügt"[185]. Nietzsche empfand diese Art Mitleid, weil er bei Luther „eine Verschwendung kostbarer Fähigkeiten"[186] sah „und ein Zurückbleiben [...] hinter dem, was hätte werden können"[187]. „Welche Kraft und verschwendet auf was für Probleme!"[188] Zum Lutherbild Nietzsches scheint mir in dieser Bemerkung der hermeneutische Schlüssel zu liegen. Sie läßt in den vordergründigen Widersprüchen und Ambivalenzen die tiefere Einheit erkennen: „Welche Kraft und was für abgeschmackte Hinterwäldler-Probleme"[189].

Die beiden Mitleids-Notizen sind von Nietzsche nicht veröffentlicht worden. Möglicherweise bildeten sie die Vorstufe einer Überlegung, die er im dritten Teil seiner *Genealogie der Moral* (1886) zwei Jahre später angestellt hat. Abständig gedenkt er dort „des komischen Entsetzens, welches der katholische Priester Janssen mit seinem über alle Begriffe viereckig und harmlos geratenen Bilde der deutschen Reformations-Bewegung [...] erregt hat"[190]. Die Harmlosigkeit jenes Bildes resultierte für Nietzsche aus dem vollständigen Mangel an Seelen- und Menschenkenntnis: Janssen habe die Phänomene nur beschrieben, nicht gedeutet, das Leben und Wirken Luthers nur äußerlich wahrgenommen, nicht psychologisch hinterfragt. Was aber, fährt Nietzsche fort, „wenn uns einmal ein wirklicher Psycholog einen wirklichen Luther erzählte, nicht mehr mit der moralistischen Einfalt eines Landgeistlichen,

---

[182] KSA 14; 502.
[183] KSA 11; 17,10–14 (N 1884). – KSA 11; 552,4–18 (N 1885).
[184] KSA 11; 552,17f (N 1885).
[185] KSA 11; 552,4f (N 1885).
[186] KSA 11; 552,5f (N 1885).
[187] KSA 11; 17,11f (N 1884).
[188] KSA 11; 17,13f (N 1884).
[189] KSA 11; 552,7f (N 1885).
[190] KSA 5; 387,2–5 (GM III, 19).

nicht mehr mit der süsslichen und rücksichtsvollen Schamhaftigkeit protestantischer Historiker, sondern [...] aus einer Stärke der Seele heraus und nicht aus kluger Indulgenz gegen die Stärke?"[191] Die Erwägung dürfte nicht abwegig sein, daß Nietzsche damit verschleiernd die eigene Luther-Wahrnehmung gekennzeichnet hat. Luthers Ziele und nicht minder dessen Motive und Strategien wurden von Nietzsche entlarvungspsychologisch desavouiert. Was blieb, war die Bewunderung für die „herrliche, innerlich gesunde, uralte Kraft"[192], für den Freiheitswillen und Machtinstinkt, die in jenem pöbelhaften Bauern Wohnung genommen hatten. Allein darauf war der Stoßseufzer „wenn jetzt ein Luther entstünde"[193] gemünzt. Als „ein wirklicher Psycholog" glaubte Nietzsche „einen wirklichen Luther" erzählt zu haben. Doch hat er dabei vor allem ‚einen wirklichen Nietzsche' erzählt: seinen Kampf mit dem Christentum, von dem er nicht loskam, und seine Sehnsucht nach weltgestaltender Selbstbestimmtheit, für die er Luther bewundert, vielleicht auch beneidet hat.

Indessen reicht Luthers Bedeutung für Nietzsche über das bislang Erörterte noch hinaus. Bisweilen wurden Strukturanalogien zwischen dem Denken Luthers und Nietzsches behauptet, am ausführlichsten von Hirsch, zuletzt, in abwägender Behutsamkeit, von Tom Kleffmann. Hirsch meinte in Dionysos den lutherischen Gottesbegriff, im Dionysischen die lutherische Frömmigkeit[194] und in Nietzsches ethischem Urteil über den Menschen „den scharf zugespitzten Pessimismus der lutherischen Erbsündenlehre"[195] widerspiegelt zu sehen. Auch Kleffmann erkannte in der Lebensphilosophie Nietzsches eine strukturanaloge Verkehrung lutherischer Theologie[196]. Nun fällt die Vorstellung nicht ganz leicht, daß Nietzsche von Luther, den er kaum gekannt und fast gar nicht gelesen hat, zentrale Denkstrukturen übernommen und intentional verkehrt haben soll. Eine seriöse Ausarbeitung solcher Strukturanalogien dürfte sich darum nicht auf den Vergleich mit Luther beschränken, sondern würde zugleich auf dessen vielfältige Wirkungs- und Deutungsgeschichte ausgreifen müssen. Und selbst damit wäre erst ein Teilaspekt der umfassenden Frage berührt, wie das Verhältnis Nietzsches zum Christentum insgesamt sachgemäß zu bestimmen ist. Allein in diesem universalen Problemhorizont würde sich dann auch das Lutherbild Nietzsches zureichend einordnen lassen.

---

[191] KSA 5; 387,7–13 (GM III, 19).
[192] KSA 1; 146,34 (GT 23).
[193] KSA 7; 718,5 (N 1873).
[194] HIRSCH (s. Anm. 12), 192.
[195] AaO 203.
[196] KLEFFMANN (s. Anm. 28), 199. 302.

Otto Dibelius
Ein Promemoria zum 40. Todestag des preußischen Kirchenfürsten

I.

„Kirchenfürst" hat ihn Klaus Scholder respektvoll genannt[1]. Tatsächlich trifft dieser Ehrentitel auf Otto Dibelius zu, nicht unbedingt zwar in Schleiermachers, aber doch fraglos im landläufigen Sinn. Landläufig war er übrigens auch: kein staubtrockener, weltfremder Verwaltungsfunktionär, sondern lebensnaher Freund der Menschen und auratischer Repräsentant einer Kirche vor Ort. Sechzig Jahre lang stand Dibelius im Dienst der evangelischen Kirche: als Hilfsprediger und Seelsorger im Wilhelminischen Kaiserreich, als Berliner Gemeindepfarrer und kurmärkischer Generalsuperintendent in der Weimarer Republik, als ein führendes Mitglied der Bekennenden Kirche im Nationalsozialismus und schließlich, nach dem Zusammenbruch, als Bischof von Berlin-Brandenburg, erster Ratsvorsitzender der EKD und erstes deutsches Präsidiumsmitglied im Ökumenischen Weltrat der Kirchen.

Seine Arbeitskraft war stupend und schien unerschöpflich. Manche Zeitgenossen blickten mit Sorge auf die Fülle der Funktionen und Ämter, die in seinen Händen vereint war. Doch mag sich die Kraft seiner Persönlichkeit vielleicht noch besser an denjenigen Ämtern ablesen lassen, die andere ihm vergeblich zugedacht hatten. 1914 hätte er Berliner Hof- und Domprediger werden sollen – allein Dibelius entzog sich der Probepredigt hier im Dom durch diplomatische Krankheit. 1932 kam er als Reichskanzler in der Nachfolge von Brüning ins Gespräch – allein Dibelius machte keinen Hehl daraus, daß er weiterhin in der *Kirche*, die seine Heimat war, dem Staat zu dienen gedenke. Im Sommer 1949 bat man ihn, für das erstmals zu besetzende Amt des Bundespräsidenten der Bundesrepublik Deutschland zu kandidieren – allein Dibelius winkte ab, weil er die Kirche im Osten nicht im Stich lassen wollte[2].

---

[1] K. SCHOLDER, Otto Dibelius (in: DERS. / D. KLEINMANN [Hg.], Protestantische Profile. Lebensbilder aus fünf Jahrhunderten, 1983, 324–336), 324.

[2] H. FRITZ, Otto Dibelius. Ein Kirchenmann in der Zeit zwischen Monarchie und Diktatur (AKZG B 27), 1998, 15.

Otto Dibelius war ein evangelischer Preuße im guten, ja im allerbesten Sinn: Aus dem „Erbe der Väter"[3], dem er verpflichtet war, zog er Kraft für die Nöte der Zeit. Zugleich war er ein lutherischer Unierter par excellence: Nicht in gradualistischer Geschmeidigkeit, sondern in lutherischer Antithetik klärte er seiner Kirche der altpreußischen Union die vielfältigen Fronten. Und in beidem war er ein freier und dienstbarer Christenmensch, der sich gewissenhaft der Arbeit, die auf ihn einströmte, stellte und zugleich in der humorvollen Sturheit, die ihm eigen war, zu erkennen gab, daß der Auftrag der Kirche jederzeit ein Letztes im Vorletzten ist. „In den ungeheuren Umbrüchen der Zeit, die den deutschen Protestantismus tief erschütterten und veränderten, repräsentierte er mehr als irgendein anderer die Dauer, die Festigkeit und den Selbstbehauptungswillen der evangelischen Kirche in Deutschland"[4].

Die geschichtlichen Zäsuren, die er durchlebte, gliedern sein kirchliches Wirken zwanglos in vier Etappen. Dabei mag es sachdienlich sein, für jede Etappe zunächst knapp die Hauptlinien zu umreißen (a), um dann anhand einer einzelnen Verlautbarung – ob Vortrag, Monographie oder Predigtreihe – kurz und pointiert in die Tiefe zu gehen (b).

II.

(a) Am 15. Mai 1880 kam Otto Dibelius als Sohn eines Berliner Reichspostbeamten und Enkel eines Religionspädagogen zur Welt. Aus welchen Tiefen der Geschichte er stammte, kann die kleine Szene anschaulich machen, als er 1891 am Brandenburger Tor den greisen Bismarck auf dem Weg zum Kaiser unmittelbar an sich vorbeifahren sah. „Zweimal in meinem Leben", erinnerte er sich später, „habe ich im Anblick eines Menschen etwas von der Größe eines geschichtlichen Augenblicks gespürt. Zweimal bin ich in der Tiefe ergriffen gewesen von der geheiligten Gestalt eines großen Mannes. Das eine Mal bei Bismarcks Einzug. Das andere Mal am 21. März 1933, als der alte Hindenburg am Sarge Friedrichs des Großen stand"[5].

Neben der Mutter und dem Dresdner Oberhofprediger und Onkel Franz Dibelius hat namentlich Max Stolte, der Gemeindepfarrer von Lichterfelde, wohin die Familie 1892 gezogen war, die religiöse Entwicklung des Knaben geprägt. Nach der Schulzeit schien es die ökonomische Bedrängtheit nahezu-

---

[3] O. DIBELIUS, Vom Erbe der Väter, 1941, ³1950, bearbeitete Neuauflage 1960.
[4] SCHOLDER (s. Anm. 1), 324.
[5] Manuskript *Aus meinem Leben* (1933); zitiert nach R. STUPPERICH, Otto Dibelius. Ein evangelischer Bischof im Umbruch der Zeiten, 1989, 29f.

legen, daß Dibelius, dessen zwei ältere Brüder ein kostspieliges Universitätsstudium absolvierten, den Berufsweg des Vaters einschlagen sollte. Jedoch eine überraschend verhängte Laufbahnsperre im Postdienst ließ das Vorhaben mißlingen. So öffnete sich die Bahn zur Theologie. In seiner Berliner Studienzeit (1899–1904) sind ihm v.a. zwei akademische Lehrer bedeutsam geworden: Hermann Gunkel und Adolf von Harnack. Rückblickend urteilte er über beide ganz analog: Er würdigte sie als bedeutende Fachwissenschaftler, attestierte ihnen aber zugleich einen Mangel an Theologie. Die Urteile waren ungerecht, doch sie zeigen, was der Student seinerzeit vergebens ersehnte: den inneren Ausgleich, wie er selbst sagte, zwischen wissenschaftlichem Interesse, nationalem Wollen und kirchlicher Haltung[6].

Im April 1904 bezog er für zwei Jahre das Predigerseminar in Wittenberg. Die Verbundenheit blieb bestehen: Zur Jahrhundertfeier 1917 legte Dibelius eine umfangreiche, solide aus den Quellen erarbeitete Geschichte des Predigerseminars vor[7]. Nach bestandenem zweiten Examen verbrachte er, ausgestattet mit einem großzügigen Stipendium der Schleiermacher-Stiftung, einen mehrmonatigen Studienaufenthalt in Schottland. Die Eigenständigkeit und Initiativkraft der dortigen Kirche, übrigens auch das ausgeprägte kirchliche Interesse der schottischen Theologieprofessoren, beeindruckten ihn sehr. Das territorialkirchenkundliche Spezialistentum, mit dem er nach Deutschland zurückkehrte, trug etliche Früchte: Neben einer Monographie über *Das kirchliche Leben Schottlands*[8] verfaßte Dibelius die einschlägigen Artikel in der 1. Auflage der RGG[9] sowie in Gotthilf Schenkels monumentalem Sammelband *Der Protestantismus der Gegenwart*[10].

Ende 1906 wurde Dibelius ordiniert. Sein pastoraler Dienst begann in verschiedenen Provinzialkirchen der altpreußischen Landeskirche. Zunächst amtierte er als Hilfsprediger in Guben (1906/07), dann als Archidiakonus in Crossen/Oder (1907–1910), ferner als Pfarrer in der reformierten Gemeinde in Danzig (1910/11) und schließlich als Oberpfarrer im pommerschen Lauenburg (1911–1915). Als Pfarrer an der Schöneberger Kirche „Zum Heilsbronnen" kehrte Dibelius 1915 in seine Geburtsstadt zurück.

Von Anfang an regten sich dabei die Begabungen und Interessen, die ihn dann zeitlebens auszeichnen sollten: sein Organisationstalent, die Förderung der Jugend- und Kindergottesdienstarbeit oder die engagierte Bautätigkeit

---

[6] Vgl. aaO 48.
[7] O. DIBELIUS, Das Königliche Predigerseminar zu Wittenberg 1817–1917, 1917.
[8] DERS., Das kirchliche Leben Schottlands (SPTh[G] 5, Heft 2), 1911.
[9] DERS., Art. Schottland (RGG 5, 1913, 374–383).
[10] DERS., Das kirchliche und religiöse Leben in England und Schottland (in: G. SCHENKEL [Hg.], Der Protestantismus der Gegenwart, 1926, 178–205).

und autonome, von kirchlichen Gremien unabhängige Baufinanzierung. Bereits in Guben hatte er davon geträumt, aus Raiffeisenüberschüssen dezentrale Gemeindehäuser errichten zu lassen.

(b) Während seiner Pfarrzeit in Danzig hielt Dibelius einen vielbeachteten Vortrag. Noch im selben Jahr 1910 wurde er, versehen mit einem Geleitwort des westpreußischen Generalsuperintendenten Adolf Doeblin, publiziert. Der zupackende Pragmatismus, den der Text ausstrahlte, prägte bereits seinen Titel: *Unsere Großstadtgemeinden[,] ihre Not und deren Überwindung*[11].

Die Not sah Dibelius in der dramatisch fortschreitenden Entkirchlichung breiter Bevölkerungsteile. Schuld daran trügen die „allgemeinen geistigen Strömungen unserer Zeit", die allerdings erst in der Großstadt „ihre verderbliche Wucht" (6) zur Entfaltung brächten. Dadurch werde die Absicht Gottes, der „unser ganzes Volk und alle seine Glieder zu christlichen Charakteren, zu einem christlichen Leben und einer christlichen Gesellschaftsordnung bestimmt hat" (6), konterkariert. Noch vertrat Dibelius ungebrochen den Standpunkt, daß sich die Gemeinde Jesu Christi als Volkskirche „in einem christlichen Staat" (6) zu verwirklichen habe. Gegen alle freikirchlichen Neigungen zeigte er sich von der Zuversicht durchdrungen, daß „auf Generationen hinaus" die Not allein „innerhalb unserer Kirche" (9) zielführend zu bewältigen sei.

In holzschnittartiger Elementarisierung erinnerte Dibelius an das Doppelerbe der Reformation. Während Luther und die ihm folgende Tradition die Predigt des Evangeliums als den Königsweg der Volksmission entdeckt und verfolgt hätten, sei im Calvinismus, durchaus komplementär dazu, eine engmaschige Gemeindeorganisation ausgebildet worden, innerhalb deren die Predigt erst „bleibende Frucht schaffen" (13) konnte. Analog dazu sei im englischen Methodismus die von George Whitefield ausgelöste Predigtbewegung erst durch das Organisationstalent John Wesleys zu einer wirksamen „Volksmission" (13) strukturiert worden. Respektvoll würdigte Dibelius die zeitgenössischen deutschen Revitalisierungsprogramme, allen voran dasjenige des Dresdner Pfarrers und Kirchenreformers Emil Sulze. Deren relative Erfolglosigkeit meinte er mit den Erfahrungen, die er in der Kirche von Schottland gemacht hatte, überwinden zu können.

Zwar wollte Dibelius „unsere deutsche Eigenart nicht durch fremde Einrichtungen vergewaltigen lassen" (18). Gleichwohl sei am schottischen Beispiel zu lernen, daß auch hierzulande „kleine, lebendige Gemeinden in der

---

[11] DERS., Unsere Großstadtgemeinden[,] ihre Not und deren Überwindung, 1910. Nachweise aus diesem Buch sind in den fortlaufenden Text eingetragen.

Großstadt nicht [...] unmöglich, sondern möglich sind" (18). Demgemäß entwarf Dibelius einen „für deutsche Verhältnisse" (19) tauglichen Zweistufenplan. Zunächst komme es darauf an, diejenigen Gemeindeglieder, die schon jetzt am kirchlichen Leben teilnehmen, „zu einer lebendigen Gemeinde zusammenzufassen" und als „die engere Gemeinde [zu] organisieren" (19). Wenn man den aktiven Kern über das, was in der Gemeinde geschieht, regelmäßig und eingehend informiere sowie in einen regen Meinungsaustausch, insbesondere mit dem Gemeindepfarrer, einbinde, werde es auch an dem „Wille[n] zur Mitarbeit" (21) und am „Bewußtsein der Selbstverantwortlichkeit in unseren Gemeinden" (22) nicht fehlen. Auf dieser Basis meinte Dibelius in einer zweiten Phase dann auch die große Gruppe der Randständigen für das kirchliche Leben und für „ein Christentum der Tat" (23) gewinnen zu können: „Ist nun aber die Gemeinde der Kirchlichen so zusammengefaßt zu einer Gemeinde, die sich kennt, die sich verbunden weiß durch gemeinsame Arbeit, gemeinsame Verantwortlichkeit, gemeinsame Liebe, gemeinsamen Glauben [...], dann wird die Zeit gekommen sein, das Missionsfeld zu betreten und die große Gemeinde der Unkirchlichen zu erobern" (22f).

Dieser frühe Vortrag präludierte gleichsam das Lebensthema des nachmaligen Generalsuperintendenten und Bischofs. Bemerkenswert ist dabei zumal, daß Dibelius bereits 1910, als ihm der Rahmen des landesherrlichen Kirchenregiments noch fraglos gegeben war, in einer am schottisch-calvinistischen Gemeindeprinzip orientierten Aktivierung der Kerngemeinde und des ortskirchlichen Kommunikationsgeschehens die entscheidende Voraussetzung sah, um die Gemeinde Jesu Christi eine Kirche des Volkes bleiben und werden zu lassen. In erstaunlicher Flexibilität und zugleich Prinzipientreue hat er wenige Jahre später dieselben Motive an die durch das Ende des Kaiserreichs tiefgreifend veränderte Situation zu adaptieren vermocht.

III.

(a) Die Niederlage im Ersten Weltkrieg kam für ihn unerwartet. Wie alle nationalkonservativ gesinnten Kirchenmänner sah Dibelius darin eine tiefe Demütigung und ein „Gebeugtwerden unter das Joch der Schmach"[12]. Doch anders als die meisten seiner politischen Gesinnungsgenossen sah er zugleich die mit der Niederlage geschenkte Chance eines grundstürzenden Neuanfangs: Nun könne, schrieb er, „aus dem unvolkstümlichen Bau der früheren Tage end-

---

[12] Zitiert nach STUPPERICH (s. Anm. 5), 75.

lich, endlich eine wahre, freie, kraftvolle Volkskirche entstehen"[13]. Und in Anwandlung eines Bismarck-Worts rief er zur Tat: „Gott ist vorübergegangen! Sein Schritt geht der Volkskirche zu. Wir springen vor und greifen nach dem Saum seines Gewandes!"[14]

Ende November 1918 wurde Dibelius zum Geschäftsführer des Vertrauensrates der altpreußischen Landeskirche berufen. Nach dem Ende des landesherrlichen Kirchenregiments war die strukturelle Neuordnung und insbesondere eine preußische Kirchenverfassung vorzubereiten. Unmittelbar nach Dienstantritt begann er, „Mitteilungen aus der Arbeit der dem E[vangelischen] O[ber]K[irchenrat] und dem Generalsynodalvorstand beigeordneten Vertrauensmänner der Evangelischen Landeskirche" ausgehen zu lassen. Bis September 1919 erschienen davon in loser Folge zwölf Nummern. Für die Bedeutung kirchlicher Öffentlichkeitsarbeit hatte Dibelius schon immer ein waches Gespür. In zwei Zeitungen publizierte er allwöchentlich eine Kolumne, zudem erwarb er sich eine regelrechte Rundfunkgemeinde. Neben der Frage des aktuellen kirchlichen Selbstverständnisses beherrschte ihn dabei zunehmend die Auseinandersetzung mit dem Freidenkertum.

Nicht nur in Preußen, auch auf Reichsebene bedurfte die Kirche in Weimarer Zeiten einer neuen Gestalt. Für Dibelius war es bewegend, am Himmelfahrtstag 1922 in Wittenberg hautnah miterleben zu können, wie sich die 28 deutschen Landeskirchen feierlich und unter synchronem Glockengeläut im gesamten evangelischen Deutschland zum Deutschen Kirchenbund zusammenschlossen.

1921 hatte ihn die Kirchenleitung zum nebenamtlichen Oberkonsistorialrat berufen. Vor allem das preußische Schulwesen oblag ihm dabei. Mit Überzeugung und Leidenschaft machte sich Dibelius für den evangelischen Religionsunterricht stark, wobei er, um innerkirchlichen Konsens ringend, ein weitgehendes staatliches Aufsichtsrecht festschreiben wollte. Besorgt um die künftige Lehrerbildung, gründete er 1923, unter aktiver Beteiligung Eduard Sprangers, das Berliner Religionspädagogische Institut, das er später sogar zur Akademie ausbauen wollte. Die Nationalsozialisten haben das Institut und die mit ihm verbundenen Pläne 1934 zerschlagen.

Mitte der zwanziger Jahre drohte die Arbeitslast, die er trug, untragbar zu werden. Als Pfarrer der Gemeinde „Zum Heilsbronnen" war er zugleich mit immer weitreichenderen übergemeindlichen Aufgaben beschwert. Insofern empfand es Dibelius als eine nicht nur ehrende, sondern auch befreiende

---

[13] O. DIBELIUS, Volkskirchenräte, Volkskirchenbund, Volkskirchendienst (in: F. THIMME / E. ROLFFS [Hg.], Revolution und Kirche, 1919, 201–213), 203.
[14] DERS., Zukunft oder Untergang? Drei Vorträge, 1923, 37.

Herausforderung, als man ihn 1925 zum Generalsuperintendenten der Kurmark berief. Die kirchenleitenden Qualitäten, die ihn auszeichneten, bekamen seine 45 Superintendenten umgehend zu spüren. In der für Dibelius typischen Kombination ekklesiologischer und pragmatischer Motive teilte er ihnen viererlei mit. Erstens: Er wolle nicht Bischof [!] einer ecclesia invisibilis, sondern einer ecclesia visibilis sein. Zweitens: Eben darum habe er im Sinn, alle Gemeinden, die ihm anvertraut waren, sogleich zu besuchen. Drittens: Für diesen Intensivreiseplan sei ein Auto ganz unerläßlich. Viertens: Da er den Oberkirchenrat darum nicht bitten wolle, mögen die Superintendenten die Finanzierung der bischöflichen Automobilität übernehmen. Der Plan ging auf, erstaunlicherweise: Zwischen Ostern und Pfingsten 1925 legte Dibelius im eigenen Wagen an die 4000 Kilometer zurück. Das sei, erklärte er anschließend stolz seinen Geldgebern, „so weit wie die Entfernung von Berlin nach Messina und wieder zurück"[15].

Engagiert und ideenreich setzte sich der mit 44 Jahren jüngste preußische Generalsuperintendent dafür ein, das aktive kirchliche Bewußtsein der Gemeinden zu stärken. Regelmäßige Rundbriefe an seine Pfarrer erzeugten eine Atmosphäre vertraulicher Loyalität. Die kurmärkischen Kirchentage, von Dibelius erfunden und organisiert, führten jeweils mehrere tausend Menschen zusammen; sie sollten und konnten das Gemeindeleben nachhaltig inspirieren, indem sie die Gemeinde Jesu Christi vor Ort erfahrbar und anschaulich machten. Hinzu kam das Interesse an einer offensiven Sozialarbeit. Das Martin-Luther-Krankenhaus in Berlin-Grunewald, 1931 eingeweiht, war schon bald eines der besten Hospitäler der Stadt.

Neben diese und andere amtliche Aktivitäten – auch die Arbeit der Volksmission hat Dibelius aktiv unterstützt – trat das ökumenische Engagement. Zumal die Bekanntschaft mit dem schwedischen Erzbischof Nathan Söderblom, die sich mit den Jahren zur Freundschaft vertiefte, war für Dibelius dabei ein tragender Pfeiler. Positiver als andere deutsche Delegierte beurteilte er die von Söderblom initiierte Weltkonferenz für Praktisches Christentum, die 1925 in Stockholm zusammengetreten war. Ihrer Strahlkraft maß er gerade für den in Deutschland durch den Umbruch von 1918 erzeugten Orientierungsbedarf klärende Wirkungen zu: „Erst im Licht von Stockholm", urteilte er später, „hat der deutsche Protestantismus die ganze ungeheure Verantwortung begriffen, die ihm durch die Trennung von Staat und Kirche auf die Schultern gelegt worden war"[16].

---

[15] [DERS.], Pfarrerrundbriefe des Generalsuperintendenten der Kurmark, 3. Rundbrief v. 2.6.1925.
[16] DERS., Idee von Stockholm (Vortrags-Typoskript) (Evangelisches Zentralarchiv in Berlin, NL Dib., B 1).

(b) Im Sommerurlaub 1926 schrieb Dibelius das Buch, das sein Hauptwerk geworden ist: *Das Jahrhundert der Kirche*. Es hat außergewöhnliches Aufsehen erregt – bereits nach 18 Monaten erschien es in 6. Auflage –, gerade weil es keine fachwissenschaftliche Abhandlung war, sondern eine von überbordender Emphase getragene apologetische Werbeschrift für die Kirche.

Dibelius proklamierte darin den 9. November 1918 als den „Geburtstag der freien, selbständigen evangelischen Kirche in Deutschland"[17]. Zwar habe die Reformation im Streit gegen die katholische Kirche das Evangelium wiederentdeckt. Da sie jedoch die Ausbildung eines eigenen Kirchenbegriffs und einer evangelischen Kirchenstruktur verabsäumt habe, sei sie notgedrungen in die Gefangenschaft des landesherrlichen Kirchenregiments und damit der staatlichen Machtstrukturen geraten. Dibelius urteilte denn auch hart und klar: „Es gab seit Luthers Tagen im evangelischen Deutschland keine Kirche mehr!"[18] Erst 400 Jahre später habe sich die Spannung zwischen kirchlichem Freiheitsgeist und obrigkeitstreuer Loyalität in dem befreienden Gewitter der Novemberrevolution zu entladen vermocht. Waren dabei auch die „Dämonen der Finsternis" und die „Mächte der Zerstörung" am Werk, so wirkten sie doch unbeabsichtigten Segen: „Es geschah, woran niemand gedacht hatte: aus den Wirren jener Tage stieg selbständig und frei eine evangelische Kirche empor!"[19]

Bei allem Jubel über die endlich wiedergewonnene Identität wollte Dibelius keine ecclesia triumphans ausrufen. Hatte doch für ihn das kirchliche Selbstbewußtsein sogleich „in das Bewußtsein einer neuen Verantwortung"[20] einzumünden. Die Trennung von Staat und Kirche, die er mit dem Ende des landesherrlichen Summepiskopats grundsätzlich vollzogen sah, stellte die evangelische Kirche auf eigene Beine und die Weimarer Republik auf den Boden religiöser Neutralität. Damit aber sei der Staat zu einer Institution ohne Herz und Gewissen mutiert, weshalb nun die Kirche das „Gewissen der Nation" werden müsse. Die unabhängige evangelische Kirche sei dem Staat ein autonomes Gegenüber und damit „konkordatsfähig" geworden. Sofern der Staat davon absieht, sich als omnipotent zu gebärden, sei gerade die vom Staat getrennte Kirche dazu berufen, staatstragende Funktionen zu übernehmen: als „Mauer" und „Bollwerk" gegen die Angriffe eines ebenso gemeinschafts- wie religionswidrigen Säkularismus.

---

[17] DERS., Nachspiel. Eine Aussprache mit den Freunden und Kritikern des „Jahrhunderts der Kirche", 1928, 101.
[18] DERS., Das Jahrhundert der Kirche. Geschichte, Betrachtung, Umschau und Ziele, 1927, 29. Nachweise aus diesem Buch sind in den fortlaufenden Text eingetragen.
[19] DERS., Nachspiel (s. Anm. 17), 107.
[20] AaO 7.

Das Jahrhundert der Kirche manifestierte sich für Dibelius vornehmlich in drei Konkretionen. Zum einen in der „Tatsache", daß Staatsgrenzen nun keine Kirchengrenzen mehr sind. Dieser Gesichtspunkt war im Blick auf die östlichen, an den neuen polnischen Staat abgetretenen Provinzen von höchster Brisanz. In abenteuerlicher Geschichtskonstruktion stilisierte Dibelius die Novemberrevolution zur weltgeschichtlichen Wasserscheide: Mit ihr sei die Zeit „von Chlodwig bis 1918"[21] ans Ende gelangt und die gebundene Staatskirche zur staatsunabhängigen Volkskirche befreit. Die andere *nota ecclesiae* erkannte Dibelius in der episkopalen Leitungsfunktion: „Kirche kann nicht sein ohne das bischöfliche Amt!" (93) In ihm repräsentiere sich die Unabhängigkeit und Selbständigkeit der evangelischen Kirche. Schließlich machte Dibelius der Kirche das Eintreten für den „Weltwillen Gottes" (225) zur Pflicht: Sie dürfe sich nicht sektengleich separieren, sondern habe mit ihrem Kulturauftrag alle Bereiche des Lebens zu umfassen und zu durchdringen.

Das Jahrhundert der Kirche stieß auf vielfältigen Widerspruch. Nicht selten war er konfessionell motiviert. Die Kritik der *reformierten* Seite konzentrierte sich, auch aus aktuellem Anlaß, weithin auf die Bischofsfrage. Im Vorjahr wäre es auf der ersten Generalsynode neuer Ordnung beinahe zum „Bruch der preußischen Union"[22] gekommen, als der Antrag, die geplante Einführung des Bischofstitels zu vertagen, bei Stimmengleichheit gescheitert war. Auf diesem Hintergrund konnte es in der Tat scheinen, als habe Dibelius in der synodalen Patt-Situation einen kirchenamtlichen Vorgriff auf die im April 1927 anstehende endgültige Entscheidung vollzogen.

Die *lutherische* Kritik witterte hingegen eine Aufweichung der Bekenntnisbindung. „Mit einigem Staunen" habe er *Das Jahrhundert der Kirche* gelesen, schrieb Theodor Kaftan in der *Allgemeine[n] Evangelisch-Lutherische[n] Kirchenzeitung*. Ihm hatte sich der Verdacht aufgedrängt, daß hier ein Kirchenbeamter, an den Bekenntnisschriften vorbei, den Weg von der preußischen Union (1817) über den Kirchenbund (1922) zu einer „von den Unionsleuten in der Stille gewünschte[n], vielleicht auch propagierte[n] Reichskirche"[23] fortsetzen wolle.

Konfessionelle Motive standen auch hinter dem Vorwurf, mit der Volltönigkeit seines Kirchenverständnisses nähere sich Dibelius der machtpolitisch grundierten katholischen Ekklesiologie. Genüßlich hatten denn auch katholische Rezensenten in dieselbe Kerbe geschlagen. So stellte Hans Rost

---

[21] AaO 15.
[22] RKZ 76, 1926, 2.
[23] Th. KAFTAN, Rez. O. Dibelius, Das Jahrhundert der Kirche (AELKZ 60, 1927, 225–227. 246–251), 247.

in der *Kölnische[n] Volkszeitung* fest: „Das dem Herrn Generalsuperintendenten Dibelius vorschwebende Kirchenideal ist in der katholischen Kirche längst verwirklicht"[24]. In negativer ökumenischer Übereinstimmung konstatierte auf reformierter Seite Wilhelm Kolfhaus: „So freudig sich Dibelius überall zum Evangelium und zur evangelischen Kirche bekennt, – die Baupläne dieser Kirche sind dennoch nicht in Wittenberg und Genf zu suchen, um vom Neuen Testament ganz zu schweigen, sondern in Rom"[25].

Die fachtheologische Kritik hielt ebenfalls nicht hinter dem Berg. Exegeten sahen das von Dibelius entwickelte Kirchenverständnis in schärfstem Gegensatz zum Neuen Testament, Kirchenhistoriker monierten den in Dibelius' Geschichtsgliederung waltenden haarsträubenden Schematismus, Dogmatiker vermißten jede reflektierte Besinnung auf den Begriff und das Wesen der Kirche.

Mit fast allen Einwänden setzte sich Dibelius auseinander, erklärte sich den Kritikern eingehend, kam in Einzelfragen durchaus auch entgegen, hielt aber an der Hauptsache, die er vertreten hatte, unbeirrt fest. Ohnehin hatte er mit dem Buch nicht eine gelehrte Monographie, sondern den mitreißenden Appell geben wollen, daß die evangelische Kirche das, was sie ist, nun auch aktiv in Besitz und Gebrauch nehmen soll. Die Resonanz, die das Buch in *kirchlichen* Kreisen fand, war gewaltig, nicht selten begeistert. Für 1929 hatte Dibelius eine siebte, erstmals gründlich überarbeitete Auflage geplant. Dazu kam es nicht mehr. Doch der Impuls, den das Buch gab, wirkte fort: nicht nur in Gestalt seines programmatischen Titels, der schon bald als ein Schlagwort in aller Munde war, sondern vor allem in Dibelius selbst, dessen gesamte Lebensarbeit darauf gerichtet blieb, dem „Jahrhundert der Kirche" Gestalt zu verleihen.

IV.

(a) Hätte Dibelius tatsächlich jenen triumphalistischen Kirchenbegriff vertreten, den ihm seine Kritiker – bis hin zu Karl Barth! – unterstellten, so wäre er 1933 gewiß den Weg der deutsch-christlichen Reichskirche gegangen. Daß es ganz anders kam, lag nicht an einer prinzipiellen Ablehnung der Nationalsozialisten. Im Herbst 1930 hatte sich Dibelius durchaus davon beeindruckt gezeigt, daß die neue NS-Regierung in Braunschweig eine dezidiert kirchen-

---

[24] H. ROST, Eine neue Ära der protestantischen Kirchen (Kölnische Volkszeitung, 20.5.1927).
[25] W. KOLFHAUS (Furche 14, 1928, 97).

freundliche Politik verfolgte. Auch die Machtergreifung im Januar 1933 hatte sich für ihn zunächst mit großen Hoffnungen verbunden. Aber schon bald blies ihm der Ungeist der neuen Zeit ins Gesicht. Als Mann der Kirche duldete er keinen staatlichen Übergriff in die Hoheit seines Amtes, weder vom nationalsozialistischen Gauleiter und neuen kurmärkischen Oberpräsidenten Wilhelm Kube noch vom preußischen Kirchenkommissar August Jäger. Rasch galt er als Wortführer des Widerstands in der preußischen Kirche. Bereits am 25. Juni 1933 wurde er seines Amtes entsetzt. In einem offenen Brief an den staatlichen Kirchenkommissar erteilte er ekklesiologischen Nachhilfeunterricht. Der Staat könne ihn zwar von seinen Verwaltungsgeschäften, nicht aber von der Gemeindeleitung entbinden: „Bischöfliche und priesterliche Funktionen [...] können nur von der Kirche übertragen und von der Kirche zurückgenommen werden [...]. Darauf beruht die Unabhängigkeit und die Autorität des geistlichen Amtes. Aus diesen innersten Pflichten meines Amtes kann ich mich daher von keinem Staatskommissar beurlauben lassen"[26].

Einige Monate arbeitete Dibelius als Kurprediger in San Remo. Im Herbst 1934 berief ihn Kurt Scharf in den Bruderrat der Bekennenden Kirche der Kirchenprovinz Brandenburg. Bereitwillig machte sich der amtsenthobene Generalsuperintendent auf den Weg der „Kirche von unten". Im Bruderrat war er mit Abstand der Älteste, auch verfügte er als einziger über eine umfassende kirchliche Verwaltungserfahrung. 1938 berief man ihn, übrigens erst nach einigem Zögern, in den altpreußischen Bruderrat, das Leitungsgremium der Bekennenden Kirche in Preußen.

Justiz-Erfahrungen machte er reichlich. Der evangelische Freimut, den er vor Gericht mehrfach bewies, war ein Muster an christlicher Zivilcourage. 1935 reichte er gegen den Neuruppiner Pfarrer und glühenden Nationalsozialisten Julius Falkenberg, der ihn des Landesverrats bezichtigt hatte, Zivilklage ein. Als sich die Verhandlung gegen Dibelius zu wenden begann, machte er sich ein klassisches Verteidigungswort variierend zu eigen: „Und wenn es Ziegelsteine vom Himmel regnete und auf jedem ein nationalsozialistischer Gauleiter oder gar Reichsleiter säße, ich würde nicht widerrufen"[27]. 1937 wurde Dibelius verhaftet. Er hatte sich in einem offenen Brief, der zehntausendfach verbreitet wurde, gegen Hitlers Kirchenminister Hanns Kerrl gewandt und sich jede staatliche Einmischung in die Lehre der Kirche verbeten. Überraschenderweise endete der Prozeß, in dem Kerrl persönlich als Zeuge aufge-

---

[26] O. Dibelius an A. Jäger, 27.6.1933. Gedruckt in: Junge Kirche 1, 1933, 17. Wiederabdruck in: O. DIBELIUS, So habe ich's erlebt. Selbstzeugnisse, hg. v. W. DITTMANN, 1980, 191f.
[27] F. GOLLERT, Dibelius vor Gericht, 1959, 118.

treten war, mit einem Freispruch. Der gerechte Richter am Kriminalgericht Moabit, Landesgerichtsdirektor Wesenberg, hatte den beklagten Kirchendiener gegen den Reichsminister ins Recht gesetzt. Die psychische Bedrängnis, in die er dadurch geriet, überstieg seine Kräfte. Wesenberg erlitt einen Nervenzusammenbruch, verlor sein Amt und starb bald darauf.

Trotz aller Erfahrungen mit dem Regime, trotz mehrfacher Haussuchungen, Verhöre und Redeverbote: Den vollständigen inneren Bruch mit dem nationalsozialistischen Staat konnte Dibelius erst zum Ende der 1930er Jahre vollziehen. Angesichts der Nachrichten und Gerüchte über Euthanasie und Judenmord wurde ihm endgültig klar, daß die Gehorsamspflicht, die Paulus in Röm 13 einschärfte, für die NS-Diktatur nicht mehr gelten konnte. Zwei seiner Söhne fielen im Krieg.

(b) Im Herbst 1934 hielt Dibelius eine Vortragsreihe in der Berliner Stadtmissionskirche. Er sprach über die aktuellen Fragen der Kirche, und dies in einer so grundsätzlichen und zugleich allgemeinverständlichen Weise, daß er damit eine ungeheure Breitenwirkung erzielte und die zwischen 1934 und 1936 in der Schriftenreihe *Christus und die Deutschen* jeweils separat veröffentlichten Beiträge binnen weniger Monate bis zu zehn Auflagen erlebten. Der vierte Vortrag, der eine erstaunliche Lagebeurteilung bot, trug den Titel *Die große Wendung im Kirchenkampf*[28].

Diese „Wendung" sah Dibelius in der Barmer Bekenntnissynode vom Mai 1934. Mit ihr sei der zwischen Deutschen Christen und Bekennender Kirche geführte Streit um die Frage, ob wir die Offenbarung Gottes allein in der Bibel haben oder daneben auch noch in besonderen Ereignissen der Volksgeschichte, zur Entscheidung gelangt. Daß dieser Streit keineswegs bloß theologisch-abstrakten Charakter trug, erläuterte Dibelius an den Forderungen, den Arierparagraphen für die Kirche zu übernehmen, die kanonische Dignität des Alten Testaments aufzuheben, und anderen Gegenständen der aktuellen Tagesdebatte. Übrigens zeigte er, das zweite betreffend, an dem nicht ohne Süffisanz eingebrachten Beispiel des von den Deutschen Christen hochgeschätzten jüngeren Ernst Moritz Arndt, daß ein Christentum, das völkisch sein will, geradezu zwingend auch alttestamentlich sein müsse (14). Mit Barmen ist „der Kampf zwischen den Deutschen Christen und der Bekennenden Kirche [...] zwar nicht beendet, aber er ist entschieden" (24). Mit Barmen „beginnt der Zerfall der Deutschen Christen, innerlich und äußerlich. Dieser Zerfall ist unaufhaltsam" (25f).

---

[28] O. DIBELIUS, Die große Wendung im Kirchenkampf (Christus und die Deutschen, 4), ⁶1935. Nachweise aus dieser Broschüre sind in den fortlaufenden Text eingetragen.

Nachdem die Deutschen Christen an dem Versuch, zwischen christlichem Glauben und völkischer Zivilreligion einen Kompromiß zu schließen, gescheitert seien, trete der eigentliche Gegner des Christentums erst unverstellt auf den Plan. Ob Jakob Wilhelm Hauers *Deutsche Glaubensbewegung* oder Erich Ludendorffs *Tannenbergbund*, ob Arthur Dinters *Deutsche Volkskirche*, Reinhold Krauses *Deutsche Glaubensfront* oder Alfred Rosenbergs *Mythus des 20. Jahrhunderts*: In aller Vielfalt sei dies doch eine gemeinsame Front, die, in ihrem Wesen antichristlich und antireligiös, „die Herrschaft des biblischen Christus über das deutsche Volk nicht will" (30).

Die „Tragweite der Entscheidung" lag für Dibelius darin, daß die Kirche nun nicht mehr nur zum Kampf um die eigene Substanz, sondern zum „Kampf um die Seele des deutschen Volkes" (33) gerufen sei. Und weil die deutsche Geschichte von Anfang an einen Teil der Christentumsgeschichte darstellte, würde ein Sieg des neuen Heidentums nicht nur „unserer gesamten Moral die Basis" (36) nehmen, sondern zugleich „das deutsche Volk [...] zerreißen und einen größten Teil dieses Volkes wurzellos machen" (39), wie umgekehrt das Christentum für „den Mutterboden deutscher Sittlichkeit" (39), ja für die nationale Identität überhaupt – „dafür [...], daß das deutsche Volk deutsch bleibe" (39) – die einzige Bestandsgarantie biete.

Die materiale Differenz sah Dibelius darin, daß das neue Heidentum der Deutschgläubigen eine Religion „von unten her" (41) darstelle, die in „entschlossene[r] Diesseitigkeit" (47) den Menschen, wenigstens den „nordischen Menschen" (50) groß machen wolle, das Christentum hingegen, als „Religion von oben her" (40), „von einem Hohenlied auf den Menschen" (53) nichts wisse und darum auch Christus nicht als „die höchste Blüte menschlichen Wesens" (45), sondern als den Sohn Gottes verehre. Weil aber die Kirche die „letzte Autorität" – nämlich „Christus als Gottes lebendige Heilige Schrift" – über sich wisse (60), sei sie auch der eigentliche Gegner der neuheidnischen Aggressivität, der alle Spielarten der Deutschgläubigen auf sich vereine in deren Kampf gegen den gemeinsamen Feind (57).

Daß diese letzte, entscheidende Front nun eröffnet war, darin lag für Dibelius die „große Wendung im Kirchenkampf". Bereits im Herbst 1934 hatte er in aller Klarsicht die vom Nationalsozialismus ausgehende fundamentale Gefährdung des Christentums erkannt und benannt. Erneut wies er der Kirche die Funktion des letzten und einzig sicheren Bollwerkes zu: nun gegen das alle Tradition, Sitte und Religion zerstörende völkische Neuheidentum. So führt diese kleine Gelegenheitsäußerung eindrücklich vor Augen, wie konsequent Dibelius dem in ganz anderen geschichtlichen Umständen konzipierten Ansatz seines Hauptwerkes treu blieb und wie realistisch er zugleich die Botschaft, die *Das Jahrhundert der Kirche* formuliert hatte, in einer dramatisch veränderten Notlage zu konkretisieren vermochte.

V.

(a) Nach dem Ende des Zweiten Weltkriegs wurde Dibelius vom Evangelischen Oberkirchenrat in Berlin als Generalsuperintendent der Kurmark bestätigt. Zugleich erhielt er das Recht, den Bischofstitel zu führen. Bis zu seinem Rücktritt am 31. März 1966 lag die Leitung der Evangelischen Kirche in Berlin-Brandenburg in seinen erfahrenen Händen. Von der ersten Stunde an spielte Dibelius im kirchlichen Wiederaufbau der Nachkriegszeit eine entscheidende Rolle. Die *Stuttgarter Schulderklärung* vom Oktober 1945 stammte im wesentlichen aus seiner Feder. 1949 wurde er zum ersten Ratsvorsitzenden der Evangelischen Kirche in Deutschland gewählt und 1955 in diesem Amt noch einmal für sechs Jahre bestätigt.

Sein theologisches Lebensthema – also die Klärung der Frage, welche gesellschaftliche Aufgabe die Kirche zu erfüllen und wie sie das Verhältnis zum jeweiligen Staat zu gestalten habe – begleitete ihn auch in die Zeit der deutschen Zweistaatlichkeit. Das zeigte bereits seine 1949 erschienene Schrift *Grenzen des Staates*. Er diagnostizierte darin eine unaufhaltsame Entwicklung der modernen Staaten hin zum Totalitären. Dabei fürchtete er die zunehmende staatliche Machtfülle im westlichen „Materialismus" kaum weniger als im östlichen Kommunismus. Gleichwohl gab es für ihn keinen Zweifel, aus welcher Richtung die eigentlich menschheitsbedrohende Gefahr zu erwarten sei. Und abermals war es die Kirche, die er dagegen als das einzig sichere Bollwerk ins Feld führte. Im Juli 1949 schrieb er dem Präsidenten des amerikanischen Kirchenrats: „Der große Abwehrkampf, den die Zivilisation des Westens gegenwärtig gegen das Vordringen des Bolschewismus führt, ist [...] der entscheidende Inhalt des gegenwärtigen Weltgeschehens. [...] Wenn ihm nicht andere geistige Mächte siegreich entgegengetreten, dann wird Europa [...] eines Tages der unterirdischen bolschewistischen Propaganda unterliegen. Es gibt aber nur eine einzige Macht, der diese überwindende Kraft geschenkt werden kann: das ist die christliche Kirche"[29].

Als Bischof von Berlin-Brandenburg war Dibelius oft im Gebiet der neu entstandenen DDR unterwegs. Die ihm eigentümliche Haar- und Barttracht brachte es mit sich, daß er dort bisweilen mit Walter Ulbricht verwechselt wurde. Seit Mitte der 50er Jahre waren diese Reisen dann untersagt. Verstärkt geriet er seit dem Mauerbau 1961 in den sich zuspitzenden Ost-West-Konflikt. Sein unerbittlicher Antikommunismus schuf ihm nicht nur im Osten zahlreiche Gegner und Feinde. Besonderes Aufsehen erregte Dibelius mit der These, daß es gegenüber einer totalitären Regierung, beispielsweise derjeni-

---

[29] Zitiert nach W.-D. ZIMMERMANN, Otto Dibelius (in: M. GRESCHAT [Hg.], Die neueste Zeit III [GK 10,1], 1985, 302–317), 311.

gen der DDR, keine christliche Gehorsamspflicht gebe, weil es sich dabei um das radikale Gegenteil derjenigen Obrigkeit handle, der die Christen nach Röm 13 untertan zu sein hätten. Der heftige Widerspruch, den er damit einfuhr, entzündete sich nicht nur an dem provozierenden Bild, das er heranzog: Selbst ein Verkehrsschild in der DDR, so Dibelius, habe „keinerlei verpflichtende Kraft", weil alle „Anordnungen im Bereich eines totalitären Staates [...] unter bewußter Ausschaltung von allem, was ich als Christ sittlich zu nennen imstande bin, lediglich aus dem Machtwillen des totalitären Regimes heraus erlassen sind"[30].

Die Fülle und Vielfalt der kirchenleitenden Aufgaben, welche Dibelius in den ersten beiden Jahrzehnten der Bundesrepublik wahrnahm – ob als Seelsorger oder Prediger, im Wiederaufbau des Religionsunterrichts oder im Kampf gegen die Jugendweihe, als Vorsitzender der Lutherbibel-Revisionskommission oder im Streit um den Militärseelsorgevertrag – erheischen größten Respekt und zeugen ebenso von preußischer Selbstdisziplin wie von christlichem Verantwortungsbewußtsein. Beides hat Dibelius in ungewöhnlichem Maße besessen. „Ein Christ", überschrieb er sein Erinnerungsbuch, „ist immer im Dienst"[31]. Als Mensch mochte er bisweilen einsam erscheinen. Private Geselligkeit gab es kaum, für die „Recreation des Gemüths" (J. S. Bach) bevorzugte er die Musik: Bis ins hohe Alter hinein saß er allabendlich, wenn es sich irgend einrichten ließ, eine Stunde lang am Klavier.

Eine kleine Momentaufnahme mag illustrieren, daß der konservative Kirchenmann und eingespielte Verwaltungsroutinier durchaus an ungewöhnlichen Aktionen Sinn und Geschmack finden konnte. Einer Anregung von Dibelius folgend, wurde 1963 an alle evangelischen Haushalte Westberlins ein Faltblatt verteilt, das den Titel trug *Unsere Kirche dankt*. Die vielen unbekannten und unerreichten Kirchensteuerzahler sollten auf diese Weise erfahren, wie unentbehrlich ihr Beitrag ist, damit die Kirche ihren irdischen Auftrag erfüllen kann[32].

Als einen substantiellen Teil seines Dienstes verstand Dibelius zeitlebens die Mitarbeit am ökumenischen Einigungswerk. Schon 1910 besuchte er die Weltmissionskonferenz in Edinburgh, elf Jahre später die Evangelisch-reformierte Synode im US-amerikanischen Ohio, desgleichen die Weltkirchenkonferenzen 1925 in Stockholm, 1927 in Lausanne und 1948 in Amsterdam. Bereits 1948 saß Dibelius im Zentralausschuß des Ökumenischen Rates, 1954 wurde er zu einem der sechs Präsidenten gewählt. Als deutscher und ökume-

---

[30] Zitiert nach SCHOLDER (s. Anm. 1), 334f.
[31] O. DIBELIUS, Ein Christ ist immer im Dienst. Erlebnisse und Erfahrungen in einer Zeitenwende, 1961.
[32] Vgl. ZIMMERMANN (s. Anm. 29), 316.

nischer Kirchenführer besuchte Dibelius fast alle Kontinente und einmal, 1956, sogar den Papst (Pius XII.). Achtfach wurde ihm – in Deutschland, Kanada, Japan und den USA – die Würde des Ehrendoktors verliehen[33], seit 1958 war er zudem – worüber sich Dibelius womöglich am meisten gefreut hat – Ehrenbürger der Stadt Berlin. Am 31. Januar 1967 verstarb er nach längerer, schmerzhafter Krankheit im 87. Jahr.

(b) Mit dem Bau der Berliner Mauer erreichte der Ost-West-Konflikt einen dramatischen Höhepunkt. Die Geschehnisse des 13. August 1961 zerteilten nicht nur Stadt und Nation, sondern auch die Evangelische Kirche in Deutschland. Am 31. August wurde der Ratsvorsitzende Präses Kurt Scharf von der Ost-Berliner Regierung, obschon er die DDR-Staatsbürgerschaft hatte, des Landes verwiesen. Mit der Gründung des DDR-Kirchenbundes 1969 war die Kircheneinheit in der EKD definitiv verloren. Bereits eine Woche nach dem Mauerbau, am 21. August 1961, schrieb Dibelius an Hermann Kunst: „Für jeden, der sehen kann, ist die Situation hoffnungslos". In dieser die Berliner tief verstörenden Situation plane er „eine Art Evangelisation"[34]. Wohl aus Rücksicht auf die Ferienzeit begann er damit erst am 28. August. An fünf aufeinanderfolgenden Abenden hielt er in der Evangelischen Kirche am Südstern seine kurz darauf publizierten *Reden an eine gespaltene Stadt*[35].

Die erste Rede trug den Titel *Wie es kam*. In tiefem Ernst benannte Dibelius die Gefahr: ein neuer Weltkrieg droht, „die Zukunft der gesamten Menschheit [steht] auf dem Spiele" (3). In groben Zügen, beginnend mit dem Jahr 1944, erinnerte er die Vorgeschichte der jetzt „vom Osten her" (12) vollzogenen Spaltung. In dieser dramatischen Situation habe Gott der Kirche „eine Aufgabe gestellt, und diese Aufgabe wollen wir erfüllen!" (15) Angesichts des aggressiven kommunistischen Atheismus, „der alles Menschliche in den Menschen zerstört" (16), sei der evangelischen Kirche die unvertretbare Verpflichtung erwachsen, das „Land zusammenzuhalten", also „die Einheitlichkeit unserer Kirche und damit [!] auch die Einheit unseres Volkes über ganz Deutschland hinweg zu exerzieren" (12).

Die zweite Rede wandte sich *Wider die Feigheit*. Hier diagnostizierte Dibelius eine spezifische Deformation: „Der Mangel an Zivilcourage ist die Charakterschwäche der Deutschen" (23). Und eben diese Schwäche sei die Bedingung der Möglichkeit von staatlichem Totalitarismus und Terror. Nun müsse

---

[33] C. NICOLAISEN, Art. Dibelius, Otto (1880–1967) (TRE 8, 1981, 729–731), 730.
[34] Zitiert nach STUPPERICH (s. Anm. 5), 530f.
[35] O. DIBELIUS, Reden an eine gespaltene Stadt, 1961. Nachweise aus diesem Buch sind in den fortlaufenden Text eingetragen. Für vielfältige Anregungen in der Wahrnehmung dieser Predigtreihe danke ich meinem Münsteraner Kollegen Christian Grethlein.

aber „das totalitäre System bei uns überwunden" (24) werden, damit „ein neuer Aufschwung des christlichen Glaubens" (23) statthaben könne. An diesem „neuen Aufschwung" hänge nicht weniger als das Schicksal des deutschen Volkes. Denn „es gibt nur einen Weg, den Menschen herauszuhelfen aus der Feigheit zu tapferer moralischer Widerstandskraft. Das ist der Glaube, dem es um das Ganze geht!" (29)

Am dritten Abend sprach Dibelius *Über die Menschenrechte*. Rückhaltlos bejahten die Christen die in der Atlantik-Charta entworfene „neue Ordnung der menschlichen Gemeinschaft" (35). Die dort proklamierte bürgerliche Freiheit stimme mit dem christlichen Freiheitspostulat nahtlos überein. Denn Paulus habe in Gal 5 nicht nur eine „innerliche" (43), sondern eine „die ganze menschliche Existenz" (36) umfassende Freiheit gemeint. Muß schon diese Exegese theologisch fragwürdig genannt werden, so erst recht das Pauschalurteil, unter einem totalitären Regime hätten weder Jesus noch Paulus geschichtlich wirksam sein können (35). Alles, mahnte Dibelius, sei jetzt daran zu setzen, daß Gott „unsere Kirche nicht [...] einem neuen Zeitalter der Barbarei" (43) anheimfallen lasse.

Dürfen wir vertrauen?, fragte die vierte Rede. Die totalitären Staaten würden das ohnehin ständig gefährdete Vertrauen der Menschen „systematisch in Grund und Boden zerstören" (47). Wer aber an einer Wiedervereinigung des geteilten Deutschland verzweifle, sei nicht nur feige, sondern auch unchristlich, „weil er seinem Gott nichts mehr zutraut" (51). In abenteuerlicher Applikation, bar jeder historisch-kritischen Auslegungsdisziplin, forderte der Bischof seine Zuhörer auf, in dem Text von Hes 37, der die Wiedervereinigung der Stämme Israels prophetisch verkündet, die Namen der getrennten Bruderstaaten Israel und Juda durch „Ostdeutschland" und „Westdeutschland" zu ersetzen (52).

Schließlich, in der fünften Rede, rief Dibelius den Bürgern Ostberlins über die Demarkationslinie hinweg zu: *Wir sind doch Brüder!* Diese beschworene Bruderschaft gründete aber nicht in der gemeinsamen Taufe, sondern in der gemeinsamen Volkszugehörigkeit: Dibelius ernannte die Menschen hinter dem Stacheldraht „zu unseren Brüdern und Schwestern im Namen Jesu Christi, einfach, weil sie unsere Nächsten sind – mit anderen Worten: weil sie Deutsche sind!" (65) Selbst wenn die staatliche Teilung 150 Jahre andauern sollte: „Wir" – wir! – „werden Mittel und Wege finden, [...] in Gemeinschaft miteinander [zu] bleiben! Richtet soviel Betonmauern und Stacheldrähte auf, wie ihr wollt: uns wird niemand aufspalten!" (64)

Die *Reden an eine gespaltene Stadt* sind ein Schlüsseldokument der kirchlichen Zeitgeschichte. Eindrücklich zeigen sie den Versuch, in akuter politischer Krisensituation den um Fassung ringenden Menschen Trost und Orientierung zu bieten. Ausdrücklich stellte Dibelius klar, er wolle „keine politischen Reden" (3) halten, sondern als Bischof zu christlicher Gegenwartsdeutung verhelfen. Gleichwohl sind die Reden, wie mir scheint, von positioneller Partikularität nicht ganz frei. Auch wenn der Nachgeborene immer leicht reden hat, wird er doch fragen dürfen: Wäre die Grenze zwischen den beiden Reichen, zwischen Deutschtum und Christentum, nicht erheblich schärfer zu ziehen gewesen? Hätte die geschichtliche Herleitung der Ost-West-Spannung nicht weiter ausgreifen, also nicht erst mit der Londoner Alliierten-Konferenz von 1944, sondern mit der verderblichen Großmachtpolitik Hitlers mitsamt deren katastrophaler Konsequenz des Zweiten Weltkriegs einsetzen müssen? Die Unmittelbarkeit, in der Dibelius die nationale Geschichte als eine göttliche Aufgabe interpretierte, wird man jedenfalls schwerlich als zwingend beurteilen wollen.

Vielleicht läßt sich der Unterton eines trotzigen Triumphalismus, der die Reden durchzieht, am besten an dem von Dibelius vertretenen Gebetsverständnis aufweisen. Die Vorträge mündeten jeweils in den triadischen Handlungsappell: „Betet! Betet! Betet!" Dieses Beten galt Dibelius als eine wirklichkeitsverändernde „Waffe" (17). Resignation angesichts der vollzogenen deutschen Teilung ließ er nicht gelten, denn „wer die Wiedervereinigung erbeten hat und noch jeden Tag erbittet [...] – der wird es anders erleben" (51). „Es ist uns verheißen, daß wir nicht vergebens beten werden" (17). „Wenn wir zusammen beten, dann können Wunder geschehen" (29). Während des Ersten Weltkriegs hatte Dibelius auch das andere deutlich benannt: „Wir erleben, daß unser Gebet *nicht* erhört wird"[36]. Nun jedoch, im August 1961, trat dieser Aspekt christlicher Gebetserfahrung gänzlich zurück. Vielleicht aber hätte man aber den Christen selbst in jener akuten Gefahrensituation neben der paulinischen Mahnung „Haltet an am Gebet" (Röm 12,12) durchaus auch das Wort Jesu zumuten dürfen: „Nicht mein, sondern dein Wille geschehe" (Lk 22,42).

VI.

Otto Dibelius – ein „Berliner protestantisches Profil" par excellence! Berlin war der Ausgangs- und Endpunkt seines irdischen Weges, der Hauptschauplatz seines Lebens und der Mittelpunkt seiner Heimat, die er gern „unser liebes, altes Preußen"[37] genannt hat. Protestantisch war er vom Scheitel – pardon! –

---

[36] DERS., Ernte des Glaubens. Kriegsnöte und Kriegserfahrungen, 1916, 24 (Hervorhebung von mir).
[37] DERS., Reden (s. Anm. 35), 34.

bis zur Sohle, ein waschechter „Lutheraner in der Union"[38], von gediegener theologischer Bildung und durchdrungen von kirchlichem Geist. Und Profil zeigte er reichlich – mitunter mehr, als seinen Zeitgenossen, zumal in späteren Jahren, lieb und angenehm war. Unter Kaiser Wilhelm I. geboren und gestorben in der Kanzlerschaft Kurt Georg Kiesingers, hat er vier Epochen der jüngeren deutschen Geschichte erlebt und gestaltet. Wer ihn noch persönlich gekannt hat, der kennt ihn aus der letzten Phase seines Wirkens: als markanten Bischof und Kirchenmann, der mit seinem autokratischen Führungsstil, seinem schroffen Antikommunismus und seiner nie verhehlten altpreußischen Prägung viele Menschen, nicht nur Christen, unmittelbar erreicht, freilich auch den Meinungsstreit, bisweilen erheblich, polarisiert hat.

Im Januar 1960 formulierte Dibelius vor der Synode der Evangelischen Kirche in Berlin-Brandenburg sein kirchliches Testament. Die ersten Sätze umreißen so trefflich, wie es kein anderer sagen könnte, worauf der Lebensdienst dieses Mannes, den man getrost einen Kirchenfürsten, wenn auch mit dem Zusatz: sui generis, wird nennen dürfen, gerichtet war: „Ich habe mein Leben für meine Kirche gelebt. Nicht für eine Richtung innerhalb der Kirche, nicht für eine theologische Schulmeinung, nicht für irgendeine Sonderaufgabe der Kirche, sondern für die Kirche als Ganzes. Ich glaube und bekenne, daß diese sichtbare Kirche, in die hinein ich getauft und ordiniert worden bin, diejenige Form der heiligen, allgemeinen, christlichen Kirche ist, die Gott mir für mein Leben, für meine Arbeit und für meinen Glauben gegeben hat. Ihr gehört meine Liebe, bis hinüber in die Ewigkeit"[39].

Im Januar 1967, den Schatten des Todes schon auf der Stirn, schrieb er an seine Freunde: „Ich fühle mich wie einer, der im Umzug steht. Habe und Gepäck hat man vorausgeschickt. Nun wartet man auf die Abfahrt, bei der man die alte, liebgewordene Landschaft noch einmal an sich vorbeiziehen sehen wird; aber das Herz ist doch schon frei für das, was kommen soll"[40]. Was immer für ihn gekommen sein mag – ich bin sicher, ein „Berliner protestantisches Profil" ist Otto Dibelius auch dabei geblieben.

---

[38] W. Kahle, Otto Dibelius (in: W.-D. Hauschild [Hg.], Profile des Luthertums. Biographien zum 20. Jahrhundert, 1998, 117–132), 118.
[39] G. Jacobi (Hg.), Otto Dibelius. Leben und Wirken. Mit Grußworten zum 80. Geburtstag, [1960], 20.
[40] O. Dibelius, Reden – Briefe. 1933–1967, hg. v. J. W. Winterhager, 1970, 166.

Zwischen Eucharistie und Euthanasie
Gerhard Ebeling als Pastor der Bekennenden Kirche[1]

„Er wurde zu einem der bedeutendsten Lehrer nicht nur vieler Studenten, sondern auch seiner Kirche. Gerhard Ebeling war ein evangelischer *doctor ecclesiae*"[2]. So würdigte Eberhard Jüngel den herausragenden Theologen, der am 30. September 2001 im Alter von 89 Jahren in Zürich verstorben war.

Tatsächlich hatte Ebeling die deutschsprachige evangelische Theologie nach 1945 wie kaum ein Zweiter geprägt. Drei Forschungsfelder markieren die Schwerpunkte seines wissenschaftlichen Lebenswerks. Zeitlebens widmete er sich in minutiösen Spezialanalysen sowie ausgreifenden motiv- und wirkungsgeschichtlichen Interpretationen der Theologie Martin Luthers. Daneben avancierte Ebeling zu einem der führenden theologischen Systematiker seiner Zeit – seine diesbezügliche Lebensernte, die dreibändige *Dogmatik des christlichen Glaubens*, 1979 erstmals erschienen, hat unlängst ihre 4. Auflage erlebt[3]. Zudem prägte er maßgeblich die in den 1960er Jahren im Austausch mit Martin Heidegger, Rudolf Bultmann und Hans-Georg Gadamer erwachsene „hermeneutische Theologie", deren Intentionen Ebeling dann zusehends in die Entwürfe einer theologischen Enzyklopädie und einer evangelischen Fundamentaltheologie überführte.

Darüber hinaus trug er in entscheidender Weise zur infrastrukturellen Konsolidierung der Nachkriegstheologie bei: als Inaugurator und jahrzehntelanger Herausgeber der 1950 revitalisierten *Zeitschrift für Theologie und Kirche*, als Initiator zweier bis heute bedeutend gebliebener monographischer Reihen[4], dazu als ein vielfältig vernetzter Organisator und Kommunikator der theologischen Wissenschaft. Weit über die Grenzen seiner geographischen

---

[1] Der Beitrag faßt Ergebnisse zusammen, die in meinem Buch: Gerhard Ebeling. Eine Biographie, 2012, eingehend dargelegt sind, greift darüber hinaus aber auch auf noch unausgewertete Akten- und Archivbestände zurück.

[2] E. JÜNGEL, Doctor ecclesiae. Zum Tode des Theologen Gerhard Ebeling (Neue Zürcher Zeitung Nr. 228, 2.10.2001, S. 65).

[3] G. EBELING, Dogmatik des christlichen Glaubens, 3 Bde., 1979, ⁴2012.

[4] Beiträge zur historischen Theologie (1950ff); Hermeneutische Untersuchungen zur Theologie (1962ff). Beide Reihen erscheinen bis heute im Tübinger Verlagshaus Mohr Siebeck.

und kirchlichen Heimat hinaus genoß er respektvolle Anerkennung und Aufmerksamkeit, besonders ausgeprägt in der katholischen Schwesterkirche – übrigens bis hin zu Papst Johannes Paul II. –, zudem im gesamten europäischen Ausland, in Nordamerika und zuletzt sogar in Neuseeland, Japan und Südkorea.

Auf dem Hintergrund dieser Lebensleistung mag die Frage nach den beruflichen Anfängen, die der junge Ebeling in dunkler deutscher Zeit einst genommen hatte, von besonderem Erhellungspotential sein. Der Abschluß seines in Marburg, Zürich und Berlin absolvierten Theologiestudiums kam mit dem Beginn der nationalsozialistischen Herrschaft annähernd überein. Sogleich und in niemals wankender Entschiedenheit hielt sich Ebeling zur „Bekennenden Kirche". Sein Vikariat durchlief der gebürtige Berliner bei Bekenntnispfarrern zunächst in Crossen an der Oder, dann im näher gelegenen altmärkischen Fehrbellin. Anschließend besuchte er das von Dietrich Bonhoeffer geleitete „illegale" Predigerseminar in Finkenwalde (nahe Stettin). Nach kurzem, asketischem Promotionsaufenthalt in Zürich – Bonhoeffer hatte ihn bereits 1937 in der hellsichtigen Absicht dorthin entsandt, die Kirche müsse nach dem Ende des „Dritten Reiches" auf gediegenen akademischen Nachwuchs zurückgreifen können – arbeitete Ebeling von 1939 bis 1945 als Pastor der Bekennenden Kirche in den nördlichen Berliner Stadtteilen Hermsdorf und Frohnau. Auf diese kirchlich-praktische Phase seines Werdegangs wird sich die vorliegende Darstellung konzentrieren. Der Zugriff, den ich dabei erprobe, ist ebenso biographischer wie exemplarischer Art. Dergestalt mag nun skizzenhaft die Anfechtung und Bewährung einer pastoralen Existenz zwischen Kreuz und Hakenkreuz profiliert werden.

Ich werde zunächst kurz die Lebensumstände andeuten, in denen Ebeling damals agierte (1.), gehe dann speziell auf seine darin geleistete Arbeit als Prediger (2.), Seelsorger (3.) und Erwachsenenbildner ein (4.), schildere weiterhin zwei höchst denkwürdige Abschiede, die sich tatsächlich „zwischen Eucharistie und Euthanasie" vollzogen (5.), und werde schließlich mit einem knappen Ausblick ans Ende kommen (6.).

1. Lebensumstände

Am 15. Januar 1939 begann für Ebeling der kirchliche Dienst. Die Verhältnisse, die er in Berlin-Hermsdorf und -Frohnau vorfand, waren unterschiedlich, aber beiderseits delikat. In Frohnau amtierte seit 1936 Pfarrer Hermann Tönjes, der zwar formell der Bekennenden Kirche zugehörte, sich aber faktisch weit eher als ein „Neutraler" gerierte und deshalb wiederholt Klagen und Kritik auf sich zog⁵. Die dortige Bekenntnisgemeinde traf sich zu eigenen Bibelstunden und Vortragsabenden in der Wohnung des Verlagsbuchhändlers Hans Erman⁶ und besuchte im übrigen die Sonntagsgottesdienste der Nachbargemeinde in Hermsdorf. Hier war die kirchliche Lage allerdings weitaus prekärer.

Bis in den Sommer 1934 war die Kirchengemeinde Hermsdorf von Wilhelm Ehlers, einem engagierten Bekenntnispfarrer und frühen Mitglied des Pfarrernotbundes, der dann in Pension ging, versehen worden. Danach zog Gerhard Voigt in Hermsdorf auf. Er war ein partei- und regimetreuer Vertreter der nationalsozialistisch vereinnahmten Reichskirche und dazu Anhänger der radikalen Thüringer Deutschen Christen. Bereits 1935 ließ er auf einer Kirchenglocke neben dem christlichen Kreuz das Hakenkreuz anbringen⁷. Weil Voigt der Bekenntnisgemeinde alle kirchlichen Räume verwehrte, konnte sie ihre Gottesdienste nur in einer Baracke der Evangelischen Gemeinschaft und später, nachdem diese als Abstellraum für den Hausrat von Bombengeschädigten beschlagnahmt worden war, in der geräumigen Diele einer am Hermsdorfer Waldsee gelegenen Villa abhalten⁸. Voigts Nachfolge übernahm 1942 Alwin Paasch, der sich kirchenpolitisch neutral zu halten suchte und dabei gleichwohl dem nationalsozialistischen Zeitgeist Tribut zollte⁹. In der Leitung der Hermsdorfer Bekenntnisgemeinde folgte Ebeling auf Ernst Heinrich Gordon, der sich, seiner jüdischen Abstammung wegen, zur Auswanderung nach England genötigt sah.

Mit ungeteilter Hingabe widmete sich Ebeling der neuen Verantwortung. Hinzu kam freilich das persönliche Glück, daß die seit Jahren ersehnte und umständehalber immer wieder verschobene Hochzeit nun endlich stattfinden konnte. Am 23. Mai 1939 heiratete er die aus Zürich stammende Violinistin Kometa Richner, die er bereits 1932, während seiner an der Limmat verbrachten Studiensemester, kennen- und liebengelernt hatte. Nun eröffnete das junge Ehepaar an Ebelings Dienstort in Berlin-Hermsdorf den gemeinsa-

---

⁵ Vgl. H.-R. SANDVOSS, Widerstand in Pankow und Reinickendorf (Schriftenreihe über den Widerstand in Berlin von 1933 bis 1945, 6), 1992, 191.
⁶ Vgl. K. SCHARF, Widerstehen und Versöhnen. Rückblicke und Ausblicke, 1987, 97.
⁷ Vgl. SANDVOSS, Widerstand (s. Anm. 5), 189f.
⁸ Vgl. G. EBELING, Bericht über meine Tätigkeit in Hermsdorf und Frohnau 1939–45, masch. u. hs., 17 S., 27.12.1984 (Nachlaß G. Ebeling, Universitätsarchiv Tübingen [= UAT] 633, noch ohne Bestandsnummer), 6. – Diese damals von den Schwestern Erika und Gertrud Schmiedecke bewohnte Villa (Hermsdorfer Damm 248), deren Diele sogar eine Empore aufwies und mit einem Harmonium bestückt war, steht heute nicht mehr.
⁹ Den 1942 angetretenen Pfarrdienst in Berlin-Hermsdorf versah Paasch kontinuierlich bis zu seiner Pensionierung 1983.

men Hausstand[10]. Die in der ersten Etage lozierte Drei-Zimmer-Wohnung hatte Ebeling bereits vorher schon übernehmen können. Sie war ruhig gelegen, verfügte sogar über einen Telefonanschluß, befand sich aber sonst in einem durchaus sanierungsbedürftigen Zustand. Am 3. Mai 1940 kam als Erstgeborener der Sohn Martin zur Welt. Er starb bereits nach dreieinhalb Wochen, am 29. Mai[11].

Von Dezember 1940 bis zum Kriegsende war Ebeling in der Sanitätsgruppe beim Oberkommando der Wehrmacht zum Militärdienst verpflichtet. Damit ließ sich die Gemeindearbeit, zumal nach der relativ bald verfügten Exkasernierung, leidlich verbinden. Bisweilen war ein auf den frühen Abend angesetzter Trauungsgottesdienst nur dadurch zu verwirklichen, daß Ebeling, unmittelbar vom Dienst kommend, sich rasch den Talar über die Uniform warf[12]. Vor einer Abkommandierung an die russische Ostfront, die ihm mehrfach angekündigt wurde, blieb er aus Gründen, die sich nicht mehr erhellen lassen, verschont. Dieser fortwährend erzwungene Weltenwechsel kostete Entsagung und Mühe, gewährte aber beiderseits wertvolle Erfahrung. In der Gemeinde schärfte er das Verantwortungsbewußtsein für den als anhaltendes Provisorium erlebten kirchlichen Dienst, und der Austausch mit den Kameraden gab nicht selten Anlaß zu theologischer Rechenschaft. Überraschende Erfahrungen blieben dabei nicht aus. So wurde Ebeling einmal diskret gebeten, die Beerdigung der Schwester eines Vorgesetzten zu vollziehen. Nach dem Selbstmord Hitlers am 30. April 1945 konnte er den Soldaten in seiner Umgebung unbehelligt einige Verse aus dem Triumphlied über den Sturz des Königs von Babel (Jes 14) vorlesen[13].

Doch über den Widerstreit der beiden Berufswelten hinaus traten weitere Hemmnisse noch hinzu. Die Predigten wurden nicht selten von der Gestapo bespitzelt, was mehrere Haussuchungen und Verhöre zur Folge hatte. Und je häufiger die alliierten Bombergeschwader die Reichshauptstadt heimsuchten, desto zahlreicher wurden die im Luftschutzkeller angstvoll durchwachten Nächte.

Die Hermsdorfer Notgemeinde erlebten ihren Pastor als einen außerordentlich ernsten, tiefgründigen, demütigen Theologen. „Er war", erinnerte sich die Zeitzeugin Else Gaede, „von unendlicher Liebe und Fürsorge für seine

---

[10] Das Haus firmierte unter der Adresse Hennigsdorfer Straße (seit 1961: Drewitzer Straße) 12.
[11] Vgl. BEUTEL, Gerhard Ebeling (s. Anm. 1), 86–88.
[12] Vgl. aaO 67.
[13] Vgl. G. EBELING, Mein theologischer Weg (Hermeneutische Blätter. Sonderheft Oktober 2006, 5–66), 31.

Gemeinde erfüllt"[14]. Im Zentrum der kirchlichen Arbeit stand der wöchentliche Gottesdienst. Neben der mit Hingabe versehenen Predigtvorbereitung achtete Ebeling sorgfältig auf eine den Lauf des Kirchenjahres abbildende Auswahl der Lieder. Ein kleiner Singkreis, der im Hause Ebeling zusammenkam, trug unter der Leitung von Kometa Ebeling zur musikalischen Gestaltung der Gottesdienste bei. Sie selbst spielte, wann immer es die Umstände zuließen, das Harmonium oder auf ihrer Geige. War sie verhindert und ein anderer Klavierspieler nicht zur Hand, übernahm Ebeling auch den musikalischen Dienst. Symbolträchtig ist eine Begebenheit, die sich während des Krieges in einem Reformationsgottesdienst zutrug. Als darin der Luther-Choral *Ein feste Burg ist unser Gott* intoniert wurde, erhob sich die Gemeinde im kollektiven Gefühl protestantischen Stolzes. Allein Pastor Ebeling sang das Lied im Sitzen zu Ende. Dann stand er auf, wandte sich ernst zur Gemeinde und sagte: „Wenn wir dieses Lied heute überhaupt noch singen können, dann nur noch tief gebeugt"[15].

Mit dem Fortgang des Krieges verschärfte sich die Lebensgefahr zumal in Berlin immer mehr. Deshalb kam das Ehepaar, nachdem sich wider Erwarten die Hoffnung auf ein weiteres Kind eingestellt hatte, überein, daß Kometa einen für zwei Wochen genehmigten Aufenthalt bei ihrer kranken Mutter in Zürich, sofern von den Schweizer Behörden geduldet, bis zum Ende von Krieg und „Drittem Reich", mit dem Ebeling etwa zum Sommer 1944 rechnete[16], ausdehnen sollte[17]. Bereits am 31. Oktober 1943 hatte Ebeling seine Gemeinde auf den Gedanken eingestimmt, dies könnte „das letzte Reformationsfest [sein], das wir in der alten Gestalt der evangelischen Kirche noch erleben"[18]. Am Abend des 9. Dezember 1943 verabschiedete er seine Frau am Anhalter Bahnhof und fuhr dann allein und traurig mit der S-Bahn nach Hermsdorf zurück. Die Trennungszeit blieb, abgesehen vom persönlichen Schmerz, auch von der quälenden Ungewißheit beschattet, wie lange Kometa legal in Zürich bleiben dürfe und dort faktisch bleiben könne. Fast täglich gingen von nun an

---

[14] Vgl. BEUTEL, Gerhard Ebeling (s. Anm. 1), 70.
[15] Ebd.
[16] Vgl. EBELING, Weg (s. Anm. 13), 32.
[17] Diese notwendigerweise geheimgehaltene Planung mußte hinsichtlich der damit abgebrochenen Musikstunden, die Kometa Ebeling erteilt hatte, irritierte Rückfragen auslösen wie etwa diese: „Sehr geehrter Herr Pastor Ebeling! Meine Tochter Rosemarie hat bei ihrer Gattin Klavierunterricht. Da sie bis jetzt noch nicht von ihrer Schweizer Reise zurückgekommen ist, wollte ich Sie bitten, mir mitzuteilen, ob Ihre Gattin in Kürze wiederkommt, oder sie vor Kriegende nicht nach Berlin zurückkehrt. Ich möchte meine Tochter nicht mehr ohne Unterricht lassen, damit sie nicht alles verlernt. Heil Hitler! Frau Graeber" (Nachlaß G. Ebeling, UAT 633, noch ohne Bestandsnummer).
[18] G. EBELING, Predigten eines „Illegalen" aus den Jahren 1939–1945, 1995, 136.

Briefe hin und her, gelegentlich ergab sich sogar die Möglichkeit eines Auslandstelefonats. Mehrfach wurden die von Ebeling ausgefertigten Postsendungen mit dem Vermerk, die Schrift sei zu klein und darum unleserlich, von der „Kontrollstelle" wieder zurückgesandt. Um den Zensurvorgang zu erleichtern, benutzte Ebeling darum zunehmend die Schreibmaschine. Am 10. Juli 1944 kam die gemeinsame Tochter Elisabeth Charitas in der vom Krieg verschonten Stadt Zürich zur Welt. Seit März 1944 hatten die Eltern in brieflichem Austausch nach einem passenden Kindsnamen gesucht. Fünf Vierteljahre sollten vergehen, ehe der Vater seine Tochter zum ersten Mal sah.

In den Notgemeinden von Berlin-Hermsdorf und -Frohnau ist die Erinnerung an ihren Kriegspastor noch lange lebendig geblieben. Wann immer Ebeling später aus seinen akademischen Wirkungsorten Tübingen und Zürich zu Gastvorträgen nach Berlin kam, nutzte man die Gelegenheit, ihn wiederzusehen und mit ihm zu sprechen. Im Dezember 1984 konnte er in Hermsdorf über seine dort vor über 40 Jahren gemachten Erfahrungen berichten[19]. Er stieß auf lebhafte Anteilnahme, nicht allein bei den Zeitzeugen, sondern ebenso bei vielen Jugendlichen, deren interessierten, teilweise freilich auch ahnungs- und verständnislosen Fragen er sich stellte[20].

2. Predigtarbeit

Von Januar 1939 bis April 1945 hat Ebeling, soweit es die Umstände erlaubten, an jedem Sonntag in Hermsdorf gepredigt. Anfangs kamen ihm dabei bisweilen Dienstreisen, zu denen er als Referent für Schulfragen verpflichtet war, in die Quere. Später ergaben sich gelegentliche Abhaltungen aus seinem Militärdienst, ferner aus Urlaubs- und Krankheitstagen. Auch die zunehmenden Bombardements der Reichshauptstadt spielten dabei eine Rolle. Mehrfach mußte ein Gottesdienst wegen Fliegeralarm vorzeitig aufgelöst werden.

Im Nachlaß von Ebeling, der, von ihm vorbildlich – man möchte sagen: preußisch – geordnet, im Tübinger Universitätsarchiv einliegt, sind 195 Predigtmanuskripte aus der Hermsdorfer Zeit überliefert[21], zum überwiegenden Teil freilich nur in notgedrungen fragmentarischer Form. Insgesamt gibt dieser Quellenbestand außerordentlich wertvolle Einblicke in die kirchliche Alltagsgeschichte der NS-Ära frei.

---

[19] Vgl. EBELING, Bericht (s. Anm. 8).
[20] Vgl. DERS., Predigten eines „Illegalen" (s. Anm. 18), 164f.
[21] Nachlaß G. Ebeling, UAT 633/289–290. 294–300. 679. 681.

Die Ansprachen sind ausnahmslos durchdrungen von großem religiösen Ernst, theologischer Strenge und konfessorischer Entschiedenheit – dies alles unverkennbar ein Reflex des Kriegszustandes sowie der innerkirchlichen Kampfsituation. Auffallend ist die durchgehende, dichte Präsenz biblischer Zitate und aus dem Gesangbuch geschöpfter frömmigkeitsgeschichtlicher Sprachmuster. Rückblickend räumte Ebeling ein, jene Predigten ließen „hermeneutische Sorgfalt in bestimmter Hinsicht vermissen"[22]. Tatsächlich finden sich darin die auszulegenden Bibeltexte kaum historisch reflektiert oder kritisch mit der eigenen religiösen Situation und Bedürfnislage vermittelt als vielmehr direkt in die Gegenwart der Gemeinde hineingesprochen.

Als politisch, jedenfalls in dem heute üblichen Sinn, lassen sich diese Predigten gewiß nicht bezeichnen. Allerdings ist dabei gebührend in Rechnung zu stellen, daß die Menschen jener Zeit in besonderer Weise dafür sensibilisiert waren, verdeckte Rede zu deuten und konnotative Subtexte zu dechiffrieren. Insofern mag der Aktualitätsbezug, den die Predigten dergestalt aufweisen, dann auch wieder als überraschend erscheinen. Er betrifft vornehmlich drei Dimensionen: zum einen das Leben unter dem nationalsozialistischen Regime und in dem von diesem entfesselten Krieg, zum anderen den strittigen Kurs der offiziellen evangelischen Kirche, schließlich die auf der eigenen Bekenntnisgemeinde lastende Anfechtung.

Das erste betreffend, hat Ebeling den Erfolgsrausch der militärischen Anfangssiege des öfteren mit christlicher Nüchternheit konterkariert. Als es am 9. April 1939, nachdem kurz zuvor die Tschechoslowakei von der Wehrmacht besetzt, das Protektorat Böhmen und Mähren errichtet und das Memelgebiet dem Deutschen Reich wieder angegliedert worden war, den Psalmvers „Man singt mit Freuden vom Sieg" (Ps 118,15) auszulegen galt, begann er die Predigt mit dem brüsk abweisenden Satz „Ich wüßte nicht, welcher Siege wir uns heute rühmen dürften"[23]. Dem staatlichen Jubel über die bereits in der vierten Kriegswoche erfolgte Kapitulation Polens hielt er ein aufreizendes rhetorisches Plakat mit der Inschrift „Aber Gott!" (Lk 12,20) ins Gesicht[24]. Und am Pfingstfest 1940, unmittelbar nach dem deutschen Angriff auf Holland, Belgien, Luxemburg und Frankreich, kontrastierte er den von Gott ausgegossenen, lebendigmachenden Geist antithetisch mit dem über Europa hereingebrochenen „todbringenden Verderben"[25]. Der Leib Christi sei nunmehr in nationale Partialchristentümer zerrissen[26] und sich in solcher Lage noch zu

---

[22] EBELING, Predigten eines „Illegalen" (s. Anm. 18), V.
[23] AaO 2.
[24] AaO 50.
[25] AaO 75f.
[26] Vgl. aaO 78.

der „ökumenischen Einheit der Christenheit" zu bekennen darum „heute gefährlicher denn je"[27]. Mutig betonte Ebeling die abgrundtiefe Verschiedenheit der „Vorsehung", die Hitler fortwährend beschwor, von dem „Vater unseres Herrn Jesus Christus"[28] und prognostizierte bereits im November 1942, die „Zeichen der Zeit"[29] deutend, einen „großen Bankrott" und den vollständigen „Zusammenbruch"[30], den er theologisch als das „gerechte Gericht Gottes über unseres Volkes Sünde"[31] qualifizierte. Unverblümt gedachte er im Oktober 1939 derer, „die in Gefängnissen und Konzentrationslagern sitzen"[32], geißelte im Juni 1940 die rechtsbeugende Inhaftierung Martin Niemöllers[33] und in derselben Predigt zugleich die von den Nationalsozialisten erlassene, das fünfte Gebot mit Füßen tretende Verfügung, „daß ‚lebensunwertes' Leben sehr wohl getötet werden darf und soll"[34].

Mit der äußeren und inneren Verfaßtheit der evangelischen Kirche ging Ebeling ebenfalls hart ins Gericht. „Unsere Kirche gleicht einem Trümmerhaufen"[35], hieß es in einer Predigt am Reformationstag 1943, und deshalb trügen wir allesamt „Schuld an der Zerrissenheit der Kirche Jesu Christi"[36]. Insbesondere der von regimefreundlichen Kräften errichtete „Bau einer deutschen Nationalkirche"[37] habe die evangelische Glaubensgemeinschaft entheiligt und in ein „weltgebundenes, staatlich genehmigtes Christentum"[38] pervertiert. Dieser Irrweg erfordere radikale ekklesiologische Konsequenzen: „Die Volkskirche, die Massenkirche, liebe Brüder und Schwestern, ist eine Lüge, von der wir frei werden müssen"[39].

Bittere Klage führte Ebeling insbesondere über die derzeitigen Repräsentanten der nationalsozialistisch vereinnahmten Deutschen Evangelischen Kirche, die ihr teilweise gar nicht angehörten, die „keine Ahnung haben von dem, was eigentlich Kirche ist" und die deshalb die Amtsträger auf *sich* verpflichteten anstatt auf Christus[40]. Zwei aktuelle Häresien benannte Ebeling

---

[27] AaO 85.
[28] AaO 48.
[29] AaO 124.
[30] AaO 115.
[31] AaO 131.
[32] AaO 57f.
[33] Vgl. aaO 90.
[34] AaO 92.
[35] AaO 134.
[36] AaO 132.
[37] AaO 11.
[38] AaO 78.
[39] AaO 134.
[40] AaO 3f.

ganz konkret. Deren eine, die sich „lästerlicherweise"[41] auch in dem von der deutsch-christlichen Gemeinde in Hermsdorf gebrauchten Gesangbuch dokumentiert finde, propagiere die Irrlehre, der Gott Israels habe sich an das deutsche Volk gebunden. Die andere, noch kapitalere Häresie, nämlich die am 4. April 1939 von dem Leiter der Evangelischen Kirche der Altpreußischen Union Friedrich Werner und zehn weiteren Landeskirchenleitern unterzeichnete *Godesberger Erklärung*, die den Ausschluß aller Christen jüdischer Abstammung aus der kirchlichen Gemeinschaft verordnete, skandalisierte Ebeling in unverhohlener Deutlichkeit und brandmarkte sie mit einem dem biblischen Sprachgestus nachgebildeten, zweifachen Wehe-Ruf[42].

Schließlich bedachte er in seinen Hermsdorfer Predigten auch die der eigenen Bekenntnisgemeinde zugewiesene Not und Verheißung. „Müdigkeit und Kraftlosigkeit" hätten sich in ihr breit gemacht und sie in einen „kümmerlichen, so gar nicht imponierenden Zustand"[43] versetzt. Selbst der eigene Versammlungsraum, in dem man Gottesdienst feiere, sei in seiner ferneren Verfügbarkeit ungewiß[44]. Doch eben in dieser kläglichen Situation, deutete Ebeling kühn, erfülle sich die Verheißung, wonach Gott das Gericht an seinem eigenen Hause beginnen lasse (1Petr 4,17)[45]. Er schöpfte daraus die eschatologische Zuversicht, daß „die Bekennende Kirche Deutschlands am jüngsten Tage [...], von Menschen verworfen, von Gott zum Eckstein gesetzt"[46] werde. Ob Ebeling damit für die Bekenntnisgemeinde nicht seinerseits ein nationalkirchliches Konnotat einfließen ließ, könnte man fragen. Erst gegen Ende des Krieges klang daneben auch ekklesiale Selbstkritik an: Gegenüber den Deutschen Christen sei die Bekennende Kirche ihrerseits schuldig geworden „durch eine Scheidung, die nicht allein aus der Liebe zur Wahrheit kam, sondern untermischt war mit Zorn und Haß oder Gleichgültigkeit"[47]. Dieses Eingeständnis ist auch insofern bemerkenswert, als sich bereits darin, also noch *vor* dem geschichtlichen Ende von Kirchenkampf und Hitler-Regime, eine Relativierung der zuvor vertretenen, separatistisch anmutenden Ekklesiologie ankündigte, die schließlich, nach weichen Übergängen, einer das volkskirchliche Modell ausdrücklich unterstützenden Lehre von der Kirche Raum geben sollte.

Die geistliche Wirkung, die jene in Hermsdorf erbrachte Predigtarbeit entfaltete, ist unbestreitbar, doch kaum zu bemessen. Hinsichtlich der politi-

---

[41] AaO 80.
[42] Vgl. aaO 10.
[43] AaO 90f.
[44] Vgl. aaO 7.
[45] Vgl. aaO 81f.
[46] AaO 11.
[47] AaO 136.

schen Entwicklung blieb sie gewiß folgenlos. Als Ebeling sich Bonhoeffer gegenüber kurz vor dessen Verhaftung im April 1943 darüber betrübt zeigte, in den politischen Widerstand nicht auch selbst einbezogen zu sein, habe Bonhoeffer ihn nüchtern an den *ihm* zufallenden Ort der Verantwortung, also den kirchlichen Auftrag, verwiesen[48]. Im Stillen ging er gleichwohl, als ihn konkrete Umstände bedrängten, darüber hinaus[49].

3. Gemeindepflege

In anhaltender, bis an den Rand der Erschöpfung wahrgenommener Zuwendung hat Ebeling seine Gemeinde als Seelsorger betreut. Ein prall gefüllter Aktenordner, in dem die entsprechende Korrespondenz aufbewahrt ist[50], legt davon buntes, beredtes Zeugnis ab. Demnach stand er zumal mit solchen Gemeindegliedern, die ihn nicht persönlich aufsuchen konnten, weil sie krank oder von Hermsdorf weggezogen oder zum Kriegsdienst abkommandiert waren, in regem Briefkontakt. Die Zuschriften, die ihn erreichten, dokumentieren aufrichtige Dankbarkeit und große, geradezu familiäre Zutraulichkeit. Meist mündeten sie in die Bitte um alsbaldige briefliche oder telefonische Reaktion.

Oft kamen handfeste Lebensnöte zur Sprache: schwere Krankheit, häuslicher Bombenschaden, ein bevorstehender Fronteinsatz, der Soldatentod von Ehemann, Freund oder Sohn. Auch mit allerhand Glaubensnöten wurde Ebeling konfrontiert. Im Januar 1944 bat ihn Luise Bunkelmann, er möge ihr, da sie dazu außerstande sei, ein Losungsbuch der Brüdergemeine beschaffen[51]. Marie-Luise Skowranek begehrte zu wissen, ob sich das im Warnkommando betriebene Kartenlegen, das sie faszinierte, mit christlichem Glauben vereinbaren lasse[52]. Ingeborg Thonnes legte im August 1941 gleich eine ganze Liste religiöser Elementarfragen vor: Wie die im Credo bekannte „Auferstehung des Fleisches" zu denken sei, wollte sie etwa wissen, wie Maria ohne Erbsünde sein könne, wie Adam und Eva, die doch Gottes Ebenbild waren,

---

[48] Vgl. G. EBELING, Dank für Dietrich Bonhoeffer (Kirchenbote für den Kanton Zürich, 1.4.1985, 6f), 7.
[49] Vgl. unten Abschnitt 5.
[50] Der Ordner trägt die Aufschrift „Gemeindekorrespondenz" und enthält Zuschriften von Berlin-Hermsdorfer Gemeindegliedern, in wenigen Fällen auch Durchschläge von Antwortschreiben Ebelings, aus den Jahren 1939 bis 1945 (Nachlaß G. Ebeling, UAT 633, noch ohne Bestandsnummer).
[51] L. Bunkelmann an Ebeling, 18.1.1944 (ebd.).
[52] M.-L. Skowranek an Ebeling, 23.4.1944 (ebd.).

gleichwohl sündigen konnten und Ähnliches mehr[53]. Alle Zuschriften dieser Art hat Ebeling getreulich beantwortet, sobald sich eine freie Stunde erübrigen ließ[54].

Mitunter freilich wurde es zudringlich, besonders in dem von Margarethe Helmke veranstalteten brieflichen Bombardement. Einmal zeigte sie sich davon beleidigt, daß Ebeling ihr einige Predigten und Bibellesetafeln ohne jedes persönliche Wort zugesandt hatte[55]. Als Ebelings Ehefrau einige Wochen lang bettlägerig war, teilte sie mit, sie werde nun jeweils an zwei Nachmittagen den Ebelingschen Haushalt versehen, damit er sich ungestört seinem „Seelendienst" widmen könne[56], und als Ebeling dankend abwinkte, erhöhte sie ihren angedrohten brachialdiakonischen Einsatz gar auf drei Nachmittage pro Woche[57]. Im übrigen war den fünf Reichsmark, die sie als monatlichen Gemeindebeitrag entrichtete, jedesmal ein Brief beigefügt, in dem sie ihrem Pastor irgendein geistliches Problemchen vortrug und ihn dringend um einen alsbaldigen Telefon- oder Gesprächstermin bat.

Vereinzelt sah sich Ebeling skurriler Zumutung ausgesetzt. So gab ihm der in Litzmannstadt kasernierte Unteroffizier Friedrich Paul Heinrich im Mai 1940 zu wissen, er gedenke sich demnächst von Ebeling trauen zu lassen, sofern dieser die der Bekenntnisgemeinde verwehrte Kirche von Hermsdorf zugänglich machen könne; die Wahl des Trautextes sowie der Lieder sei ihm dagegen gleichgültig[58]. Und der im Frohnauer Standesamt tätige Diplom-Kaufmann Hans-Georg Krutina ersuchte Ebeling um Literaturhinweise für das ihm zugeteilte, zeitgeistverhaftete Dissertationsthema „Der Einfluß der Religion auf die Geburtenzahl"[59].

Drei Einzelfälle, die jeweils einen exemplarischen Blick auf das Innenleben der Hermsdorfer Bekenntnisgemeinde freigeben, seien kurz noch erwähnt. Im Frühjahr 1943 bat Margarete Helmke, deren Sohn Ferdinand an der Front eingesetzt war, um dringende Hilfe. Würde er fallen, so läge dies, wie sie stoisch bekannte, im Heilsplan Gottes begründet[60]. Doch nun habe Ferdinand

---

[53] I. Thonnes an Ebeling, 3.8.1941 (ebd.).
[54] Auf den meisten Zuschriften verzeichnet eine handschriftliche Notiz Ebelings, wann (gelegentlich auch: wie) er sie brieflich oder mündlich beantwortet hatte (vgl. ebd.).
[55] M. Helmke an Ebeling, 17.2.1943 (ebd.).
[56] M. Helmke an Ebeling, 24.1.1942 (ebd.).
[57] M. Helmke an Ebeling, 25.1.1942 (ebd.).
[58] F. P. Heinrich an Ebeling, 9.5.1940 (ebd.).
[59] H.-G. Krutina an Ebeling, 9.2.1944 (ebd.). – Ausweislich einer handschriftlichen Notiz, die Ebeling auf dem Schreiben Krutinas angebracht hatte, verwies er den Bittsteller auf das folgende Werk: G. VAN DER LEEUW, Phänomenologie der Religion (Neue theologische Grundrisse), 1933.
[60] M. Helmke an Ebeling, 17.2.1943 (ebd.).

soeben auf Heimaturlaub zum Ausdruck gebracht, er sei nicht länger gewillt, sein junges Leben „für Führer und Vaterland in die Schanze zu schlagen", und den Gedanken, ihr Sohn werde zum Vaterlandsverräter, könne sie niemals ertragen[61]. Die Reaktion Ebelings, die offenbar mündlich erging, läßt sich leider nicht rekonstruieren.

Symptomatisch ist auch die Entwicklung von Renate Seemann. Als Konfirmandin von Ebeling unterrichtet, wurde sie ein entschiedenes Mitglied der Bekenntnisgemeinde. Nach dem Schulabschluß trat sie im Erzgebirge eine medizinisch-technische Ausbildung an. Immer wieder übersandte sie ihrem Pfarrer, den sie verehrte, treuherzige Versicherungen ihrer ungebrochenen christlichen Glaubensstärke. Dann freilich, nach längerem Schweigen, erging die Nachricht, sie habe sich inzwischen der von den Nationalsozialisten propagierten, vulgär-pantheistisch orientierten „gottgläubigen" Richtung angeschlossen. Zur Begründung verwies sie auf drei angebliche Selbstwidersprüche der Bibel und, damit verbunden, sogar auf den Einfluß ihres einstigen Hermsdorfer Katecheten: „Sie haben es im Grunde durch ihren gründlichen Unterricht erst möglich gemacht, daß ich diese Entscheidung fällen konnte"[62].

Schließlich noch zum Fall der Erna Lühmann. Sie hielt sich fest zur Hermsdorfer Bekenntnisgemeinde und war treues Glied des von Ebeling geleiteten Bibelkreises. Gänzlich unerwartet kündigte sie im Juli 1943 ihre Zugehörigkeit zum Bibelkreis auf, weil sie die kritischen Fragen, die sie bewegten, aus Rücksicht auf „die ungetrübte Gläubigkeit der anderen Teilnehmer" stets verschwiegen habe, sie nun aber nicht länger mehr ausblenden könne und darum im Selbststudium nach Antworten suchen wolle[63]. Ebeling reagierte postwendend – seine Frau hatte ihm den Brief mit dem Essen in die Kaserne gebracht – und erteilte ekklesiologischen Elementarunterricht. Gemeinde, schrieb er zurück, „wird letztlich nicht anders als in der Versammlung konkret". Alle kritischen Fragen der Theologie hätten nur in demjenigen eine Verheißung, der „gleichzeitig schlicht hörendes und mit der Gemeinde dem Worte Gottes Antwort gebendes Gemeindeglied" sei. „Auch der Theologiestudent hat seinen *ersten* Platz in der Gemeinde und erst davon abgeleitet seinen zweiten Platz am Ort der theologischen Forschung"[64]. Kurz danach kam es zu einer klärenden Aussprache, und Erna Lühmann nahm weiterhin aktiv am Bibelkreis teil[65].

---

[61] M. Helmke an Ebeling, 27.4.1943 (ebd.).
[62] R. Seemann an Ebeling, 20.11.1944 (ebd.).
[63] E. Lühmann an Ebeling, 3.7.1943 (ebd.).
[64] Ebeling an E. Lühmann, 4.7.1943 (ebd.).
[65] Vgl. E. Lühmann an Ebeling, 12.7.1943 (ebd.).

Was lehren diese Schlaglichter auf die seelsorgerliche Kleinarbeit des einstigen Hermsdorfer *doctor ecclesiae*? Dies zumal, meine ich, daß kirchliche Gemeindeleitung jederzeit eine mühsame, ganze Hingabe fordernde und ohne jede Erfolgsgarantie standhaft zu leistende Tätigkeit darstellt. Im übrigen wird aus alledem auch ersichtlich, daß die Bekennende Kirche in Hermsdorf – wie gewiß überall – keine unbeirrt eingeschworene Kampftruppe darstellte, sondern viel eher ein ekklesiologisches Ideal, das bei dem Versuch seiner geschichtlichen Realisierung den mannigfaltigsten empirischen Trübungen unterlag.

4. Vorträge

Der pastorale Dienst, den Ebeling versah, umfaßte auch eine umfangreiche und vielgestaltige Vortragstätigkeit. Stets hat er sich darauf in ernster Sorgfalt vorbereitet: durch gründliche Exzerption des einschlägigen Literatur- und Quellenbestands, durch meditative Erschließung des in aller Regel selbst gewählten Themas und jedesmal auch durch eine klare innere und äußere Gliederung des Gedankengangs. Die erhebliche Zeitnot, in der die Referate entstanden, läßt sich schon daraus ersehen, daß die Manuskripte zunächst durchweg ausformuliert sind, dann aber nicht selten in stenographisch oder stichwortartig notierte Bemerkungen übergehen. Hinsichtlich der Funktionen, die Ebeling dabei wahrnahm, waren diese Vorträge von dreifacher Art: Er hielt sie entweder als Referent für Schulfragen oder als Gemeindepastor oder als wissenschaftlicher Theologe.

In der erstgenannten Funktion sprach Ebeling vor verschiedenen Pfarrkonventen, nicht nur in der Altmark, sondern beispielsweise auch in Rostock oder Züllichau. Am 3. Juli 1940 stellte er ein grundsätzliches Positionspapier zu *Stand und Aufgabe des kirchlichen Unterrichts*[66] vor. Einleitend erinnerte er, auf Mk 16,16 verweisend, daran, daß mit der Taufe nicht weniger als ewiges Leben oder ewiger Tod auf dem Spiel stünden. Nun mache aber der Unterweisungsauftrag einen integrativen Bestandteil des Taufbefehls Jesu aus. Insofern genügten „kirchliche Unterweisung und christliche Erziehung" nicht einem „politische[n] Machtwillen der Kirche", sondern dem „Heilswille[n] Christi"[67]. Würden darum die Jugendlichen zwar getauft, aber nicht unterwiesen, so erfüllte die Kirche den Willen Christi nur halb und sündigte damit „schwerer, als wenn sie ganz aufhörte, dem Herrn durch die Taufe Jünger

---

[66] G. EBELING, Stand und Aufgabe des kirchlichen Unterrichts, masch., 9 S., 3.7.1940 (Nachlaß G. Ebeling, UAT 633/681).
[67] AaO 1.

zuzuführen"⁶⁸. Sodann faßte Ebeling die Widerstände, denen gegenwärtig der Unterricht im Christentum ausgesetzt sei, nüchtern ins Auge. Sie gründeten in dem durch das nationalsozialistische System reklamierten totalen, lückenlosen, das gesamte Leben für sich beanspruchenden Erziehungswesen, das den überkommenen Religionsunterricht ideologisch umgeformt habe und ihn zunehmend „aus der deutschen Schule zu beseitigen trachtet"⁶⁹. In dieser durch Kriegsmaßnahmen weiter verschärften Lage sei eine Erhebung des in Berlin und Brandenburg tatsächlich noch erteilten schulischen Religionsunterrichts derzeit gar nicht zu leisten.

Solche Not setze die kirchliche Unterweisung einer vierfachen Herausforderung aus. Es gelte zum einen, deren schon bestehende Formen, also Kindergottesdienst und Konfirmandenunterricht, allenthalben zu intensivieren⁷⁰. Zum anderen obliege es nun den Kirchengemeinden, die durch den zusehends fortfallenden schulischen Religionsunterricht hervorgerufene Lücke zu schließen⁷¹. Da jedoch diese Aufgabe, so Ebeling ferner, diejenigen überfordere, die jetzt schon in der Gemeinde Verantwortung trügen, sei nunmehr „die Herausbildung eines neuen Standes des christlichen Lehrers, des Katecheten"⁷², in Angriff zu nehmen. Geeignetes Unterrichtsmaterial und entsprechende Fortbildungsangebote stünden in der Bekenntniskirche bereit, so daß nun in allen Gemeinden mit der Devise „Laien an die Front!"⁷³ ernst gemacht werden könne. Schließlich aber sei bei alledem ganz entscheidend, daß die von der Kirche zu treffenden Maßnahmen am Ursprungsort religiöser Sozialisation, also innerhalb der christlichen Familien, vorbereitet, unterstützt und in gemeinsamer Lebenspraxis verstetigt würden⁷⁴. Mit diesem Konzept erzeigte sich Ebeling als ein offensiver, entschiedener Stratege der Bekennenden Kirche, und die abschließend wiederholte Mahnung, in der Tauffrage gehe es „um Tod oder Leben"⁷⁵, verwies dabei auf ein Thema, das er bis in die letzten Kriegswochen hinein als die zentrale theologische Herausforderung wahrnehmen und verfolgen sollte.

Am häufigsten war Ebeling als Vortragsredner in der kirchlichen Erwachsenenbildung gefordert. Anfangs behandelten seine Vorträge vorwiegend elementare Fragen des Glaubens sowie des aktuellen kirchlichen Lebens. Seit

---

⁶⁸ Ebd.
⁶⁹ AaO 4.
⁷⁰ Vgl. aaO 6f.
⁷¹ Vgl. aaO 7f.
⁷² AaO 8.
⁷³ Ebd.
⁷⁴ Vgl. aaO 9.
⁷⁵ Ebd.

1941 wählte er dann zunehmend reformationsgeschichtliche Themen, insbesondere aus dem engeren Umkreis seiner Dissertation[76]. Diese Gewichtsverlagerung wird mit der sich verschärfenden zeitlichen Belastung nicht zureichend erklärt werden können, zumal Ebeling, ausweislich der erhaltenen Präparationsnotizen, die Luther-Vorträge keinesfalls geringere Mühen der Vorbereitung sich kosten ließ. Weit eher könnte man dahinter die Absicht vermuten, aus den Frontlinien des kirchenpolitischen Tageskampfes – und diesem zugute! – in den geschichtlichen und sachlichen Grund evangelischen Glaubens einzukehren. Die Katakomben der Vergangenheit boten ihm schützenden Raum, um indirekt, aber unüberhörbar die Nöte der Gegenwart zu bedenken. Eindrucksvoll gelang das etwa in einem Vortrag über *Luthers Stellung zu den Türken und Juden*[77]. Unter der Tarnkappe des historischen Referats legte Ebeling dar, daß die Unterscheidung von Christen und Juden keineswegs rassischer, sondern allein religiöser Natur sei. Auch „die Einheit des Abendlandes", fuhr er fort, „wäre nie und nimmer aus den Kräften des Blutes zustande gekommen. Sie ist allein aus den Kräften des christlichen Glaubens zustande gekommen"[78]. Im übrigen sei es in höchstem Maße unanständig und sachwidrig, Luthers Judenschriften als ein Reservoire von „Parolen antisemitischer Propaganda"[79] zu mißbrauchen. Hinsichtlich der Türkenfrage kam Ebeling sogleich auf „das Problem des totalen Krieges"[80] zu sprechen und gestaltete damit die geschichtliche Konstellation des 16. Jahrhunderts zu einem Historienspiel von eminent gegenwartskritischer Relevanz.

Der mutmaßlich erste Gemeindevortrag Ebelings datierte auf den 28. März 1939 und behandelte das durch „ganz konkrete Schäden und Nöte unserer Kirche" brisant gewordene Thema *Die Aufgabe des Laien in der Kirche heute*[81]. Auch hier verfolgte Ebeling einen luzide gegliederten Reflexionsgang. Zunächst erörterte er die Vor- und Nachteile des Umstands, daß „unsere Kirche [...] weithin Pastorenkirche" ist: Einerseits schätze es die Gemeinde, dadurch „der Verantwortung und Gefahr kirchlicher Entscheidungen" enthoben zu sein, während die Gemeindearbeit für einen in der „Rolle des Monarchen" stehenden, das „Führerprinzip" umsetzenden Pfarrer von einiger Be-

---

[76] G. EBELING, Evangelische Evangelienauslegung. Eine Untersuchung zu Luthers Hermeneutik (masch. 1938), 1942, ³1991.
[77] G. EBELING, Luthers Stellung zu den Türken und Juden, hs., 19 S., 15.4.1942 (Nachlaß G. Ebeling, UAT 633/286).
[78] AaO 2.
[79] AaO 5.
[80] AaO 9.
[81] G. EBELING, Die Aufgabe des Laien in der Kirche heute, hs., 7 S., 28.3.1939 (Nachlaß G. Ebeling, UAT 633/285).

quemlichkeit sei[82]. Andererseits könnten die dergestalt als „Offiziere ohne Truppe" agierenden Pfarrer, denen ein Publikum gegenüber-, jedoch keine Gemeinde zur Seite stehe, an der Last der Arbeit und Verantwortung nur zerbrechen, wohingegen die entmündigten Gemeindeglieder der Herausforderung, ihr Christsein in den außerkirchlichen Bezirken der Gesellschaft ohne autoritative Anleitung bestehen zu müssen, orientierungslos überantwortet seien. Die damit bezeichnete Not der Pastorenkirche sei nunmehr in „ein akutes Stadium größter Gefahr für die Kirche" getreten, weil nicht allein „viele Pastoren, auf die man sich verließ, versagt"[83], sondern die Gemeinden mitunter darüber hinaus auch eine gänzlich pfarrerlose Situation zu bewältigen hätten.

Dies nötige, so Ebeling weiter, zu einer Klärung der Frage, was ein kirchlicher „Laie" denn überhaupt sei. Zwischen der erst im Frühkatholizismus entstandenen Unterscheidung von Priester- und Laienstand einerseits und einem schwärmerischen Kirchenbegriff andererseits sei ein evangelisches Verständnis des „Laien" allein über eine das geistliche Amt betreffende Begriffsklärung zu gewinnen. Dabei stand für Ebeling fest, daß „die Kirche nicht ohne Amt leben kann, weil sie nicht eine Gemeinschaft der Seelen, sondern ein Leib ist"[84]. Wirksam werde das *eine* Amt, das die Kirche hat, indessen stets in einer Vielzahl an Ämtern. Je weiter „die Auflösung des geistlichen Amtes" gegenwärtig voranschreite – etwa durch Behinderung des theologischen Nachwuchses oder die zunehmende gesellschaftliche Marginalisierung des Pfarrers –, desto bedeutsamer würden die „heutigen konkreten Aufgaben der sog. Laien"[85]. Diese Aufgaben bezögen sich sowohl auf die betende und handelnde Begleitung des Pfarrers als auch auf die eigene Teilhabe am Amt der Kirche, etwa in der aktiven Teilnahme an Gottesdienst und Bibelkreis, ferner in Gestalt einer geschwisterlichen Seelsorge sowie im christlichen Dienst eines Hausvaters, Nachbarschaftshelfers oder Lehrers. Im übrigen differenziere sich die dem „Laien" zufallende Gemeindeverantwortung nach der jeweils vor Ort gegebenen kirchenpolitischen Situation. In einem dreiseitigen, hektographierten Gemeindebrief vom August 1940 vertiefte Ebeling den Gedanken, christliche Existenz sei nicht selbstgenügsam, sondern allein innerhalb der Gemeinde zu verwirklichen, in eine kühne kirchengeschichtliche Interpretation: „Hätte Luther gewußt, wie man ihn später mißversteht, so hätte er nicht vom Priestertum aller Gläubigen geredet, sondern er hätte vom

---

[82] AaO 1.
[83] AaO 2.
[84] AaO 4.
[85] AaO 6.

Priestertum der Gemeinde, der Kirche geredet"[86]. Diese Deutung mag angesichts der damaligen Situation vielleicht verständlich sein, aber historisch und theologisch – das muß Ebeling gewußt haben – ist sie geradezu grotesk. Bisweilen bot sich für Ebeling darüber hinaus die Gelegenheit, wissenschaftlich zu arbeiten. Dabei verfolgte er im wesentlichen zwei Interessen: Er vertiefte seine früheren theologischen Studien – insbesondere zur Reformationsgeschichte sowie zur theologischen Hermeneutik und Methodologie –, und er unterzog die aktuellen kirchlichen Probleme, die ihn bedrängten, kritisch-analytischer Reflexion. In unserem Zusammenhang dürfte zumal der letztgenannte Aspekt von Interesse sein. Auffallend ist dabei insbesondere, wie nachhaltig Ebeling den Aspekt der „Kirchenzucht", der in der neuzeitlichen Theoriebildung des Protestantismus kaum noch eine Rolle gespielt hatte, in den Mittelpunkt seiner Betrachtungen rückte. Näherhin sah er in der schon mehrfach angeklungenen Frage, wie die christliche Taufe sachgemäß zu bestimmen und zu handhaben sei, den Angelpunkt alles kirchenzuchtlichen Handelns. Darüber referierte er in einem am 30. Juni 1943 vor der Gesellschaft für evangelische Theologie in Berlin gehaltenen Vortrag[87]. Derselben Spur folgten auch zwei kleinere wissenschaftliche Arbeiten aus den letzten Monaten des Krieges. Am 12. Juli 1944 erstellte er 18 scharf geschliffene *Thesen zur Tauffrage*, die in einem Anhang jeweils eingehend erläutert wurden[88]. Nach einleitenden Klärungen zu Wesen, Sinn und Bedeutung der Taufe nahmen die Thesen alsbald die Frage der Kindertaufe problemorientiert ins Visier. Dieser nicht neutestamentlich, sondern erst kirchlich begründeten Form der Taufe komme „nicht der Charakter der Heilsnotwendigkeit, sondern allein der Charakter einer barmherzigen Möglichkeit zu"[89]. In jedem Fall bedürfe sie notwendig „einer späteren Ergänzung durch die Konfirmation"[90]. Desgleichen dürfe sie nur Kindern solcher Eltern gewährt werden, „die sich selbst zu ihrer eigenen Taufe bekennen, d.h. sich regelmäßig zum Wort und Sakrament halten"[91]. Unter den volkskirchlich obwaltenden Umständen bedeute dies freilich, „daß heute die Kindertaufe in der überwiegenden Mehrzahl der Fälle versagt werden und man der Erwachsenentaufe Raum geben

---

[86] G. EBELING, Gemeindebrief vom 8.8.1940, masch., 3 S. (Nachlaß G. Ebeling, UAT 633, noch ohne Bestandsnummer).
[87] DERS., Kirchenzucht, masch., 30 S., 30.6.1943 (Nachlaß G. Ebeling, UAT 633, noch ohne Bestandsnummer).
[88] DERS., Thesen zur Tauffrage, masch. (3 S.) u. hs. (13 S.), 12.7.1944 (Nachlaß G. Ebeling, UAT 633/681).
[89] AaO 2.
[90] Ebd.
[91] AaO 3.

muß"⁹². Die damit verbundene Gefahr eines Schismas, also einer regelrechten Kirchenspaltung, nahm Ebeling ausdrücklich in Kauf⁹³.

Drei Monate später, am 25. Oktober 1944, legte Ebeling, wiederum in geschliffener Thesenform, einen Katalog „sorgfältige[r] Maßnahmen zur Revision der Taufpraxis"⁹⁴ vor. Zunächst unterbreitete er Vorschläge zur kasualpraktischen Gestaltung und Begleitung. Dabei betonte er die Unverzichtbarkeit eines in die religiöse Sachtiefe führenden Taufgesprächs, wies dem Taufakt als seinen exklusiven Ort den Gemeindegottesdienst zu, verpflichtete die damit verbundene Predigt auf die alle „persönlichen Empfindungen und Gedanken streng unterordnende"⁹⁵ Taufverkündigung und skizzierte die von Mütterstunden über den Kindergottesdienst bis zum Konfirmandenunterricht führenden Schritte einer den Täufling in die Gemeinde einwurzelnden Begleitung. In dem Bewußtsein, damit lediglich „schon weithin beachtete Gesichtspunkte" erinnert zu haben, forderte Ebeling dann allerdings auch, daß „mit der Handhabung der Kirchenzucht bei der Taufe ernst gemacht werden"⁹⁶ müsse. Hinsichtlich der Eltern und Paten listete er jeweils detaillierte, strenge Akzeptanzkriterien auf, um abschließend zu unterstreichen, es sei „zur Durchführung solcher Anfänge der Kirchenzucht [...] die Führung einer gründlichen Gemeindekartei sowie ein sorgfältiges Mitteilungsverfahren zwischen den einzelnen Gemeinden unerläßlich"⁹⁷.

Zweifellos dokumentieren diese Anregungen ein durch den anhaltenden Kirchenkampf noch zusätzlich sensibilisiertes, entschieden vereinskirchliches Gemeindeaufbaukonzept. Bedenkt man indessen die Fatalität nicht allein der gesamtkirchlichen, sondern dazu auch der politischen und kriegerischen Lage, in der Deutschland Ende Oktober 1944, wenige Monate vor der bedingungslosen Kapitulation der Wehrmacht und dem damit verbundenen gesellschaftlichen Zusammenbruch, stand, so wird man sich dem von Ebeling im Altersrückblick formulierten selbstkritischen Eingeständnis, die Bekennende Kirche sei zunehmend in ein weltabgewandtes „Ghetto [...] hineingeraten"⁹⁸, jedenfalls nicht entziehen wollen.

---

⁹² Ebd.
⁹³ Vgl. ebd.
⁹⁴ G. EBELING, Vorschläge zur Frage der heutigen Taufpraxis, hs. u. masch., 10 S., 25.10.1944 (Nachlaß G. Ebeling, UAT 633/681).
⁹⁵ AaO 2.
⁹⁶ Ebd.
⁹⁷ AaO 3.
⁹⁸ G. EBELING, Gespräch über Dietrich Bonhoeffer. Ein Interview (1978) (in: DERS., Theologie in den Gegensätzen des Lebens. Wort und Glaube Bd. IV, 1995, 647–657), 648.

5. Abschiede

Während der sechs in Berlin-Hermsdorf verbrachten Jahre, die der Dauer des Zweiten Weltkriegs annähernd entsprachen, gab es für Ebeling vielfältigen Anlaß, von Menschen, die ihm persönlich oder dienstlich nahestanden, endgültig Abschied zu nehmen. Dabei soll jetzt der Säuglingstod seines Sohnes ebenso unerwähnt bleiben wie das bittere Ende seines besten Freundes, des Bekenntnispfarrers Erich Klapproth, der aufgrund von politischer Unbotmäßigkeit an die russischen Ostfront abkommandiert war, dort im Juli 1943 einem Granatvolltreffer zum Opfer fiel und dessen Leichnam, da sich der Truppenteil in chaotischem Rückzug befand, ungeborgen zurückbleiben mußte[99]. Andere Abschiede muteten Ebeling einige nicht durch das Schicksal, sondern durch die lebensverachtende Gewaltherrschaft des Hitler-Regimes verschuldete Grenzerfahrungen zu. Zwei davon seien jetzt andeutend skizziert; die eine, da wir über sie kaum etwas wissen, nur kurz, die andere etwas differenzierter.

Zu Ebelings Hermsdorfer Gemeinde gehörte auch Frau Löwenberg, eine vornehme und gebildete Witwe jüdischer Abstammung, die bereits in ihrer Jugend zum Christentum konvertiert war und nun in entschiedener Treue am gottesdienstlichen Leben der Bekenntnisgemeinde teilnahm. Eines Tages rief sie im Hause Ebeling an und ließ dem Pastor, der den Tag über am Fehrbelliner Platz seinen militärischen Dienst ableisten mußte, bestellen, er möge sie unbedingt, wenn irgend möglich, noch heute besuchen. Als Ebeling am Abend nach Hause gekommen war, ahnte er sogleich den außergewöhnlichen Notfall, der hinter diesem Hilferuf stand, und eilte umgehend und deshalb, wie er selbst berichtete, „noch in der Uniform eines Soldaten der Hitler-Armee mit dem Symbol des Hakenkreuzes am Waffenrock"[100] zu Frau Löwenberg. Diese zeigte ihm, sichtlich erschüttert, die ihr brieflich zugestellte Anweisung, sich am nächsten Morgen an bestimmter Stelle zum Abtransport nach Theresienstadt einzufinden. Daraufhin führten die beiden ein langes Gespräch, in dessen Verlauf auch die Möglichkeit einer vorgreifenden Selbsttötung erörtert und schließlich aus christlicher Glaubensüberzeugung verworfen wurde. Dann feierten beide miteinander das Abendmahl. Es war dies für Ebeling, wie er Jahrzehnte später bekannte, „das stärkste Widerfahrnis von Gottesdienst"[101]. In der Frühe des nächsten Morgens begleitete er Frau

---

[99] Vgl. BEUTEL, Gerhard Ebeling (s. Anm. 1), 90–94.
[100] EBELING, Bericht (s. Anm. 8), 9.
[101] DERS., Die Notwendigkeit des christlichen Gottesdienstes (1970) (in: DERS., Wort und Glaube. Bd. III: Beiträge zur Fundamentaltheologie, Soteriologie und Ekklesiologie, 1975, 533–553), 552f.

Löwenberg bis zu S-Bahn-Station und nahm dort endgültigen Abschied von ihr[102].

Die andere Grenzerfahrung, die kurz erwähnt sei, betraf die sogenannte „Euthanasieaktion", die Hitler im Oktober 1939 in einem schriftlichen Führerbefehl initiiert hatte. Mit der dadurch ausgelösten systematischen Ermordung von Schwerbehinderten war Ebeling Ende Juni 1940 erstmals in unmittelbare Berührung gekommen, als ihm die Eheleute Alfred und Klara Rottmann, die in Hermsdorf ansässig waren, jedoch nicht zur Bekenntnisgemeinde gehörten, das verstörende Schicksal ihres Erstgeborenen anvertrauten. Günther Rottmann[103], geboren am 6. Dezember 1906, studierte in Greifswald und erstrebte die Juristenlaufbahn. Seit 1927 engagierte er sich für die NSDAP, zwei Jahre später trat er ihr bei. Die Anfeindungen durch Kommilitonen, denen seine politische Aktivität mißliebig war, setzten ihm zu. Zweimal scheiterte er im Examen. Danach erlitt er einen Nervenzusammenbruch und wurde hospitalisiert. Nach 1933 verschaffte ihm die Partei eine Anstellung in der Ortskrankenkasse. Weitere Manifestationen seiner psychischen Störung blieben nicht aus. Im Herbst 1937 war er in einen harmlosen Laubeneinbruch verwickelt. Nachdem er die Haftzeit verbüßt hatte, wurde er in die Pflegeanstalt Buch bei Berlin eingewiesen.

Regelmäßig besuchten ihn dort seine Eltern. Am 11. Juni 1940 traf ihn die Mutter allerdings nicht mehr an. Der Anstaltsleitung, wurde ihr beschieden, sei sein neuer Aufenthaltsort unbekannt. Der Vater Alfred Rottmann, der als Oberregierungsrat seinerseits Staatsdiener war, ersuchte alle nur denkbaren Behörden um Auskunft über den Verbleib seines Sohnes. Doch die Eingaben bei Polizei, Justizministerium, Generalstaatsanwaltschaft, Vermißtenzentrale, Einwohnermeldeamt und Hauptgesundheitsamt blieben allesamt ohne Antwort. Am 27. Juni erfuhren die Rottmanns, daß ein anderer Patient der Bucher Klinik in der nahe Linz gelegenen Landesanstalt Hartheim überraschend verstorben sei. Sogleich setzten sie sich mit dem Anstaltsleiter von Hartheim fernmündlich in Verbindung. Dieser teilte ihnen mit, daß ihr Sohn tatsächlich dorthin gebracht worden, vor wenigen Tagen verstorben und eine schriftliche Benachrichtigung bereits auf dem Wege sei. Aus diesem auf den 24. Juni datierten, der üblichen Sprachregelung folgenden Schreiben erfuhren die Eltern, Günther Rottmann sei am 23. Juni einer Mittelohrentzündung erlegen, den Leichnam habe man wegen Seuchengefahr bereits eingeäschert, die Urne

---

[102] Von den Umständen dieses außergewöhnlichen Seelsorgefalls hat Ebeling dem Verfasser mehrfach erzählt.

[103] Das Folgende nach G. EBELING, Bericht [betreffend Günther Rottmann], 9.7.1940 (Archiv der Hoffnungstaler Anstalten, Akte „Euthanasie").

könne binnen 14 Tagen zur kostenfreien Überführung erbeten werden[104]. Am 1. Juli suchten die Eltern mit einem eingeschriebenen Eilbrief in Hartheim um nähere Auskünfte nach und verhehlten dabei ihre Zweifel an den mitgeteilten Todesumständen nicht[105]. Die am 9. Juli ausgefertigte briefliche Antwort räumte zwar ein, daß in der Hartheimer Anstalt zuletzt vermehrte Todesfälle auftraten, wies aber alle Verdächtigungen zurück und teilte fernerhin mit, Günther Rottmann habe keinerlei persönliche Gegenstände hinterlassen, seine stark abgetragene Kleidung sei, „Ihr Einverständnis voraussetzend", entsorgt worden, und hinsichtlich der vorgebrachten Verdächtigungen behalte man sich rechtliche Schritte noch vor[106].

Ebeling, durch diesen Bericht tief erschüttert, machte davon in der nächstfolgenden Sonntagspredigt auf klare, jedoch anonymisierte Weise Gebrauch[107]. Gleichzeitig suchte er Familien, die ein entsprechendes Schicksal erlebt und deren Adressen ihm die Rottmanns gegeben hatten, quer durch Berlin auf. Das dabei gesammelte Material übergab er am 9. Juli dem Leiter der Lobetaler Anstalten Paul Braune, von dessen Vorbereitung einer diesbezüglichen Denkschrift er wußte. Buchstäblich in letzter Minute arbeitete Braune die von Ebeling erhaltenen Informationen in sein auf denselben Tag datierendes, an Hitler adressiertes Promemoria mit dem Titel *Planmäßige Verlegung der Insassen von Heil- und Pflegeanstalten*[108] noch ein. Den Fall Rottmann stellte er dabei besonders eingehend dar.

Auf Bitten der Eltern predigte Ebeling am 17. Juli anläßlich der Urnenbeisetzung in Berlin-Hermsdorf[109]. Ungeschminkt beklagte er dabei nicht allein den Schrecken dieses offenbar gewaltsamen Todes, sondern dazu auch den menschenverachtenden Zynismus, der in dem Trostzuspruch der offiziellen Todesnachricht, der Verstorbene sei dadurch vor einem lebenslänglichen Anstaltsaufenthalt gnädig bewahrt worden, zum Ausdruck kam. Verstehe man indessen selbst diesen entsetzlichen Tod im Sinne von Amos 3,6b – „Ist etwa ein Unglück in der Stadt, das der Herr nicht tut?" –, mithin als dem Willen Gottes gemäß, so blicke man dabei in den tiefsten Abgrund der Verborgenheit Gottes, „so schwarz wie die finsterste Nacht"[110]. In nobler Neutralität

---

[104] Landesanstalt Hartheim an A. Rottmann, 24.6.1940 (Archiv der Hoffnungstaler Anstalten, Akte „Euthanasie").
[105] Das Schreiben scheint verloren, läßt sich aber aus der Antwort erschließen.
[106] Landesanstalt Hartheim an A. Rottmann, 9.7.1940 (Archiv der Hoffungstaler Anstalten, Akte „Euthanasie").
[107] Vgl. EBELING, Predigten eines „Illegalen" (s. Anm. 18), 92.
[108] Abgedruckt in: B. BRAUNE, Hoffnung gegen die Not. Mein Leben mit Paul Braune 1932–1954, 1983, 130–141; E. KLEE (Hg.), Dokumente zur „Euthanasie", 62007, 151–162.
[109] EBELING, Predigten eines „Illegalen" (s. Anm. 18), 97–102.
[110] AaO 99.

würdigte Ebeling das frühe politische Engagement des Verstorbenen als die Bereitschaft, „sich aufzuopfern im Dienst für eine Idee, im Dienst für andere"[111]. Und die während der Krankheit des Sohnes erwiesene Elternliebe wurde ihm zum Abglanz der Liebe Gottes, welche „nicht den liebt, der seiner Liebe besonders würdig ist, sondern den, der ihrer besonders bedürftig ist"[112]. Trost schöpfte der Prediger aus dem Bibelwort „Sehet zu, daß ihr niemand von diesen Kleinen verachtet" (Mt 18,10). „Kleine" im Sinne Jesu, erläuterte er, seien „alle die, die vor der Welt nichts gelten, die man beiseite drückt, über die man hinwegschreitet, auch die, wie man sagt, lebensunwerten Kranken"[113], ja schließlich sogar Jesus selbst, der damit „uns ‚Kleine' alle miteinander zu Brüdern gemacht hat"[114]. Die Gewißheit des Glaubens, daß Gott für die „Kleinen" einstehe, lenkte den Blick am Ende über den Horizont irdischen Lebens hinaus auf „die Klärung des großen Gerichts" und auf das Offenbarwerden der Liebe Gottes „in der Auferstehung der Toten"[115].

Diese Predigt war kein Aufruf zu politischem Widerstand, sondern die seelsorgerliche Hinwendung zu den Opfern einer dem Gebot Gottes widerstehenden Politik. Seine aktive Unterstützung des von Paul Braune geleisteten Widerstands verbarg Ebeling vor der Gemeinde, um sie zu schützen. Aus der Distanz und Erfahrung des Alters meinte er allerdings, „man hätte viel deutlicher reden sollen, aber auch vollmächtiger"[116].

Sein gefallener Jugendfreund Klapproth hatte einst solche Deutlichkeit aufgebracht. Unter dem Eindruck der Reichspogromnacht schrieb er an Hitler, Göring, Goebbels und andere Machtträger einen mutigen Brief: „Als evangelischer Christ", hieß es da, könne er „die Behandlung, die dem Judentum am 9. November d.J. und danach in zahlreichen Ausschreitungen zuteil geworden ist [...], zu keinem Teil mitverantworten". Vielmehr lehne er sie „als eine Befleckung des guten deutschen Namens mit tiefster Beschämung ab". Unterzeichnet war das Schreiben nicht mit dem obligatorischen ‚Deutschen Gruß', sondern, lutherisch relativierend, „in *der* Ehrerbietung, die der Obrigkeit gebührt!"[117] Die Verwegenheit des jungen Theologen Erich Klapproth blieb damals ungestraft. Allerdings war er dann seit September 1939, anstatt ein Pfarramt antreten zu können, bis zu seinem Soldatentod im Sommer 1943

---

[111] Ebd.
[112] AaO 100.
[113] AaO 100f.
[114] AaO 101.
[115] AaO 102.
[116] Ebeling an W. Bernet, Pfingsten 1985 (Nachlaß G. Ebeling, UAT 633/684).
[117] E. Klapproth an Hitler, Göring, Frick, Gärtner u. Goebbels, 4.12.1938 (Evangelisches Zentralarchiv Berlin, Az. 50/232/193) (Hervorhebung von mir).

an die vorderste Kampflinie abkommandiert. Hinsichtlich der Frage, was in der Fatalität jener Jahre das rechte, christliche Handeln gewesen wäre, steht keinem Außenstehenden, und den Nachgeborenen schon gar nicht, ein Urteil zu.

6. Ausblick

Im Oktober 1946 habilitierte sich Ebeling an der Tübinger Evangelisch-Theologischen Fakultät. Damit begann seine glanzvolle, anhaltende, weit ausstrahlende wissenschaftliche Karriere. Die Erfahrungen, die ihm als Pastor der Bekennenden Kirche zuteil geworden waren, sind für seine gesamte theologische Lebensarbeit prägend geworden. Am augenfälligsten traten die seinerzeit gewonnenen basalen Einsichten auf drei thematischen Feldern hervor. Die Lehre von der Kirche, die Ebeling als systematischer Theologe eindrucksvoll zur Entfaltung brachte, ist, nicht zuletzt in ihrer pastoraltheologischen Ausrichtung, unverkennbar von Hermsdorfer Spurenelementen durchwirkt. Darin liegt ihre besondere Größe und zugleich, was nicht zu übersehen ist, ihre spezifische Grenze[118]. Desgleichen verlängerte Ebeling in seiner theologischen Verhältnisbestimmung von Kirche und Staat eine schon damals gezogene Spur. Sie ermächtigte ihn ebenso zu kritischer Loyalität gegenüber den obrigkeitlichen Personen, Aufgaben und Institutionen wie zu den scharfen Mahnworten, mit denen er beispielsweise 1954, als der ehemals aktive Nationalsozialist Hans Gmelin zum Tübinger Oberbürgermeister gewählt worden war, eine von ihm nicht erwartete, massive Anfeindung auf sich zog[119]. Und schließlich weist auch die zentrale Bedeutung, die er zeitlebens dem kirchlichen Predigtdienst zusprach, in signifikanter Deutlichkeit auf die als Bekenntnispfarrer durchlaufenen eigenen Lehrjahre zurück. In einem Rundbrief, mit dem Ebeling die anläßlich seines 70. Geburtstags empfangenen Freundlichkeiten quittierte, benannte er als Leitmotiv seiner Lebensarbeit die Devise: „Die Theologie ist notwendig, um dem Prediger das Predigen so schwer wie *nötig* zu machen"[120].

---

[118] Vgl. D. LANGE, Kirche im Zeichen der Zwei-Reiche-Lehre. Ein Beitrag zur Ekklesiologie Gerhard Ebelings (ZThK 108, 2011, 72–87).
[119] Vgl. BEUTEL, Gerhard Ebeling (s. Anm. 1), 201–205.
[120] Selbstzitat aus: G. EBELING, Diskussionsthesen für eine Vorlesung zur Einführung in das Studium der Theologie (in: DERS., Wort und Glaube [Bd. I], 1960, ³1967, 447–457), 447 (Hervorhebung von mir).

So war es kein Zufall, daß auch die Resignation, die ihn im Alter zunehmend heimsuchte, gerade von diesem Punkt ihren Ausgang nahm. Unter dem deprimierenden Eindruck eines Fernsehgottesdienstes, der am 25. Mai 1986 ausgestrahlt wurde – statt des biblischen Textes hatte der Pfarrer „eine Plastik, in die jeder seine Gefühle hineinsehen kann"[121], auf die Kanzel gebracht –, hielt Ebeling in seinem Tagebuch, das sonst kaum einmal selbstbezügliche Reflexionen aufweist, fest: „Ich werde dieser Zeit nicht mehr den christlichen Glauben dolmetschen können, möchte nur dafür sorgen, daß, was Luther zu sagen hat, gehört wird in dem Chaos der Meinungen"[122]. Diese resignierte Selbsteinschätzung hat der systematischen und hermeneutischen Potenz, die auch in seinem Alterswerk noch kraftvoll zu spüren ist, zweifellos Unrecht getan. Gleichwohl zog er sich zuletzt wieder ganz in die Arbeit an Luther, in der Ebeling ein halbes Jahrhundert zuvor als Wissenschaftler stilbildend debütiert hatte[123], zurück. Unter den Lutherforschern, die in der zweiten Hälfte des 20. Jahrhunderts aktiv waren, gebührt ihm zweifellos der größte, eindrücklichste Ruhm. Sein intimer Umgang mit der Textwelt des Reformators war ihm, wenn man so sagen will, geradezu habituell geworden, nicht allein in der *aktiven* theologischen Reflexion, sondern mitunter sogar bis in den Schlaf. Am Abend des 15. Juni 1979 hatte Ebeling darüber nachgedacht, ob es wohl angezeigt sei, einem bestimmten Schüler, den er schätzte, das „Du" anzubieten. Sich mit einem anderen Menschen zu duzen, signalisierte für ihn nicht etwa kumpelhafte Distanzlosigkeit, sondern war der Ausdruck vorbehaltloser, herzlicher Lebensnähe. In der darauf folgenden Nacht verdichtete sich seine tiefe Vertrautheit mit der Theologie Luthers in einen höchst denkwürdigen Traum. Er brachte Ebeling das angebliche Lutherwort zur Erscheinung: „Gott ist das Duzeste in der Welt!"[124]

---

[121] DERS., Schwarzes Tagebuch, 25.5.1986 (Nachlaß G. Ebeling, UAT 633, noch ohne Bestandsnummer).
[122] Ebd.; Abkürzungen stillschweigend aufgelöst.
[123] S. Anm. 76.
[124] EBELING, Schwarzes Tagebuch (s. Anm. 121), 16.6.1979.

Evolutionsbiologie
als Herausforderung des Christentums

Am 11. Juli 2002 berichtete die englische Fachzeitschrift *Nature* den Fund des bislang frühesten Vormenschen, des annähernd sieben Millionen Jahre alten „Sahelanthropus tchadensis", der möglicherweise der letzte gemeinsame Vorfahre von Mensch und Schimpanse gewesen sein könnte[1]. Diese für die Paläanthropologie außerordentlich bedeutsame Entdeckung hat keinerlei religiöse Reaktionen provoziert: weder eine Verlautbarung der Glaubenskongregation noch ein Mahnwort der Kirchenbünde noch ein Votum der Hochschullehrer, nicht einmal konfessorische Leserbriefe oder problemorientierte Betroffenheitsadressen in der kirchlichen Medienlandschaft. Der theologische Sprengstoff, den die Evolutionsbiologie einst enthielt oder freisetzte, ist augenscheinlich entschärft.

Ganz anders waren die Zeiten, als in der zweiten Hälfte des 19. Jahrhunderts die Evolutionstheorie von Charles Darwin ausgearbeitet und in Deutschland namentlich von Ernst Haeckel fortgeführt und popularisiert worden ist. Diese zweite narzistische Kränkung – nach dem Verlust des geozentrischen nun die Aushöhlung des anthropozentrischen Weltbildes – hat damals in der Christenheit unendlich viele streitbare Stellungnahmen ausgelöst. Reaktionen gab es von Lehrstühlen und – natürlich – vom Stuhl Petri, aber auch ungezählte Stadt- und Dorfpfarrer beteiligten sich an dieser die kirchlich-theologische Gesprächslage für Jahrzehnte dominierenden Debatte. Der Siegeszug der Evolutionsbiologie, die, gemäß jenem berühmten Wort von Andrew Dickson White, „in die theologische Welt gedrungen [war] wie der Pflug in einen Ameisenhügel"[2], machte die Ausläufer der vormodernen Behaglich-

---

[1] M. BRUNET et al., A new hominid from the Upper Miocene of Chad, Central Africa (Nature 418, 2002, 145–151). – Vgl. G. PAUL, An Darwins Scheideweg. Nach der Trennung vom Affen: Der bislang älteste Vormensch (FAZ Nr. 158, 11.07.2002, S. 36).

[2] A. D. WHITE, Geschichte der Fehde zwischen Wissenschaft und Theologie in der Christenheit, Bd. 1, o.J., 69. – DERS., A History of the Warfare of Science with Theology, Bd. 1, 1896, 70: „Darwin's *Origin of Species* had come into the theological world like a plough into an ant-hill". – Merkwürdigerweise wird dieses Thema in der jüngsten Epochendarstellung (M. H. JUNG, Der Protestantismus in Deutschland von 1870 bis 1945 [KGE III/5], 2002) überhaupt nicht bedacht.

keit³ endgültig zunichte. Noch immer ist die positionelle und strategische Vielfalt der dadurch provozierten theologischen Sicherungskonzepte nicht zureichend vermessen. Angesichts dieser unübersichtlichen Lage scheint es mir legitim, ja geboten, das Thema jetzt in resoluter zeit-räumlicher Beschränkung und anhand einzelner exemplarischer Fallbeispiele zu traktieren.

1. Die Herausforderung

Am 24. November 1859 erschien Darwins⁴ Werk *Die Entstehung der Arten*⁵. Das Buch machte Sensation: Binnen eines Tages waren alle 1250 Exemplare der Erstauflage verkauft⁶. Darwin präsentierte darin die Ergebnisse seiner 25-jährigen Forschungsarbeit, die durch eine von Dezember 1831 bis Oktober 1836 nach Südamerika unternommene naturwissenschaftliche Expedition angeregt worden war; erste auswertende Theoriebildungen hatte er bereits in seinem *Notebook of transmutation* von 1838 angestellt. In Abkehr von der überkommenen Klassifikationsbiologie entfaltete Darwin seine durch unzählige Beobachtungen, Experimente und Kombinationen erhärtete Evolutionstheorie, die die Annahme, die biologischen Arten und Gattungen seien unabhängig voneinander zu konstanter Fortpflanzung erschaffen worden, obsolet machte, indem sie die heutige Artenvielfalt rein immanent deszendenztheoretisch als einen kontinuierlichen, bruch- und ziellosen Entwicklungsprozeß zu erklären vermochte, nämlich im wesentlichen durch die kausalanalytisch bestimmbaren Differenzierungsfaktoren der Mutation, Selektion, Speziation sowie des schieren Zufalls.

Nun hat Darwin den Gedanken einer evolutiven Entwicklung des Lebens bekanntlich nicht als erster gedacht. Entscheidende Vorarbeit leisteten Carl von Linné und Jean Baptiste de Lamarck. Allerdings hatte Linné noch an

---

³ WHITE, History (s. Anm. 2), 70: „Everywhere those thus rudely awakened from their old comfort and repose [...]". – Ähnlich E. HIRSCH, Der Entwicklungsgedanke (unveröffentlichtes Manuskript eines 1914 in Göttingen gehaltenen Vortrags; Kopie im Besitz des Verfassers), 3: „Entwicklung [ist] das Losungswort und Feldgeschrei des modernen Menschen geworden. Die Folgen für unser geistiges Leben sind unübersehbar. [...] Die alte Behaglichkeit des Lebens ist durch diese Gedankengänge für immer zerstört".

⁴ Eine Auswahlbibliographie zu Darwin erübrigt sich. Vgl. zuletzt R. KEYNES, Annie's box: Charles Darwin, his Daughter and Human Evolution, 2001.

⁵ Ch. DARWIN, On the Origin of Species by Means of Natural Selection, or the Preservation of Favoured Races in the Struggle for Life, ¹1859; DERS., Über die Entstehung der Arten im Thier- und Pflanzen-Reich durch natürliche Züchtung, oder Erhaltung der vervollkommneten Rassen im Kampf um's Daseyn, ¹1860.

⁶ B. RENSCH, Art. Darwin, Charles / Darwinismus (TRE 8, 1981, 359–376), 360.

einer typologisch verfahrenden Systematik festgehalten und darum die Annahme einer Artenkonstanz nicht konsequent überwinden können. Dagegen hatte Lamarck bereits eine ausgeführte Theorie der organischen Evolution vertreten, dabei aber, anders als Darwin, mit dem Vervollkommnungstrieb ein teleologisches Prinzip noch festgehalten. Doch die Wurzeln des biologischen Entwicklungsgedankens reichen tiefer: Giordano Bruno und Gottfried Wilhelm Leibniz haben das dynamische Naturverständnis vorbereitet. Das aufklärerische Perfektibilitätskonzept gab eine wichtige, naturwissenschaftlich anschlußfähige Voraussetzung ab. Anspruch auf geistige Vaterschaft gebührt aber auch Johann Wolfgang von Goethe – für Ernst Haeckel der geistesgeschichtliche Kronzeuge[7] – und Immanuel Kant. Diese Vorgeschichte ist der Evolutionsbiologie bis heute im Gedächtnis geblieben; das neueste akademische Lehrbuch von Storch, Welsch und Wink[8] beginnt mit einer respektablen Erinnerungstafel, die freilich gegenüber den entwicklungstheoretischen Ahnen eine gewisse Befremdlichkeit nicht immer zu verbergen weiß. Über den Vordenker aus Königsberg heißt es etwa lakonisch: „Kant ist schwer zu lesen und zu verstehen, weshalb er nie populär wurde"[9].

Darwin indessen wurde rasch populär. In der *Entstehung der Arten* hatte er sich zunächst auf die Tierwelt beschränkt, jedoch eine spätere Einbeziehung des Menschen ausdrücklich in Aussicht genommen, etwa in seinem viel zitierten Schlußsatz „Much light will be thrown on the origin of man and his history"[10]. Nachdem dann Thomas Huxley und Haeckel die Theorie einer unmittelbaren evolutiven Nachbarschaft von Mensch und Affe wissenschaftlich dargestellt hatten[11] – für Haeckel ist „die ganze Anthropologie nur ein specieller Zweig der Zoologie"[12] –, brachte Darwin 1871 sein zweites Hauptwerk über *Die Abstammung des Menschen*[13] heraus.

Die religiöse Irritation, die die Evolutionslehre sogleich auslöste, glich einer Verstörung. Einerseits schien die Antiquierung der Artenkonstanztheorie die bis dahin getreu der biblischen Überlieferung vertretene schöpfungstheo-

---

[7] Z. JOHA, Schöpfungstheorie und Evolutionslehre. Die Wirklichkeit im Spannungsfeld von naturwissenschaftlicher Forschung und theologischer Deutung (EHS.T 742), 2002, 39.
[8] V. STORCH / U. WELSCH / M. WINK, Evolutionsbiologie (Springer-Lehrbuch), 2001.
[9] AaO 8.
[10] Ch. DARWIN, The Origin of Species by Means of Natural Selection, or the Preservation of Favoured Races in the Struggle for Life, 1899, 402.
[11] Vgl. RENSCH (s.Anm. 6), 359.
[12] Zit. nach: F. LOHMANN, Die Bedeutung der dogmatischen Rede von der „creatio ex nihilo" (ZThK 99, 2002, 196–225), 222.
[13] Ch. DARWIN, The Descent of Man, and Selection in Relation to Sex, ¹1871; DERS., Die Abstammung des Menschen und die geschlechtliche Zuchtwahl, ¹1871.

logische Auffassung, die Vielfalt der Arten sei durch distinkte Schöpfungsakte zustandegekommen, naturwissenschaftlich falsifiziert und damit einen weltanschaulichen Prinzipienstreit zwischen Theologie und Naturwissenschaft unausweichlich gemacht zu haben. Andererseits schien die vollständige Entbehrlichkeit teleologischer Kategorien für die rein kausalanalytisch begründete Evolutionstheorie mit der Annahme eines planvollen Schöpferwillens ebenso unvereinbar wie mit dem Gedanken, als das Ebenbild Gottes sei der zum Lob des Schöpfers geschaffene Mensch Ziel und Krone der Schöpfung.

Die auf die Evolutionstheorie reagierenden apologetischen Beharrungsversuche brachten zwischen wissenschaftlicher Seriosität und fundamentalistischer Bizarrerie jedes nur denkbare Mischungsverhältnis hervor. Ein Hauch von Tragik umwehte sie alle, auch wenn man ihnen gegen den donquichottesken Eindruck, den sie heute mitunter erwecken, fraglos zugutehalten wird, daß die Evolutionstheorie zunächst keineswegs biologisch unumstritten und auch noch längst nicht mit einer hinreichenden paläontologischen Indizienfülle abgesichert gewesen ist[14].

Theologischer Zündstoff besonderer Art hat sich in Deutschland mit der Aus- und Fortführung der Evolutionstheorie durch Ernst Haeckel[15] ergeben. Für Darwin hatten religiöse Folgeprobleme nicht existiert, ganz im Gegenteil: Der studierte Mediziner und Theologe prolongierte gewissermaßen die Tradition der ihm durch seinen Lehrer William Paley[16] vermittelten frommen Naturergriffenheit der Physikotheologie. Er war von der Überzeugung durchdrungen, mit der Evolutionstheorie den Schöpfungsplan Gottes entschlüsseln zu helfen[17]. Dagegen war bei Haeckel von Anfang an ein starker religionskritischer Affekt im Spiel. Unzweifelhaft sind die Meriten, die er sich mit seinen zoologischen Forschungen, v.a. zur Phylogenese und Kosmogonie, erworben hat. Zugleich wurde er aber auch der in Deutschland wahrscheinlich folgenreichste Popularisator des Darwinismus: Seine *Welträthsel*[18]

---

[14] RENSCH (s. Anm. 6), 360–362. – Zu der durch Darwin ausgelösten Problemgeschichte vgl. zuletzt R. MORRIS, Darwins Erbe. Der Kampf um die Evolution, 2002.

[15] G. ALTNER, Charles Darwin und Ernst Haeckel. Ein Vergleich nach theologischen Aspekten [...] (ThSt[B] 85), 1966. – G. HEBERER (Hg.), Der gerechtfertigte Haeckel. Einblicke in seine Schriften aus Anlaß des Erscheinens seines Hauptwerkes „Generelle Morphologie der Organismen" vor 100 Jahren, 1968. – S. M. DAECKE, Art. Haeckel, Ernst (RGG⁴ 3, 2000, 1371f).

[16] Vgl. JOHA (s. Anm. 7), 25–30.

[17] Vgl. U. BARTH, Gehirn und Geist. Die Evolutionstheorie und der Begriff des Selbstbewußtseins (in: W. GRÄB [Hg.], Urknall oder Schöpfung? Zum Dialog von Naturwissenschaft und Theologie, 1995, 101–138), 101f.

[18] E. HAECKEL, Die Welträthsel. Gemeinverständliche Studien über monistische Philosophie, ¹1899. – Von diesem in 30 Sprachen übersetzten Buch dürften weltweit über 400.000 Exemplare gedruckt worden sein.

avancierten zum Bestseller, durch eine rastlose Vortragstätigkeit verstärkte er noch deren literarische Wirkung. Dabei transformierte Haeckel die Evolutionstheorie unter Aufnahme der von August Schleicher formulierten Monismus-These[19] zu einer radikal-deterministischen Weltanschauung, indem er „das kausalanalytische Erkenntnisschema monistisch ontologisiert[e]"[20]. Mochte sich die von Haeckel propagierte monistische Weltanschauung auch mit einer vagen pantheistischen Diesseitsmystik verbinden lassen, so blieb sie mit dem christlichen Gottesgedanken doch schlechterdings unvereinbar. Die besondere Art und Heftigkeit, die den Streit um die Evolutionstheorie in Deutschland kennzeichnete, dürfte zu einem guten Teil mit der unerhört wirksamen Haeckelschen Popularisierungsgestalt zu erklären sein.

2. Apologetische Auseinandersetzung

Auf die in der zweiten Hälfte des 19. Jahrhunderts sich etablierende Evolutionsbiologie hat das Christentum mit ungezählten Abwehr- und Vermittlungsversuchen reagiert. Im deutschsprachigen Raum, auf den sich unsere Aufmerksamkeit jetzt beschränken muß, ist diese apologetische Phase der Auseinandersetzung mit dem 1921 erschienenen Buch von Werner Elert *Der Kampf um das Christentum*[21] zu einem gewissen Abschluß gelangt[22]. Die unübersichtliche Disparatheit der Reaktionen haben v.a. Jürgen Hübner[23] und Günter Altner[24] in hilfreiche typologische Ordnung gebracht[25]. In einer noch weitergehenden argumentationsstrukturellen Typisierung wird man drei Grundmuster der apologetischen Auseinandersetzung unterscheiden können: die antithetische, die integrative sowie die distinktive Verhältnisbestimmung von Theologie und Evolutionsbiologie. Selbstverständlich haben sich diese

---

[19] Vgl. J. MEHLHAUSEN / D. DUNKEL, Art. Monismus / Monistenbund (TRE 23, 1994, 212–219), 213.
[20] J. HÜBNER, Theologie und biologische Entwicklungslehre. Ein Beitrag zum Gespräch zwischen Theologie und Naturwissenschaft, 1966, 27.
[21] W. ELERT, Der Kampf um das Christentum. Geschichte der Beziehungen zwischen dem evangelischen Christentum in Deutschland und dem allgemeinen Denken seit Schleiermacher und Hegel, 1921.
[22] W. TRILLHAAS, Art. Natur und Christentum (RGG³ 4, 1960, 1326–1329), 1328.
[23] HÜBNER (s. Anm. 20).
[24] G. ALTNER, Schöpfungsglaube und Entwicklungsgedanke in der protestantischen Theologie zwischen Ernst Haeckel und Teilhard de Chardin, 1965.
[25] Der zuletzt erschienene monographische Beitrag zum Thema (JOHA [s. Anm. 7]) reduziert die problemgeschichtliche Rekonstruktionsarbeit auf eine Paraphrase des einschlägigen Standardwerks von J. HÜBNER (s. Anm. 20).

drei Muster in zahlreichen, individuell nuancierten Spielarten konkretisiert. Der Einfachheit halber sollen sie nun anhand jeweils eines einzigen Repräsentanten zur Vorführung kommen.

a) Das antithetische Modell: Otto Zöckler

Otto Zöckler (1833–1906), seit 1866 Theologieprofessor und Konsistorialrat in Greifswald, übrigens ein Hauptmitarbeiter an der dritten Auflage der *Realencyklopädie für protestantische Theologie und Kirche* (RE)[26], hat die evolutionsbiologische Literatur seiner Zeit in respekterheischender Gründlichkeit rezipiert, ohne dadurch an seiner biblizistischen Schöpfungsauffassung ernstlich irre zu werden. Anstatt die ganz disparaten Gesprächsebenen und Argumentationskategorien der naturwissenschaftlichen und theologischen Forschung hermeneutisch zu reflektieren, brachte er Bibel und Biologie in eine eindimensional und parteilich geführte, in beidem fatale Konfrontation.

Zöcklers Ende der 1880er Jahre erschienenes zweibändiges Werk *Geschichte der Beziehungen zwischen Theologie und Naturwissenschaft*[27] unterzog das Problem einer „abwägenden wissenschaftlichen Diskussion"[28]. Gleichwohl zielte das erkenntnisleitende Interesse durchweg auf den Nachweis der naturwissenschaftlichen Überlegenheit des bibeltreuen Schöpfungsglaubens. Dabei kann Darwin, anders als die „arg zerfahrene darwinistische Schule"[29], durchaus auch positive Würdigung finden, freilich nur dann, wenn Zöckler ihn als Gewährsmann in eigener Sache anführen kann, so wenn er „ein göttliches Erschaffensein der allerersten Organismen" nicht ausschließt[30] oder als Kronzeuge gegen den Polygenismus gebraucht werden kann[31]. An der Artenkonstanz hält Zöckler unbeirrt fest, nicht nur aus biblizistischen Gründen, sondern zudem unter Berufung auf etliche biologische Gegner der Deszendenztheorie[32]. Um den dadurch drohenden radikalen Antagonismus zu mildern, sucht Zöckler die biologischen Ordnungsschemata zu unterlaufen: „Es liegt keine Verpflichtung dazu vor, alles das was die neuere botanische und zoologische Classification für besondre Arten ausgibt, als ursprüngliche

---

[26] In der dritten Auflage der *Realencyklopädie für protestantische Theologie und Kirche* ist ZÖCKLER als Verfasser von 203 Artikeln vertreten; vgl. die Übersicht in RE³ 22, 1909, XXXVI.
[27] O. ZÖCKLER, Geschichte der Beziehungen zwischen Theologie und Naturwissenschaft, mit besondrer Rücksicht auf Schöpfungsgeschichte, 2 Bde., 1877/79.
[28] HÜBNER (s. Anm. 20), 37.
[29] ZÖCKLER (s. Anm. 27), Bd. 2, 730.
[30] Ebd.
[31] AaO Bd. 2, 778.
[32] AaO Bd. 2, 735–737.

Schöpfungsproducte zu betrachten"[33]. Innerhalb der einzelnen Gattungen ist Zöckler bereit, dem Entwicklungsgedanken im Rahmen einer dynamischen Erhaltungslehre „Anknüpfungspunkte" und „freie[n] Raum" zu gewähren[34]. Jedes weitergehende Zugeständnis würde aber die „teleologisch ordnende und bildende Weisheit"[35] des Schöpfers bestreiten. Die absolute Sonderstellung des Menschen vertritt Zöckler wiederum unter dem komplementären Rekurs auf die „schlichte Aussage der Genesis"[36] und die von ihm umfänglich referierten biologischen Anti-Darwinisten. Hinsichtlich des Alters der Menschheit räumt Zöckler theoretische Konzessionsbereitschaft ein: Der aus der Bibel erhobene Zeitraum von 6000 Jahren könnte unter der Voraussetzung, daß einerseits „exakte Beweisgründe" und andererseits „fortgesetzte Ausgrabungen" beigebracht werden, möglicherweise erweitert werden[37]; freilich scheinen ihm beide Bedingungen längst nicht erfüllt[38]. Dagegen stehe der monogenetische Ursprung des Menschen schlechterdings nicht zur Disposition, da für Zöckler, die kategoriale Differenz zwischen theologischen und naturwissenschaftlichen Aussagen souverän mißachtend, aufgrund der als physische Erbkrankheit gedachten Erbsünde, der Gottesebenbildlichkeit des Menschen sowie des dem Menschen zugeordneten sittlichen Schöpfungszwecks[39] die Möglichkeit seriöser paläontologischer Beweise des Polygenismus gar nicht besteht.

Aufschlußreich ist ein vergleichender Blick auf den Artikel *Mensch*, den Zöckler 1903 in Band 12 der RE³ veröffentlicht hat[40]. Die wissenschaftlich gedämpfte Parteilichkeit jener Monographie ist hier in thetischer Absolutheit erstarrt. In langen, auf die Bibel, den „consensus gentium"[41] und die Arbeit

---

[33] AaO Bd. 2, 730.
[34] O. ZÖCKLER, Art. Schöpfung und Erhaltung der Welt (RE³ 17, 1906, 681–704), 703,9.14.
[35] DERS., Geschichte der Beziehungen (s. Anm. 27), Bd. 1, 31.
[36] AaO Bd. 2, 752.
[37] AaO Bd. 2, 763: „Gelingt es, die Annahme der Anhänger des Lyell-Darwinschen Standpunkts, wonach das Diluvium mindestens 10000 Jahre oder gar mehrere Myriaden Jahre hinter uns liegt, mit irgendwelchen exacten Beweisgründen [...] zu bewahrheiten, und ergeben zugleich fortgesetzte Ausgrabungen in der alten und neuen Welt unzweifelhafte Spuren vom Vorhandensein menschlicher Ueberreste und Kunstproducte unter jenseits dieses Diluvium gelegenen Tertiärschichten: so müßte allerdings die auf dem Grunde der biblischen Zeitrechnung aufgebaute herkömmliche Vorstellungsweise in Betreff des Alters der Menschheit auf Erden wesentlich umgebildet werden. Es fehlt jedoch viel daran, daß die eine oder die andre der beiden hier erwähnten Bedingungen ihrer Erfüllung irgendwie nahe genannt werden könnte".
[38] Ebd.
[39] Vgl. HÜBNER (s. Anm. 20), 36f.
[40] O. ZÖCKLER, Art. Mensch (Anthropologie) (RE³ 12, 1903, 616–629).
[41] AaO 617,43.

„aller unbefangenen Forscher"[42] gegründeten Beweisketten wird die evolutionstheoretische Unableitbarkeit des Menschen diskussionslos zementiert: „Die Menschheit [...] bildet ein Naturreich für sich, von gleicher Selbstständigkeit wie das Mineral-, das Pflanzen-, das Tierreich einerseits, und wie die unsichtbare Geister- und Engelwelt andererseits"[43]. Die Bibel hat den Kampf gegen die „aufgeregte descendenzgläubige Phantasie"[44] siegreich bestanden: „Natur und hl. Schrift gleicherweise zeugen gegen die darwinistische Konstruktion der Prähistorie"[45]. Die Evolutionsbiologie, mit der er vormals ein streitbares Gespräch geführt hat, wird nun schlechterdings pathologisiert: Ihre „Scheinargumente"[46] seien trotz des „wissenschaftlichere[n] Anstrich[s]"[47] „nur vage Mutmaßungen ohne soliden wissenschaftlichen Wert"[48], sie liefere eine „unter pathologischem Gesichtspunkte zu beurteilende Kette von gleißenden Scheinargumenten und phantasievollen Trugschlüssen, deren wissenschaftliche Unhaltbarkeit" außer Frage stehe[49]; ihre paläanthropologischen Theorien seien „nichts als ein kulturhistorischer Roman von gähnender Langweiligkeit"[50]. Damit erstirbt das Streitgespräch, das Zöckler einst führen wollte, in apodiktischer Rechthaberei, und das Ideologieverdikt, das er über die „transmutationistische Biologie"[51] ausspricht, fällt auf ihn selbst zurück.

b) Das integrative Modell: Karl Beth

Das antithetische Modell hat in Zöckler einen pointierten, jedoch längst nicht den einzigen Vertreter gefunden. Gleichwohl ist beim zweiten Modell die Streubreite wesentlich größer, weil hier naturgemäß besonders viele unterschiedliche Verhältnisbestimmungen denk- und gangbar gewesen sind. Sie alle kommen strukturell darin überein, daß sie der naturwissenschaftlichen, näherhin der biologischen Naturerkenntnis durchaus eine gewisse Berechtigung einräumen, die Partikularität dieses Erklärungsmodells aber zugleich in den umfassenden Rahmen einer theologischen oder religionsphilosophischen Weltdeutung einbetten wollen. Ein einzelner Repräsentant wird die Vielfalt

---

[42] AaO 618,31.
[43] AaO 621,16–19.
[44] AaO 620,12f.
[45] AaO 627,28f.
[46] AaO 623,26.
[47] AaO 618,49.
[48] AaO 626,9f; vgl. aaO 617,9f.
[49] AaO 618,60–619,2.
[50] AaO 627,20f.
[51] AaO 618,35.

der vorgetragenen Integrationsmodelle unmöglich abdecken können. Doch mag es förderlich sein, das integrative Modell an einem besonders eigenständigen, viel beachteten Entwurf zu exemplifizieren.

Karl Beth (1872–1959), von 1908 bis 1938 Professor für Systematische Theologie in Wien, von 1939 bis 1945 für Religionsphilosophie und -psychologie in Chicago, hat sich am Vorabend des ersten Weltkriegs mehrfach, besonders eindringlich in seinem 1909 erschienenen Buch *Der Entwicklungsgedanke und das Christentum*[52], um eine die interdisziplinäre Gesprächsfähigkeit der Theologie sicherstellende[53] Verhältnisbestimmung bemüht[54]. Seinem religionsphilosophischen Deutungsinteresse schien die aktuelle biologische Forschungsdiskussion, über die er erstaunlich gut orientiert war, in idealer Weise entgegenzukommen: Die Renaissance des Lamarckismus hatte damals, verbunden mit der aufblühenden Genetik, die Darwinsche Selektionstheorie für kurze Zeit ins Wanken gebracht.

Angelpunkt der Bethschen Theoriebildung ist die kategoriale Unterscheidung zwischen Evolution und Epigenese. Evolution ist für Beth im Sinne der älteren, von August Weismann erneuerten Präformationstheorie der Inbegriff einer linearen Entfaltung ursprünglicher, keimhaft präformierter Anlagen, Epigenese hingegen der Ausdruck einer nicht determinierten, sondern durch Neubildungen fortschreitenden Entwicklung der Lebensformen[55]. Auch wenn Beth gewisse evolutive Elemente in der Naturgeschichte gar nicht bestreitet, betont er doch ganz entschieden die Dominanz der epigenetischen, also kausalanalytisch nicht faßbaren Lebensentwicklung. Für diese Auffassung sind ihm die zeitgenössischen Vertreter des Neolamarckismus willkommene Bundesgenossen[56]. Gleichwohl ist sein Ansatz nicht naturwissenschaftlich, sondern religionsphilosophisch begründet: im Rückgang auf Goethe[57]

---

[52] K. BETH, Der Entwicklungsgedanke und das Christentum, 1909. – Vgl. DERS.: Die Entwicklung des Christentums zur Universal-Religion, 1913.
[53] BETH, Entwicklungsgedanke (s. Anm. 52), V: „Ein Jahrhundert ist seit Lamarcks ‚Zoologischer Philosophie' und ein halbes Jahrhundert seit Darwins ‚Entstehung der Arten' verflossen. Bei diesem doppelten Anlass, den die Menschheit hat, sich auf das Recht und die Tragweite sowie auf die verschiedene Form des Entwicklungsgedankens zu besinnen, dürfte es auch für die Theologie angezeigt sein, diesen Machtfaktor der Begriffs- und Gedankenbildung auf das Mass seiner Tauglichkeit für das Verständnis des Christentums zu prüfen; und unbedingt nötig ist dies für eine Theologie, die sich der Aufgabe bewusst ist, sich nicht von den übrigen Wissenschaften isolieren zu dürfen, sondern vielmehr den regsten Verkehr mit ihnen anstreben zu müssen".
[54] Vgl. dazu ALTNER (s. Anm. 24), 12–24; HÜBNER (s. Anm. 20), 64f.
[55] Vgl. dazu – in Anknüpfung an Kaspar Friedrich Wolff – BETH, Entwicklungsgedanke (s. Anm. 52), 25f; DERS., Universal-Religion (s. Anm. 52), 104–108.
[56] DERS., Entwicklungsgedanke (s. Anm. 52), 95.
[57] AaO 12f. 15. 28. 39. 122; DERS., Universal-Religion (s. Anm. 52), 5. 12. 245.

und Lessing[58], vor allem aber auf Herders *Ideen zur Philosophie der Geschichte der Menschheit*. Die epochale Bedeutung dieses Entwurfs sieht er in der intuitiven Vorwegnahme des unterdessen auch naturwissenschaftlich plausibilisierten teleologischen Geschichtsverständnisses[59]. Während die Biologie aufgrund der Erkenntnis der epigenetischen, also nicht präformierten Entwicklung des Lebens lediglich die Möglichkeit einer teleologischen Sinnhaftigkeit des Naturprozesses einräumen müsse, sei erst der religionsphilosophische Entwicklungsgedanke dazu imstande, Ziel und Zweck der Naturgeschichte distinkt zu bestimmen.

Von dieser Auffassung ausgehend, griff Beth bisweilen in die evolutionsbiologische Detaildiskussion ein, vornehmlich in bezug auf die Frage nach der Entstehung des Lebens sowie des Menschen. Beidemal votierte er für die Annahme eines durch externes, zielgerichtetes Eingreifen verursachten „Sprungs"[60]. Zugleich führte Beth aber auch einen methodologischen Prinzipienstreit. Die Biologie sei durch den Siegeszug der Präformationstheorie dazu verführt worden, das Kausalschema monistisch zu ontologisieren. Natürlich ist der Vorwurf gegen Haeckel gerichtet[61], jedoch auch bereits gegen Darwin, der, indem er „den Zufall zum Prinzip des Fortschritts [erhob]"[62], die evolutionsbiologische Forschung auf die Suche nach mechanischen Gesetzmäßigkeiten beschränkt und damit den noch von Lamarck zugelassenen teleologischen Ansatz apodiktisch verworfen habe. Seinen Widerspruch begründet Beth auf zweifache Weise. Einerseits argumentiert er wissenschaftshermeneutisch: Die „empirische Beobachtung und Erforschung des Wirklichen" könne erst durch das Hinzutreten von „Reflexion oder Spekulation", von „synthetische[r] Erwägung und [...] denkende[m] Verstehen"[63] den sachgemäßen Entwicklungsbegriff freisetzen und dadurch die naturwissenschaftliche Erklärung der Natur in deren spekulative Deutung vollenden[64]. Andererseits

---

[58] DERS., Entwicklungsgedanke (s. Anm. 52), 205; DERS., Universal-Religion (s. Anm. 52), 23ff u.ö.
[59] DERS., Entwicklungsgedanke (s. Anm. 52), 15f.
[60] AaO 146f: „Es [ist] nicht etwa ein vorläufiger, durch den gegenwärtigen Stand der Forschung gebotener Notbehelf, wenn wir in naturwissenschaftlicher Betrachtung von einem Sprung reden, durch den sich der Mensch aus dem Tierreich erhoben hat. Sondern wir nährn uns einer wissenschaftlich begründeten Gewissheit dessen, dass mit dem Menschen etwas Neuartiges in die Welt eintrat. [...] Wir [kommen] betreffs des erstmaligen ‚Aufblitzens' des spezifisch menschlichen Geistes um die Annahme eines wirklichen Sprunges nicht herum" (vgl. auch aaO 121f u.ö.).
[61] Vgl. aaO 27–29. 65f. 84f. 115ff u.ö.
[62] AaO 25.
[63] AaO 27.
[64] AaO 26f.

kann er an dieser Stelle aber auch unmittelbar theologisch argumentieren: Die „antiteleologische Form der Entwicklungsidee" widerspreche „schnurstracks [...] dem Bekenntnis zum Christentum"[65].
Nun ist Beth viel zu klug, um einfach in die biblizistische Falle zu gehen. „Niemand, der den Tatsachen frei ins Gesicht schaut, kann fürderhin die Bibel als Quelle für Wahrheiten aus dem Gebiete der Natur benutzen. Sie ist und bleibt die Quelle für die Normen unsres religiösen Lebens"[66]. In diesem Sinn deutet Beth die biblischen, vornehmlich die neutestamentlichen Schöpfungstexte dann freilich als sachidentische Vorwegnahmen der von ihm vertretenen teleologischen Epigenese[67]: In der Bibel werde „die Schöpfung ganz überwiegend unter dem einen Gesichtspunkt gewertet, dass in und mit der Menschheit der ethische Weltzweck Gottes erreicht werden soll"[68]. Die Geistigkeit des Menschen sei auf religiöse, sittliche, künstlerische und wissenschaftliche Vervollkommnung angelegt, in ihr finde die Naturentwicklung darum auch ihr gottgegebenes Ziel: „Das Wesen des menschlichen Geistes weist aus dem Physischen ins Metaphysische"[69].

Ob die ersichtliche Konsistenz dieses Integrationsmodells der Interdisziplinarität der Theologie wirklich zuträglich war, wird man fragen müssen. Die naturwissenschaftliche Falsifizierung des Neolamarckismus hat seine Integrationsfähigkeit alsbald untergraben. Unzureichend geklärt blieb aber insbesondere die wissenschaftstheoretische Legitimität des von Beth unternommenen Versuchs, die epigenetisch verstandene Evolutionsbiologie als Interpretament der biblisch-christlichen Deutungstradition in Anspruch zu nehmen. Indessen teilte Beth dieses letztgenannte Problem mit den anderen Vertretern eines integrativen Modells.

c) Das distinktive Modell: Wilhelm Herrmann

Das Postulat einer „reinlichen"[70] Scheidung von Theologie und Naturwissenschaft wurzelt in ehrwürdiger Tradition. Vorbei, so Schleiermacher, seien die Zeiten, „wo man auch naturwissenschaftlichen Stoff aus der Schrift holen wollte"; inzwischen gehöre es „zur gänzlichen Trennung beider, daß wir diese Sache den rückwärtsgehenden Forschungen der Naturwissenschaft über-

---

[65] AaO 33.
[66] AaO 104.
[67] Vgl. ALTNER (s. Anm. 24), 20f.
[68] BETH, Entwicklungsgedanke (s. Anm. 52), 95.
[69] AaO 151.
[70] M. KÄHLER, Die Wissenschaft der christlichen Lehre, von dem evangelischen Grundartikel aus im Abrisse dargestellt, 1883, 42.

geben"[71]. Denn „aus dem Interesse der Frömmigkeit kann nie ein Bedürfnis entstehen, eine Tatsache so aufzufassen, daß durch ihre Abhängigkeit von Gott ihr Bedingtsein durch den Naturzusammenhang schlechthin aufgehoben werde"[72]. Das waren klare Worte. Im Konflikt mit der Evolutionsbiologie haben dann freilich auch die meisten der von Schleiermacher herkommenden Theologen nicht ein distinktives, sondern ein integratives Modell präferiert, das die relative Selbständigkeit der Naturwissenschaft in einen religiös-teleologischen Gesamtdeutungsrahmen einbinden wollte.

Der konsequente Verzicht auf systematische Kombination der unterschiedlichen Erkenntnisweisen, den beispielsweise der 1907 in direkter Frontstellung gegen den Deutschen Monistenbund gegründete Keplerbund[73] propagierte – „Gebt der Naturwissenschaft, was der Naturwissenschaft zukommt, und gebt der Religion, was der Religion gebührt!"[74] –, ist damals von vergleichsweise wenigen, wenn auch meist ziemlich namhaften Autoren geübt worden, so von Martin Rade[75], Martin Kähler[76], Werner Elert[77] oder dem jetzt zu inspizierenden Wilhelm Herrmann (1846–1922). Gegen Ende seiner Hallenser Privatdozentenzeit hat er sich mit seiner Religionsschrift von 1879 erstmals grundsätzlich dazu geäußert[78].

Wissenschaft, die den Namen verdient, ist für Herrmann empirische Wissenschaft[79]. Als „exacte Wissenschaft" leistet sie einen Beitrag zur theoretischen Erklärung der Welt[80], und zwar der inneren wie der äußeren Welt, das eine in Gestalt der empirischen Psychologie, das andere als Naturwissenschaft[81]. Auch wenn Herrmann mit der Evolutionsbiologie keine explizite Auseinandersetzung führt, ist diese als die Leitwissenschaft seiner Zeit doch selbstverständlich durchgehend präsent.

---

[71] F. SCHLEIERMACHER, Der christliche Glaube nach den Grundsätzen der evangelischen Kirche im Zusammenhange dargestellt, hg. v. M. REDEKER, ²1830, ⁷1960, 196 (§ 40.1).
[72] AaO 234 (§ 47 L).
[73] Vgl. J. HÜBNER, Art. Keplerbund (RGG⁴ 4, 2001, 932).
[74] Zit. nach HÜBNER, Entwicklungslehre (s. Anm. 20), 101.
[75] Vgl. aaO 102.
[76] Vgl. aaO 102–104.
[77] Vgl. aaO 107–109.
[78] W. HERRMANN, Die Religion im Verhältniß zum Welterkennen und zur Sittlichkeit. Eine Grundlegung der systematischen Theologie, 1879. – Vgl. ferner DERS., Der Glaube an Gott und die Wissenschaft unserer Zeit (1905) (in: DERS., Gesammelte Aufsätze, hg. v. F. W. SCHMIDT, 1923, 189–213.
[79] HERRMANN, Religion (s. Anm. 78), 349.
[80] AaO 78; vgl. aaO 134.
[81] Vgl. dazu und zu der von Herrmann traktierten Frage nach der Wissenschaftlichkeit der Theologie J. WEINHARDT, Wilhelm Herrmanns Stellung in der Ritschlschen Schule (BHTh 97), 1996, 212–215.

Naturwissenschaftliche und religiöse Erkenntnis sind für Herrmann schlechterdings nicht kompatibel. Die eine „hat es mit den Tatsachen zu tun, wie sie untereinander verknüpft sind", die andere mit deren Einwirkung „auf unser individuelles Leben"[82]; die eine beansprucht das allgemeine, verstehende Bewußtsein, die andere das durch Werturteile geleitete individuelle Bewußtsein[83]; die eine läßt die Wirklichkeit „objektiv erkennen", die andere sie „subjectiv erleben"[84]. Die Wirklichkeit des Glaubens, „die jeder einzelne für sich erleben muß"[85], bleibt der auf die Erkenntnis „eine[r] gesetzmäßige[n] Ordnung" der Wirklichkeit zielenden Naturwissenschaft[86] notwendig entzogen[87]. Naturwissenschaftliches und theologisches Erkennen sind „ins Unendliche sich erstreckende Parallelen"; wer sie, wie Haeckel, „zusammenbieg[t]", zeigt damit nur seinen völligen „Mangel an religiösem Verständnis" und wird für Naturforschung und Religion „in gleicher Weise gefährlich"[88].

Die Autonomie der Naturwissenschaft sieht Herrmann allein schon dadurch gewährt, daß „eine Grenze des reinen Erkennens für sich überhaupt nicht gedacht werden kann"[89]. Unbeschadet dieser Unendlichkeit kommt freilich der für den Glauben in allem Wirklichen waltende Gott als Gegenstand naturwissenschaftlicher Erkenntnis nicht in Betracht. Denn die Gegenstände der Religion repräsentieren eine Wirklichkeit, die „nicht bewiesen", sondern „nur erlebt werden kann"[90]. Der Versuch, Gott mittels der kausalanalytisch operierenden Wirklichkeitserkenntnis zu erfassen, geriete darum zur Absurdität[91]. „Der erste Satz der Bibel hat der Wissenschaft ihr Grab gegraben, die den Gott des Glaubens für beweisbar hält"[92]. So kann sich der Glaube getrost dabei bescheiden, daß er die Selbständigkeit des naturwissenschaftlichen Erkennens respektiert, ohne durch irgendwelche integrativen Rahmenmodelle die Weltauffassung der Wissenschaft hegemonialisieren zu müssen[93].

Nun endet das distinktive Modell Herrmanns durchaus nicht in Schizophrenie. Denn was im System unvereinbar bleibt, ist in jedem religiösen Men-

---

[82] HERRMANN, Glaube (s. Anm. 78), 196.
[83] Vgl. DERS., Religion (s. Anm. 78), 100–108.
[84] AaO 441.
[85] DERS., Glaube (s. Anm. 78), 200.
[86] AaO 190.
[87] Vgl. aaO 196–198.
[88] AaO 192f.
[89] DERS., Religion (s. Anm. 78), 65.
[90] DERS., Glaube (s. Anm. 78), 204.
[91] AaO 195. – AaO 208: „Wenn man zur Verteidigung des Glaubens unternimmt, ein solches Wirken Gottes als möglich zu beweisen, so beweist man nur, daß man den Glauben und seinen Gedanken der Allmacht nicht verstanden hat".
[92] AaO 208.
[93] Vgl. aaO 208f.

schen miteinander verknüpft[94]. Der Einheitsgedanke erwächst nicht aus theoretischer Naturerkenntnis, sondern aus dem „ihm innewohnende[n] practische[n] Impuls"[95]. Setzt doch erst die Realisierung der dem Menschen als Person gesetzten Zwecke eine Vorstellung des Weltganzen unabdingbar voraus[96].

Daß sich das theoretisch Unvereinbare im individuellen Lebensvollzug zu distinktiver Einheit verbindet und der Christ insofern immer „Bürger zweier Welten"[97] ist, aktualisiert eine in lutherischer Tradition durchaus geläufige Deutungsfigur.

3. Dogmatische Verarbeitung

Im deutschsprachigen Raum trat seit den 1920er Jahren die apologetische Auseinandersetzung mit der Evolutionsbiologie immer stärker zurück. Der Schwerpunkt verlagerte sich zusehends auf die naturphilosophische und dogmatische Verarbeitung des ererbten Problems. Mag auch die erstere – man denke nur an das Lebenswerk von Teilhard de Chardin[98] – geistvoller und origineller erscheinen, so dürfte die dogmatische Lehrbildung doch insofern lehrreicher sein, als hier die apologetische Abwehr in Abstimmung mit der verbindlichen theologischen Tradition in modernitätskonforme christliche Rechenschaft überführt werden mußte. Die Vielfalt schöpfungstheologischer Entwürfe soll jetzt wiederum anhand von drei typologisch profilierten, diesmal freilich aus der Zeit nach 1945 stammenden Beispielen exemplifiziert werden. Dabei wird sich die Auswahl aus naheliegenden Gründen auf bereits verstorbene Autoren beschränken.

a) Karl Rahner

Mit der 1950 von Pius XII. erlassenen und 1985 von Johannes Paul II. bekräftigten[99] Enzyklika *Humani generis*[100] wurde der katholischen Schöpfungslehre die verbindliche Richtschnur gespannt. In Aufnahme einer u.a. von Erich

---

[94] HÜBNER, Entwicklungslehre (s. Anm. 20), 106.
[95] HERRMANN, Religion (s. Anm. 78), 37.
[96] Vgl. dazu WEINHARDT (s. Anm. 81), 189–193.
[97] KÄHLER (s. Anm. 70), 280.
[98] Vgl. zuletzt S. M. DAECKE, Art. Teilhard de Chardin, Pierre (TRE 33, 2002, 28–33 [Lit.]).
[99] Vgl. JOHA (s. Anm. 7), 106–112.
[100] DH 3875–3899.

Friedrich August Wasmann getroffenen Unterscheidung[101] wird hier die evolutionsbiologische Erklärung der Entstehung des menschlichen *Leibes* zögernd freigegeben, jedoch die unmittelbare Erschaffung der einzelnen *Seele* durch Gott als Element der fides catholica unbedingt festgehalten[102]. Unter den Hermeneuten dieser lehramtlichen Deutungsdirektive ist Karl Rahner (1904–1984) besonderer Aufmerksamkeit wert. Er hat zwar keine zünftige Dogmatik hinterlassen[103], aber doch zu schöpfungstheologischen Fragen, vor allem zu den Problemen der Hominisation[104] sowie des Monogenismus[105] eindringend Stellung genommen.

Die Frage des Monogenismus behandelt Rahner vergleichsweise moderat. Der einheitliche Ursprung des Menschen sei in Gen 1–3 und anderen biblischen Schöpfungstexten zwar nicht ausdrücklich festgeschrieben, der Sache nach aber zweifelsfrei intendiert[106]. Polygenetische Theorien ließen sich dagegen weder biblisch belegen noch, da sie dem „Sparsamkeitsprinzip" widerstreiten[107], als metaphysisch zwingend erweisen[108]. Aufgrund dieses Befundes sucht Rahner die Bestimmungen von *Humani generis* zu präzisieren: „Es wird nicht die Unvereinbarkeit von Polygenismus und katholischer Erbsündenlehre positiv festgestellt, sondern die (nicht gegebene) Einsichtigkeit einer Vereinbarkeit geleugnet"[109]. Ich muß gestehen, daß mir der Sinn dieser Unterscheidung verschlossen geblieben ist.

Hinsichtlich der Hominisation ist Rahner daran gelegen, die aporetisch erscheinenden Bestimmungen des Lehramtes, wonach Leib und Seele des Menschen einerseits eine „substantielle Einheit" bilden[110], andererseits jeweils für sich von „unableitbare[r] Wesenhaftigkeit" sind[111], als konsistent und dabei insbesondere die Geistigkeit des Menschen als eine unmittelbare Neu-

---

[101] Vgl. HÜBNER, Entwicklungslehre (s. Anm. 20), 43–51.
[102] DH 3896.
[103] K. RAHNER, Grundkurs des Glaubens. Einführung in den Begriff des Christentums, 1984, ist keine Dogmatik im üblichen Sinn, auch wird in diesem Buch das Verhältnis zwischen Theologie und Evolutionsbiologie nicht ernstlich berührt.
[104] DERS., Die Hominisation als theologische Frage (in: P. OVERHAGE / K. RAHNER, Das Problem der Hominisation. Über den biologischen Ursprung des Menschen [QD 12/13], ³1961, 13–90).
[105] RAHNER, Theologisches zum Monogenismus (in: DERS., Schriften zur Theologie, Bd. 1, 1954, ⁷1964, 253–322). – DERS., Erbsünde und Monogenismus (in: K.-H. WEGER, Theologie der Erbsünde [QD 44], 1970, 176–223).
[106] RAHNER, Monogenismus (s. Anm. 105), 276–293.
[107] AaO 318.
[108] Vgl. aaO 311–322.
[109] AaO 261.
[110] DERS., Hominisation (s. Anm. 104), 22.
[111] AaO 23.

schöpfung zu erweisen. Als Schlüsselkategorie hat Rahner dafür den Begriff der „Selbstüberbietung" gebraucht: „Das Wirken einer Kreatur [ist] grundsätzlich als eine Selbstüberbietung aufzufassen, derart, daß die Wirkung aus dem *Wesen* dieser wirkenden Kreatur nicht ableitbar ist und doch als von *ihr* gewirkt zu gelten hat"[112]. Die innovatorische Wirkung der causae secundae gründet demnach in der unmittelbaren Wirksamkeit der causa prima[113]. In dieser Weise können Eltern aufgrund der ihre Selbstüberbietung ermöglichenden Schöpferkraft Gottes als die Ursache ihrer Kinder bezeichnet werden: „Der Satz: Gott schafft die Seele des Menschen unmittelbar, bedeutet [...] nicht eine Leugnung des Satzes, daß die Eltern den einen Menschen zeugen, sondern seine Präzisierung"[114]. Analog dazu denkt Rahner auch die Entstehung der Menschheit: In der Kraft der göttlichen Erstursächlichkeit haben die tierischen Ahnen Adams ihre Wesensgrenzen selbst überstiegen[115]. Nun liegt für Rahner das Prinzip der Selbstüberbietung jeder Weiterentwicklung des Lebens zugrunde. Während es jedoch bei allem außermenschlichen Leben lediglich auf die „Selbstüberbietung des Lebendigen in eine neue Art" anwendbar ist, konstituiert es beim Menschen die individuelle Einmaligkeit seines Geistes[116]. Die „Erschaffung der Seele durch Gott"[117] hat insofern als ein „transzendente[s] Wunder" zu gelten[118], das „innerweltlich [...] als göttliche Neusetzung erkennbar [!] ist"[119]. Für Rahner gründet darin die ontologische Sonderstellung des Menschen gegenüber der übrigen Schöpfung, der er stammesgeschichtlich gleichwohl zugehöre[120].

Mit dieser Auffassung scheint Rahner die schöpfungstheologische Anwendung des integrativen Modells vollzogen zu haben[121]. Jedoch wird darin bei näherem Zusehen eine sublime Antithetik erkennbar. Denn die Evolutionsbiologie hatte ihre Theoriebildung längst schon auf die stammesgeschichtliche Entstehung des Psychischen ausgedehnt, dergemäß „ein prinzipieller Unterschied zwischen Menschen und Tieren bezüglich des Vorhandenseins psychischer Phänomene [nicht] besteht"[122]. Die leibliche Abstammung des Men-

---

[112] AaO 82.
[113] Vgl. HÜBNER, Entwicklungslehre (s. Anm. 20), 120–122.
[114] RAHNER, Hominisation (s. Anm. 104), 82f.
[115] HÜBNER, Entwicklungslehre (s. Anm. 20), 122.
[116] RAHNER, Hominisation (s. Anm. 104), 83.
[117] Ebd.
[118] RAHNER, Monogenismus (s. Anm. 105), 321.
[119] AaO 318.
[120] HÜBNER, Entwicklungslehre (s. Anm. 20), 123.
[121] Rahner sieht für die Naturwissenschaft vor, daß sie ihre Erkenntnisse „in den Raum einfügt, den die Theologie frei läßt" (K. RAHNER, Art. Abstammung des Menschen I. Dogmatisch [LThK² 1, 1957, 81–85], 81).
[122] RENSCH (s. Anm. 6), 369.

schen konnte Rahner um so leichter der evolutionsbiologischen Forschung überlassen, als katholische Theologie aufgrund der Autorität des Lehramtes auch in dieser Hinsicht vor biblizistischen Verhärtungen weithin gefeit ist. Dagegen setzt er sich mit der evolutionstheoretischen Ableitung des Psychischen nicht einmal ansatzweise auseinander, sondern konstatiert sogleich apodiktisch als „selbstverständlich", daß die menschliche Seele nicht „als Produkt des Menschlich-Biologischen gedacht werden [kann]. Sie muß also unmittelbar von Gott erschaffen sein"[123]. Insofern dürfte Rahner die von der Apologetik des ausgehenden 19. Jahrhunderts ausgearbeitete antithetische Behauptungsstrategie zwar nicht sachidentisch, aber doch strukturanalog fortgeführt haben.

b) Wilfried Joest

Wilfried Joest (1914–1995) hat in den schöpfungstheologischen und anthropologischen Abschnitten seiner *Dogmatik*[124] das strittige Verhältnis zwischen Theologie und Naturwissenschaft zu ordnen gesucht. Für ihn steht außer Frage, daß die Theologie die auf kausalanalytische Naturerklärung zielende Erkenntnisweise der die „Hypothese Gott"[125] nicht mehr gebrauchenden Naturwissenschaft grundsätzlich zu akzeptieren hat[126]. Allerdings scheint ihm der traditionelle Lehrbestand v.a. durch vier Erkenntnisse der Naturwissenschaft tendenziell bedroht: zunächst durch die Widerlegung der geo- und anthropozentrischen Weltbilder[127], sodann durch die Falsifikation der Artenkonstanztheorie[128], ferner durch die begründete Annahme eines polygenetischen Ursprungs der Menschheit[129], endlich durch den Nachweis, daß das „seelische" Verhalten des Menschen „an biophysisch analysierbare und durch Medikamente beeinflußbare somatische Abläufe" gebunden und damit die Annahme einer „qualitative[n] Besonderheit des Menschen" hinfällig ist[130].

---

[123] RAHNER, Hominisation (s. Anm. 104), 80.
[124] W. JOEST, Dogmatik. Bd. 1: Die Wirklichkeit Gottes, 1984; Bd. 2: Der Weg Gottes mit den Menschen, 1986.
[125] AaO Bd. 1, 165.
[126] AaO Bd. 1, 173: „Die Theologie hat [...] keinen Grund und kein Recht, aus Gründen des Glaubens die – gewiß vielfach Hypothese und der Überprüfung und Korrektur offen bleibenden – Einsichten des durch Naturwissenschaft erarbeiteten Aspektes der Wirklichkeit zu bestreiten".
[127] AaO Bd. 1, 170f.
[128] AaO Bd. 1, 170.
[129] AaO Bd. 1, 364f.
[130] AaO Bd. 2, 363f.

Nun werden diese „Infragestellung[en] der [...] Lehrüberlieferung"[131] für Joest allerdings erst dann zu einer realen Gefahr, wenn darin über empirisch begründbare Einsichten hinausgehend eine monistische Grundhaltung zum Ausdruck kommt, die das naturwissenschaftlich Erkannte für das Ganze der Wirklichkeit nimmt[132], weil sie die Einsichten der theologischen Anthropologie „nicht wahrhaben *will*"[133]. Die „besonnene, der Grenzen ihrer eigenen Forschungsmethoden bewußte Naturwissenschaft"[134] sieht Joest dem Verdacht auf ideologisch-weltanschauliche Instrumentalisierung gänzlich enthoben. „Besonnene [...] Naturwissenschaft" kann und will zur Gottes- und Sinnfrage gar keine Aussagen machen[135]. Wie umgekehrt schöpfungstheologische Aussagen eigentlich gar nicht auf eine theoretische Welt- und Lebenserklärung, sondern auf gegenwärtige Glaubensvergewisserung zielten[136]. Im übrigen sei die Sorge um eine Bedrohung des Glaubens auch darum hinfällig, weil die Evolutionsbiologie inzwischen „die Vorstellung einer lückenlosen Kausaldetermination selbst in Frage gestellt" und dabei erkannt hat, daß ihre „naturwissenschaftliche Analyse nicht einfach *das* objektive Bild *der* Wirklichkeit wiedergibt"[137], sondern als ein durch ihre methodischen Voraussetzungen bestimmter und begrenzter *Aspekt* des Wirklichen zu verstehen ist[138].

Diese evolutionsbiologisch aspektierte Wirklichkeitswahrnehmung integriert Joest in den als umfassend beanspruchten religiösen Erkenntnishorizont. Der im Paradigma der Evolutionsbiologie sichtbar werdende Wirklichkeitsaspekt lasse sich biblisch verifizieren – was er zum Ausdruck bringt, „ist im Grunde nichts anderes als was auf seine Weise das biblische Zeugnis jedenfalls auch [...] sagt: Von der Erde ist der Mensch genommen"; nur daß aus dem „Lehmkloß" von Gen 2,7 „im Aspekt heutigen Wissens nun die lange Reihe seiner tierischen Vorfahren geworden ist"[139]. Während jedoch die Erkenntnisse der Evolutionsbiologie niemals „das Ganze über den Menschen sagen können"[140], vermag der Schöpfungsglaube „dieses Ganze" der Wirklichkeit zu erfassen[141]. Gegenüber den aspektierten Einsichten der Naturwis-

---

[131] AaO Bd. 2, 362.
[132] AaO Bd. 2, 382.
[133] AaO Bd. 2, 364.
[134] AaO Bd. 2, 382.
[135] AaO Bd. 1, 171–174.
[136] AaO Bd. 1, 165–167.
[137] AaO Bd. 1, 179.
[138] AaO Bd. 1, 172f. 179.
[139] AaO Bd. 2, 381. – Daß die Ergebnisse der modernen Naturwissenschaft eine partielle Revision des theologischen Traditionsbestands erforderlich machen, räumt Joest mehrfach ein (vgl. aaO Bd. 1, 172; Bd. 2, 364f).
[140] AaO Bd. 2, 381.
[141] AaO Bd. 1, 171.

senschaft hat religiöse Erkenntnis „einen anderen und tieferen Grund"[142]; in ihrer „anders geartete[n], tiefer greifende[n] Erfahrung"[143] erfaßt sie die durch „quantifizierende [...] Objektivierung"[144] „nicht auslotbare Tiefendimension der einen Welt"[145]. Die in Gen 1,1 vorgenommene Differenzierung der Welt in „Himmel und Erde" erinnere an diese die wissenschaftliche Analyse umgreifende, jedoch von ihr nicht faßbare Tiefendimension der als Gottes Schöpfung verstandenen Welt[146]. Aufgrund dieser integrativen Zuordnung wird es für Joest ohne weiteres möglich, die Konstanz der Naturgesetze zugleich als den Ausdruck der erhaltenden Treue Gottes[147], eine medizinisch erklärbare Genesung zugleich als wunderhaftes Handeln Gottes[148], die evolutionstheoretisch plausibilisierte Sprachfähigkeit des Menschen zugleich als das Instrument seiner qualitativ einzigartigen Gottesbeziehung zu erkennen[149].

Die theologische Hegemonialisierung der Evolutionsbiologie ist, verglichen beispielsweise mit dem Entwurf von Karl Beth, bei Joest spürbar sublimiert worden. Ob der von ihm für die Religion reklamierte Anspruch, die *eine* Wirklichkeit nicht nur tiefer, sondern umfassend erkennen zu können, tatsächlich eine tragfähige interdisziplinäre Gesprächsgrundlage bereitstellt, wird man fragen wollen. Joest selbst hat für seine Zuordnung nur zwei naturwissenschaftliche Referenzpartner benannt: Carl Friedrich von Weizsäcker[150] und Hoimar von Ditfurth[151].

c) Gerhard Ebeling

Anders ist die Herausforderung der Evolutionsbiologie in der *Dogmatik des christlichen Glaubens* (^{1}1979) von Gerhard Ebeling (1912–2001) verarbeitet worden. Ausdrücklich lehnt er sowohl das antithetische wie auch das integrative Zuordnungsmodell als sachwidrig ab: Weder durch „kurzschlüssige Antithetik und eine entsprechende theologische Einigelung"[152] noch durch die Applikation von „humanwissenschaftliche[n] Flicken auf das alte Gewand

---

[142] AaO Bd. 1, 165.
[143] AaO Bd. 1, 179.
[144] AaO Bd. 1, 173.
[145] AaO Bd. 1, 174.
[146] AaO Bd. 1, 173f.
[147] AaO Bd. 1, 173.
[148] AaO Bd. 1, 179.
[149] AaO Bd. 2, 382f.
[150] AaO Bd. 1, 172. 177.
[151] AaO Bd. 2, 171; Bd. 2, 421.
[152] G. Ebeling, Dogmatik des christlichen Glaubens. Bd. 1: Prolegomena. Erster Teil: Der Glaube an Gott den Schöpfer der Welt, 1979, ^{4}2012, 90.

der Theologie"[153] werde man der interdisziplinären Verständigungsaufgabe theologisch gerecht. Stattdessen plädiert Ebeling auch hier für ein sorgsames Unterscheiden, freilich nicht des Gegenstandes, der in *beiden* Fällen als das Ganze der Wirklichkeit identisch ist[154], wohl aber der unterschiedlichen, beiderseits perspektivischen Erfahrungs- und Wahrnehmungsweisen[155]. Während die Naturwissenschaft aufgrund ihrer methodischen Voraussetzungen die Wirklichkeit notwendig abstrakt, also vom unmittelbaren Lebensbezug absehend wahrnehmen muß, haben es Schöpfungsglaube und Schöpfungslehre in ursprünglicher Weise mit dem Lebensbezug des Glaubens zu tun[156]: Ihre hermeneutische Funktion besteht darin, das Zusammensein von Gott und Welt „als ein Zusammensein des Wirkens Gottes und der Wirklichkeit der Welt zu *interpretieren*"[157], also das naturhaft Gegebene zu Gott in Beziehung zu setzen[158] und damit dessen Bedeutung für den Glauben geltend zu machen[159]. Die als Gottes Schöpfung angesehene Welt „erhält für den Menschen ein anderes Gesicht"[160]. Im Unterschied zur Evolutionsbiologie, die in naturgeschichtlicher Perspektive Entstehung und Entwicklung des Lebens analysiert, zielt die Schöpfungslehre auf die gegenwärtige Relevanz des Lebens für den christlichen Glauben. Ihre Sätze sind soteriologisch pointierte[161] „Gegenwartsaussage[n]"[162], die nicht auf den allgemeinen Lebensvorgang, sondern auf den konkreten, unmittelbaren Lebensvollzug zielen[163]. Traditionskritisch räumt Ebeling ein, daß die herkömmliche, unter der Dominanz von Gen 1f supralapsarisch konzipierte Schöpfungslehre den Gegenwartsbezug des Schöpfungsglaubens durchaus behindert habe[164]. Und um noch einen weiteren Unterscheidungsaspekt zu benennen: Die Evolutionstheorie hat den Prozeß der Lebensentwicklung als das „Zusammenwirken von feststehenden Regeln und wechselndem Zufall" kenntlich gemacht[165]. In der Deutungsarbeit der Schöpfungslehre wird die „sich selbst überlassene Welt" dagegen die „von Gott gewollte Welt"[166]. Mit der sich aus dem Gottes-

---

[153] AaO 343.
[154] AaO 90.
[155] AaO 269.
[156] AaO 302.
[157] AaO 292 (Hervorhebung von mir).
[158] AaO 44.
[159] AaO 45.
[160] AaO 304.
[161] AaO 265.
[162] AaO 304.
[163] AaO 305.
[164] AaO 268.
[165] AaO 298.
[166] AaO 307.

verhältnis des Menschen konstitutiv ergebenden teleologischen Wahrnehmung der Weltwirklichkeit ändert sich darum immer zugleich auch das Weltverhältnis des Menschen[167].

Aufgrund dieser konsequenten Unterscheidung der Perspektiven ist eine Konkurrenz zwischen naturwissenschaftlichen und schöpfungstheologischen Sätzen praktisch ausgeschlossen[168] und darum die seitens der Theologie oft dominierende Berührungsangst unbegründet[169]. Stattdessen soll und kann sich die Schöpfungslehre „in offener Begegnung" den Phänomenen zuwenden, „in denen sich der naturwissenschaftlichen Betrachtungsweise das Leben zeigt und darstellt"[170]. Den evolutionsbiologischen Forschungsstand hat Ebeling vorbehaltlos rezipiert[171], übrigens auch, durch Luther bestärkt, die evolutive Erklärung der menschlichen Seele[172]. Die freie Begegnung von Schöpfungslehre und Naturwissenschaft kann beiden Seiten zum Vorteil gereichen. Die Naturwissenschaft, deren Forschungsfreiheit die aus dem Schöpfungsglauben resultierende Entdämonisierung der Welt indirekt mit begründet haben dürfte[173], wird sich dadurch vor monistischer[174] und soteriologischer Selbstüberhebung[175] gewarnt sein lassen und gegenüber dem von ihr nicht zu ergründenden, aber zu respektierenden „Geheimnis der Wirklichkeit" wachsam bleiben[176]. Umgekehrt kann die Naturwissenschaft den Glauben nicht allein vor doktrinärer Verkrustung bewahren, sondern ihn zugleich in seiner eigenen Wirklichkeitswahrnehmung bestärken: „Je weiter die Naturwissenschaft in die Rätsel der Natur eindringt, desto geheimnisvoller wird die Welt"[177]. Das durch physikalische Erklärungen nur zu steigernde Staunen über das Wun-

---

[167] Ebd.
[168] AaO 306: „Der Schöpfungsglaube [gerät] nur durch Mißverständnis in Konkurrenz zu naturwissenschaftlichen Feststellungen"; ähnlich aaO 44.
[169] AaO 266.
[170] AaO 91. – AaO 269: „Es wäre ein Mißverständnis des sola scriptura, wenn unter Berufung auf das Schriftprinzip der Horizont auf die biblischen Aussagen eingeengt, statt daß er durch die heilige Schrift zu allen relevanten Sachaussagen hin geöffnet wird, indem das Wort der Schrift in die Auseinandersetzung mit der gesamten Welterfahrung eintritt. Es wäre eine historische Verengung des Umgangs mit der Bibel, wenn man unter Berufung auf sie eine theologische Lehre von der Welt und der Welt der Bibel verengte. Vielmehr erfordern die biblischen Aussagen über die Welt die Bewährung an der heutigen Weltwirklichkeit. Deshalb muß in der Lehre von der Schöpfung als einer Lehre von der Welt die heutige Welt präsent sein".
[171] Z.B. aaO 93f. 287f.
[172] AaO 273f.
[173] AaO 302.
[174] Vgl. aaO 299. 302.
[175] AaO 343f.
[176] AaO 302.
[177] AaO 303.

der des Lebens[178] ist ein in der Personalität des Menschen gründendes anthropologisches Phänomen[179], das freilich in theologischer Perspektive zu spezifischer und im Gebet zu seiner höchsten Verdichtung gelangt[180].

Was für die Schöpfungslehre schlechterdings konstitutiv ist: die konkrete, im Lebensvollzug des Glaubens wurzelnde Wahrnehmung des Zusammenseins von Gott und Welt, bleibt in naturwissenschaftlicher Weltwahrnehmung notwendig ausgeblendet[181]. Die Ergebnisse der Naturwissenschaft können darum dem Schöpfungsglauben gar nicht den Boden entziehen. Die Bedingung der Möglichkeit solcher Bedrohung würde für Ebeling erst dann erfüllt sein, wenn die Evolutionsbiologie, über phänomen- und prozeßhafte Erkenntnisse hinausgehend, eine das Lebensverständnis im ganzen betreffende, ontologische Erkenntnis freisetzte, die „das christliche Reden vom Zusammensein Gottes und der Welt unmöglich machte"[182]. Die Theologie dürfe diese theoretische Möglichkeit, die eine tiefgreifende Umformung der Schöpfungslehre zur Folge haben würde, nicht bedingungslos leugnen, müsse sich aber davor hüten, ganz in den Bann dieses „hypothetische[n] Irrealis" zu geraten, und tue jedenfalls „gut daran, sich ungleich stärker durch dasjenige in Anspruch nehmen zu lassen, was dem Glauben tatsächlich vorgegeben ist, als dadurch, was ihm widerführe, falls dies tatsächlich Vorgegebene ihm entzogen wäre"[183].

Das u.a. von W. Herrmann vertretene distinktive Ordnungsmodell scheint mir bei Ebeling in modernitätsfähiger Weise dogmatisch fruchtbar geworden zu sein. Abermals ist es die dem Menschen in lutherischer Tradition zugemutete Unterscheidung seiner ontologischen Relationen, die die systematisch nicht aufzuhebende Perspektivität der Wirklichkeit zu distinkter personaler Einheit verbindet.

4. Historiographische Distanzierung

Eine Herausforderung des Christentums ist die Evolutionsbiologie bis heute geblieben. Doch die alten Frontstellungen sind längst antiquiert. Zwar dürfte es ein wenig übertrieben sein, mit Manuela Lenzen zu sagen, hierzulande komme man „nur in die Verlegenheit, sich mit einem Gegner des Evolutions-

---

[178] AaO 276.
[179] Vgl. aaO 272. 291f.
[180] AaO 292f.
[181] Vgl. aaO 305.
[182] AaO 303.
[183] AaO 304.

gedankens auseinanderzusetzen, wenn die Zeugen Jehovas an der Tür klingeln"[184]. Aber die aktuellen Beiträge zur Historiographie des Problems stellen doch übereinstimmend fest, das interdisziplinäre Gespräch werde „heute mit der größten Verständigungsbereitschaft und Offenheit für die Fragen des anderen geführt"[185], die Auffassungen der Biologen würden „von den meisten christlichen Theologen nicht mehr in Zweifel gezogen"[186] und „theologische Aussagen über das Wirken Gottes in der Welt" konkurrierten nicht mehr „mit naturwissenschaftlichen Beschreibungen innerweltlicher Prozesse"[187]. Selbst in den Schulbüchern[188] und Erwachsenenkatechismen finden sich heute, jedenfalls auf evangelischer Seite[189], Kombinationen eines Referats der früheren Auseinandersetzungen und eines Berichts über die gegenwärtige interdisziplinäre Diskussionskultur. Die allenthalben auszumachende historiographische Distanzierung des alten Problems gründet nicht zuletzt darin, daß sich die beiden Wissenschaften unterdessen wesentlich fortentwickelt haben. Die Evolutionsbiologie hat die deterministischen Erklärungsmodelle relativiert[190], zu einem komplexeren, „die erkennende Subjektivität" einbeziehenden Selbstverständnis gefunden[191] und in der Erweiterung ihrer nur erklärenden in die herstellende Funktion[192] ganz neue Dimensionen erreicht. Andererseits hat sich die Theologie inzwischen weithin der Einsicht geöffnet, daß es im Dialog mit der Evolutionsbiologie „um ein Gespräch auf der Ebene des metatheoretischen Deutungswissens von Welt und Leben

---

[184] M. LENZEN, Backe, backe Kuchen. Die Pizza-Kreation: Zwei Einführungen in die Evolutionsbiologie (FAZ Nr. 11 vom 14.01.2002).

[185] Ch. LINK, Schöpfung. Schöpfungstheologie angesichts der Herausforderungen des 20. Jahrhunderts (HST 7/2), 1991, 401. – Vgl. R. SPAEMANN (Hg.), Evolutionismus und Christentum (Civitas-Resultate 9), 1986.

[186] RENSCH (s. Anm. 6), 368.

[187] E. SCHOCKENHOFF, Die Würde ist immer die Würde des anderen. Der Schöpfungsglaube hat einen rationalen Gehalt, der in der Debatte um die Biopolitik konsequent entfaltet werden sollte (FAZ Nr. 19 vom 23.01.2002, S. 44). – Entsprechend LINK (s. Anm. 185), 420.

[188] Vgl. B. KÖRNER, Schöpfung und Evolution. Religionspädagogische Untersuchungen zum Biologieunterricht an kirchlichen Gymnasien in Ostdeutschland, 2006. – Vgl. ferner K.-E. NIPKOW, Bildung in einer pluralen Welt. Bd. 1: Moralpädagogik im Pluralismus, 1998, 217–224; Bd. 2: Religionspädagogik im Pluralismus, 1998, 279–281. 525–528 (diese Hinweise verdanke ich meinem Münsteraner Kollegen Christian Grethlein).

[189] Vgl. zuletzt: Evangelischer Erwachsenenkatechismus: glauben – erkennen – leben, hg. v. M. KIESSIG / L. STEMPIN / H. ECHTERNACH / H. JETTER, 6., völlig neu bearb. Aufl. 2000, 45–64 u.ö.

[190] LINK (s. Anm. 185), 419.

[191] W. GRÄB, Statt eines Vorwortes: Deutungsfragen (in: DERS. [Hg.], Urknall oder Schöpfung? Zum Dialog von Naturwissenschaft und Theologie, 1995, 7–13), 10.

[192] Die Biologie sei inzwischen von einer Erklärungs- zur Ingenieurwissenschaft übergegangen, konstatiert treffend F. LOHMANN (s. Anm. 12), 217.

[...] [geht], nicht um objekttheoretische Fragen auf der Ebene der Klärung dessen, was es um die Entstehung der Welt und des Lebens [...] tatsächlich ist"[193].

Überdies hat sich die Diskussion mittlerweile in ganz andere Bereiche erweitert: Zu bevorzugten Themen wurden die Anwendung der Prozeßtheologie[194] und der Theorie der offenen Systeme auf die Schöpfungslehre[195], ferner die Herausforderungen erst der ökologischen, dann der bioethischen Grundsatzdebatten. Daß ausgerechnet die jüngste einschlägige Veröffentlichung der christlichen Schöpfungslehre nahelegt, sich im Horizont einer evolutiven Weltanschauung zu lozieren[196] und „innerhalb eines evolutiven Paradigmas" ihr Selbstverständnis zu finden[197], indiziert wohl weniger eine Trendwende als vielmehr die unbegrenzte Vielfalt der heutzutage möglichen Optionen. Deren polyphone Ausdifferenzierung ist in vollem Gang und wird erst in geraumer Zeit den Archiven der Kirchengeschichte zur Ablage anvertraut werden. Statt dazu jetzt eine dilettierende und darum belanglose Stellungnahme abzugeben, dürfte es den Obliegenheiten des Kirchenhistorikers weit eher entsprechen, die in der aktuellen Debattenlage agierenden Kombattanten in gebührender Bescheidenheit an unausgeschöpfte einschlägige Traditionsbestände zu erinnern. Dazu müssen, gleichsam als Postscriptum, zwei knappe Hinweise genügen.

Zum einen: In der apologetisch aufgeheizten Gesprächslage des ausgehenden 19. Jahrhunderts ist das Niveau der schöpfungstheologischen Theorietradition bisweilen dramatisch unterschritten worden. Jedenfalls spricht, positiv gewendet, einiges für die Vermutung, daß im offenen Gespräch mit der Evolutionsbiologie das alte Lehrstück von der creatio continua zu neuen Ehren gebracht werden könnte[198]. Die Chance wäre vertan, wenn man diesen Gedanken auf das bewahrende Begleiten des als abgeschlossen gedachten Schöpfungswerks reduzierte. Förderlich könnte dagegen die Erinnerung sein, daß etwa Martin Luther den *schöpferischen* Charakter des Bewahrens Gottes

---

[193] GRÄB (s. Anm. 191), 9. – AaO 10: „Es geht nun von seiten der Theologie gerade nicht wieder darum – auch wenn solche physikalistischen Kurzschlüsse immer wieder zu beobachten sind –, Lücken auf der Objektebene naturwissenschaftlicher Aussagen zu schließen".
[194] Vgl. LINK (s. Anm. 185), 428–439.
[195] Vgl. aaO 439–454.
[196] JOHA (s. Anm. 7), 345.
[197] AaO 5.
[198] „Betrachtet man diese naturwissenschaftliche Geschichte aus theologischer Perspektive, kann ihre Bedeutung dadurch vertieft werden, daß sie als die Entfaltung eines kontinuierlichen schöpferischen Aktes (creatio continua) interpretiert wird, in dem der Schöpfer es dem Universum ermöglicht [...] ‚sich selbst Gestalt zu geben'" (J. POLKINGHORNE, Art. Evolution I. Theoriegeschichtlich und kosmologisch [RGG⁴ 2, 1999, 1749–1752], 1752).

mit Nachdruck zur Geltung gebracht hat: „Apud deum idem est creare et conservare"[199]. Für ihn war Gottes Schöpfung unvollkommen und unvollendet: „Opera dei non sunt perfecta"[200]. Deshalb sah er mit der creatio continua das göttliche „semper novum facere"[201] ausgesagt und geglaubt. Sei doch die Schöpfung nach wie vor „in agendo et fieri, non in actu aut facto, nec in esse. Es ist noch im bau"[202]. Begreiflich wird diese vormoderne dynamische Schöpfungsvorstellung allerdings erst in Anbetracht ihrer soteriologischen Pointe[203], die nirgendwo schlichter begegnet als in der bekannten Erklärung des Kleinen Katechismus zum Ersten Artikel. Die christlichen Schöpfungsaussagen waren für Luther nicht metaphysisch-protologische Spekulationen, sondern, wie es Friedrich Wilhelm Graf unlängst ausdrückte, „ein existentiell radikalisierter Modus der Selbstthematisierung"[204].

Der andere Hinweis ist, wenn ich so sagen darf, Ausdruck einer gewissen Ermüdung. Bereits der kurze Blick auf die Geschichte des zwischen Theologie und Evolutionsbiologie ausgetragenen Konfliktes hat die wesentlichen Positionen, Strategien und Lernprozesse kenntlich gemacht. Mit einiger Verwunderung wird man dann allerdings feststellen, daß in der Arbeit an den gegenwärtigen bioethischen Aporien[205] die alten, damals unter allerhand Mühen und Schmerzen überwundenen Fehler bisweilen fröhliche Urständ feiern: „Kritiker der Forschung an omnipotenten Stammzellen inszenieren sich als ‚Bewahrer der Schöpfung'"[206], die soteriologisch pointierten Schöpfungsmetaphern sehen sich als ethische Argumente mißbraucht[207], im Grenzstreit der Disziplinen wird die kategoriale Differenz religiöser und naturwissenschaftlicher Aussagen bedenkenlos nivelliert. Es ist wohl kein Übergriff in die Zuständigkeit der theologischen Ethiker, wenn man in dieser Situation daran erinnert, daß die Bücher der Kirchengeschichte jedermann zur freien Einsicht offenliegen. Jedenfalls werden die Kirchenhistoriker der übernächsten Generation dankbar sein, wenn sie den gegenwärtigen bioethischen Prinzipienstreit nicht nur als Variante jener älteren Auseinandersetzung um die Evolutionsbiologie in ihre Annalen eintragen müssen.

---

[199] WA 43; 233,24f (Genesisvorlesung, 1535–1545).
[200] WA 24; 20,6 (Genesispredigten, 1527).
[201] WA 1; 563,8 (Resolutiones disputationum de indulgentiarum virtute, 1518).
[202] WA 39,1; 252,11–13 (Promotionsdisputation von Palladius und Tilemann, 1537).
[203] Ähnlich LOHMANN (s. Anm. 12), 199f.
[204] F. W. GRAF, Die Würde Gottes scheint antastbar. Vom ethischen Mißbrauch der Glaubenssprache: Viele Parteien in der Biopolitik reden von der Schöpfung, wenige wissen, was der Begriff bedeutet (FAZ Nr. 1 vom 02.01.2002, S. 42).
[205] E. JÜNGEL, Bioethische Aporien (in: DERS., Beziehungsreich. Perspektiven des Glaubens, 2002, 71–90).
[206] GRAF (s. Anm. 204).
[207] Vgl. ebd.

Entstehungs- und Veröffentlichungsnachweise

Kommunikation des Evangeliums.
Die Predigt als zentrales theologisches Vermittlungsmedium in der Frühen Neuzeit
Vorgetragen am 13. September 2006 auf dem von der Abteilung für Abendländische Religionsgeschichte des Instituts für Europäische Geschichte veranstalteten wissenschaftlichen Kolloquium „Kommunikation und Transfer im Christentum der Frühen Neuzeit" in Mainz.
In: I. Dingel / W.-F. Schäufele (Hg.), Kommunikation und Transfer im Christentum der Frühen Neuzeit (VIEG.B 74), 2007, 3–15.

Der frühneuzeitliche Toleranzdiskurs.
Umrisse und Konkretionen
Vorgetragen am 7. März 2007 auf einer Tagung des Theologischen Konvents Augsburgischen Bekenntnisses in Moritzburg.
In: T. Unger (Hg.), Fundamentalismus und Toleranz (Bekenntnis. Schriften des Theologischen Konvents Augsburgischen Bekenntnisses 39), 2009, 28–48.

Zensur und Lehrzucht im Protestantismus.
Ein Prospekt
Vorgetragen am 21. September 2007 auf der Studientagung „Die Moderne vor dem Tribunal der Inquisition. Zensur abweichender Meinungen und ihre Geschichte" in Weingarten.
In: RoJKG 28, 2009 [2011], 99–116.

Verdanktes Evangelium.
Das Leitmotiv von Luthers Predigtwerk
Vorgetragen am 12. Mai 2006 auf dem von der Luther-Gesellschaft veranstalteten Seminar „Gott danken, loben und bitten bei Martin Luther" in Leipzig.
In: LuJ 74, 2007, 11–28.

Die brandenburgische Landeskirche unter den Kurfürsten Johann Georg (1571–1598) und Joachim Friedrich (1598–1608)
Vorgetragen am 26. Januar 2012 an der Theologischen Fakultät der Humboldt-Universität zu Berlin.
Unveröffentlicht.

Lutherischer Lebenstrost.
Einsichten in Paul Gerhardts Abendlied „Nun ruhen alle Wälder"
Reformationsfestvortrag vom 31. Oktober 2007 an der Evangelisch-theologischen Fakultät der Eberhard-Karls-Universität Tübingen.

In: ZThK 105, 2008, 217–241.
Karin Bornkamm zum 80. Geburtstag.

Aufklärung und Protestantismus.
Begriffs- und strukturgeschichtliche Erkundungen zur Genese des neuzeitlichen Christentums
In: Zeitschrift für Pädagogik und Theologie. Der Evangelische Erzieher 63, 2011, 207–221.

Gotthold Ephraim Lessing und die Theologie der Aufklärung
Vorgetragen am 17. Juni 2011 auf dem an der Evangelisch-Theologischen Fakultät der Universität Wien veranstalteten Forschungssymposium „Schelling und die Theologie der Aufklärung".
In: Ch. Danz (Hg.), Schelling und die Hermeneutik der Aufklärung (HUTh 59), 2012, 11–28.

Frömmigkeit als „die Empfindung unserer gänzlichen Abhängigkeit von Gott".
Die Fixierung einer religionstheologischen Leitformel in Spaldings Gedächtnispredigt auf Friedrich II. von Preußen
Vorgetragen am 15. November 2008 auf der unter dem Thema „Religion und Politik" stehenden 8. Jahrestagung des Arbeitskreises „Religion und Aufklärung" in Wittenberg.
In: ZThK 106, 2009, 177–200.
Reinhard Schwarz zum 80. Geburtstag.

Christian Gotthilf Salzmanns Platz in der Aufklärungstheologie.
Aufgesucht anhand seines „Unterricht[s] in der christlichen Religion" (1808)
Vorgetragen am 30. Oktober 2011 auf einer anläßlich des 200. Todestages von Christian Gotthilf Salzmann veranstalteten Wissenschaftlichen Fachtagung in Erfurt.
In: R. Lachmann / A. Lindner / A. Schulte (Hg.), Christian Gotthilf Salzmann interdisziplinär. Seine Werke und Wirkungen in Theologie, Pädagogik, Religionspädagogik und Kulturgeschichte (Arbeiten zur Historischen Religionspädagogik 10), 2013, 39–53.

„Der unmögliche Mönch".
Das Lutherbild Friedrich Nietzsches
Vorgetragen am 11. Juni 2004 auf der 56. Tagung der Arbeitsgemeinschaft für Sächsische Kirchengeschichte in Leipzig-Wahren sowie am 25. Juni 2005 auf der Tagung „Monastische Lebensordnung und theologische Erkenntnis. Luther im Kloster" in Erfurt.
In: LuJ 72, 2005, 119–146.

Otto Dibelius.
Ein Promemoria zum 40. Todestag des preußischen Kirchenfürsten
Vorgetragen am 10. Mai 2006 im Rahmen der UEK-Reihe „Berliner Theologische Profile" im Berliner Dom.
In: ThLZ 132, 2007, 3–16.

Zwischen Eucharistie und Euthanasie.
Gerhard Ebeling als Pastor der Bekennenden Kirche
Vorgetragen am 7. März 2012 auf der 534. Sitzung der Klasse für Geisteswissenschaften der Nordrhein-Westfälischen Akademie der Wissenschaften und der Künste in Düsseldorf, am 5. Juli 2012 an der Evangelisch-theologischen Fakultät der Eberhard-Karls-Universität Tübingen sowie vor verschiedenen Pfarrkonventen.
Erstveröffentlichung: Vorträge der Nordrhein-Westfälischen Akademie der Wissenschaften und der Künste (G 439), 2012.

Evolutionsbiologie als Herausforderung des Christentums
Vorgetragen am 17. September 2002 auf dem XI. Europäischen Kongreß für Theologie in Zürich.
In: E. Herms (Hg.), Leben. Verständnis – Wissenschaft – Technik. Kongreßband des XI. Europäischen Kongresses für Theologie 15.–19. September 2002 in Zürich (Veröffentlichungen der Wissenschaftlichen Gesellschaft für Theologie 24), 2005, 96–119.

Personenregister

Bei bloßen Literaturangaben wurden die Verfassernamen nicht erfaßt.

Abel 6
Abraham 193
Abraham a Sancta Clara 11
Adam 6, 156, 193f, 254, 284
Adorno, Theodor W. 137, 144
Agricola, Johann 49
Alardus, Wilhelm 112
Albrecht Friedrich von Preußen, Herzog 92
Albrecht von Mainz 40
Aleander, Hieronymus 38f
Alembert, Jean Le Rond d' 134
Allison, Henry A. 160
Altner, Günter 273
Ambrosius von Mailand 110
Ammon, Christoph Friedrich von 15
Aner, Karl 148
Anna von Preußen 92, 96
Aristoteles 25, 135, 138, 155, 181, 205
Arndt, Ernst Moritz 237
Arndt, Johann 112
Arnold, Gottfried 10, 156
Asmussen, Hans 57
Aßmann von Abschatz, Hans 104
August von Sachsen, Kurfürst 41, 84
Augustin 19, 87, 164
Aurifaber, Johannes 205

Bach, Johann Sebastian 121, 209, 211, 240
Bahrdt, Carl Friedrich 36, 43f
Barth, Karl 44, 235
Baumann, Richard 55–57
Baumgarten, Siegmund Jacob 189
Bayle, Pierre 20
Beethoven, Ludwig van 205, 209–211
Benn, Gottfried 222
Bernoulli, Carl Albrecht 103, 113
Berthold, Andreas 106
Berthold, Anna Maria s. Gerhardt, Anna Maria

Bertram, Ernst 206
Beth, Karl 276–279, 287
Bismarck, Otto von 210, 227, 231
Bluhm, Heinz 207, 209
Böhm, Peter 31
Böhme, Jacob 41
Bohnen, Klaus 160
Bonhoeffer, Dietrich 206, 246, 254
Bora, Katharina von s. Luther, Katharina
Borgia, Cesare 220
Braune, Paul 265f
Brück, Gregor 41, 66
Brunelleschi, Filippo 136
Brüning, Heinrich 226
Brunner, Emil 44
Bruno, Giordano 271
Buddeus, Johann Franz 24, 26, 188
Bugenhagen, Johannes 40, 66
Bultmann, Rudolf 161, 245
Bunkelmann, Luise 254
Bunsen, Christian Karl Josias von 104
Burckhardt, Jacob 212, 214
Bylandt, Ott-Heinrich von 97

Calixt, Georg 29
Calvin, Johannes 8f, 19, 23, 49, 98–100, 181
Canisius, Petrus 11
Castellio, Sebastian 20, 49
Cave, William 156
Chlodwig, König 234
Chluchim, Lippold Ben s. Lippold Ben Chluchim
Christian I. von Sachsen, Kurfürst 84
Christian Wilhelm von Brandenburg, Prinz 93
Christus s. Jesus Christus
Cicero 120, 205
Claudius, Matthias 122–124
Coelestin, Georg 85

Cranach, Lukas 76
Crell, Nikolaus 49
Crotus Rubeanus 46
Crüger, Johann 107–109, 114
Cyranka, Daniel 162

Dach, Simon 112
Dahrendorf, Ralf 137
Darwin, Charles 269–272, 274f, 277f
Daub, Carl 181f
David 168
Descartes, René 132, 155, 157, 181, 192
Dibelius, Franz 227
Dibelius, Otto 226–244
Dionysos 205, 225
Dippel, Johann Konrad 147
Distelmeyer, Christian 82, 90, 92
Distelmeyer, Lampert 81f
Diterich, Johann Samuel 102, 114
Ditfurth, Hoimar von 287
Doeblin, Adolf 229
Dörr, Volker 159f
Drexel, Jeremias 11
Droysen, Johann Gustav 79

Ebeling, Elisabeth Charitas 250
Ebeling, Gerhard 44, 105, 125, 131, 181, 245–268, 287–290
Ebeling, Johann Georg 107–109, 114, 117, 120, 122
Ebeling, Kometa, geb. Richner 247, 249
Ebeling, Martin 248
Ebert, Friederike I. E. 165
Eckermann, Johann Peter 50
Edelmann, Johann Christian 147
Ehlers, Wilhelm 247
Eibl, Karl 159
Eleonore von Preußen, Prinzessin 92
Elert, Werner 273, 280
Elisabeth Christine von Braunschweig-Bevern 169f, 179
Elisabeth von Anhalt-Zerbst 89
Erasmus von Rotterdam, Desiderius 20, 45f
Erman, Hans 247
Ernesti, Johann August 189
Eva 193f, 254

Faber, Jacobus Stapulensis 45
Falkenberg, Julius 236
Fontane, Theodor 105

Forster, Georg 109
Franck, Johann 121
Francke, August Hermann 12f
Freund, Gerhard 161
Friederike Luise von Preußen, Königin 179
Friedrich Heinrich Carl von Preußen, Prinz 170
Friedrich I., König in Preußen 32
Friedrich II. (der Große) von Preußen, König 33, 43, 79f, 102, 133, 142, 165–167, 169–179, 182, 185, 187, 227
Friedrich III. (der Weise) von Sachsen, Kurfürst 39
Friedrich IV. von der Pfalz, Kurfürst 84, 97
Friedrich von Liegnitz, Herzog 80
Friedrich Wilhelm I. von Brandenburg, Kurfürst 22, 32, 50f, 82, 91
Friedrich Wilhelm I. von Preußen, König 14, 33, 166–168, 171, 179
Friedrich Wilhelm II. von Preußen, König 33, 35f, 43f
Friedrich Wilhelm III. von Preußen, König 32, 36, 44
Froben, Johannes 45

Gadamer, Hans-Georg 245
Gaede, Else 248
Gedicke, Simon 97
Georg von Sachsen, Herzog 41, 66, 80
Gerhardt, Anna Maria, geb. Berthold 51, 107
Gerhardt, Christian 106
Gerhardt, Maria Elisabeth 107
Gerhardt, Paul 50–52, 99, 101–125
Gerhardt, Paul Friedrich 107
Gleim, Johann Wilhelm Ludwig 46
Gmelin, Hans 257
Goebbels, Joseph 266
Goethe, Johann Wolfgang von 50, 123, 132, 162, 205, 208, 210, 218, 222, 271, 277
Goeze, Johann Melchior 46f, 148, 150
Gordon, Ernst Heinrich 247
Göring, Hermann 266
Gottsched, Johann Christoph 14, 152
Gottsched, Luise Adelgunde Victorie 43
Graeber, Rosemarie 249
Graf, Friedrich Wilhelm 293
Gramann, Johann 94
Greiner, Bernhard 208

Grethlein, Christian 241, 291
Grimm, Jakob 160
Grimm, Wilhelm 160
Grotius, Hugo 20, 29
Gruner, Johann Friedrich 25
Gryphius, Andreas 110
Gundermann, Iselin 87
Gunkel, Hermann 208

Habermann, Johann 94
Habermas, Jürgen 137
Haeckel, Ernst 269, 271–273, 278, 281
Hafftiz, Peter 82, 86
Hähn, Johann Friedrich 171
Hahn, Philipp Matthäus 43
Händel, Georg Friedrich 214, 221
Hans von Küstrin s. Johann von Küstrin
Harms, Claus 103, 105
Harnack, Adolf von 53, 55, 206, 228
Hauer, Wilhelm 238
Haug, Martin 56
Hebbel, Friedrich 105
Hegel, Georg Wilhelm Friedrich 133f, 136f, 205
Heidegger, Martin 245
Heinrich von Preußen, Prinz 33
Heinrich, Friedrich Paul 255
Helding, Michael 9
Helmke, Ferdinand 255
Helmke, Margarethe 255
Henke, Heinrich Philipp Konrad 25, 150
Herder, Johann Gottfried 134, 278
Herman, Nikolaus 110
Herrmann, Wilhelm 53, 279–282, 290
Heyn, Immanuel 55
Hieronymus 50
Hilarius von Poitiers 70
Hildebrandt, Kurt 206
Hillenbrand, Rainer 115
Hindenburg, Paul von 227
Hirsch, Emanuel 7, 77, 206f, 211f, 222, 225
Hitler, Adolf 243, 248, 252f, 264–266
Hoadly, Benjamin 185f
Holl, Karl 206
Homer 205
Horkheimer, Max 137, 144
Hübner, Jürgen 273
Hus, Jan 48, 215
Hütlin, Matthias 65
Huxley, Thomas 271

Isaac, Heinrich 109

Jäger, August 236
Jakob 172
Janssen, Johannes 212f, 224
Jatho, Carl 54f
Jerusalem, Johann Friedrich Wilhelm 14, 30, 32, 148, 186
Jesaja 65, 120
Jesus Christus 7, 9, 25, 44f, 48, 52, 56, 64, 69–78, 98, 101f, 110, 116–119, 121, 125, 139f, 151, 155f, 176, 193, 195–197, 205f, 219, 229f, 232, 238, 242f, 251f, 257, 266
Joachim Friedrich von Brandenburg, Kurfürst 79f, 84, 89–97, 100
Joachim I. von Brandenburg, Kurfürst 81
Joachim II. von Brandenburg, Kurfürst 79–82, 85, 95
Joest, Wilfried 285–287
Johann Casimir, Pfalzgraf 84
Johann Georg von Brandenburg, Kurfürst 79–85, 87–90, 95–97, 100
Johann Georg von Brandenburg, Prinz 88f
Johann Sigismund von Brandenburg, Kurfürst 79, 88, 91f, 95–98
Johann von Küstrin, Markgraf 81, 83, 89, 96
Johann von Sachsen, Kurfürst 66
Johann Wilhelm von Jülich-Kleve-Berg, Herzog 92
Johannes 150
Johannes der Täufer 69f, 72–74, 195
Johannes Paul II., Papst 246, 282
Joseph II., Kaiser 22f
Jüngel, Eberhard 245

Kaftan, Theodor 234
Kahl, Wilhelm 54
Kähler, Ernst 280
Kain 6
Kant, Immanuel 46, 133, 136, 144, 181, 205, 210, 214, 271
Karl V., Kaiser 39, 80
Karl von Braunschweig, Herzog 151
Karsch, Anna Louisa 99
Katharina von Küstrin 81, 92
Kerrl, Hanns 236f
Kiesinger, Kurt Georg 244
Klapproth, Erich 263, 266
Kleffmann, Tom 225

Klopstock, Friedrich Gottlieb 208
Knesebeck, Thomas von dem 83
Kolfhaus, Wilhelm 235
König, Eva 149
Köselitz, Johann Heinrich 212
Krause, Reinhold 238
Krutina, Hans-Georg 255
Kube, Wilhelm 236
Kunst, Hermann 241

Lachmann, Rainer 188, 190
Lamarck, Jean Baptiste de 270f, 277f
Laurentius Valla 45
Lavater, Johann Caspar 183
Leibniz, Gottfried Wilhelm 30, 132, 144f, 155, 181, 271
Lenz, Jakob Michael Reinhold 27
Lenzen, Manuela 290
Leonardo da Vinci 136
Leopold I., Kaiser 29
Leß, Gottfried 189
Lessing, Gotthold Ephraim 47, 136, 147–164, 195, 278
Lessing, Karl 149
Lessing, Traugott 149
Lichtenberg, Georg Christoph 131f, 136, 146
Lilius, Georg 51
Linné, Carl von 270
Lippold Ben Chluchim 81f
Locke, John 20
Loeben, Johann von 90
Lohmann, Friedrich 291
Löscher, Valentin Ernst 43, 148
Louise Amalie von Preußen, Prinzessin 170
Löwenberg, Frau 263f
Lüdemann, Gerd 37, 58
Ludendorff, Erich 238
Lühmann, Erna 256
Luhmann, Niklas 137
Luther, Elisabeth 65
Luther, Katharina, geb. von Bora 65
Luther, Magdalena 65
Luther, Martin 6–9, 18–20, 23, 37–41, 45–49, 59, 63–78, 85, 87f, 94f, 97–100, 113, 116–119, 121, 125, 151, 156, 203–225, 229, 233, 245, 249, 258–260, 289, 292f

Machiavelli, Niccolò 220
Macor, Laura Anna 183

Magdalena von Brandenburg 80
Maischberger, Sandra 57
Mann, Thomas 105, 204
Mannheim, Johannes 27
Marezoll, Johann Gottlob 15
Maria 77, 254
Maria Eleonore von Jülich-Kleve 92
Martin von Cochem 11
Matthias, Thomas 81
Mayr, Beda 30f
Melanchthon, Philipp 5, 8, 39f, 42, 46, 49, 65, 98, 106
Mendelssohn, Moses 131, 133, 136
Merz, Alois 31
Milton, John 132
Mirabeau, Honoré Graf 165
Mohammed 193
Molanus, Gerhard Wolter 30
Moller, Martin 95
Montaigne, Michel Eyquem de 219
Morgan, Thomas 158
Moritz, Karl Philipp 16
Morus, Samuel Friedrich Nathanael 35
Mose 193–196
Mosheim, Johann Lorenz von 14, 189
Mozart, Wolfgang Amadeus 205
Müller, Hans Martin 58
Muller, Johann 94
Müntzer, Thomas 40, 48
Musaeus, Johannes 24
Musculus, Andreas 85, 87
Musculus, Paul 85
Mylius, August 103

Napoleon I., Kaiser 205
Nathan 168
Newton, Isaac 155
Nicolai, Friedrich 166
Niemöller, Martin 252
Nietzsche, Friedrich 203–225
Nitzsch, Carl Immanuel 52
Nösselt, Johann August 186

Oetinger, Friedrich Christoph 43
Opitz, Martin 109, 112, 123
Overbeck, Franz 213

Paasch, Alwin 247
Paley, William 272
Pancratius, Andreas 95

Personenregister

Pascal, Blaise 205
Paulus 12, 40, 118, 181, 206, 237, 242f
Petrich, Hermann 103
Petrus 56
Peucer, Kaspar 49
Pfaff, Christoph Matthäus 32, 189
Pico della Mirandola, Giovanni 45
Piderit, Johann Rudolf Anton 31–33
Pius VI., Papst 23
Pius XII., Papst 282
Plato 25, 135, 155, 205, 219
Porst, Johann 103
Prokop von Templin 11
Protagoras 135

Rade, Martin 53, 280
Rahner, Karl 282–285
Raiffeisen, Friedrich Wilhelm 198
Regius, Zacharias 91
Reimarus, Hermann Samuel 150, 158
Reinbeck, Johann Gustav 14
Reitz, Johann Henrich 43
Richner, Kometa s. Ebeling, Kometa
Richter, Gottfried Lebrecht 115
Riedner, Johann Ulrich 104
Riem, Andreas 36, 44
Ritschl, Albrecht 190
Robespierre, Maximilien de 219
Rohde, Erwin 211, 222
Röhr, Johann Friedrich 15
Rojas y Spinola, Christoph 29f
Romundt, Heinrich 211, 223
Rörer, Georg 64, 68
Rosenberg, Alfred 238
Rost, Hans 234f
Rottmann, Alfred 264
Rottmann, Günther 264f
Rottmann, Klara 264
Rousseau, Jean-Jacques 205, 219
Rudolf II., Kaiser 89
Ruge, Nina 57

Sabina von Ansbach 80
Sack, August Friedrich Wilhelm 14, 99, 147, 186
Sack, Friedrich Samuel Gottfried 35, 166, 168
Sailer, Johann Michael 15
Saint-Simon, Claude Henri de Rouvroy, Comte de 219

Salomo 122
Salzmann, Christian Gotthilf 188–200
Savonarola, Hieronymus 219
Scharf, Kurt 236, 241
Schenkel, Gotthilf 228
Schiller, Friedrich 27, 104, 162, 205, 208, 210
Schlegel, Friedrich 151
Schleicher, August 273
Schleiermacher, Friedrich 3, 28, 103, 113, 116, 119f, 142, 147, 171f, 180–182, 187, 226, 228, 279f
Schlick, Hieronymus 94
Schmiedecke, Erika 247
Schmiedecke, Gertrud 247
Schneider, Robert 121
Scholder, Klaus 226
Scholtz, Gunter 187
Schönborn, Johann Philipp Franz von 29
Schöne, Albrecht 118
Schopenhauer, Arthur 205, 210
Schrempf, Christoph 53
Schröder, Rudolf Alexander 122
Schulz, Johann Heinrich 36, 44
Schulz, Paul 55, 57
Schulze, Gottlob Ernst 186
Schumacher, Theo 222
Seemann, Renate 256
Seiler, Georg Friedrich 189
Semler, Johann Salomo 26f, 31f, 148, 150, 186, 189
Servet, Michel 20, 49
Shaftesbury, Anthony Ashley Cooper Earl of 143f
Skowranek, Marie-Luise 254
Söderblom, Nathan 232
Sohm, Rudolf 54
Sokrates 135, 139, 155–157, 205, 219
Söntgerath, Olga V
Sophia von Brandenburg 84
Sophia von Liegnitz 80
Spalatin, Georg 66
Spalding, Georg Ludewig 171
Spalding, Johann Joachim 14, 28, 46f, 99, 134, 140, 142–145, 147f, 154, 169–179, 182–187, 189, 192
Spalding, Johanna Wilhelmina 99
Spangenberg, Johann 95
Spankeren, Malte van 185f
Spener, Philipp Jakob 12f, 20, 145

Spinola, Christoph Rojas de s. Rojas y Spinola, Christoph
Spinoza, Baruch de 187
Spranger, Eduard 231
Steinbrecher, Joachim 86
Stolte, Max 227
Storch, Volker 271
Sulze, Emil 229
Sulzer, Johann Georg 171
Süßmilch, Johann Peter 169
Sydow, Anna 81

Tartaretus, Petrus 39
Teilhard de Chardin, Pierre 282
Teller, Wilhelm Abraham 145, 169
Thielicke, Helmut 160f
Thonnes, Ingeborg 254
Thurneysser, Leonhard 89
Tillich, Paul 131
Tönjes, Hermann 246
Traub, Gottfried 55
Troeltsch, Ernst 129, 137, 209
Truchseß von Waldburg, Gebhard 84

Ulbricht, Walter 239
Ursula von Münsterberg 65

Vergil 112
Vilmar, August Friedrich Christian 105
Voigt, Gerhard 247
Voltaire 181
Voß, Christian Friedrich 185f
Voss, Jutta 57

Wagner, Cosima 210
Wagner, Richard 205, 209–211, 218, 221
Walch, Johann Georg 188

Warburton, William 158
Wasmann, Erich Friedrich August 282f
Wegscheider, Julius August Ludwig 147
Weigel, Valentin 41
Weise, Martin 51
Weismann, August 277
Weizsäcker, Carl Friedrich von 287
Welsch, Ulrich 271
Werner, Friedrich 253
Wesenberg, Landesgerichtsdirektor 237
Wesley, John 229
Wessell, Leonard P. 160
White, Andrew Dickson 269
Whitefield, George 229
Wieland, Christoph Martin 136
Wilhelm I., Kaiser 244
Wilhelm II. von Preußen, König 54
Wilhelm III. von Oranien 22
Wilhelm von Ockham 45
Winckelmann, Johann Joachim 208
Wink, Michael 271
Woellner, Johann Christoph (von) 33–36, 43f, 179
Wölber, Hans-Otto 57
Wolff, Christian 13, 20, 144
Wolff, Kaspar Friedrich 277
Würtzer, Heinrich 36, 44

Zahn, Theodor von 53
Ziebritzki, Henning V
Zinzendorf, Nikolaus Ludwig Reichsgraf von 25, 152, 156f
Zöckler, Otto 274–276
Zoellner, Johann Friedrich 133, 169
Zollikofer, Georg Joachim 189
Zwingli, Ulrich 8, 19, 98, 156

Sachregister

Abendgebet 113f, 121
Abendmahl 97, 263
Abendmahlsstreit 156
Abhängigkeit
– des Menschen 173
– gänzliche ~ von Gott 178
– Gefühl der gänzlichen 184
– Gefühl schlechthinniger 180f
Abhängigkeitsgefühl 181
– schlechthinniges 177
absoluter Wahrheitsanspruch 151
Absolutheitsanspruch, religiöser 21
Administration 80
Affekt
– antikirchliche 167
– religionskritischer 272
Akademie der Wissenschaften, Preußische 171
Akkommodation 13, 138
akkommodieren 195
Alchemie 89
Allgemeinbegriff der Religion 24
Allgemeingut, bildungsbürgerliches 205
Allmacht Gottes 180
Alterserfahrung 178
Altes Reich 32
Altmark 87
altpreußische Landeskirche 228, 231
altprotestantisch
– Orthodoxie 24
– Schriftverständnis 10
Amt
– geistliches 260
– kirchliches 58
Amtsenthebung 51, 56
Amtsenthebungsverfahren 55
Amtsführung der Pfarrer 88
Amtsträger, kirchliche 35
Analogie 116f, 120
analogische Denk- und Daseinsstruktur 124
Andacht 104

– zum Unbedeutenden 63
Anfechtungen 64
Angst vor dem Tod 46
Anklang, biblischer 123
Anrede Gottes 6
Anthropologie
– aufklärerische 144
– der Aufklärung 143
– philosophische 46
– rationalistische 193
– theologische 286
Anthropozentrismus 135
antikirchliche Affekte 167
Antikommunismus 239, 244
Antithese 116–118, 120
Antithetik, lutherische 227
Anwandlungen, religionspatriotische 172
Anwendung, zielgenaue 14
Aphorismus, Denk- und Sprachform des 203
apologetisches Interesse 206
Apostolikum 52f, 55
Apostolikumsstreit 52–54
Applikationen, implizite 177
Arierparagraph 237
Armenfürsorge und Krankenfürsorge 71
ars moriendi 113, 175, 178
Artenkonstanztheorie 271, 285
Astrologie 89
Atheismus 57, 176
Aufklärer, wahrer 153
aufklärerisch
– Anthropologie 144
– Pfarrerbild 140
– Toleranzdenken 29
Aufklärung 13–15, 20, 24, 31, 44, 134, 175
– Anthropologie der 143
– Dialektik der 133, 137, 144
– griechische 134
– Kultur der 33
– literarische 148
– Pietismus und 130

- Theologie der 147, 155, 164
- theologische 35, 99, 138, 163
- Zeitalter der 32, 36, 42, 49, 52, 129, 132f, 136f, 139
Aufklärungsbegriff 134
Aufklärungsgottesdienst 13
Aufklärungsphilosophie 136
Aufklärungspredigt 15
Aufklärungstheologie 15, 28, 34, 46
äußerer
- Gewalt 48
- Ordnung 71
Auto 232
Autodafé 39
Autonomie
- der Naturwissenschaft 281
- moralische 215
- selbstbestimmte 178
Autonomiestreben 69
- privatreligiöses 164

Barocklyrik 117, 125
Barockpredigt, katholische 11
Barockzeit 122
- Kirchenlied der 110
Bayerischer Erbfolgekrieg 171
Begabung 174
Begriffe 162
Beichtvater 169
Beisetzung, kirchliche 166
Bekehrung 13
Bekennende Kirche 131, 236f, 246, 253, 257f, 262
Bekenntnis 47
Bekenntnisbindung 234
Bekenntnisgemeinde 247, 253, 255f, 263f
Bekenntniskirche 258
Bekenntnisschriften 35, 93
Bekenntnisstand
- lutherischer 51
- reformierter 91
Bekenntniszwang 176
Berliner Kirchenstreit 99, 107
Berührungsangst, konfessionelle 92
Bestimmung des Menschen 136, 154
Bewußtsein, kirchliches 232
Bibel 3, 6, 8, 10, 25, 34f, 47, 77, 85, 93, 216, 237, 276, 279, 281
- Sprache der 109
- und Biologie 274

- und Katechismus 10
- Welt der 7
bibelgemäße und zeitgemäße Frömmigkeit 190
Bibelglaube, reformatorischer 14
Bibelkreis 256
Bibelwissenschaft, historisch-kritische 52
Bibliolatrie 150
biblisch
- Anklang 123
- Bild- und Sprachwelt 112
- Denk- und Sprachformen 78
- Offenbarung 158
- Quellen 120
- Referenztext 70
- Sprachgestus 253
- Sprach- und Bilderwelt 124
- Text 72
- Textwelt 75
- und eigene Situation 70
- und eigene Wirklichkeit 73
- Urtext 31
biblizistische Schöpfungsauffassung 274
Bilderwelt, biblische Sprach- und 124
Bildung 80
bildungsbürgerliches Allgemeingut 205
Bildungsideal 134
Bildungskonzept, reformatorisches 106
Bildungsreligion 55
Bildwelt und Sprachwelt, biblische 112
Binnenperspektive, kirchliche 11
Biologie 278
- Bibel und 274
Bischof 239
Bischofsfrage 234
Bogen, lyrischer 121
Bruder, Schlafes 121
Bruderrat 236
Buch
- der Natur 116, 125
- symbolische 34f
Bücherverbrennungen 38
Buchzensur 39
Bündnispläne, protestantische 96
Bürgertum 14
Buße 13

Calvinismus 84, 96
calvinistische Sozialdisziplinierung 90
Chiasmus 113

Sachregister

Christen, Deutsche 59, 131, 237f, 247, 253
Christentum
– Deutschtum und 243
– Restitution des 215, 217
– Unterricht im 258
– Wahrheit und Evidenz des 150
– Weltkonferenz für Praktisches 232
– Wesen des V, 32, 172
christlich
– Gelassenheit ~ Sterbens 113
– Glaubensüberzeugung 263
– Gottesgedanke 273
– Grundwahrheiten der ~ Religion 141
– Sprachkompetenz 7
– Tiefendimension ~ Lebens 111
– Wahrheit 156, 175
Christliches
– Ethisierung des 138
– Identität des 5
– Individuationen des 163
consensus antiquitatis 29
Constitutio Criminalis Carolina 82
Corpus Evangelicorum 84
creatio continua 292f

Dankbarkeit 63, 78
Darwinismus 272
Daseinsstruktur, analogische Denk- und 124
Deismus 20, 32
Denken und Fühlen 154
Denkform
– biblische ~ und Sprachformen 78
– und Sprachform des Aphorismus 203
Denkstruktur und Daseinsstruktur, analogische 124
Departement, geistliches 33
Dependenz, göttliche 181
Dependenzerfahrung 184
Dependenz-Motiv 185
Desillusionierung, ökumenische 31
Deszendenztheorie 274
Deutsch
– Christen 59, 131, 237f, 247, 253
– Fürstenbund 175
– Kirchenbund 231
deutsches Luthertum 86
Deutschgläubige 238
Deutschtum und Christentum 243
Dialektik

– der Aufklärung 133, 137, 144
– geschichtliche 217
Dialog, innerer 143
Dialogisierung, fiktive 9
Diesseitsmystik, pantheistische 273
Differenz
– komplementäre 65
– konfessionelle 11
Diskurszensur 45–47
Disposition 69
Distanzierung, historiographische 291
distinkt
– Epochenbegriff 133
– Schöpfungsakte 272
– theologisch ~ Wahrnehmung 212
Disziplinarmaßnahmen 36
Disziplinarverfahren 53
Disziplinarzuchtverfahren 52
Dogma 47
dogmatisch
– Lehrbildung 282
– Lehrstück 76
Dogmenbildungen 190
Dogmengeschichtsschreibung 138
Doppelerbe der Reformation 229
dramatisch-dialogische Formelemente 78
Duldungsbereitschaft 19
dunkle Gefühle 28
dynamische Schöpfungsvorstellung 293

Ebenbild Gottes 272
eigen
– biblische und ~ Situation 70
– biblische und ~ Wirklichkeit 73
Einheit, kirchliche 29
Einigungswerk, ökumenisches 240
ekklesiale Selbstkritik 253
Ekklesiologie 30, 253
– katholische 234
ekklesiologisch
– Elementarunterricht 256
– Nachhilfeunterricht 236
Eklektik 164
Eklektizismus 139
Elementarfragen, religiöse 254
Elementarunterricht, ekklesiologischer 256
Elite, kirchlich-theologische 17
Empfindsamkeit, schwärmerische 28
Empfindung 142, 154, 157, 183
– religiöse 28, 144

Engagement, ökumenisches 232
Engel 122f
Entdämonisierung der Welt 289
Entkirchlichung 14
Entmythologisierung, rationalistische 193
Entschiedenheit, konfessorische 251
Entsprechung, figurale 73
Entwicklung, religiöse 227
Entwicklungsgedanke 275
Epigenese 277
– teleologische 279
Epochenbegriff, distinkter 133
Epochenbewußtsein 135
– reflektiertes 133
Erbauungspraxis, lutherische 95
Erbauungsschriftsteller 11
Erbauungskultur und Meditationskultur 13
Erbe der Reformation 96
Erbfolgekrieg, Bayerischer 171
Erbregister 83
Erbsünde 275
Erfahrung 7, 66, 119, 142, 178, 214, 248
Erfahrungsaspekt 7
erfahrungsbezogen 10
Erfahrungsdimension 28
Erfahrungsevidenz 192
erfahrungsgesättigter Glaube 125
Erfahrungshorizont, lebensgeschichtlicher 95
Erfahrungsraum und Sprachraum 77
Erfahrungsweisen und Wahrnehmungsweisen, perspektivische 288
Erkenntnis, religiöse 287
Erkenntnishorizont, religiöser 286
Erkenntnisprozeß, religiöser 145
erleuchtete Vernunft 69
Erster Weltkrieg 230
Erstursächlichkeit, göttliche 284
Erweckungsbewegungen 131
ethisch
– Prinzip 71
– Unterscheidung 70
Ethisierung des Christlichen 138
Euthanasie 237
Euthanasieaktion 264
evangelisch
– Glaube 69
– Ketzerprozeß 49
– Kirche 252
– Kirchenlied 125

– Pfarrer 52
– Preuße 227
– Wahrheit 76
Evangelische Union 92
Evangelium 63, 74
– Kommunikation des 4
– Selbstdurchsetzungskraft des 59
Evidenz des Christentums, Wahrheit und 150
Evolution 277
Evolutionsbiologie 269, 271, 273, 276, 279f, 282, 284, 286–288, 290–292
– Theologie und 293
evolutionsbiologisch 278, 283, 285, 289
Evolutionslehre 271
Evolutionstheorie 269f, 272f
ewig
– Heimat 105
– Leben 197, 199
Ewigkeit der Höllenstrafen 199

Fernsehgottesdienst 268
fides
– apprehensiva 77
– historica 77
figurale Entsprechung 73
fiktive Dialogisierung 9
Föderalismus, religionskultureller 21
formale Struktur 108
Formelemente, dramatisch-dialogische 78
Formgesetze 4
Forschung, theologische 176
Fortschrittsoptimismus 145
Fragmentenstreit 148, 150f
Französische Revolution 136
Freidenkertum 231
freie Glaubenseinsicht 57
Freigeist 152–154, 167
freigeistige Religionsspötterei 171
Freiheit 198
Fremdenliebe 197
Freundschaft 153
Freundschaftsgedanke 122
Friede
– Teschenscher 172
– von Teschen 171
Frömmigkeit 177
– bibel- und zeitgemäße 190
– lebenspraktische 10
– lutherische 96

– persönliche 93
– Wesen der 181
Frömmigkeitstheologie, lutherische 124
Frömmigkeitsübung 94
Frühaufklärung 156
Frühromantik 187
Fühlen, Denken und 154
Funktion, hermeneutische 288
funktionierende Ökumene, realgeschichtlich 37
Fürbitte 122
Fürsorge Gottes 113, 125
Fürstenbund, Deutscher 175

ganzer Mensch 115, 144
gänzlich
– Abhängigkeit von Gott 178
– Gefühl der ~ Abhängigkeit 184
Gattung, literarische 110
Gebet 111, 122, 198, 243, 290
Gebetserfahrung 243
Gebrauch der Vernunft 155
Gedächtnisgottesdienste 168
Gedächtnispredigt 170, 172f, 177–179, 185
gedichtete Theologie 105
Gefühl 157, 178, 183
– der gänzlichen Abhängigkeit 184
– dunkle 28
– Religion als 28, 142
– religiöses 28
– schlechthinniger Abhängigkeit 180f
– Verstand und 14
Gefühlsbegriff, religiöser 183
Gefühlskult 28
Gegenaufklärung 135
Gegenreformation 215
Gegenstände der Religion 281
Gehalt, intentionaler 70f
Geheimer Rat 91
Geheimdiplomatie 31
Geist, Waffen des 48
Geistesfreiheit und Gewissensfreiheit 223
geistlich
– Amt 260
– Departement 33
– Stand 216
Geistliche Immediat-Examinationskommission 35f, 43f
Gelassenheit christlichen Sterbens 113
Gemeinde 256

– Prediger und 73–75
– Text und 75–77
Gemeindearbeit 248
Gemeindepfarrer 227, 230
Gemeindepflege 254–257
Gemeindeprinzip 230
genera dicendi 111
Genera, rhetorische 5
Generalsuperintendent 232, 239
geoffenbarte Religion 24
Gericht Gottes 252
Gesangbuch 103, 107, 251, 253
geschichtlich
– Dialektik 217
– Religionsdokumente 151
Geschichtserfahrung 48
Geschichtsverständnis, teleologisches 278
Gesetzlichkeit 8
Gestaltungsabsicht, poetische 110
Gestapo 248
Gewalt, äußere 48
Gewissen 6, 156, 233
Gewissensfreiheit 22
– Geistes- und 223
– Glaubens- und 130
– privatreligiöse 34
– religiöse 35
– und Glaubensfreiheit 176
Gewissensnöte 53
Gewissensverantwortung 27, 142
Gewissenszwang 34
Gewißheit 113
– des Glaubens 266
Glaube 16, 19, 70f, 75, 77, 281
– erfahrungsgesättigter 125
– evangelischer 69
– Gewißheit des 266
– Lebensbezug des 288
– Lebensvollzug des 290
– Wort und 6, 9
Glaubensauffassung, reformierte 98
Glaubensäußerung 26
– individuelle 141
Glaubenseinsicht, freie 57
Glaubensfreiheit 59
– Gewissens- und 176
– und Gewissensfreiheit 130
Glaubenslehre 5, 25f, 48
Glaubensnöte 254
Glaubenspolemik, lutherische 97

Glaubensrechte 22
glaubensrelevante Wahrheiten 15
Glaubensüberzeugung, christliche 263
Glaubensurteil 73
Glaubensvergewisserung 286
Glaubensvermittlung 6
Glaubensvorschriften, Lehr- und 48
Gleichgültigkeit, religiöse 176
Glückseligkeit 156
Gnade 76
Gott
– Allmacht 180
– Anrede 6
– Ebenbild 272
– Fürsorge 113, 125
– gänzliche Abhängigkeit von 178
– Gericht 252
– Liebe 266
– Rede von 192
– Schöpferkraft 284
– Schöpfungshandeln 191
– Schöpfungsplan 272
– Selbstdurchsetzungskraft des Wortes 48
– und Teufel 78
– und Welt 288, 290
– Verborgenheit 265
– Werk 175
– Wort 28, 48
Gottesähnlichkeit 196
Gottesbegriff 187
Gottesbeweis 192
Gottesbewußtsein 25, 180f
Gottesbeziehung 287
Gottesdienst 8, 249, 253, 260, 263
Gottesebenbildlichkeit 275
Gotteserkenntnis 23f
Gottesgedanke, christlicher 273
Gottesglaube 23, 178
Gotteslästerung 48
Gottesverhältnis des Menschen 288f
Gottesvorstellung 194
göttlich
– Dependenz 181
– Erstursächlichkeit 284
– Offenbarung 193
– Providenz 174
– Weltregiment 191
griechische Aufklärung 134
Großstadt 229
Grund der Kirche, transzendenter 216

Grundhaltung, monistische 286
Grundsituation 76
Grundwahrheit 26f
– der christlichen Religion 141
Grundzug, szenisch-dialogischer 73
Gustav-Adolf-Verein 209
Gymnasium, Joachimsthalsches 91
gymnastisches Spiel 161

hagiographische Verklärung 51
Hakenkreuz 247, 263
Häresiebegriff 20
Häresieverdacht 26
Heidentum, neues 238
Heilige Schrift 48
Heilszueignung 9
Heimat, ewige 105
Heiratspolitik 92
Hermeneutik, protestantische 139
hermeneutisch 7
– Funktion 288
– Schlüssel 224
Herz, Kopf und 144, 153, 156f
Hintersinn, religiöser 173
historiographische Distanzierung 291
historisch-kritisch
– Bibelwissenschaft 52
– Methode 139
Höllenstrafen, Ewigkeit der 199
Homiletik 6, 189
homiletische Situation 73f, 173
Hominisation 283
homo religiosus 206
Hörer 6f
Humanismus 20, 135
Humanitätsideal 149
Humanitätsreligion 158

Ich
– lyrisches 110f, 115, 120, 122
– religiöses 110
Idee, regulative 46, 144
Identität
– des Christlichen 5
– konfessionelle V, 50
– lutherische 96
– reformatorische 97
Identitätsgeschichte V
Identitätsmerkmal 20
Identitätswahrung, kirchliche 37

Sachregister

imitatio Christi 70
Immediat-Examinationskommission, Geistliche 35f, 43f
Imperativ, kategorischer 214
implizite Applikationen 177
Index 42
Individualisierung 111, 152
– der Religion 110, 162
Individualität
– privatreligiöse 32
– religiöse 138
Individuationen des Christlichen 163
Individuationsprozeß 153
individuelle Glaubensäußerung 141
innerer Dialog 143
innerkirchliche Kampfsituation 251
innerprotestantisch
– Konfessionshaß 92
– Konfessionswechsel 79
intentionaler Gehalt 70f
Interesse, apologetisches 206
internationale Konfessionsbünde 145
Irrlehre 48
Irrlehregesetz, Preußisches 54f, 58
Irrlehreverfahren 56
israelitische Religionsgeschichte 193

Jammertal 117–119
Jesuiten 22, 29
Joachimsthalsches Gymnasium 91
Juden 81f, 259
Jugendweihe 240
Justizreform und Verwaltungsreform 175

Kammergericht 87
Kampfsituation, innerkirchliche 251
Kanonforschung, neutestamentliche 150
Kanzel 222
Kanzelaltar 13
Kanzelgebet 173
Kanzelpolemik 50
Kanzelrhetorik, protestantische 222
Kanzleiordnung 83
kasualhomiletisch 168
Katakomben der Vergangenheit 259
Katechismus, Bibel und 10
Katechismuspredigten 66
kategorischer Imperativ 214
katholisch
– Barockpredigt 11

– Ekklesiologie 234
– Predigt 9
– Priester 211
Keplerbund 280
Kerngemeinde 230
Ketzerei 19
Ketzerprozeß, evangelischer 49
Ketzerrecht 21
Kindererziehung 70
Kindergottesdienst 258
Kindertaufe 261
Kirche 220, 238f
– Bekennende 131, 236f, 246, 253, 257f, 262
– der Reformation 6
– evangelische 252
– im Osten 226
– Lehre der 236
– Lehre von der 267
– Staat und 233
– transzendenter Grund der 216
– und Staat 267
– verfaßte 54
– Wesen der 235
Kirchenbegriff 233
Kirchenbund, Deutscher 231
Kirchenfürst 226, 244
Kirchengesangbücher 105f
Kirchengrenzen 234
Kirchenkampf 131, 237f
Kirchenlied 93
– der Barockzeit 110
– evangelisches 125
Kirchenlieddichter 123
Kirchenlieddichtung 11
Kirchenordnung 6, 41, 85
Kirchenregiment, landesherrliches 27, 230f, 233
Kirchensprache 27
Kirchensteuerzahler 240
Kirchenstreit, Berliner 99, 107
Kirchentage 232
Kirchenunionen 130
Kirchenverfassung, preußische 231
Kirchenverständnis 235
Kirchenzucht 261f
kirchlich
– Amt 58
– Amtsträger 35
– Beisetzung 166

– Bewußtsein 232
– Binnenperspektive 11
– Einheit 29
– Identitätswahrung 37
– Leben 258
– Lehrverpflichtung 34
– Öffentlichkeitsarbeit 231
– Unterweisung 257
Kirchlichkeit, konfessionelle 14
kirchlich-theologische Elite 17
Klavier 240
Koexistenz der Konfessionen 21
Kommunikation
– des Evangeliums 4
– religiöse 16
Kommunikationsprozeß, öffentlicher 133
komplementäre Differenz 65
Konfessionalismus 52
konfessionalistische Streitlust 95
konfessionell
– Berührungsangst 92
– Differenz 11
– Identität V, 50
– Kirchlichkeit 14
– Polemik 12, 138
– Prägung 200
Konfessionen, Koexistenz der 21
Konfessionsbünde, internationale 145
Konfessionsdifferenz 99
Konfessionshaß, innerprotestantischer 92
Konfessionskirchen 130
konfessionskirchlicher Protestantismus 34
Konfessionskultur, lutherische 96
Konfessionspolemik 131
Konfessionswechsel 95, 98
– innerprotestantischer 79
konfessorische Entschiedenheit 251
Konfirmandenunterricht 258
Konflikbereitschaft, lutherisch-reformierte 130
Konfliktpotentiale, ökumenische 31
Kongruenz von Sprache und Sache 78
Konkordienbuch 88, 93, 96
Konkordienformel 41, 84, 86, 97
Konkordienwerk 92
Konkretes
– Prägnanz des 18
– Reiz des 63
Konsequenzmacherei 97
Konsistorialordnung 87

Konsistorium 52, 87
Konstantinische Wende 156
Konstanz der Naturgesetze 287
Kontinuität, predigtpraktische 64
Kontroverstheologen 97
Kontroverstheologie 21, 130
kontroverstheologische Streitigkeiten 20
Kopf und Herz 144, 153, 156f
Krankenfürsorge, Armen- und 71
Kritik 139
Krone der Schöpfung 272
Kultpraxis, reformierte 85, 93
Kultur der Aufklärung 33
Kulturauftrag 234
kulturhistorische Vergewisserungslinie 223
Kulturkampf 131
Kulturprotestantismus 131
Kunstrede, öffentliche 222
Kurmark 83, 89
kursächsische Visitation 66

Laie 259f
Laienkelch 30
Lamarckismus 277
landesherrlich
– Kirchenregiment 27, 230f, 233
– Zensurrecht 41
Landeskirche, altpreußische 228, 231
landeskirchliches Luthertum 88
Landreiterordnung 83
Landtag 82
Leben
– ewiges 197, 199
– kirchliches 258
– Tiefendimension christlichen 111
lebendige Textwelt 72
Lebensberatung 15
Lebensbezug des Glaubens 288
Lebensfrömmigkeit 190
lebensgeschichtlicher Erfahrungshorizont 95
Lebensnöte 254
Lebensphilosophie 225
lebenspraktisch
– Frömmigkeit 10
– Relevanz von Religion 138
– Verifikation 9
Lebenspraxis 3
Lebensunterweisung 5
Lebensvollzug 288

Sachregister

– des Glaubens 290
Lebenszusammenhang 8
Lehrabweichungen 53
Lehrbeanstandungsverfahren 37, 55, 57–59
Lehrbegriff 27, 34
Lehrbestand, religiöser 25, 141
Lehrbildung, dogmatische 282
Lehre
– der Kirche 236
– von der Kirche 267
Lehrentwicklung 58
Lehrerbildung 231
Lehrgesetz 57
Lehrgespräch 56–58
Lehrkompetenz 45
Lehrstück, dogmatisches 76
Lehrsysteme, theologische 25
Lehrunterschiede 29
Lehrverpflichtung, kirchliche 34
Lehrverständigung 31
Lehrvorschriften und Glaubensvorschriften 48
Lehrweise, lutherische 93
Lehrzensur 45
Lehrzucht 37
– protestantische 50
Lehrzuchtmaßnahmen 49
Lehrzuchtverfahren 47, 49, 52–54, 56
Lehrzwang 54
Leib
– Christi 251
– und Seele 283
Leibesübungen 80
Leichenbegängnis 167
leidender Christus 119, 125
liberale Theologie 131
Lichtmetaphorik 132
Liebe 19, 179, 197
– Gottes 266
Liebhaber der Theologie 149
literarisch
– Aufklärung 148
– Gattung 110
Literaturmarkt, profaner 14
Liturgie, lutherische 92
Lutherbibel 121
lutherisch
– Antithetik 227
– Bekenntnisstand 51

– Erbauungspraxis 95
– Frömmigkeit 96
– Frömmigkeitstheologie 124
– Glaubenspolemik 97
– Identität 96
– Konfessionskultur 96
– Lehrweise 93
– Liturgie 92
– Orthodoxie 207
– Tradition 290
– Vereinnahmung 206
lutherisch-reformierte Konfliktbereitschaft 130
Lutherkenntnis 204
Luthersprache 222
Luthertum 50, 95
– deutsches 86
– landeskirchliches 88
– strenges 84
Lutherverehrung 211
Luther-Vorträge 259
Lutherwahrnehmung 207
lyrisch
– Bogen 121
– Ich 110f, 115, 120, 122

Machtinstinkt 220
Mangel an Theologie 228
Mark Brandenburg 81–83, 90
Meditation 111, 116, 120
Meditationsbewegung 124
Meditationskultur, Erbauungs- und 13
Meinungsfreiheit 54
Meinungsvielfalt, natürliche 30
Memorialkultur 166
Mensch
– Abhängigkeit des 173
– Bestimmung des 136, 154
– ganzer 115, 144
– Gottesverhältnis des 288f
– natürlicher 75f, 78
– neuer 12
– Personalität des 290
– religiöser 281f
Menschenrechte 23, 242
Menschsein 143
Methode, historisch-kritische 139
Methodismus 229
metrische Struktur 109

milieuprotestantisches Selbstbewußtsein 223
milieuspezifische Verehrung 204
Militärseelsorgevertrag 240
Mitte der Schrift 7, 78
Mittelalter 135
mittelalterliche Rationalisierungsprozesse 135
modern-freiheitliche Religiosität 131
Mönchtum 219
Monistenbund 280
monistisch
– Grundhaltung 286
– Weltanschauung 273
Monogenismus 283
Moral 214
moralisch
– Autonomie 215
– Nutzanwendung 12
Moralität 143, 157
– und Religion 144
Musik 121, 223
Musikalität 221
Mut zur Sinnlichkeit 224
Mutterland der Reformation 42

Nachfolge Christi 76
Nachhilfeunterricht, ekklesiologischer 236
Nachschreiber 8
Nächstenliebe 70
– tätige 71
Nachzensur 38
Nationalkirche 252
Natur, Buch der 116, 125
Naturerlebnis 110
Naturgesetze, Konstanz der 287
natürlich
– Meinungsvielfalt 30
– Mensch 75f, 78
– Religion 24f, 158, 184
– und positive Religion 138
– Vernunft 69
Naturschutz 198
Naturwissenschaft
– Autonomie der 281
– Schöpfungslehre und 289
– Theologie und 272, 279, 285
Neologen 30
Neologie 24–26, 28, 31f, 42, 46, 140–142, 147f, 150, 154, 157, 164, 189f, 199f

neu
– Heidentum 238
– Mensch 12
Neumark 81, 83, 89
neutestamentliche Kanonforschung 150
Neutralität, religiöse 233
neuzeitlicher Rationalisierungsprozeß 132, 137
Novemberrevolution 233f
Nutzanwendung, moralische 12
Nutzbarkeit 140

Oberkonsistorium 35f
Offenbarung
– biblische 158
– göttliche 193
– Vernunft und 138, 159
Offenbarungsanspruch 195
Offenbarungsreligion 150
Offenbarungswahrheiten 160f
öffentlich
– Kommunikationsprozeß 133
– Kunstrede 222
– private und ~ Religion 26, 141
– Religion 142
Öffentlichkeitsarbeit, kirchliche 231
Ökumene, realgeschichtlich funktionierende 37
ökumenisch
– Desillusionierung 31
– Einigungswerk 240
– Engagement 232
– Konfliktpotentiale 31
ontologische Relationen 290
Orden 11
Ordinationsrechte 58
Ordinationsversprechen 47
Ordnung, äußere 71
Originalität, theologische 76
Orthodoxie
– altprotestantische 24
– lutherische 207
Osten, Kirche im 226
Ost-West-Konflikt 241

Pädagogik 70
pantheistische Diesseitsmystik 273
Papst 216
Papsttum 220
Partikularkirchen 30

Sachregister

Pastoraltheologie 140, 189
pastoraltheologisch 86
Pastorenkirche 259f
Pelagianismus 46
Perfektibilität 135, 143–145
Perfektibilitätsargument 197
Perfektibilitätsglaube 138
Perfektibilitätskonzept 271
Perfektibilitätspostulat 144
Perikope 72f, 75
Perikopenbindung 8
Perikopenzwang 9f, 12
permanente Visitation 86
Person
– des Pfarrers 140
– unvertretbare 75, 78
Personalgemeinde 55
Personalität des Menschen 290
Personalpronomina 7
persönliche Frömmigkeit 93
Persönlichkeit 226
Perspektiven, Unterscheidung der 173
perspektivische Erfahrungs- und Wahrnehmungsweisen 288
Perspektivität der Wirklichkeit 290
Pfarramtsanwärter 50
Pfarrer 47, 153
– Amtsführung der 88
– evangelische 52
– Person des 140
Pfarrerbild, aufklärerisches 140
Pfarrernotbund 247
phänomenale Vielfalt 4
Philosophie und Theologie 157
philosophische Anthropologie 46
Physikotheologie 272
Pietismus 12f, 20, 42, 99, 140, 156f, 189
– und Aufklärung 130
Pluralität 146
– religiöse 19
– theologische 148
Pluralitätsbewußtsein, protestantisches 42
poetische Gestaltungsabsicht 110
Pogrom 81
Polemik, konfessionelle 12, 138
polemischer Religionsunterricht 97
politischer Widerstand 254
Polizeiordnung 83
Polygenismus 274f
Popularisierungsarbeit, theologische 72

Popularisierungsmedium 12, 76
positiv
– natürliche und ~ Religion 138
– Religion 162, 164
Postillen 8
postmortale Seligkeit 117
postume Rechristianisierung 166
Präformationstheorie 278
Prägnanz des Konkreten 18
Prägung, konfessionelle 200
praktische Religiosität 14
Praktisches Christentum, Weltkonferenz für 232
Prediger 8
– und Gemeinde 73–75
– und Text 72f
Predigerseminar 228
Predigt 3–17, 63–78, 229
– katholische 9
Predigtarbeit 63, 250–254
Predigtdienst 267
Predigtgeschichte 3, 16, 72
Predigtgottesdienst 5
Predigthörer 5
predigtpraktische Kontinuität 64
Predigtpraxis 64
Predigtpublikum 68
Predigtsituation 78
Predigtvorbereitung 249
Predigtweise 77f
Preuße, evangelischer 227
Preußen 33
preußisch
– Kirchenverfassung 231
– Schulwesen 231
– Toleranz 43
– Union 32, 95, 131
Preußisch
– Akademie der Wissenschaften 171
– Irrlehregesetz 54f, 58
Priester, katholischer 211
Priesterehe 30
Prinzip, ethisches 71
Privatchristentum 27, 142, 162
private und öffentliche Religion 26, 141
Privatglaube 27, 162
Privatisierungsprozeß der Religion 27
Privatreligion 27, 141f, 162
privatreligiös
– Autonomiestreben 164

- Gewissensfreiheit 34
- Individualität 32
profaner Literaturmarkt 14
Pronominalstruktur 74f
protestantisch
- Bündnispläne 96
- Hermeneutik 139
- Kanzelrhetorik 222
- Lehrzucht 50
- Pluralitätsbewußtsein 42
- Zensurwesen 42
Protestantismus 13, 129–131, 145f, 215
- konfessionskirchlicher 34
Protestantismustheorien 129
Protestation von Speyer 130
Providenz, göttliche 174
Prozeßtheologie 292
Publizistik 167

Quellen, biblische 120

Rat, Geheimer 91
ratio 69, 71
Rationalisierungsprozeß
- mittelalterliche 135
- neuzeitlicher 132, 137
Rationalismus 133
- theologischer 25
rationalistisch
- Anthropologie 193
- Entmythologisierung 193
realgeschichtlich funktionierende Ökumene 37
Rechenschaft, theologische 248
Rechristianisierung 178
- postume 166
Rechtfertigung 76
Rechtfertigungsglaube, Schöpfungs- und 124
Rechtgläubigkeit 140
Rede von Gott 192
Redlichkeit, reflexive 177
Referenztext, biblischer 70
reflektiertes Epochenbewußtsein 133
Reflexion, religiöse 124, 173
reflexiv
- Redlichkeit 177
- Verstandesgebrauch 3
Reformation 5, 47, 130, 156, 210, 213, 233
- Doppelerbe der 229

- Erbe der 96
- Kirchen der 6
- Mutterland der 42
Reformationsfest 85
Reformationsgottesdienst 249
Reformationszeit 209
reformatorisch
- Bibelglaube 14
- Bildungskonzept 106
- Identität 97
- Seitenabspaltungen 40
- Wende 216
reformiert
- Bekenntnisstand 91
- Glaubensauffassung 98
- Kultpraxis 85, 93
- Religionspartei 97f
Reformiertentum 95f
regulative Idee 46, 144
Reich, Altes 32
Reichskirche 235, 247
Reichspogromnacht 266
reichsrechtliche Zensurbestimmungen 41
Reihenpredigten 66
Reinkarnationsdiskurs 158
Reiz des Konkreten 63
Relationen, ontologische 290
Relevanz von Religion, lebenspraktische 138
Religion 20, 23, 154, 156
- Allgemeinbegriff der 24
- als Gefühl 28, 142
- Gegenstände der 281
- geoffenbarte 24
- Grundwahrheiten der christlichen 141
- Individualisierung der 110, 162
- lebenspraktische Relevanz von 138
- Moralität und 144
- natürliche 24f, 158, 184
- natürliche und positive 138
- öffentliche 142
- positive 162, 164
- private und öffentliche 26, 141
- Privatisierungsprozeß der 27
- Staat und 20
- und Theologie 14, 26f, 141
- vernünftige 162
- Wesen der 177
- Wesensbestimmung der 187
Religionsdokumente, geschichtliche 151

Religionsedikt 33–36
Religionsfragen, theoretische 20
Religionsfreiheit 23
Religionsfriede 21
Religionsgeschichte
– israelitische 193
– vorchristliche 192
Religionsgespräch 29, 32, 51
Religionskriege 20
religionskritischer Affekt 272
religionskultureller Föderalismus 21
Religionslehren, theoretische 189
Religionspartei, reformierte 97f
religionspatriotische Anwandlungen 172
Religionsphilosophie 24, 190
Religionspolitik 39
Religionsspötterei 176
– freigeistige 171
Religionstheologie 23–28, 140, 189
religionstheologische Urteilskraft 26
Religionsunterricht 189, 196, 231, 240, 258
– polemischer 97
religiös
– Absolutheitsanspruch 21
– Elementarfragen 254
– Empfindung 144
– Empfindungen 28
– Entwicklung 227
– Erkenntnis 287
– Erkenntnishorizont 286
– Erkenntnisprozeß 145
– Gefühl 28
– Gefühlsbegriff 183
– Gewissensfreiheit 35
– Gleichgültigkeit 176
– Hintersinn 173
– Ich 110
– Individualität 138
– Kommunikation 16
– Lehrbestand 25, 141
– Mensch 281f
– Neutralität 233
– Pluralität 19
– Reflexion 124, 173
– Selbstwahrnehmung 7
– Situation 251
– Situationsdeutung 173
– Subjekt 25–27, 142
– Subjektivität 149
– Toleranzgarantien 34

– Überzeugung 88, 140
– Überzeugungsarbeit 19
– Vernunfterkenntnis 161
– Wahrheitsfrage 138
– Zensur 37
Religiosität 157
– modern-freiheitliche 131
– praktische 14
Renaissance 135, 212, 214f, 217, 219f
Resignation 268
Restitution des Christentums 215, 217
Revolution, Französische 136
rezeptionsästhetisch 16
Rhetorik 73
rhetorische Genera 5
Rhythmus 108
– Semantik des 222
Ringparabel 151
Rosenkreuzer 33
Rundfunkgemeinde 231

Sache, Kongruenz von Sprache und 78
Säkularismus 233
Satisfaktionslehre 139
Schlafes Bruder 121
schlechthinnig
– Abhängigkeitsgefühl 177
– Gefühl ~ Abhängigkeit 180f
Schlüssel, hermeneutischer 224
Schöpfergott 167
Schöpferkraft Gottes 284
Schöpferwille 272
Schöpfung 125, 287
– Krone der 272
Schöpfungsakte, distinkte 272
Schöpfungsauffassung, biblizistische 274
Schöpfungsglaube 274, 286, 288
– und Rechtfertigungsglaube 124
Schöpfungshandeln Gottes 191
Schöpfungslehre 282, 288, 290, 292
– und Naturwissenschaft 289
Schöpfungsplan Gottes 272
Schöpfungsvorstellung, dynamische 293
Schöpfungszweck 275
Schottland 228
Schrift
– Heilige 48
– Mitte der 7, 78
Schriftbeweis 45
Schriftbezug 13

Schriftgemäßheit 10
Schriftverständnis, altprotestantisches 10
Schuldenwirtschaft 81
Schulwesen 88
- preußisches 231
schwärmerische Empfindsamkeit 28
Seele 285, 289
- Leib und 283
Seelenwanderung 158
Seelsorger 254
Seitenabspaltungen, reformatorische 40
selbstbestimmte Autonomie 178
Selbstbestimmtheit, weltgestaltende 225
Selbstbewußtsein, milieuprotestantisches 223
Selbstdenken 149
Selbstdurchsetzungskraft
- des Evangeliums 59
- des Wortes Gottes 48
Selbstkritik, ekklesiale 253
Selbstüberbietung 284
Selbstwahrnehmung, religiöse 7
Selektionstheorie 277
Seligkeit 199
- postmortale 117
Semantik des Rhythmus 222
Sinnlichkeit, Mut zur 224
Situation
- biblische und eigene 70
- homiletische 73f, 173
- religiöse 251
Situationsdeutung, religiöse 173
Sonne 116f
sorgsames Unterscheiden 288
Sozialdisziplinierung, calvinistische 90
Spätaufklärung 160
Spätorthodoxie 148, 188
Speyer, Protestation von 130
Spiel, gymnastisches 161
Sprache 223
- der Bibel 109
- Kongruenz von ~ und Sache 78
Sprachfähigkeit 287
Sprachform
- biblische Denk- und 78
- Denk- und ~ des Aphorismus 203
Sprachgebrauch 160
Sprachgestus 222
- biblischer 253
Sprachgewalt 212f, 221

Sprachkompetenz, christliche 7
Sprachmuster 251
Sprachraum, Erfahrungs- und 77
Sprachwelt 163
- biblische Bild- und 112
- biblische ~ und Bilderwelt 124
Spurensicherung V, 182
Staat
- Kirche und 267
- und Kirche 233
- und Religion 20
Stand, geistlicher 216
Sterben, Gelassenheit christlichen 113
Streitigkeiten, kontroverstheologische 20
Streitlust, konfessionalistische 95
strenges Luthertum 84
Struktur
- formale 108
- metrische 109
Strukturanalogie 214, 225
Subjekt, religiöses 25-27, 142
Subjektivität, religiöse 149
Summepiskopat 50
Sünde 76, 119
Sündenfall 24, 193f
Sündenvergebung 125
Sünder 19
symbolische Bücher 34f
System 140
Systemfehler 145
Systemzwang 164
szenisch-dialogischer Grundzug 73

tätige Nächstenliebe 71
Taufe 257, 261f
Taufexorzismus 93, 98
Tauffrage 258
teleologisch
- Epigenese 279
- Geschichtsverständnis 278
Teschen, Friede von 171
Teschenscher Friede 172
Teufel, Gott und 78
Text
- biblischer 72
- Prediger und 72f
- und Gemeinde 75-77
Textkritik 139
Textwelt
- biblische 75

– lebendige 72
Theologie
– der Aufklärung 147, 155, 164
– gedichtete 105
– liberale 131
– Liebhaber der 149
– Mangel an 228
– Philosophie und 157
– Religion und 14, 26f, 141
– und Evolutionsbiologie 293
– und Naturwissenschaft 272, 279, 285
Theologiestudium 204
theologisch
– Anthropologie 286
– Aufklärung 35, 99, 138, 163
– distinkte Wahrnehmung 212
– Forschung 176
– Lehrsysteme 25
– Originalität 76
– Pluralität 148
– Popularisierungsarbeit 72
– Rationalismus 25
– Rechenschaft 248
theoretisch
– Religionsfragen 20
– Religionslehren 189
Tiefendimension christlichen Lebens 111
Tod, Angst vor dem 46
Toleranz 18–23, 98, 136, 149
– preußische 43
Toleranzdenken, aufklärerisches 29
Toleranzedikt 21f, 51
Toleranzgarantien, religiöse 34
Toleranzpolitik 50
Tradition, lutherische 290
Transferleistung 10
Transfermedium 107
transzendenter Grund der Kirche 216
Tridentinum 9

Überzeugung, religiöse 88, 140
Überzeugungsarbeit, religiöse 19
Ubiquitätslehre 45, 98
umgangssprachlich 4
Unbedeutendes, Andacht zum 63
Union
– Evangelische 92
– preußische 32, 95, 131
Unionsbestrebungen 29–33, 52
Universalkirche 30

Unsterblichkeitslehre, vernunftreligiöse 158
Unsterblichkeitspostulat 144
Unterricht im Christentum 258
Unterscheiden, sorgsames 288
Unterscheidung 290
– der Perspektiven 173
– ethische 70
Unterweisung, kirchliche 257
unvertretbare Person 75, 78
Urbild-Funktion 25
Urteilskraft, religionstheologische 26
Urtext, biblischer 31

Vaterwelt 208
verblendete Vernunft 69
Verborgenheit Gottes 265
Verehrung, milieuspezifische 204
Vereinnahmung, lutherische 206
verfaßte Kirche 54
Vergangenheit, Katakomben der 259
Vergewisserungslinie, kulturhistorische 223
Verifikation, lebenspraktische 9
Verinnerlichung 12
Verklärung, hagiographische 51
Vermittlungsaufgabe 5
Vermittlungsfähigkeit 27
Vermittlungsmedium 3
Vernunft 20, 135f, 156, 198
– erleuchtete 69
– Gebrauch der 155
– natürliche 69
– und Offenbarung 138, 159
– verblendete 69
Vernunfterkenntnis, religiöse 161
vernünftige Religion 162
Vernunftreligion 151, 158
vernunftreligiöse Unsterblichkeitslehre 158
Versöhnungslehre 34
Verstand und Gefühl 14
Verstandesgebrauch, reflexiver 3
Vervollkommnung 143, 198, 279
Verwaltungsreform, Justiz- und 175
Verwaltungsunion 32
Verweisstruktur 111
Vexierbild 218, 221
Vielfalt, phänomenale 4
Visitation 85, 87, 92
– kursächsische 66
– permanente 86

Visitationsordnung 86
Visitationsprotokolle 88
völkische Zivilreligion 238
Volksaufklärer 194
Volkskirche 229, 231, 234, 252
Volksmission 229, 232
volkspädagogisch 15
Volkszugehörigkeit 242
Vorbild-Christologie 157
vorchristliche Religionsgeschichte 192
Vorsehung 30, 174
Vorzensur 39–41, 43

Waffen des Geistes 48
wahrer Aufklärer 153
Wahrheit 23, 140, 149, 154, 196
– christliche 156, 175
– evangelische 76
– glaubensrelevante 15
– und Evidenz des Christentums 150
Wahrheitsanspruch, absoluter 151
Wahrheitsfrage, religiöse 138
Wahrnehmung, theologisch distinkte 212
Wahrnehmungsweisen, perspektivische Erfahrungs- und 288
Welt
– der Bibel 7
– Entdämonisierung der 289
– Gott und 288, 290
Weltanschauung, monistische 273
Weltenwechsel 248
weltgestaltende Selbstbestimmtheit 225
Weltkonferenz für Praktisches Christentum 232
Weltkrieg, Erster 230
Weltregiment, göttliches 191
Weltweisheit 155
Wende
– Konstantinische 156
– reformatorische 216

Werk Gottes 175
Wesen
– der Frömmigkeit 181
– der Kirche 235
– der Religion 177
– des Christentums V, 32, 172
Wesensbestimmung der Religion 187
Widerstand, politischer 254
Wirklichkeit
– biblische und eigene 73
– Perspektivität der 290
Wirklichkeitsverständnis 139
Wirklichkeitswahrnehmung 286, 289
Wissenschaften, Preußische Akademie der 171
Wolffianismus 189
Wort
– Gottes 28, 48
– Selbstdurchsetzungskraft des ~ Gottes 48
– und Glaube 6, 9
Wortgestalt 6

Zeitalter der Aufklärung 32, 36, 42, 49, 52, 129, 132f, 136f, 139
zeitgemäße Frömmigkeit, bibel- und 190
Zensur 38, 40–44
– religiöse 37
Zensurbestimmungen, reichsrechtliche 41
Zensuredikt 35, 43
Zensurpflicht 39
Zensurprozeß 44
Zensurrecht, landesherrliches 41
Zensurvorgang 250
Zensurwesen, protestantisches 42
Zentralperspektive 136
zielgenaue Anwendung 14
Zirkularerlaß 53
Zivilreligion, völkische 238